经略侨地
建德衔东
贺教方印
表大攻向项目
心无旁骛

弟 路甬祥
敬贺

图书在版编目（CIP）数据

中国现代职业教育质量保障体系研究/赵志群等著.
—北京：经济科学出版社，2020.10
教育部哲学社会科学研究重大课题攻关项目
ISBN 978-7-5218-1918-2

Ⅰ.①中… Ⅱ.①赵… Ⅲ.①职业教育-教育质量-保障体系-研究-中国 Ⅳ.①G719.2

中国版本图书馆 CIP 数据核字（2020）第 182384 号

责任编辑：于海汛
责任校对：齐 杰
责任印制：李 鹏 范 艳

中国现代职业教育质量保障体系研究

赵志群 等著

经济科学出版社出版、发行 新华书店经销
社址：北京市海淀区阜成路甲 28 号 邮编：100142
总编部电话：010-88191217 发行部电话：010-88191522
网址：www.esp.com.cn
电子邮箱：esp@esp.com.cn
天猫网店：经济科学出版社旗舰店
网址：http：//jjkxcbs.tmall.com
北京季蜂印刷有限公司印装
787×1092 16 开 26.5 印张 510000 字
2020 年 10 月第 1 版 2020 年 10 月第 1 次印刷
ISBN 978-7-5218-1918-2 定价：106.00 元
（图书出现印装问题，本社负责调换。电话：010-88191510）
（版权所有 侵权必究 打击盗版 举报热线：010-88191661
QQ：2242791300 营销中心电话：010-88191537
电子邮箱：dbts@esp.com.cn）

课题组主要成员

首 席 专 家 赵志群

团队作者成员 吴雪萍　郭建如　刘云波　孙芳芳
张志新　周瑛仪　李志宏　孙　琳
沈　军　辜东莲　刘　晨　李永生
盛鸿宇　王玮波　陈玉琪　方　芳
庄榕霞　黄承国　曾林育　周建军
高澍苹　孙宝芝　张媛媛　王希平
徐桂庭　陈效民　刘　磊

编审委员会成员

主 任 吕 萍

委 员 李洪波 柳 敏 陈迈利 刘来喜
　　　　 樊曙华 孙怡虹 孙丽丽

总　序

哲学社会科学是人们认识世界、改造世界的重要工具，是推动历史发展和社会进步的重要力量，其发展水平反映了一个民族的思维能力、精神品格、文明素质，体现了一个国家的综合国力和国际竞争力。一个国家的发展水平，既取决于自然科学发展水平，也取决于哲学社会科学发展水平。

党和国家高度重视哲学社会科学。党的十八大提出要建设哲学社会科学创新体系，推进马克思主义中国化、时代化、大众化，坚持不懈用中国特色社会主义理论体系武装全党、教育人民。2016年5月17日，习近平总书记亲自主持召开哲学社会科学工作座谈会并发表重要讲话。讲话从坚持和发展中国特色社会主义事业全局的高度，深刻阐释了哲学社会科学的战略地位，全面分析了哲学社会科学面临的新形势，明确了加快构建中国特色哲学社会科学的新目标，对哲学社会科学工作者提出了新期待，体现了我们党对哲学社会科学发展规律的认识达到了一个新高度，是一篇新形势下繁荣发展我国哲学社会科学事业的纲领性文献，为哲学社会科学事业提供了强大精神动力，指明了前进方向。

高校是我国哲学社会科学事业的主力军。贯彻落实习近平总书记哲学社会科学座谈会重要讲话精神，加快构建中国特色哲学社会科学，高校应发挥重要作用：要坚持和巩固马克思主义的指导地位，用中国化的马克思主义指导哲学社会科学；要实施以育人育才为中心的哲学社会科学整体发展战略，构筑学生、学术、学科一体的综合发展体系；要以人为本，从人抓起，积极实施人才工程，构建种类齐全、梯队衔接的高校哲学社会科学人才体系；要深化科研管理体制改革，发挥高校人才、智力和学科优势，提升学术原创能力，激发创新创造活力，建设中国特色新型高校智库；要加强组织领导、做好统筹规划、营造良好学术生态，形成统筹推进高校哲学社会科学发展新格局。

哲学社会科学研究重大课题攻关项目计划是教育部贯彻落实党中央决策部署的一项重大举措，是实施"高校哲学社会科学繁荣计划"的重要内容。重大攻关项目采取招投标的组织方式，按照"公平竞争，择优立项，严格管理，铸造精品"的要求进行，每年评审立项约40个项目。项目研究实行首席专家负责制，鼓励跨学科、跨学校、跨地区的联合研究，协同创新。重大攻关项目以解决国家现代化建设过程中重大理论和实际问题为主攻方向，以提升为党和政府咨询决策服务能力和推动哲学社会科学发展为战略目标，集合优秀研究团队和顶尖人才联合攻关。自2003年以来，项目开展取得了丰硕成果，形成了特色品牌。一大批标志性成果纷纷涌现，一大批科研名家脱颖而出，高校哲学社会科学整体实力和社会影响力快速提升。国务院副总理刘延东同志做出重要批示，指出重大攻关项目有效调动各方面的积极性，产生了一批重要成果，影响广泛，成效显著；要总结经验，再接再厉，紧密服务国家需求，更好地优化资源，突出重点，多出精品，多出人才，为经济社会发展做出新的贡献。

作为教育部社科研究项目中的拳头产品，我们始终秉持以管理创新服务学术创新的理念，坚持科学管理、民主管理、依法管理，切实增强服务意识，不断创新管理模式，健全管理制度，加强对重大攻关项目的选题遴选、评审立项、组织开题、中期检查到最终成果鉴定的全过程管理，逐渐探索并形成一套成熟有效、符合学术研究规律的管理办法，努力将重大攻关项目打造成学术精品工程。我们将项目最终成果汇编成"教育部哲学社会科学研究重大课题攻关项目成果文库"统一组织出版。经济科学出版社倾全社之力，精心组织编辑力量，努力铸造出版精品。国学大师季羡林先生为本文库题词："经时济世　继往开来——贺教育部重大攻关项目成果出版"；欧阳中石先生题写了"教育部哲学社会科学研究重大课题攻关项目"的书名，充分体现了他们对繁荣发展高校哲学社会科学的深切勉励和由衷期望。

伟大的时代呼唤伟大的理论，伟大的理论推动伟大的实践。高校哲学社会科学将不忘初心，继续前进。深入贯彻落实习近平总书记系列重要讲话精神，坚持道路自信、理论自信、制度自信、文化自信，立足中国、借鉴国外、挖掘历史、把握当代、关怀人类、面向未来，立时代之潮头、发思想之先声，为加快构建中国特色哲学社会科学，实现中华民族伟大复兴的中国梦做出新的更大贡献！

教育部社会科学司

前 言

进入 21 世纪，我国职业教育空前发展，但是很多深层次问题始终没有得到有效解决。其中最突出的就是教育质量不高，主要表现在：毕业生职业能力和职业素养不能满足社会和经济发展的需要；职教管理部门缺乏工作整体思路，"头痛医头、脚痛医脚"式的被动管理依然是主要方式；很多职业院校基础较为薄弱，办学条件还不完善，职教管理人员和职教师资队伍的能力和结构存在较大问题等。

《国家中长期教育改革和发展规划纲要（2010~2020年）》确立了"建立以提高教育质量为导向的管理制度和工作机制""建立教育质量保障体系"的工作目标。各级政府制定了诸多提高职业教育质量的政策，职业院校也进行了丰富多彩的质量保障体系建设实践。开展职业教育质量保障体系研究，对职业教育行政管理部门开展系统化的顶层设计和科学化管理，以及对职业院校提高教育教学质量，具有重要的理论和现实意义。

现代职业教育质量保障体系是确保职业教育质量的一系列制度安排和体制机制的总和，构建科学、规范且具有操作性的质量保障体系可以促进职业教育质量的全面提高，为提高劳动力素质、增强竞争力提供坚实的基础，也对丰富和发展现有的职业教育理论具有重要的意义。

本书是教育部哲学社会科学研究重大课题攻关项目"中国现代职业教育质量保障体系研究（项目编号：BJZD047）"的主要成果，从基础理论、政策措施、管理实践和实证研究四个方面对现代职业教育质量保障体系建设进行研究。基础理论研究部分涉及质量保障理论框架、质量保障体系、质量监测与评估、授权评价、职业能力诊断与测评；政策措施研究方面梳理了相关政策发展脉络，并探讨了办学与财政体制、校企合作体制、机制与模式，职业教育系统规制工具与政策，区域职业教育运行模式等方面的问题；管理实践研究方面总结了国际相关领域的发展趋势和基本经验，探讨了职业院校专业建设质量标准体系、专业目录和课程模式等职业资格研究领域的问题；实证研究方面记录了授权评价和职业教育教师职业能力测评研究过程，并对所采用的测评方案进行技术验证。

本书对现代职业教育质量保障体系建设影响大且需迫切解决的体制机制和技术问题进行研究，包括：（1）现代职业教育的质量观，如适应性、多元化和发展性等，及其在质量保障方法中的具体体现；（2）构建作为管理制度和工作机制核心的科学有效的职业教育财政体制和投入体制；（3）职业教育人才培养质量标准制定的技术标准研究（即人才培养标准的"元研究"）；（4）职业院校内部质量监测评估技术工具开发以及使用；（5）针对教育成果质量的大规模诊断工具"COMET 职业能力测评"方案的开发与实施；（6）职业教育教师职业能力诊断研究。由于与国际一流职业教育研究机构和学者合作，本书采用的职业能力测评技术具有国际水平。

本书的创新性主要体现在以下三个方面：一是研究视角的创新。综合运用（职业）教育学、管理学、社会学和心理学等理论，研究建立现代职业教育质量保证体系的机理与技术路径。二是研究内容的创新。采用系统论观点，审视提高职业教育质量的体制机制和技术性障碍，从体制组合、政策组合和技术组合角度，研究职业教育质量保障体系的要素及其共同构成的系统。三是研究工具和方法的创新。综合运用多种理论框架、研究方法特别是具有职业教育"领域特色"（domain）的质性、量化和混合式研究方法，如职业能力测评和典型试验等，验证所提方案的可行性，重视技术工具的细节和可推广性。

与其他教育类型相比，职业教育涉及领域多、综合性强，如何获得具有高度可靠性、有效性和代表性的数据具有重要意义，这里的关键是处理好研究方法的"内容相关性"问题，即实现研究方法与研究内容的一致。本书的基础研究部分主要采用文献法搜集政策文件、国内外论文、书籍和研究报告，对相关理论和实践经验进行总结分析。教育政策运行和投入保障机制研究部分采用实地调查和问卷调查法，调查国内有代表性的地区和院校，用混合式方法分析相关问题。在比较教育研究中，综合运用比较法、文献法和调查法，将理论研究与应用研究、一般研究与个案研究相结合。职业教育内部质量保障体系研究主要采用典型试验（design-based research）法和授权评价（empowerment evaluation）范畴内的多种评价工具，如 ERC 和 SEVALAG 等，在此特别关注质量保障过程中创新需求的识别和确定，以及过程的设计、试验和评估。由于各种因素始终处于变化中，研究过程无法从开始到结束一切都完全计划好，因此本书的研究始终持开放的态度。职业院校学生和教师职业能力测评采用大规模标准化能力诊断（large-scale diagnostics）技术，建立职业能力模型和测评模型，开发实施方案并施测；通过评分者培训和评分者间信度（$Finn_{just}$）等工具进行过程质量控制。

  由于本书研究对象的复杂程度很高，因此在研究过程中遇到了一些困难，主要是研究内容超出了传统一个"专业"的研究范围，以及由于目前体制和机制的限制，一些研究方案无法实施。我们发现，在其他条件相同的情况下，中观和微观层面的研究需要更加深入研究对象，因此，如何有效解决研究过程的"接近"（proximity）与"疏远"（distance）关系问题，是对研究者的巨大挑战。本书遇到的挑战不是建立新理念和引进新方法，更多的是如何选择适合的方法和处理与现实的矛盾，这直接影响着研究成果的质量。对本书中存在的问题，甚至谬误之处，恳请读者批评指正。

作 者

2019 年 12 月

摘 要

  本书对现代职业教育质量保障体系建设进行全面研究。现代职业教育质量保障体系是确保职业教育质量的一系列制度安排和体制机制的总和，构建科学、规范且具有操作性的质量保障体系可以促进职业教育质量的全面提高，为提高国家的劳动力素质、增强竞争力提供坚实的基础。

  本书是教育部哲学社会科学研究重大课题攻关项目"中国现代职业教育质量保障体系研究"的主要成果，全书分为九章。第一章"现代职业教育质量保障体系研究概况"对研究的背景与意义、研究基础和相关重要概念进行说明。第二章"现代职业教育质量保障体系建设的理论基础"对职业教育质量保障理论进行阐述，涉及质量保障理论框架、质量保障体系、质量监测与评估、授权评价、职业能力诊断与测评。第三章"现代职业教育质量保障体系政策目标"讨论我国的职业教育质量保障政策，特别是政策发展脉络和存在的问题，并提出相关建议。第四章"国际职业教育质量保障体系建设"分析国外相关研究和实践现状，总结国际发展趋势和基本经验。第五章"职业教育运行机制与投入保障"聚焦办学与财政体制、机制与模式，以及区域职业教育运行模式等问题，总结运行机制的特点。第六章"职业教育人才培养质量标准"涉及人才培养标准制定的技术基础——资格研究，对我国职业院校专业建设质量标准体系、专业目录和课程模式问题进行研究。第七章"基于授权评价的职业院校内部质量诊断"记录了职业教育授权诊断的实证研究过程，并对其进行效果分析（元评价）。第八章"职业教育教师职业能力测评"在建构职业教育专业课教师职业能力模型基础上进行能力诊断与评价，分析教师职业能力发展的特点及影响因素。第九章"大规模职业能力测评的预测效度"对本书COMET职业能力测评方案进行技术验证，对职业认知能力测评对职业行动能力的预测效度进行检验，从而保证职业能力测评的科学性和高质量。

Abstract

This book conducts comprehensive study on the construction of quality assurance system of modern Technical and Vocational Education and Training (TVET). The quality assurance system of modern TVET is a complex of a series of system arrangements and mechanisms to ensure the TVET quality. It can promote the overall improvement of the TVET quality by establishing of a scientific, standardized and operational quality assurance system. In order to provide a solid foundation for the quality improvement of the national labor force and strengthening national competitiveness.

The book contains nine chapters. Chapter 1 "Research Overview of Quality Assurance Aystem of Modern TVET" explains the background, significance, basis and related important concepts. Chapter 2 "Theoretical Basissis of Quality Assurance System Construction of Modern TVET" elaborates the quality assurance theory of TVET, which is involved in the theoretical framework of quality assurance, quality assurance system, monitoring and evaluation system, empowerment evaluation, diagnosis and evaluation of professional competence. Chapter 3 "Policy Objectives of TVET Quality Assurance System" discusses the policies of TVET quality assurance in China, especially the policy development context and existing problems are explored, and puts forward relevant suggestions. In Chapter 4 "International TVET Quality Assurance System", the development trend and basic experience TVET Quality Assurance System in important countries are analyzed and summarized. Chapter 5 "Operation Mechanism and Input Guarantee of TVET" focuses on four issues, that is school-running and financial system, mechanism and mode of school-enterprise cooperation, operation mode of regional vocational education, and then summarizes the characteristics of operating mechanism. Chapter 6 "Quality Standard of Talent Training in TVET" discusses the qualification research, which is the technical basis of the formulating in talent cultivating standard, and discusses the quality standard system, specialty catalogue and curriculum model of professional construction in vocational colleges in China. Chapter 7 "Internal Quality Diagnosis in Vocational Colleges Based on Empowerment Evaluation" records the empirical research process of empowerment diagnosis in TVET, and analyzes its effect (meta-evaluation). Chapter 8 "TVET Teachers' Professional Competence he Assessment". Competence is diagnosed and assessed based on the structure model of the professional competence of TVET teachers, characteristics and influencing factors of the TVET teachers' competence development also be analyzed. Chapter 9 "Predictive Validity of Professional Competence Assessment" carried out technical verification of COMET assessment scheme of vocational competence, and tests the predictive validity of vocational cognitive competence assessment on vocational action competence.

目 录

第一章　现代职业教育质量保障体系研究概况　1

第一节　研究背景与意义　1
第二节　研究基础　4
第三节　相关重要概念　23
第四节　本书的框架、目标与方法　35

第二章　现代职业教育质量保障体系建设的理论基础　43

第一节　质量保障研究　43
第二节　授权评价　55
第三节　职业能力诊断与测评　73

第三章　现代职业教育质量保障体系政策目标　101

第一节　职业教育质量保障政策　102
第二节　职业教育质量保障政策的发展脉络　114
第三节　职业教育质量保障政策的问题与展望　129
第四节　现代职业教育体系中的质量保障框架　135

第四章　国际职业教育质量保障体系建设　141

第一节　国外研究现状简述　141
第二节　国际典型案例分析　143
第三节　本章主要结论　170

第五章　职业教育运行机制与投入保障　180

　　第一节　职业教育的办学体制与财政体制　180
　　第二节　政府规制、扶持与财政投入保障　193
　　第三节　地方职业教育的案例研究——"浙江模式"　205

第六章　职业教育人才培养质量标准　220

　　第一节　确定职业教育人才培养标准的技术基础：资格研究　220
　　第二节　职业教育专业建设质量标准体系的发展　231
　　第三节　职业院校专业目录的制定与修订　250
　　第四节　职业教育课程模式的演变与发展　257

第七章　基于授权评价的职业院校内部质量诊断　266

　　第一节　授权评价的设计与实施　267
　　第二节　授权评价数据分析与结果　271
　　第三节　授权评价的效果评价　295
　　第四节　结论与建议　303

第八章　职业教育教师职业能力测评　307

　　第一节　研究的基础与方法　307
　　第二节　职教教师职业能力模型的构建　310
　　第三节　职业能力测验的编制　314
　　第四节　职教教师职业能力发展的特点及影响因素　329
　　第五节　结论与建议　339

第九章　大规模职业能力测评的预测效度　342

　　第一节　研究的背景与意义　342
　　第二节　研究的理论框架　345
　　第三节　研究设计与过程　362
　　第四节　职业认知能力测评对职业行动能力的预测效度　367
　　第五节　结论与建议　375

附录　重庆市学生职业能力测评报告案例（节选）　378

后记　393

Contents

Chapter 1 Research Overview of Quality Assurance System of Modern TVET　1

1.1　Background and Significance of the Research　1
1.2　Research Basis　4
1.3　Relevant Important Concepts　23
1.4　Framework, Objectives and Methods of the Project　35

Chapter 2 Theoretical Basis of Quality Assurance System Construction of Modern TVET　43

2.1　Quality Assurance Research　43
2.2　Empowerment Evaluation　55
2.3　Diagnosis and Evaluation of Professional Competence　73

Chapter 3 Policy Objective of Quality Assurance System of Modern TVET　101

3.1　Quality Assurance Policy of TVET　102
3.2　Development Context of TVET Quality Assurance Policy　114
3.3　Problems and Prospects of Quality Assurance Policy in TVET　129
3.4　Quality Assurance Framework in Modern TVET System　135

Chapter 4　International TVET Quality Assurance System　141

4.1　Overview of the Research Status Abroad　141

4.2　International Case Analysis　143

4.3　Main Conclusions of the Chapter　170

Chapter 5　Operation Mechanism and Input Guarantee of TVET　180

5.1　System of School–Running and the Financial System of TVET　180

5.2　Government Regulation, Support and Financial Input Guarantee　193

5.3　Case Study of Regional TVET—"Zhejiang Model"　205

Chapter 6　Quality Standards for the Talent Training of TVET　220

6.1　Qualification Study: Technical Basis for Determining the Criteria of Talent Cultivating in TVET　220

6.2　Quality Standard System Development for Professional Construction of TVET　231

6.3　Set and Revision of the Professional Directory of Vocational Colleges　250

6.4　Evolution and Development of TVET Curriculum Model　257

Chapter 7　Internal Quality Diagnosis in Vocational Colleges Based on Empowerment Evaluation　266

7.1　Design and Implementation of Empowerment Evaluation　267

7.2　Data Analysis and Results of Empowerment Evaluation　271

7.3　Effect Evaluation of Empowerment Evaluation　295

7.4　Conclusion and Discussion　303

Chapter 8　TVET Teacher's Professinonal Competence Assessment　307

8.1　Research Basis and Method　307

8.2　Structure Model Construction of TVET Teacher's Professinonal Competence　310

8.3　Formulating Test Tools of Professinonal Competence Assessment　314

8.4　Characteristics and Influencing Factors of TVET Teachers' Professional Competence Development　329

8.5　Conclusion and Suggestion　339

Chapter 9　The Predictive Validity of Professional Competence Assessment　342

9.1　Background and Significance of the Research　342
9.2　The Theoretical Framework of the Research　345
9.3　Research Design and Process　362
9.4　The Predictive Validity of Professional Cognitive Competence Assessment on Professional Action Competence　367
9.5　Conclusion and Suggestion　375

Appendix　378

Postscript　393

第一章

现代职业教育质量保障体系研究概况

第一节 研究背景与意义

一、研究背景

进入 21 世纪，我国职业教育规模空前发展，但是很多深层次问题始终没有得到有效解决。其中最突出的就是教育质量问题，主要表现在：毕业生职业能力和职业素养不能满足社会和经济发展的需要；职教管理部门缺乏工作整体思路，"头痛医头、脚痛医脚"式的被动管理依然是主要方式；各级各类职业教育普遍缺乏有效的质量监控体系和科学评价方法；管理人员和师资队伍的能力和结构存在较大问题等。这说明，在数量发展的同时，如何保证职业教育的质量是一个急需解决的重要问题。

质量是职业教育的生命，关系到职业教育的社会认可度和美誉度，还关系到职业教育的生存和发展。党的十九大报告提出"努力让每个孩子都能享有公平而有质量的教育"；《国家教育中长期改革与发展规划纲要》（以下简称《教育规划纲要》）确立了"建立以提高教育质量为导向的管理制度和工作机制""建立教育质量保障体系"的工作目标；《现代职业教育体系建设规划（2014~2020 年）》

（以下简称《建设规划》）更是明确提出"现代职业教育体系越来越成为国家竞争力的重要支撑"的定位。这一系列重要文件确立了现代职业教育体系的建设目标，同时对职业教育质量提出了更系统、更具竞争力的要求，即把职业教育置于经济、社会、教育和国际竞争的全局中统筹规划，综合考虑职业教育内部和外部的适应性、协调性和竞争性特征。在实践中，各级政府制定了很多提高职业教育质量的政策，职业院校也进行了丰富多彩的质量保障体系建设实践。

职业教育质量是职业教育水平的高低和培养效果的优劣程度。职业教育质量保障是通过保持和提高职业教育质量以满足经济和社会发展需要为目的，由职业教育机构按照一定的质量目标、政策、执行标准和规定程序实施教育培训活动的过程；它涉及质量政策与目标、资源规划与管理、办学机构及其权责、教育教学过程管理与执行和教师素质等多个方面。

借鉴质量管理理论的基本思想，职业教育质量保障体系可以视作一个可持续的发展有机系统，涉及目标及责任人、过程管理、效果评价、信息反馈和持续改善等多个方面。（1）职业教育质量保障体系的目标及责任人，包括中央层面、地方政府以及各院校及举办方的职责与目标定位，主要通过法律和政策来明确与规范；（2）过程管理，即从专业设置、学生培养到工作就业全过程的质量控制与管理；（3）效果评价，包括毕业生学业成绩与证书获得、就业和职业发展情况、用人单位反馈和第三方评估等；（4）信息反馈，即对以上活动的信息整理、收集与分析反馈，为进一步改善教育质量提供指导建议和意见；（5）持续改善，即根据信息反馈提供的建议和意见，将问题分解到质量目标及责任人、过程管理及效果评价的具体执行层面，从而提出可执行的解决方案，达到持续改善教育质量的目的。

二、研究意义与价值

开展现代职业教育质量保障体系研究，对职业教育行政管理部门开展系统化的顶层设计和进行科学化管理，以及对职业院校提高教育教学质量，构建科学、规范且具有可操作性的职业教育质量保障体系，使职业教育"质"与"量"协调发展，促进职业教育质量的全面提高，具有重要的理论和现实意义。

第一，落实党中央、国务院相关文件的重要决策部署。《教育规划纲要》把提高质量作为教育改革发展的核心任务，明确提出"树立科学的教育质量观，把促进人的全面发展、适应社会需要作为衡量教育质量的根本标准。……建立以提高教育质量为导向的管理制度和工作机制，把教育资源配置和学校工作重点集中到强化教学环节、提高教育质量上来。制定教育质量国家标准，建立教育质量保障体系。加强教师队伍建设，提高教师整体素质"。2017年，中共中央、国务院发布《关于开展质量提升行动的指导意见》，再次强调要"加强职业教育技术技能人才培养质量"。开展现代职业教育质量保障体系的研究，对职业教育行政管理部门进行系统的顶层设计、统筹规划以及开展日常管理工作等都有重要的意义。

第二，为实现建设人力资源强国战略目标、提高职业教育的整体质量提出科学有效的对策。通过研究为各级政府和职业院校在全面质量管理方面提供政策建议，鼓励引导各级各类职业教育机构把工作重点转移到提高质量、强化教学环节上来，加大对提高教育质量的投入，有助于把重大教育项目的设计实施与提高教育质量这一核心任务紧密结合。

第三，为职业教育的科学管理提供技术支持。各级职业教育管理机构在工作中需要科学的技术手段，帮助其监控和改进各方面工作。引入和开发各种质量监控模型和工具，能够为职业教育管理工作提供直接的技术支持。

第四，为职业教育的教学实践提供技术支持。职业院校教师在教学过程中需要科学的学习成果检验方法，帮助他们深入系统地分析教学设计和实施中的问题。有充分教育理论基础、经过实证检验的能力模型和在此基础上发展起来的测评方法，可以为职业院校课程和教学质量保障提供深入、系统而实际的技术和手段。

第五，提高职业教育管理的科学水平。通过高质量的大规模标准化职业能力诊断（large-scale diagnostics），获得有关职业教育质量的关键参数，可以帮助教育行政部门提高职业教育体系设计和教育质量控制的质量，从而有可能抛开猜测、成见和简单的美好愿望，代之以有理有据、以量化数据为基础的评价，为职业教育所有参与者展开建设性的对话和合作提供实证基础。

本书的价值体现在学术价值和应用价值两个方面：

在学术方面，职业教育质量保障体系是确保职业教育质量的一系列制度安排和体制机制的总和，包括教育质量标准体系、条件保障体系、教学管理体系和评价监测体系等环节，这是制定相关政策和落实有关措施的技术基础。通过现代职业教育质量保障体系建设的顶层设计，有可能解决职业教育质量发展面临的重大难题，丰富职业教育质量的内涵。这对丰富和发展现有的职业教育理论，完善有中国特色的教育改革和发展理论，以及探讨现代职业教育质量保障的政策理论基础，都具有积极的意义。

研究的应用价值体现在以下四个方面：（1）为政府提供政策咨询，为教育行政部门和相关部门依法管理职业教育、设计实施提高职业教育质量的措施和项目提供政策依据和技术支持。这有助于提高社会对职业教育的满意度，加快职业教育现代化的实现步伐。(2) 为现代职业教育制度建设提供思路和策略，为职业教育实践提供发展目标和行动指南，为完善职业教育制度、促进职业教育事业的持续、健康发展提供政策建议。(3) 为教育管理部门准确判断和分析职业教育质量提供支持。特别是大规模职业能力测评获得的数据和信息，可以帮助教育行政部门准确把握职业教育的人才培养质量，从而做出科学决策，并对职业院校进行合理而恰当的指导，为职业教育改革和发展服务。(4) 为职业院校提高教育教学质量提供科学实用的方法和技术手段。科学的职业院校质量监控工具和手段，可以为职业教育实践提供明确的行动指南，帮助职业院校建立科学可行的质量保障体系，为教育教学质量的持续改进和提高提供支持，为更好地规范和引导职业院校发展起到积极的作用。

第二节 研究基础

一、现代职业教育质量保障体系

（一）关于职业教育的质量和质量观

按照国家标准暨 ISO 9000 国际质量标准的定义，质量是"一组固有特性满足要求的程度"[1]。按照《教育大辞典》的解释，教育质量是"教育水平高低和效果优劣的程度"，它"最终体现在培养对象的质量上"[2]。职业教育质量是对职业教育水平高低和效果优劣的评价，是在遵循教育规律和职业发展逻辑的基础上，职业教育机构在现有条件下培养的学生和提供的服务符合职业教育目标、现在与未来社会经济发展需要以及学生个性发展需要的程度。

职业教育质量观是其保障体系建设的重要前提条件，对质量的不同理解，意味着不同的质量标准和保障体系。我国对职业教育质量的认识是随着对职业教育本质认识的深入而不断发展的。在 2010 年现代职业教育体系提出之前，有关职业教育质量的研究大多集中在"如何区别于普通教育以体现职业教育的特色与内

---

[1] 国家质量技术监督局：《中华人民共和国国家标准：质量管理体系——基础和术语》，GB/T 19000—2000 [S]，2000 年 10 月。

[2] 顾明远：《教育大辞典》，上海教育出版社 1998 年版，第 798 页。

涵",即"适应性、能力本位、整体性、发展、国际化、特色化"的质量观;①教育部 2006 年提出《关于全面提高高等职业教育教学质量的若干意见》,对高职教育的人才培养目标、办学模式、人才培养模式,以及专业、课程、实践教学、师资队伍建设等方面指出了发展方向,并设置了明确目标。《教育规划纲要》提出现代职业教育体系的建设目标后,职业教育树立现代大职业教育质量观的观点逐渐凸显,即把职业教育置于教育、产业和社会发展的全局中统筹规划,全面考虑职业教育内外部的适应性和协调性特征。对当前职业教育质量的认识可归纳为以下几点:

第一,适应性的质量。职业教育提供的教育服务满足受教育者个人,以及所培养的人才满足国家、社会和用人单位需要的程度,所培养人才对社会的适应程度、职业院校对市场的应变能力是质量的重要标志。② 教育的适应性是教育质量的一个基本特征。当前,职业教育正逐步从社会边缘走向社会的中心,面临一个越来越开放的系统,其发展越来越受到社会需求的影响。职业教育质量评价的主体不仅是职业教育行业或职业院校本身,还包括社会、消费者、用人单位和政府等多方面的主体;职业教育只有尽可能适应社会并满足其需求,才能体现自身的价值。③

第二,产品性的质量。职业教育服务是一种产品,培养的人才应满足国家、社会和用人单位的需要;职业教育活动在符合教育规律的前提下,其教育产品应满足规定或符合消费者(如受教育者和用人单位等)对教育产品的需要。④

第三,发展性的质量。社会经济发展需要大量技能型人才,这需要通过发展职业教育实现。要用发展的眼光看待职业教育质量,只能通过发展解决职业教育的质量问题,因此,职业教育质量是一个发展变化的概念。⑤

第四,多元化的质量。不同类型职业院校办学背景、条件、特色专业、师资水平和所处社会环境不同,无法用统一的办学标准来评价教育质量。因此,对职业教育质量应考虑其多样性,职业院校应结合区域社会经济发展特点确立发展目标,构建有特色的、多样化的人才培养模式。即使在同类院校,由于专业不同和

---

① 鲍洁:《高等职业教育的质量管理》,载于《职教论坛》2004 年第 36 期,第 28~29 页。
② 徐元俊:《对高职教育质量观的认识》,载于《机械职业教育》2006 年第 9 期,第 3~4 页。
③ 肖化移、姚海娟:《职业学校教育质量的理论探析》,载于《职教通讯》2008 年第 6 期,第 21~24 页。
④ 刘晓欢:《基于产品观的职业院校教育质量特征》,载于《武汉职业技术学院学报》2007 年第 4 期,第 8~11 页。
⑤ 宿金勇:《论高等职业教育的质量观》,载于《河南商业高等专科学校学报》2005 年第 5 期,第 117~119 页。

地区经济差别，其质量观也存在差异。①

第五，特色的质量。在保障人才培养基本标准的前提下，应以多种方式促进学生成长，从而构成职业院校、专业和毕业生的特色。特色是职业教育质量的重要标志。②

对职业教育质量的理解是一个规范性（normative）问题，对此人们难以取得完全共识，这从对质量指标内涵的复杂定义的讨论中也可以看出。因此，对教育质量的理解，是职业教育所有参与者共同建构的过程。

（二）关于现代职业教育体系的研究

职业教育是教育事业的重要组成部分，是国民经济和社会发展的重要基础。2010 年教育部提出建立现代职业教育体系的奋斗目标，如何把现代职业教育体系内涵反映到职业教育质量保障体系研究中，成为一个重要课题，即把现代职业教育体系的现代性、系统性和开放性等质量要求更好地贯彻到质量保障体系的建设工作中。

《教育规划纲要》提出"到 2020 年，形成适应经济发展方式转变和产业结构调整要求、体现终身教育理念、中等和高等职业教育协调发展的现代职业教育体系"，对现代职业教育做了基本的定位。职业教育现代性的内涵体现在多个方面，如教育理念的科学性和办学条件的先进性等。现代职业教育应具备适应劳动市场需求的发展动力、全面发展的人才培养目标、科学技术文化知识与职业工作内容有机结合的课程教学模式等。这需要体现在一系列的现代职业教育理念上，如以人为本、服务经济社会、可持续发展、重视职业道德教育和面向世界，等等③。现代职业教育应显示其职业性、技术性、社会性、终身性和全民性等多方面的特征。④

本书"中国现代职业教育"的概念界定借鉴《教育规划纲要》对现代职业教育体系的定义，即适应经济发展方式转变和产业结构调整要求、体现终身教育理念、中等和高等职业教育协调发展的现代职业教育体系。现代职业教育的特征表现在：一是具有外部适应性，即适应经济发展方式转变和产业结构调整要求，需要开放、需要统筹、需要合作、需要对接；二是具有内部适应性，即体现了终身教育理念，要求这个体系应该强调育人功能，以人的终身发展为本；三是具有

---

① 周明星、陈豪好：《职业教育人才观、教学观和质量观探析》，载于《职教通讯》2005 年第 7 期，第 17～18 页。
② 卢佳：《大众化高等职业教育质量观的转变研究》，载于《成人教育》2012 年第 3 期，第 74～75 页。
③ 马庆发：《现代职业教育理念的本土化思考》，载于《职教论坛》2007 年第 1 期，第 7～13 页。
④ 和震：《论现代职业教育的内涵与特征》，载于《中国高教研究》2008 年第 10 期，第 65～67 页。

内在协调性,即体现中等和高等职业教育协调发展。①

受到经济结构和人口结构变化等因素影响,国内外职业教育面临的环境越来越复杂,劳动市场的两极化发展愈加明显,职业教育体系建设开始关注外部环境尤其是制度环境以及社会部门之间的关系。目前,我国职业教育中职业院校职能定位不清、纵向阶段缺乏有效衔接、横向缺乏融通、职前职后难以一体化、开放程度不够、技师学院处境尴尬等问题,影响着职业教育的现代化进程。② 现代职业教育体系的构建应当在对职业教育规律和本质深入研究基础之上把握三个基本问题:面向就业与综合职业能力发展的关系,中等职业教育与高等职业教育的衔接以及职业教育与普通教育的等值关系。对职业教育体系的国际比较研究发现,良好的职业教育体系一般具有注重公平性、终身性、开放性、衔接性和融通性等特征。③ 通过十多年来若干国家级专项建设计划后,我们在探索高层次的职业教育,如专业学士学位制度建设、统筹协调现代职业教育体系构建的政策工作等方面之外,还应该加强顶层设计,加快完善社会支持系统的建立。④

在国外有关技能(能力)形成体系和国家技能形成体系的跨学科研究中,⑤ 将制度背景纳入职业教育体系中来,讨论教育体系与生产系统、政治经济和历史文化体制的相互影响。这对我们的启发是,在职业教育体系研究中应引入对其他社会支持系统的分析,尽管这是一个非常复杂的议题。欧洲职业培训发展中心(CEDEFOP)、经济合作与发展组织(OECD)和国际劳工组织(ILO)等机构通过对国家职业教育体系的持续分析和研究发现,创建一个有极高价值的国家职业教育体系轮廓变得越来越困难。事实证明,脱离制度背景的教育体系分析是失败的,脱离制度差异和文化差异来复制职业教育制度也是无效的,要解决这一问题,必须分析社会结构、生产模式等技能形成体系内部实践。⑥ 凯瑟琳·西伦对英、美、德、日的国家技能形成体系演化做了研究,解释了这些国家职业教育体系的产生背景和产生差异的原因。⑦ 布斯迈尔(M. R. Busemeyer)等发现技能形

---

① 范唯、郭扬、马树超:《探索现代职业教育体系建设的基本路径》,载于《中国高教研究》2011年第12期,第62~66页。
② 关晶、石伟平:《我国职业教育体系存在的问题及其完善对策》,载于《职业技术教育》2012年第7期,第5~9页。
③ 白汉刚:《职业教育体系的国际比较》,载于《中国职业技术教育》2012年第12期,第12~17页。
④ 马树超:《职教体系建设应加强顶层设计》,载于《职业技术教育》2012年第12期,第25页。
⑤ 许竞:《试论国家的技能形成体系——政治经济学视角》,载于《清华大学教育研究》2010年第4期,第29~33页。
⑥ Brockmann, M., Clarke, L., Winch, C., et al., *Knowledge Skills and Competence in the European Labour Market: What's in a Vocational Qualification?* [M]. London: Routledge London, 2011.
⑦ [美]凯瑟琳·西伦:《制度是如何演化的:德国、英国、美国和日本的技能政治经济学》,王星译,上海人民出版社2010年版。

成体系有三个特征：首先，技能形成体系不是一个自我独立的制度"平衡"，而是脆弱的，每一部分的制度安排都需要利益相关者的持续政治支持；其次，技能形成体系受到企业、组织和国家技能供给和财政支持的影响；此外，技能形成体系在谁提供、谁主导、谁投入，以及职业教育和普通教育之间的关系四个方面始终存在争议。[①] 皮尔兹对职业教育利益相关者建立了理论模型，包含劳动市场政策制度、教育经济制度、体系的可持续性和稳定性以及资格认证等。[②] 这说明，广义的创新体系和经济发展政策对职业教育体系的制度环境有很大影响。[③] 但是，目前对不同国家职教体系的实际运行过程和机制以及在国家层面上的差异依然缺乏充分的研究。[④]

综上所述，对现代职业教育体系的研究已经不再是单纯针对教育体系结构的探讨，而是扩展到了体系内涵、与社会伙伴关系处理以及制度环境等方面。在内涵上，随着对职业教育体系层次和内部衔接的认识不断加深，对职业教育作为独立于普通教育的一种类型的看法逐渐被接受。职业教育需要广泛的社会合作关系，无法独立于社会其他部门而存在，而且它们之间是相互影响的。有学者提出职业教育是社会融合的工具和经济发展的动力，[⑤] 但是这一假设依然缺乏足够的实证依据。在职业教育制度环境方面，针对职业教育立法、职业教育政策实施、职业教育改革等的研究不断加深，能力形成体系成为职业教育体系和制度环境整体框架的一部分。由于现代职业教育的内涵是建立职业教育质量保障体系的学理基础，因此这方面的研究具有重要的意义。

（三）关于现代职业教育质量保障体系的研究

质量保障（quality assurance）概念起源于管理学，是指由确立标准、监测、评估等组成的一系列活动。教育质量保障是"确保教育质量得到保持和提高的所有政策和过程"[⑥]，是"质量保证机构根据一定的质量标准体系，按照一定程序，

---

① Busemeyer, M. R., Trampusch, C., *The Political Economy of Collective Skill Formation* [M]. New York: Oxford University Press, 2011.

② Pilz, M., *The Future of Vocational Education and Training in a Changing World* [M]. Springer VS, 2012.

③ Keep, E., The Future of Vocational Education and Training in a Changing World [J]. *Journal of Vocational Education & Training*, 2012, 64 (4): pp. 561–562.

④ Winch, C., Research in Vocational Education and Training [J]. *British Journal of Educational Studies*, 2012, 60 (1): pp. 53–63.

⑤ Nilsson, A., Vocational Education and Training-an Engine for Economic Growth and a Vehicle for Social Inclusion [J]. *International Journal of Training and Development*, 2010, 14 (4): pp. 251–72.

⑥ Lim, D., *Quality Assurance in Higher Education: A Study of Developing Countries* [M]. Aldershot: Ashgate Publishing Company, 2001: P. 13.

对教育质量进行的控制、审核和评估"①。据此，职业教育质量保障是以保持和提高职业教育质量为目的的，由职业教育机构按照一定政策、标准和程序实施的活动。它涉及教育规划管理、办学、教育教学过程和教师等影响教育质量的多个方面，包括：（1）为职业教育体系之外的人提供质量保证；（2）由特定机构按照一定的政策、标准和程序实施活动；（3）涉及教学过程、教师和教学设施设备等影响教育质量的多个方面；（4）质量保证的目的是保持和提高质量。② 质量保障过程具有一些基本特征，如明确产品或服务的标准；识别达到目标所须履行的关键职责与程序；不停地借助于用户指导与监督目标的完成；对达成标准的程序有明确的文献表述；对完成标准的实施程序进行严密的控制；全员参与和奉献的精神。③

教育界关于教育质量保障有承诺说、过程说和策略说等不同理解。"承诺说"把教育质量保障视为教育机构对提供优质教育服务的一种承诺。教育质量保障主要是为教育机构以外的人提供担保和证据，使他们确信教育机构有严格的质量管理过程，而不必担心教学质量和毕业生质量。④ "过程说"把教育质量保障视为质量管理的过程，认为教育质量保障是根据预先制定的一系列质量标准与工作流程，全体员工发挥潜力与自觉性，实施并不断改进教育教学计划，从而达到预定的教育质量目标和学校总体目标的过程。"策略说"把教育质量保障视为教育质量管理的策略，认为教育质量保障是一套涉及整个教育系统及其管理问题的系统化的思维和行动策略。

我国很多研究把职业教育质量保障体系分为外部质量保障体系和内部质量保障体系两个子系统：外部质量保障体系指进行职业教育质量监督、评价和调控的系统，由教育部和省级教育主管部门以及社会有关方面共同组成；内部质量保障体系是指职业院校内部质量保障活动的系统，由质量生成、质量监督与评估、信息管理、反馈调控等系统共同组成。⑤ 职业教育保障体系是一个内部具有高度规范性、外部具有广泛适应性的框架结构，其内部组织从专业建设、课程开发、教学过程和资源管理等方面加强诊断和预警；而对于其外部环境，则要从经济需

---

① Green, D., *What is Quality in Higher Education. The Society for Research into Higher Education* [M]. Buckingham: Open University Press, 1994: pp. 3 – 21.
② 周文清：《高等职业教育质量保障体系比较研究》，湖南师范大学，2009年。
③ Ellis, R., The Management of Quality in the University of Ulster [J]. *Higher Education*, 1993, 25 (3): pp. 239 – 257.
④ Harman, G., *Quality Assurance for Higher Education: Developing and Managing Quality Assurance in Higher Education Systems and Institutions in Asia and the Pacific* [M]. Paris: UNESCO, 1996: P. 6.
⑤ 韩奇生：《高等职业教育质量保障体系建设述评》，载于《高教探索》2012年第4期，第140 ~ 143页。

求、个人需要、质量标准和职业资格等方面去适应。[①] 以内部和外部来构建职业教育质量保障体系，突出了政府、社会、院校等多元治理主体，具有系统化的特点。但是现有研究对社会主体特别是企业行业如何参与职业教育质量保障体系，以及内部保障体系的保障内容、手段、运行机制及动力机制等方面的讨论还较为缺乏。

我国的质量保障体系与国际通行的"（内部）监测和（外部）评估"的"质量监测与评估体系"（monitoring and evaluation system，M&ES）的表述基本一致，但理解上有所差别。M&ES 是"能够向管理人员连续反馈一个体系或机构运行状况的信息、识别获得成功的潜能，以及尽早发现问题以保证及时调整的工具"[②]。建立职业教育的 M&ES 是一个"确定做得怎样""发现错在哪里""知道怎样修正"的过程，需要科学的方法和操作性强的工具。职业教育的质量保障体系至少有三个层面：（1）促进区域、行业或企业人力资源开发的宏观职业教育质量保障体系；（2）促进职业院校发展的院校质量保障体系；（3）促进学生发展和教师提高教学水平的教学质量保障体系。[③]

目前我国职业教育质量保障体系的研究和实践还很薄弱，特别是没有满足现代职业教育体系的系统性和开放性要求。职业教育质量保障活动的实践，就是建构整个质量保障体系的过程。在中国，提高职业教育教学质量，需要建立以政府为"主导"、以企业为"反馈中心"、以学校为"运行主体"的职业教育质量保障体系。[④] 也有研究倾向将职业教育质量保障体系的内容概括为整个质量保障体系的建构过程，并建议引进"元评估"机制。[⑤]

一些学者将质量保障体系的内容微观化，从教学和评价等角度探讨质量标准体系的内容，如吕红等参照澳大利亚的经验，提出了构建我国职业教育课程质量保障体系的初步框架。[⑥] 邢天才设想建立宏观和微观两个质量评价体系，并分别制定了相关的评价标准，这些标准基本反映了当前对职业教育发展质量指标的总体认识。例如，宏观评价体系的质量评价标准包括：与政治、法律环境相适应的评价标准，占用社会资源的合理性评价标准，区域性平衡评价标准，区域和行业

[①] 郭扬：《外圆内方：职业教育质量监控与评价体系的结构特征》，载于《职教论坛》2004 年第 4 期，第 15～18 页。

[②] [德] 瓦格纳：《调查与评估教育机构的现代化方法与手段》，载于《中国职业技术教育》2002 年第 4 期，第 19、21 页。

[③] 赵志群：《职业教育与培训学习新概念》，科学出版社 2003 年版，第 254 页。

[④] 马宽斌：《高等职业教育质量保障体系中政府、企业与学校的角色定位探析》，载于《教育理论与实践》2011 年第 3 期，第 24～26 页。

[⑤] 周文清：《高等职业教育质量保障体系比较研究》，湖南师范大学，2009 年。

[⑥] 吕红、石伟平：《澳大利亚职业教育质量保障体系探究》，载于《外国教育研究》2009 年第 1 期，第 85～91 页。

经济适应性评价标准，专业设置和区域布点的前瞻性评价标准，职业教育社会接受程度评价标准；微观评价体系的质量评价标准包括：教育基础设施评价标准，师资队伍评价标准，教学方法评价标准，教学手段评价标准，科学研究水平评价标准，专业设置评价标准，专业岗位、岗位群教育与生产和服务第一线技术变化的适应性评价标准，课程体系评价标准，教材建设评价标准，学生质量评价标准，就业水平和就业稳定性评价标准。[①]

在国际上，欧盟把提高职业教育质量作为增强职业教育竞争力和吸引力的重要举措，于 2009 年颁布了《欧洲职业教育和培训质量保证参考框架》（*European Quality Assurance Reference Framework for Vocational Education and Training*）。该框架由质量保证和改进过程、监控过程及质量工具三个部分构成。据此，质量保证和改进是一个持续、系统的过程，由计划、实施、评估和检查等彼此相互联系的阶段组成；监控过程由内部监控机制和外部监控机制两部分组成；质量评价工具由 10 个一级指标和 14 个二级指标组成，与质量保障与改进的过程一致，分别反映在计划、实施、评估与检查的四个阶段中。框架强调了市场需求导向、突出了质量保障主体的多元化、注重保障环节的贯通性与整体性，对促进欧盟职业教育质量提高起到了积极的作用。[②]

澳大利亚的职业教育独具特色，通过培训包（training packages，TP）、资格认证框架（australia quality framework，AQF）和质量培训框架（australia quality training framework，AQTF）等所谓的职业教育三大支柱，统一了各州（领地）职业教育培训机构的办学标准和资格认证体系，明确了各州（领地）注册/课程认证机构的标准，建立了课程内容的标准化开发方式，为全面提高职业教育质量起到了积极的作用。[③]

德国发达的职业教育被认为是经济腾飞的秘密武器，其保障职业教育质量的措施主要包括：（1）完善的法律法规，如《联邦职业教育法》（2005 年）、《企业宪法》（1972 年）、《手工业条例》（1965 年）等。（2）先进的人才培养模式，如"双元制"模式等；强大的职业教育研究机构和领先的职业教育研究，如联邦职业教育研究所、设计导向职业教育思想、工作过程导向的学习领域课程等。（3）严格、科学的教学督导和评价过程，如《职业教育法》规定学生毕业必须通过中间考试、毕业考试、师傅考试和进修考试等。（4）严格的教师资格准入、

---

① 邢天才：《试论高等职业教育质量评价体系和标准的构建》，载于《评价与管理》2006 年第 4 期，第 41~46 页。

② 尹翠萍、周谊、李洁：《欧盟职业教育与培训质量保障参考框架述评》，载于《中国职业技术教育》2012 年第 30 期，第 62~66 页。

③ 周祥瑜、吕红：《澳大利亚的职业教育质量保障体系——国家质量培训框架》，载于《职业技术教育》2005 年第 31 期，第 79~82 页。

完善的师资培养制度，等等。

由于各国职业教育体系的差异，以上国家和地区构建的职业教育保障体系的差别很大，特别是管理体制和保障主体不同。当前国际主要质量保障方法可以分为四类，即评估、认证、审计和基准。职业教育质量保障实践受企业管理理论的影响很大，特别是全面质量管理（TQM）和 ISO 9000 质量标准的管理思想。按照全面质量管理理念，教育服务过程的各环节构成一个教育质量螺旋上升的系统，通过质量保障体系可以将教育过程的全部活动纳入统一规范的管理轨道，确保教育目标的实现和教育质量的提高。[①] 借鉴 ISO 9000 的管理思想和方法，职业教育质量保障体系应包括质量目标生成、过程监控、质量评估和评价、信息管理与反馈、持续改进机制等子系统。[②] 以人为中心的全面质量管理（TQM）和以标准为基础的 ISO 9000 管理思想对职业教育质量保证体系的建立和完善具有积极的指导意义，但是目前在保障体系的系统框架、标准与流程等方面还缺乏深入研究。

职业教育质量保障体系的实践研究具有重要的意义，这涉及教学内容、教学过程、教师和教学设施设备等影响教育质量的各个方面，需要相关技术和工具的支持。我国这方面的研究比较薄弱，但已经有一些研究机构和职业院校开始尝试引入内部质量保障工具，例如，原教育部河北唐山中德职业教育项目采用"质量指标控制法"（英语为 quind，即 quality 和 indicator 的缩写）对职业学校教育教学工作质量进行自我控制。其基本做法是，在对教学现状调查的基础上，分析存在的问题，通过集体研究讨论，共同确定今后改进和发展的"工作目标""检验指标"并制定"改进措施"；经过一定时间改进和发展后，对改进效果进行评价和反思，从而保证教学质量得到持续改善和不断提高。[③] 北京教科院等采用"学习任务自我评价法"对职业教育课程的运行质量进行内部控制和评价。该方法是一个建立在组织学习理论和过程管理理念基础上的参与式课程评价工具，是在教师层面进行的、系统化的内部质量控制手段。综上所述，目前有关职业教育质量保障体系的理论探讨较多，对具体标准和实施层面措施的探讨较少，原因是顶层设计不足，所以还存在研究的盲区，如多元治理主体及其相互关系，特别是如何构建社会组织参与职业教育质量生成与评价以及相关的动力机制等。今后，全面探讨各层面职业教育质量标准及其保障体系具有积极的意义。

---

① 刘晓欢：《基于产品观的职业院校教育质量特征》，载于《武汉职业技术学院学报》2007 年第 4 期，第 8～11 页。

② 刘骋：《ISO 9000 与职业教育质量保障体系的构建》，载于《职教论坛》2004 年第 12 期，第 25～27 页。

③ 中德唐山农村职业教育项目：《职业教育质量控制与评估——中德合作唐山方案》，河北人民出版社 2004 年版。

二、职业教育人才培养质量标准

职业教育的人才培养质量标准是职业教育质量保障体系建设的一项基础性工作。"标准"有两种含义,一是比较的准则和尺度,二是要求达到一个具体目的的优秀程度。职业教育质量标准是职业教育良性发展应当或必须达到的最低质量要求,这种要求是公认而通用的。

国际有关职业教育质量标准的研究起步很早,如英国于1964年成立国家学位授予委员会(CNAA),其宗旨就是为了确保(高等职业教育领域的)多科技术学院的质量与水准。同期日本也颁布了《专修学校设置基准》《高等专科学校设置基准》《短期大学设置基准》,目的也是为了维持高等职业教育的质量和水准。[①] 英国相关领域的重要研究主题包括职业教育中的工作本位学习、职业教育中的能力与质量、高等教育与就业中的能力开发[②]等。

我国对职业教育(人才培养)质量标准的探索尚处于起步阶段。一些研究按照职业教育实施过程将中等职业教育质量标准分为"预设标准""过程标准""结果标准",按照质量评价主体分为"普适性标准""特殊标准"。[③] 职业教育质量标准指标包括学生质量、师资质量、物质条件、办学特色、校园文化和满意度等。目前国内关于职业教育质量标准的研究主要集中在高等职业教育,但多集中在理论和价值观念层面,少有涉及具体的质量标准的建构与实施研究。在所有职业教育质量标准中,代表着职业教育的"产出"(output)和"结果"(outcome)的学生学业质量标准是最重要的,相关研究具有重要的基础意义,特别是与职业要求有关的职业能力标准的研究,以及课程(教学)标准的研究。

(一)职业能力(胜任特征)研究

"以就业为导向,以能力为本位"是我国职业教育的重要指导思想,然而大家对职业能力(即职业胜任特征)却有多种理解,如上海市《职业教育国际水平专业教学标准开发指导手册》的定义是"个体完成工作任务所达到的水平状态",即完成任务的客观绩效要求;人力资源和社会保障部《国家技能人才培养

---

① 赵叶珠:《高等教育质量:世纪之交引起关注的原因》,载于《有色金属高教研究》2001年第2期,第6~8页。

② Bennett, N., Dune, E. & Carre, C., *Skills Development in Higher Education and Employment* [M]. Buckinghan: Open University Press, 2000.

③ 赵文月:《中等职业教育质量标准指标体系研究》,载于《新疆职业教育研究》2012年第1期,第48~52页。

标准编制指南》定义为"在真实的工作情境中整体化地解决综合性专业问题的能力",这超越了职业功能性要求,开始强调综合素质和发展潜能。对职业能力的不同认识导致了不同的人才培养目标和教育评价标准。能力研究对建立职业教育质量保证体系具有基础性的理论价值。

能力是一种个性特性,人们按照不同的方法论对能力进行研究,如行为主义导向、理性主义研究传统和解释性研究,① 由此建立了不同的能力观,如"行为主义的能力观"(强调技能和绩效)、"基于一般个性特征的能力观"、"综合的能力观"(强调职业认知能力)等。②

1998年,教育部领导讲话中首次出现"职业能力"的提法。③ 由于中国社会对岗位和职业的区分不明确,对"以职业形式组织的工作"没有足够的敏感性,因此,很多人将职业能力理解为"岗位工作能力""完成特定任务的能力"或"某类职业共同的基础能力"④。原劳动部"国家技能振兴战略"研究课题把能力分成三个层次,即职业特定能力、行业通用能力和核心能力,这对技能考核实践产生了很大影响。⑤ 一些技能鉴定机构甚至开展了核心能力(如与人合作、自我学习等)的鉴定,显示了行为主义能力观与基于一般个性特征能力观两种本来矛盾的概念不同寻常的结合。

对职业能力的不同认识,演绎出不同的教育教学质量评价体系。目前我国很多能力研究属于概念性的思考,由于没有实证基础,还很难称得上真正的研究。过去学校内部开展的作为教学质量监控活动的能力测评,采用的能力模型和评价指标体系有较强的学校或区域性特征,无法借此进行校际和区域间的比较。由于相关理论研究不足,能力模型和测评方案无法反映职业认知能力的发展,也没有建立起对测评结果与能力发展阶段对应关系的解释模型。

人力资源开发领域有多种能力测评方法和工具,主要用于员工招聘,如美国的"行为事件访谈"(BED)分析特定职业的能力结构,⑥ 我国公务员考试采用书面测验方式进行"行政职业能力测评"。这些方法的共同硬伤是评价的都是人

---

① Sandberg, J., Understanding Human Competence at Work [J]. *Academy of Management Journal*, 2000 (1): pp. 9 – 25.
② Hager, P., Competency Standards [J]. *The Vocational Aspect of Education*, 1995, 47 (2): pp. 141 – 151.
③ 刘来泉:《深化教学改革,突出特色,提高质量,进一步推动职业教育健康发展》,引自国家教委主编:《面向21世纪的职业教育教学改革》,高等教育出版社1998年版,第6~20页。
④ 严雪怡:《教育分类、能力本位与广义的职业能力培养》,载于《职业技术教育》2007年第7期,第11~13页。
⑤ 陈宇:《职业能力以及核心能力》,载于《职业技术教育》2003年第11期,第26页。
⑥ McGlelland, D. G., Testing for Competence Rather than for "Intelligence" [J]. *American Psychologist*, 1973 (1): pp. 1 – 14.

独立于工作过程之外的能力,而专家智能研究却表明,我们只能在具体的情境或工作行动中才能对专业人员的能力进行间接的评价。① 研究发现,这些能力测评方法缺乏足够的效度,尽管成本高昂,但并不会对企业和实际工作过程产生显著影响,而且所评价的抽象能力对解决复杂问题的教育性和智力发展的贡献也很小。②

(二) 职业资格标准研究与课程开发技术的研究

明确的职业资格要求,是工作导向职业教育质量的基础。职业资格研究是课程开发的基础性工作,也是一个要求很高的综合性研究领域,需要很强的方法论指导。随着职业学(vocational discipline)研究的建立和发展,③ 人们开发了一系列资格研究的方法和工具,包括量化研究(如概率分析、技能点量化评估)和质性研究(如专家工人访谈会、剧情预测),还特别考虑主观特性的影响。④ 职业教育课程和教学标准开发有两大类方法:一是由政府机构组织进行的"权威性"的资格研究程序的研究;二是(常常)由职业教育机构自主进行的职业分析和工作分析的方法。

1. 资格研究程序与课程开发技术标准研究

我国有关职业院校专业设置和课程开发技术标准的研究较为薄弱,体现在"专业建设制度不规范、不系统,无章可循"⑤。从2003年开始,教育部在"职业院校技能型紧缺人才培养培训工程"中提出和试验了在主管部门指导下的课程开发程序,一些地方也开始探索建立地方性的课程开发流程,其中最有影响的是"上海市中等职业教育专业教学标准开发范式的研究"⑥,这对上海市课程开发和教学标准的编制工作起到了引领和指导作用。

相关理论研究起始于"十五"规划课题"学历证书与职业资格证书相互转化的理论与实践研究"和人力资源部课题"职业发展变化趋势与国家职业分类体系研究",这两个课题均提出了建立课程开发技术标准的具体目标,如帮助职业

---

① Röben, P., Arbeitsprozesswissen und Expertise [A]. Petersen, W. et. al. (Eds). IT – gestützte Facharbeit [C]. Baden – Baden: Nomos, 2001: pp. 43 – 57.
② Maag Merki, K., Cross – Curricular Competencies [A]. Rauner, F. & Maclean, R. (Eds.): Handbook of Technical and Vocational Education and Training Research [C]. Dordrecht: Springer, 2008: pp. 517 – 523.
③ Pahl, J. – P. & Volkmar, H. (Eds.) Handbuch Berufliche Fachrichtungen [M]. Bielerfeld: Bertelsmann, 2010.
④ Neuweg, G. H. & Putz, P. Methodological Aspects [A]. Rauner, F. & Maclean, R. Handbook of Technical and Vocational Education and Training Research [C]. Dordrecht: Springer, 2008: pp. 669 – 703.
⑤ 周建松:《高等职业教育专业建设理论与探索》,浙江大学出版社2010年版。
⑥ 上海市中等职业教育课程教材改革办公室上海市教育委员会教学研究室:《上海市中等职业教育专业教学标准开发指导手册(修订本)》,http://www.docin.com/p – 501763460.html,2013年2月。

院校设置符合劳动市场和行业发展要求的专业，开发符合职业发展规律，并与国家职业标准相对应的课程等。① 2012 年，人社部颁布《一体化课程规范开发技术规程（试行）》，采用了以发展性任务（developmental task）心理学理论②和"从初学者到专家"的专家发展理论③为基础的整体化职业分析方法等当代职业教育研究的新理念和方法论（详见本书第六章第一节）。

德国《职业教育法》规定职教课程标准（即《职业培训条例》）开发由联邦职业教育研究所（BIBB）统一进行，这也是按照"权威性国家资格研究程序"进行的工作，在德国被称为 OQF（德文 Ordnungsbezogene Qualifikationsforschung，即与课程相关的资格研究）。本纳尔（H. Benner）将 OQF 程序归纳为四个步骤：（1）问题概述；（2）案例分析；（3）活动分析；（4）进行评估和开发课程。④严格上讲，德国的课程开发程序并不是纯粹的科学研究方法，其实质是劳资双方、联邦主管部以及各州文化部部长联席会之间针对《职业培训条例》的协调机制，由此确定的职业资格是一个"准科学结果"，这也符合中国的国情。

2. 职业和工作分析方法的研究：从 DACUM 到 EXWOWO

在我国，起源于北美的 DACUM（developing a curriculum）方法有着重要的影响。但是基于行为主义理念的 DACUM 由于忽视受教育者整体性发展，在国际职业教育界却广受质疑。⑤ 近期我国的研究也注意到这一问题，发现 DACUM 与泰勒管理模式和流水线生产相对应，不适合促进持久生涯发展和培养胜任复杂任务要求的高技能人才。⑥ 技术发展和劳动组织形式变化对技术工人的综合素质提出了更高的要求，人们开始寻找能对现代职业工作特征做出恰当描述，并能反映职业学习规律的标准化工作分析方法。其中最重要的成果之一是德国不来梅大学开发的"典型工作任务分析法"（berufliche arbeitsaufgaben，BAG），⑦它延续了 DACUM 的实践专家研讨会方式，由于遵循职业发展的逻辑规律，因此，实现了

---

① 中国就业培训技术指导中心课题组：《职业发展变化趋势与国家职业分类体系研究》，北京，2005 年。
② Havighurst, R. J., *Developmental Task and Education* [M]. New York：Longmans & Green, 1972.
③ Dreyfus H. L. & Dreyfus S. E., *Mind over Machine：the Power of Human Intuition and Expertise in the Era of the Computer* [M]. Oxford：Blackwell, 1986.
④ Benner, H., Ordnung der Staatlich Anerkannten Ausbildungsberufe. Bundesinstitut für Berufsbildung [M]. Bielerfeld：Bertelsmann, 1996, P. 95.
⑤ Young, M., National Qualifications in the United Kingdom [A]. Allais, S., Raffe, D., Strathdee, R. et al. (Eds.) Learning from first qualication frameworks [C]. Genf：Employment Sector Employment Working Paper, 2009：P. 45.
⑥ 何兴国：《DACUM 与工作过程导向课程开发方法比较研究》，载于《职教论坛》2012 年第 27 期，第 69－71 页。
⑦ Rauner, F. & Kleiner, M., Experten–Facharbeiter–Workshops [A]. Rauner, F. (Ed.) Qualifikationsforschung und Curriculum [C]. Bielefeld：Bertelsmann, 2004：pp. 115－133.

从"学科范式"向"发展理论范式"的转变以及从工作分析到职业分析的发展。① 这一方法在中国进行了广泛的实践。

总的来说，我国从发达国家学习了很多课程理论并进行相应的实践，但由于不同国家有不同的研究传统和课程理念，不同研究学习背景的研究人员在利用所学知识开展工作时遇到很多困难，这对发展中国家恰恰缺乏扎实理论基础的课程标准开发实践产生了一些不利影响。

三、职业教育运行机制与投入保障

（一）关于职业教育运行机制的研究

职业教育运行机制是职业教育不同子系统、因素之间相互联系、相互作用而形成的有规律的运行过程和方式。目前我国有关职业教育运行机制的研究主要集中在两个方面：一是对职业教育运行机制的类型划分；二是对职业教育各利益主体的分工和职权的界定。例如，乐先莲提出职业教育四种基本模式，即学校本位模式、企业本位模式、社会本位模式和学校—企业综合模式，② 这只是对经典的格莱纳特（W. D. Greinert）模型的重复。合理的职业教育运行机制建设需要考虑外部环境的变化和市场供需，各利益共同体的信息与资源的共享，政府、行业、学校、市场之间关系的平衡等。一些研究对政府、企业、学校等利益共同体的职责进行界定，强调建立集中与分散结合、政府调控下的学校自主办学、计划和市场结合的运行机制，③ 认为适应社会主义市场经济需要的职业教育运行机制具有政府领导、部门指导、学校主导、市场引导和社会督导的特点。④ 职业教育运行机制涉及动力（发展职业教育的规划、目标系统和激励、约束措施）、运行决策（决策管理、决策研究、决策信息）、运行执行（各级各类培训机构、职业学校和为职业教育运行服务的辅助机构）、运行监督（各级政府部门的督查、评估机构，职业学校内部的自我评估机构）等多方面的关系。⑤ 以上研究有一个共同的

---

① Dostal, W. Occupational Research [A]. Rauner, F. & Maclean, R. (Eds.) Handbook of Technical and Vocational Education and Training Research [C]. Dordrecht：Springer, 2008：pp. 162 – 169.
② 乐先莲：《试论职业教育的几个基本问题》，载于《职业技术教育（理论版）》2007 年第 4 期，第 8～11 页。
③ 周昌顺：《建立职业教育管理体制良性运行机制》，载于《中国成人教育》2002 年第 6 期，第 23～24 页。
④ 周和平：《职业教育运行机制初探》，载于《职教通讯》2003 年第 11 期，第 22～23 页。
⑤ 徐伟：《论职业教育运行机制的现状与对策》，载于《理论与应用研究》2009 年第 12 期，第 9～10 页。

缺陷，即主要基于逻辑思考对相关问题进行主观的定性阐述，缺乏严谨的资料收集和数据分析过程。

（二）关于职业教育投入机制的研究

教育投入是一个国家或地区根据教育事业发展的需要投入教育领域中的人力、物力和财力的总和，包括资金投入以及政策、认知精神和行为等广义的投入。职业教育投入机制是职业教育运行机制的重要组成部分，目前我国在职业教育投入机制方面存在着很多缺陷，反映在体制、政策、经费、模式以及观念等多个方面，例如，经费投入利用效率不高，存在人员经费与公用经费支出比例不合理状况。① 在中等职业教育领域，投入机制不健全是导致中职投资在整个教育投资中所占比例过低，以及中职教育投入在东部、中部、西部地区呈现不平衡状况的主要原因。② 高等职业教育也存在着教育投入结构失衡、区域间投入失衡以及高职院校内部投资比例失衡的问题，可以总结为职业教育经费占教育总经费的比重不高、内部分配不合理、机制不完善等问题。国际上通常用国家财政性职业教育经费、预算内职业教育经费、生均预算内事业费以及生均预算内公用经费反映政府对教育的重视程度与支持程度以及可支配财力对教育投入的强度。如何完善职业教育经费投入机制、加强职业教育经费的管理，是亟待解决的问题。③ 此外，目前有关投入机制的研究更多关注经费投入，而对其他方面的关注较少。

四、职业教育师资队伍质量保障

（一）关于职业教育教师资格制度的建构和完善

目前我国职教教师资格尚无单独的条例规定，更多是参照普通教育相同层级的教师资格，没有完全体现职业教育的特点和发展现实。因此，职教教师资格制度的建构和完善是职业教育研究的一个重要课题。

围绕着职教教师资格制度建构和完善的研究有多个角度。通过对我国职教教师资格制度的发展进行梳理发现，中等职教教师资格从新中国成立初期的学历要

---

① 于小淋、沈有禄：《我国中等职业教育投入机制的现状与问题》，载于《教育与职业》2010年第35期，第5~8页。
② 赵静、沈有禄：《我国中等职业教育投入机制存在问题的原因与对策分析》，载于《中国职业技术教育》2011年第3期，第85~89页。
③ 刘晓、石伟平：《当前我国职业教育投入现状的分析与思考》，载于《职教论坛》2011年第4期，第4~8页。

求，发展成以法律内的学历要求为主，并辅以法律外的专业技能的补充规定，但这并不符合职教教师专业化发展的要求。① 发达国家一般建有专门的职教教师资格制度，如英国、日本和美国等的教师资格证书的更新或认证等。② 徐国庆在分析美国经验的基础上，提出职教教师职业资格证书制度应借鉴的特征，即证书获取呈递进的过程性设计，采取开放性设计以适应不同能力特征的群体，证书标准要求突出工作经验和以课程学习为证书升级的重要条件，③ 这与职业的"专业化发展"理念也不同。

我国职教教师资格制度的实施过程也存在问题。例如，尽管中职学校较好地落实了教师资格制度，但尚未全面落实教师职业准入制度，特别是拥有实习指导教师资格证书的教师比例太低。中职教师尽管认可教师资格认定条件，但认定环节缺乏有效性。难以解决的矛盾还包括教师资格发放制度、认证制度、管理制度以及配套制度的多个方面。④ 针对"双师型"教师资格要求的现实问题，德、澳、美、日等国的经验提供了启发，如在构建环节的资格标准、在职培训、地位待遇，以及在实施环节中针对类别差异采取不同认定方式，针对地区差异采取层层推进，针对动静标准差异采取分层递进的方法。⑤ 对职业教育不同类别教师的资格，如专业教师或实训教师等，也应有不同的制度考量。

（二）关于职业教育教师资格标准的研究

发达国家多建有明确的职教教师资格标准或能力标准，目前相关研究主要是修订和完善。欧盟职业培训发展中心（CEDEFOP）发布的"职业教育与培训专业人员能力框架"（competency framework for VET professions）将职教教师的能力框架分为三级，如第一级为管理、培训、发展与质量保障、建立人际网络等，该框架得到欧盟成员国的广泛认同。⑥ 在澳大利亚，获得职教教师资格证书是职教教师岗位的准入要求，教师需要获得不同培训包（training and assessment training package）的培训证书。如"培训与教育"培训包（TAE10）对职业教育领域的

---

① 曹晔、刘宏杰：《我国中等职业教育教师资格制度的历史与现实》，载于《职教论坛》2011年第19期，第57~61页。
② 段晓明：《国际教师专业标准改革的新趋势》，载于《教育发展研究》2011年第2期，第81~83页。
③ 徐国庆：《美国职业教育教师职业资格证书制度研究——以俄亥俄州为例》，载于《外国教育研究》2011年第1期，第90~96页。
④ 查吉德、张宇：《中职教师资格制度实施现状调查》，载于《教育与职业》2010年第13期，第42~44页。
⑤ 吴芳：《职业教育教师资格制度研究》，河北科技师范学院，2010年。
⑥ Volmari, K, Helakorpi, S, Frimodt, R (2009). Competency Framework for VET Professions [R]. http://www.cedefop.europa.eu/EN/Files/111332, 2013-02-20.

培训师和教师资格进行了有针对性的规定,据此,职教教师核心能力模块有 7 个,即学习设计、培训实施、运行高级学习项目、评价、培训咨询服务和国际教育管理。① 可与此进行比较的是,美国国家专业教学标准委员会(National Board for Professional Teaching Standards,NBPTS)的职业教育教师标准,确定职业教育(美国称生涯与技术教育)教师应具有创设高效的学习环境、促进学生的学习、帮助学生向工作和成人角色转换、通过专业发展改善教育等 4 大类 13 项能力。②

我国的相关研究主要在国际比较和我国自设标准制定两方面。国际比较主要对其他国家职教教师任职资格要求或职教教师专业能力标准进行介绍和比较,并对我国资格标准开发提出建议。③ 北京师范大学"职业教育教师资格制度研究"课题以职教教师职业活动分析为基础,按照职教教师的专门化理论构建了职教教师资格标准,包括专业课实习教师资格认定条件、正式教师资格认定条件和教育教学能力测试标准,这是较为系统和全面的资格标准。④ 另外还有一些零星围绕职教教师能力标准的实证研究,如对部分省市中职学校汽车运用与维修专业教师教学能力标准进行的调查;⑤ 从学生和教师、学院管理人员到行业企业专家角度对高职院校教师的能力现状的调研等。⑥ 总的来看,这些研究在研究对象、研究所涉及的能力标准内涵等方面相对分散,也没有足够的数据支持,所提的能力标准建议未得到广泛认同。

(三) 关于职业院校教师职业能力的研究

现有研究很少对职业院校教师的职业能力给出明确的定义,而多是通过其特征、结构与分类等进行阐述。如胡建波认为,高职院校教师的职业能力是指高等职业院校教师必须具备的职业素质与能力,包括"双师"素质、专业能力、职业教育教学能力等。⑦ 叶澜强调职教教师胜任其职业要求需要的新三方面的能力,

---

① TAE10:Training and Education Training Package [Z]. http://training.gov.au/Training/Details/TAE10,2013-02-20.

② NBPTS (2001). Career and Technical Education STANDARDS [S]. http://www.nbpts.org/userfiles/File/eaya_cte_standards.pdf,2013-12-20.

③ 韩云鹏:《发达国家职业教育教师的任职资格要求》,载于《职业技术教育》2011 年第 35 期,第 93~95 页。

④ 俞启定:《职业教育教师资格制度研究主报告》,中等职业学校教师素质提高计划重点专业师资培养培训方案、课程和教材开发公共项目"职业教育教师资格制度研究",2011 年。

⑤ 汤霓:《关于中职专业教师教学能力标准的调查报告——以汽车运用与维修专业为例》,载于《职教论坛》2010 年第 12 期,第 80~86 页。

⑥ 辛艳:《中等职业学校教师教学能力体系探究》,载于《职业技术》2011 年第 2 期,第 70 页。

⑦ 胡建波:《高职院校教师职业能力的内涵与要素分析》,载于《职教通讯》2011 年第 5 期,第 70~74 页。

即理解他人和与他人交往的能力、管理能力，以及教育研究能力。[①] 一些学者对职校教师职业能力的结构进行研究，构建了职校教师的职业能力模型。例如，运用人力资源管理的行为事件访谈法和最优实践标杆法，提炼出绩效优秀的高等职教教师应具备的职业能力，并针对可测量的胜任力定义了操作关键点。[②]

与职业院校教师职业能力结构紧密联系的是教师职业能力结构标准的研究。欧盟职教教师能力结构标准包括管理、培训、发展与质量保证和工作关系网构建4个核心领域，其《职业教育与培训专业人员的能力结构》适用人员范围比较广，包括教师、培训师和校长等。[③]

针对职业院校教师职业能力测评，苏志刚提出了高职院校教学改革应从高职教师职业教育教学能力的培训和测评入手的议题，并在宁波职业技术学院最先开始相关实践。[④] 对高职院校教师职业能力进行测评是学校管理的需要，也是对教师提升素质的指引，这种测评应是动态、逐步深入、立体和多元的。[⑤] 李骥昭等采用行为事件访谈方法、职位分析法等构建了高职教师的胜任特征模型，提倡基于胜任力模型对高职教师进行评价。[⑥] 胡建波等还设计了高职院校教师教育教学能力测评方案，但是确切地讲，这是一个教学技能测评方案（如测评教师对一门课的教学设计），其实施过程的科学性存在很大的完善空间。[⑦]

综上所述，我国关于职业院校教师职业能力的研究还处于起步阶段。相关研究关注"职业能力结构"和"职业能力模型"的多，而进行"职业能力测评"实践的少；关注"高职教师职业能力"的多，而关注"中职教师职业能力"的少。多数研究是基于自身实践经验或文献进行的总结，基于实证的量化研究较为鲜见。即使有少量研究采用了量化研究法以及实证研究范式，但多数也是源于人力资源管理中的方法，缺乏职业教育学理论的考量。基于人力资源管理方法构建的职业院校教师职业能力结构与模型脱离教师的真实工作情境，很难有效引导教师的职业能力发展。一些基于职校教师真实工作情境的测评方案（如测评教师对一门课的教学设计）除了实施过程的科学性问题外，进行大规模测评时的成本控

---

① 叶澜：《教师角色与教师发展新探》，教育科学出版社2001年版，第25~26页。
② 杜贺敏：《高等职业教育教师胜任力研究》，载于《中国电力教育》2012年第17期，第113~116页。
③ 刘其晴：《欧盟职业教育教师能力结构标准及其启示》，载于《中国职业技术教育》2011年第15期，第72~77页。
④ 苏志刚：《开展教师职教教学能力测评 提高课堂教学质量》，载于《中国大学教学》2007年第11期，第79~80页。
⑤ 张琦：《谈高职院校教师职业能力测评》，载于《辽宁经济职业技术学院学报》2010年第2期，第84~85页。
⑥ 李骥昭、刘义山：《高等职业院校教师胜任力评价研究》，载于《科技信息》2006年第10期，第110~111页。
⑦ 胡建波：《高职院校教师职业能力研究》，电子科技大学出版社2012年版，第56~80页。

制和效度是很大的问题。

五、对现有研究的评述

1985年《中共中央关于教育体制改革的决定》拉开了我国教育体制改革的序幕,职业教育进入了一个崭新的历史发展时期。特别是进入21世纪以来,党和政府高度重视职业教育,相继颁布了很多关于职业教育改革和发展的法规文件,职业教育质量建设进入了新的发展阶段,各地在教育实践中进行了丰富的职业教育质量保障体系建设的实践和探索。与此相应,作为重要学术问题和重点现实问题,在建立现代职业教育体系和人民满意的职业教育的大背景下,学术界对职业教育质量保障体系的研究也在不断深化,取得了一些有价值的研究成果,这为本书的研究工作奠定了重要的基础。但这些研究还存在明显不足,主要表现在以下几点:

首先,缺乏有深度的研究,理论建构比较薄弱。尽管一些研究对建立和完善职业教育质量保障体系的重要性有一定认识,但是对现代职业教育质量保障体系的理论构建不足,而且重复性研究多,相关理论的系统化研究不足。例如,提出的问题和建议大多数处于孤立状态,研究问题分散;对于现代职业教育质量保障体系的内涵、特征及其本质属性等重要问题,始终没有形成得到公认的观点,更缺乏具有一定质量、又能够支持系统化实践探索的理论。

其次,孤立性的研究多,系统性和整体性不足。现有研究多是对职业教育质量保障体系中某一特定方面和问题进行探讨,如对职业教育的质量观,职业教育质量保障,现代职业教育体系,职业教育人才培养质量标准,职业教育政策保障体制和运行机制,职业教育师资队伍质量保障等。研究多聚焦这些问题的某一个方面,较少从事物之间普遍联系的观点出发,缺乏对现代职业教育质量保障体系进行的整体思考和系统设计。

再次,研究方法比较单一,缺乏高质量的实证研究。现有理论思辨和实证研究存在研究方法不够规范的问题。思辨研究多以文献分析为主,主要依靠研究者个人认识和主观判断进行推论;极少数的实证研究多以简单问卷调查为主,通过数据的简单分析获得结论,统计分析不够深入。少数较为严谨的研究如能力测评等量化研究才刚起步,由于样本容量有限,缺乏代表性,还没有对政策的制定产生足够的影响。

最后,研究成果对决策的影响力有限。由于研究数据基础较差,政策针对性不足等原因,真正能够服务决策甚至影响决策的研究还很少。

第三节 相关重要概念

2010年教育部提出建立现代职业教育体系的目标,如何把现代职业教育体系的内涵反映到职业教育质量保障体系研究中,成为一个重要的课题,即把现代职业教育体系的现代性(如教育理念科学性和办学条件先进性等)、系统性(如内部各层次办学机制结构分明,功能明确,链接通畅,特别是中高职在学制、专业、课程、教材的系统衔接等)和开放性(如对学习对象的开放,职教系统对普通教育、继续教育的开放,对产业行业企业的开放等)等质量要求更好地贯彻到质量保障体系的建设工作中。本书涉及职业教育质量保障体系的主要概念。为了使研究取得某一领域的突破性进展,本书的重点界定在解决职业能力诊断与评价,以及授权评价等质量保障体系建设的方法和技术性问题方面。

一、职业教育的质量

按照《现代汉语词典》的定义,"质量"是"产品或工作的优劣程度"。事实上,目前并不存在一个对质量的约束性认识。最初,人们按照所谓的客观标准来评价判断质量的好坏,然而即便是预先确定的技术标准常常也含有主观的成分。例如,一台电视机能正常使用多长时间就算质量合格?显然不同人会有不同的理解。20世纪60年代以来,对产品特性的质量评估,扩展到由顾客需要所决定的主观行为的评估,实用性、可操作性甚至审美,都成为产品质量的标准。

20世纪80年代对质量的认识达到了一个顶峰。哈佛大学加尔文(D. A. Garvin)提出了五种定义质量的方法,即:(1)哲学的超验方法;(2)以产品为基础的经济学方法;(3)以用户为基础的经济学、市场营销和运营管理方法;(4)以制造为基础的运营管理方法;(5)以价值为基础的运营管理方法。各种方法体现的是对质量认识的不同导向,即哲学导向、产品导向、用户导向、生产导向和价值导向。[①]

根据国际质量标准ISO 8402的定义,质量是"反映实体满足明确和隐含需要的能力的特性总和"。尽管还包括正常运转和无缺陷等内容,但这里的质量已

---

① Garvin, A. D., What Does "Product Quality" Really Mean? [J]. *Sloan Management Review*, 1984 (10): pp. 25-43.

不再是抽象的准则,而是反映对顾客的"需要"和诉求的满足。① 同样,大家对于"职业教育质量"的内涵也没有一致理解。文献分析表明,对职业教育质量的本质,不同时代、不同情境下有不同的回答,代表性术语如"高就业率""满足社会需求"等,反映了人们对"好的职业教育"的理解或期望,也反映出职业教育质量及其评价问题的复杂性。

国际组织对职业教育质量也没有统一的定义。世界银行将质量（quality）、通道（access）、传递（delivery）定义为良好教育体系的三大支柱,② 但未区分普通教育和职业教育的质量,主要聚焦于教和学的过程、员工激励和课程开发三个方面。在德国,按照《联邦职业教育法》的描述,职业教育质量主要表现为学生的职业行动能力的高低,即能够在发展变化的工作世界（the world of work）中完成合格的职业工作。③《欧洲公共质量保障框架》指出,"质量与所处的环境相关",没有具体的环境,就很难界定具体的质量的意义。质量高低取决于其所处环境和人对这一事物的期望,教育质量是一个相对的概念,对职业教育质量概念的界定,只能代表某一个时期特定的"教育质量观",④ 而系统化的质量保证（管理）变得更为重要。

我们认为,职业教育质量是对职业教育水平高低和效果优劣的评价,是在遵循教育规律和职业发展逻辑的基础上,职业教育机构在现有条件下培养的学生和提供的服务符合职业教育目标、现在与未来社会经济发展需要以及学生个性发展需要的程度。据此,职业教育质量高低需要用职业教育活动的结果满足预期需要的情况来衡量;职业教育质量评价需秉持持续提高教学质量和工作效率理念,注重教育产出和影响;职业教育质量改进依赖于全体员工共同参与评价活动、长期的持续学习,关注内部评价和自我评价能力建设、强化外部力量支持是职业教育质量提升的必要条件。

二、评价、评估与诊断

英语的评价（evaluation）一词来源于拉丁文,可从不同维度对教育评价进行理解:第一,将评价视为一种活动过程,认为评价过程是目标与实际效果的比

---

① ［德］赖因哈德·施托克曼:《非营利机构的评估与质量改进》,唐以志译,中国社会科学出版社 2008 年版,第 15～17 页。
② World Bank. Education Sector Strategy ［Z］. World Bank, Washington D. C, 1999.
③ 姜大源、刘立新译:《（德国）联邦职业教育法》,载于《中国职业技术教育》2005 年第 11 期,第 49～57 页。
④ ［美］爱德华·赛丽斯:《全面质量教育》,何瑞薇译,华东师范大学出版社 2005 年版,第 16 页。

较,① 认为教育评价是"检验教育思想和计划的过程"②;第二,将评价视为一种决策的信息,"除了要发现目标与实际效果的差距外,还应该是为决策提供有用信息的过程";③ 第三,将评价视为一种方法和技术,即通过多种手段描述学生学习过程,判定是否达到了所期望的教育目标,④ 这一定义与《教育大辞典》的定义具有共同之处,即强调对教育目标的实现程度做出价值判断。⑤ 可以看出,由于评价的目的及评价的侧重点不同,没有唯一正确的评价定义,但总结以上定义,可以发现评价的内涵有若干共同的要素,即系统性的活动、对现象的解释、价值判断,以及决策取向等。⑥

汉语与英语 evaluation 对应的词是评价和评估。关于评价和评估的区别,目前并无统一表述。一般认为,评价是依据一定价值标准对人或事物的价值做出判断的,⑦ 而评估的准确程度偏低,含有揣度、推测和估量的成分,一般针对事物进行事实判断,但在实践中二者经常被模糊使用。本书将评价与评估视为同一概念;评价多针对较微观的事物,如教学评价,而评估则针对较宏观的事物,如政策评估。

"诊断"的概念起源于医学,本义是通过特定的工具检查病人的病症,并有针对性地开具处方。作为一种分析问题的方法,"诊断"概念逐步向其他领域迁移,形成了社会诊断、企业诊断和故障诊断等概念。在教育领域,布鲁姆(B. Bloom)最先提出"诊断性评价",⑧ 即在学期开始或项目开始之前对学生现有发展水平进行评价,强调预防性的"事前行为"。进入 21 世纪后,"诊断"成为引领学校建构反思意识、发现问题、提高效能、促进自主发展的新型教育技术,⑨ 即研究教育教学的各个环节,发现存在的问题并提出解决策略。值得提出的是,"诊断"过程中不仅需要数据收集和分析问题,更重要的是使所有的利益相关者都参与到诊断过程中。⑩ 本书将"诊断"理解为:采用特定的量化或质性

---

① [美] 斯塔弗尔比姆:《评估模型》,苏锦丽等译,北京大学出版社 2007 年版,第 10~11 页。
② 辛涛、李雪燕:《教育评价理论与实践的新进展》,载于《清华大学教育研究》2005 年第 6 期,第 38~43 页。
③ Stufflebeam, D. L., A Depth Study of the Evaluation Requirement [J]. *Theory into Practice*, 1966, 5 (3): pp. 121–133.
④ 王景荣:《教育评价理论与实践》,东北师范大学出版社 2002 年版,第 4 页。
⑤ 顾明远:《教育大辞典》,上海教育出版社 1992 年版,第 2809 页。
⑥ 任举:《中等职业学校教师培训质量评价指标体系研究》,西北农林科技大学,2010 年。
⑦ 陶西平:《教育评价辞典》,北京师范大学出版社 1998 年版,第 55 页。
⑧ [美] B. S. 布卢姆:《教育评价》,邱渊等译,华东师范大学出版社 1987 年版,第 10 页。
⑨ 周俊:《基于质量提升的职业院校教学工作诊断与改进研究》,载于《中国职业技术教育》2015 年第 26 期,第 35~38 页。
⑩ [英] 科林·卡纳尔:《组织变革管理》,皇甫刚译,中国人民大学出版社 2015 年版,第 180 页。

研究工具，根据职业教育利益相关者的共同诉求（"会诊"）对职业院校某一方面工作过程中的问题（"病情"）进行多维度分析，对存在问题进行确认和总结（确诊"病因"），提出解决策略（开出"处方"），从而保证职业教育人才培养质量的持续提升（即"健康"）。

三、评价指标与评价方法

质量评价指标回答"应评价什么"的问题，它是评价活动开展的依据。关于职业教育的评价指标，目前存在以下观点。

（一）评价指标

1. 投入—过程—产出

对于职业教育研究，多数学者认可质量评价指标涵盖教育投入、教育过程和教育产出三个部分，[①] 这就是所谓的教育生产架构（educational production framework）。据此，可以把职业教育作为一个完整体系进行评价，如从学校的基础设施、师资、教学过程、课程、专业、学生等方面进行评价，从而提高学校的内涵建设质量。[②] 职业教育的质量评价既要重视劳动市场结果，更要关注学习过程、学生行为的改变，以及对长期的就业和非就业方面的影响。[③] 欧盟职业培训开发中心（European Centre for the Development of Vocational Training，CEDEFOP）的报告《职业教育质量指标：致力于促进欧盟合作》提出的职业教育质量指标包括"教育与接受教育的比例、对教师的投入、弱势群体参与教育的比例、完成或未完成职业教育的比例、毕业率、就业率、所学技能情况和背景等八个方面"，[④] 这与斯塔弗尔比姆（D. L. Stufflebeam）的"背景、投入、过程和产出"（即 CIPP，context，input，process 和 product 的缩写）模式有异曲同工之处。

2. 内部—外部质量指标

很多研究主张，职业教育质量评价应包括内部评价和外部评价两个子系统。

[①] Lau, L. *Educational Production Functions. Economic Dimensions of Education* [M]. Washington, DC: National Academy of Education, 1979: pp. 33 – 69.

[②] 邢天才：《试论高等职业教育质量评价体系和标准的构建》，载于《评价与管理》2006 年第 4 期，第 41～46 页。

[③] Grubb, W. N. & Ryan, P. *The Role of Evaluation for Vocational Education and Training* [M]. Geneva: International Labour Organization, 1999: P. 85.

[④] CEDEFOP. Indicators for Quality in VET to Enhance European Cooperation [DB/OL]. http://www.cedefop.europa.eu/en/publications-and-resources/publications/5167, 2009 – 11.

外部评价是由教育管理部门自上而下组织实施的,以宏观层面的行政管理为主;内部评价指职业院校基于自身需求开展的自下而上开展自我评价活动,属微观层面的自我保障。① 这与国际上通行的"(内部)监测"和"(外部)评价"的划分方式基本一致。例如,上海市教育评价院从内部组织和外部环境两个层面构建职业教育质量监测与评价体系框架,从微观、中观和宏观三个层面提出构建高职高专教育教学质量监测与评价体系的对策建议。②

3. 职业能力指标

随着职业教育从规模发展向内涵建设的转变,仅根据投入指标已不能完全反映职业教育质量发展的真实状况,学界开始关注职业教育的产出性评价指标,如学生的学业成绩和职业发展等。职业教育是就业导向的教育,职业生涯发展的基础是充分和高质量的就业,这需要学生具备综合职业能力,因此职业能力是衡量职业教育质量的重要指标。③

4. 动态化指标

质量是动态变化的,很难用简单的数字来表示,特别是教育作为培养人的复杂的社会活动,其质量指标包含有质量意义和教育成果的价值判断。伍德豪斯(D. Woodhouse)用"代理服务器"(proxies)一词说明指标的动态性特点,提出了"环境依赖"假设,即当环境变化时,"代理服务器"(指标)需要适应变化并作出改变。④ 布洛姆(K. Blom)等对澳大利亚等11个国家职业教育质量指标的研究发现,这些指标涵盖宏观、中观、微观层面20个方面的内容,体现了不同国家职业教育发展的多角度取向,很难用统一性指标衡量其发展质量。⑤ 世界银行也没有通过对指标的定义来确定质量要求,其提及的"指标"概念也没有被理解为一个公认的变量,即不对质量内容及相应指标做出具体的描述。⑥

---

① 韩奇生:《高等职业教育质量保障体系建设述评》,载于《高教探索》2012年第4期,第140~143页。

② 上海市教科院职成教研究所:《完善高职高专教育教学质量监控与评价体系的思考与建议》,载于《中国高等教育评价》2003年第4期,第34~38页。

③ 陈宇:《职场能力是检验职业教育质量的主要标准》,载于《中国教育报》2010年12月14日第3版。

④ Woodhouse, D., Research Issues in Quality in Open Distance Education [J]. *Indian Journal of Open Learning*, 2000 (1): P.105.

⑤ Blom, K., & Meyers, D., Quality Indicators in Vocational Education and Training: International Perspectives [EM/OL]. http://www.ncver.edu.au, 2006-07-16.

⑥ [德]菲利克斯·劳耐尔,[澳]鲁珀特·麦克林:《国际职业教育科学研究手册》(上),赵志群译,北京师范大学出版社2014年版,第150页。

（二）评价方法

教育评价方法的开发者有不同的背景和世界观，因此各种评价方法是不同哲学观念、认知方式、方法偏好、价值观和实践倾向的反映，表现在不同的收集、分析和解释数据的方法上。总的来看，教育评价有以下方法：

1. 测量导向的方法

自古以来，考试（学业成就测验）就是评价学校教育质量的主要手段。19世纪中叶开始的标准化测验，后来发展成为评价学生学业成就的重要工具。20世纪30年代，"评价之父"泰勒（R. W. Tyler）开始使用实验设计模式，通过对接受新教学措施的处理组和接受传统教学模式的控制组进行比较测量来衡量教育结果。后来，尽管引入了教学变量和学校变量等对教育的质量和效果进行测量，但目前采用的评价方法多数仍沿用泰勒方法的基本原则。

2. 质的取向的方法

自20世纪60年代开始，人们认识到测量导向的评价方法对目标达成方面有很好效果，但对过程性评价的效用很低，于是开始在教育评价中使用人类学或质的研究设计，强调自然情境下利益相关者的参与，认为评价目的是理解和解释正在被观察的现象。新的交互式评价模式以利益相关者为中心，在自由主义观念下追求主观主义的伦理和认识论。①

3. 诊断性方法

尽管教学诊断已经成为职业院校教学管理工作的一项核心任务，但是国内尚未发现针对评价中应用诊断方法的系统性研究。斯克里文（M. Scriven）认为，对一个组织全面诊断的过程包括以下步骤：对组织的历史进行了解；将组织作为一个整体进行分析，得到关于组织结构和流程的数据；收集关于员工、人际关系和组织功能的解释性数据；对数据进行分析得出结论。诊断是一种典型的内部评价方法。学校的内部诊断应当遵循"协商模式"，相关人员共同协商如何裁定和解决相关问题，采用自下而上的创新，以增加评价结果运用的可能性。诊断不仅是简单的描述，而是通过获得足够有价值的信息，揭示学校存在的问题及原因，并通过制度化措施形成持续化的改进机制。②

4. 内部评价与外部评价

原则上，评价可以通过内部评价或外部评价的方式进行。内部评价是指评

---

① Parlett, M., & Hamilton, D., Evaluation as Illumination: A New Approach to the Study of Innovatory Programmes [A]. Hamilton, D. (Ed.) *Beyond the Numbers Game* [C]. London: Macmillan, 1976: pp. 6 – 22.

② Scriven, M., The Methodology of Evaluation [A]. Tyler, R. W. & Gagne, R. M. (Eds.) *Perspectives on Curriculum Evaluation* [C]. Chicago: Rand McNally, 1967: pp. 39 – 83.

价由实施项目的同一机构来完成。如果内部评价由项目的受委托部门或实施部门（业务部门）进行，那么这种评价是"自我评价"；如果评价是由该单位的另外部门（如评价或质量保证部门）进行，那么内部评价就不是自我评价。内部评价的优点是评价实施速度快，成本低。由于评价者了解实际情况，评价结果的可利用性高。内部评价的缺点是多数评价者并不具备足够的评价方法能力，而且缺少独立性。他们受到项目本身的影响，往往认识不到其他更好的选择途径。

外部评价由非资金提供者或非项目实施机构的专家进行。外部评价专家通常具有相对的独立性、较强的评价方法能力和评价的专门知识，而且熟悉项目所涉及的专业领域。外部评价给有变革意愿的人员提供了依据和影响力。外部评价有可能会给被评价者造成恐惧，从而引发抗拒行为，并在以后落实评价结果的过程中引发问题。外部评价需要额外的资金，但这并不一定意味着外部评价总是比内部评价花费大。一般认为，如果将内部评价与外部评价结合起来，可以达到更好的效果。

5. 多元化方法论

对评价方法的理解不能过于简单，单纯量化和质的取向的评价方法都无法满足所有的评价目的，因此必须考虑评价模式和评价方法的多元化。在社会的多元化发展背景下，混合式评价方法论得到了越来越多的支持，即在评价中强调利益相关者的多元化参与以及多种互相对立的数据分析结果和解释。[①] 例如，斯克里文运用关键评价量表解决对多个选择进行筛选时遇到的实际问题，即从评价者的角度，在不同评价设计中做出筛选。[②] 授权评价是参与式评价的典型代表，费特曼在其著作《授权性评价原理》中论述了参与评价的方式和步骤。[③] 尽管多元化评价方法得到普遍认同，但是如何在教育实践中选择适用于特定情境的评价方法仍然是一个难题。

四、授权评价

"授权评价"（empowerment evaluation，EE）最早由斯坦福大学教授费特曼（D. M. Fetterman）提出，也被译为使能评价、赋权评价和赋能评价。授权评价最

---

① Cook，T. D. Postpositivist Critical Multiplism ［A］. Shotland，L. & Mark，M.（Eds.） *Social Science and Social Policy* ［C］. Beverly Hills：Sage，1985：pp. 38，30，57 – 58.

② Scriven，M.，Truth and Objectivity in Evaluation ［A］. Chelimsky，E.，& Shadish，W.，*Evaluation for the 21st Century：a Handbook* ［C］. Thousand Oaks，CA：Sage，1997：pp. 477 – 500.

③ ［美］D. M. 菲特曼：《使能性评价原理》，张玉凤译，教育科学出版社 2015 年版。

早的定义是"运用评价理念和技术促进自我决策的工具"①。2007年,费特曼和万得斯曼(A. Wandersman)对原定义进行了补充,把"授权评价"提到了一种综合运用质性和量化研究的方法论的地位,即"通过提供相应的工具协助项目参与者开展评价活动,让利益相关者借此来评价计划、实施计划及自我评价,并将评价内化为他们项目计划与管理的一部分"②。

授权评价的思想起源于参与式评价理论。可以说,参与式理论为授权评价提供了重要的哲学和政治学基础,其基本特点是强调集体智慧和知识共享。参与式评价有多种表现形式,例如:

协作式评价:授权评价的重要方式。评价者和利益相关者之间存在协作或合作评价的关系时,属于协作评价。

效用导向评价:强调评价的效果。这是授权评价的核心原则,即评价的各个阶段的设计都是有意义、有帮助和实用的。③

民主性评价:旨在赋予弱势群体权利,增强共同体的认同感,评价是为了项目改进而在利益相关者之间展开"对话"。④

客观主义评价:严格控制偏见或歧视,寻求价值中立;依据评价标准从多个数据源获取和验证结果,提出并证明结论的合理性。⑤

利益相关者导向评价:尽管不能明确界定利益相关者的信息需求⑥等困难,但利益相关者导向评价还是符合现代社会的需求,在实践中得到越来越多的推崇。

这些建立在组织发展理论和"反映的实践者"理论⑦基础之上的评价模式,从历史、组织和文化等角度为授权评价的发展提供了支持。授权评价与这些评价模式的区别表现在:首先,强调利益相关者的参与和控制程度,是授权评价与利益相关者导向评价和客观主义评价的主要区别;⑧ 其次,授权评价基于证据策略,

---

① Fetterman, D. M., Empowerment Evaluation [J]. *American Journal of Evaluation*, 1994, 15 (1): pp. 1–15.

② Fetterman, D. M. & Wandersman, A., Empowerment Evaluation [J]. *American Journal of Evaluation*, 2007, 28 (2): pp. 179–198.

③ Patton, M. Q., *Utilization-focused Evaluation* [M]. Newbury Park, CA: Sage, 1997.

④ Papineau, D. & Kiely, M. C., Participatory Evaluation [J]. *Community Psychologist*, 1994, 27 (2): pp. 56–57.

⑤ Stufflebeam, D. L., Empowerment Evaluation, Objectivist Evaluation, and Evaluation Standards [J]. *Evaluation Practice*, 1994, 15 (3): pp. 321–338.

⑥ Cohen, D. K., Evaluation and Reform [A]. Bryk, A., *Stakeholder Based Evaluation* [C]. San Francisco: Jossey-Bass, 1983: pp. 73–81.

⑦ [美]唐纳德·舍恩:《反映的实践者——专业工作者如何在行动中思考》,夏林清译,教育科学出版社2007年版。

⑧ Cousins, J. B., Donohue, J. J. & Bloom, G. A., Collaborative Evaluation in North America [J]. *Evaluation Practice*, 1996, 17 (3): pp. 207–226.

与其他参与式评价模式不同;① 最后,授权评价在项目从始到终的整个过程中和各个层面都发挥作用,但其他评价模式如民主评价和利益相关者评价仅仅可以在有限的方面发挥作用。②

授权评价的关注点是项目实施过程中"发生了什么",评价结果关注利益相关者的参与度和满意度,授权、参与、协作、利益相关者是授权评价过程必不可少的元素。③ 授权评价需要合作和参与性的活动,其本质是系统化的思维方式,是运用评价理念、技术、成果这一集合体,让人们学会如何像评价者一样去思考,在评价个人工作影响的过程中建构自己的评价能力,促进自我决策和发展。

作为职业教育内部质量诊断的重要工具,授权评价以职业教育质量改进为目标,创设民主、透明的环境,由评价者或主持人引导参与评价的利益相关者开展自下而上的内部质量诊断与评价活动。参与者在评价会议主持人引导下展开交流与讨论,共同确定评价指标体系,通过个人赋值、解释分数、协商讨论等方式对职业教育的现象和问题进行解释,共同识别一项工作(或项目)的运行状况、尽早发现问题并及时调整和改进。研究表明:从参与深度和实践操作方面,授权评价在教育领域有更大的推广价值。

五、职业能力测评

当前,"建立以效果为导向的职业教育质量标准"是我国职业教育质量监控的重要政策和措施④。学生职业能力评价正在成为职业教育质量监控的重要工具。从国际上看,职业能力测评研究历经了一个从主观评价到鉴定测量,再到诊断性测评的发展历程。

(一) 职业能力测评

职业能力测评与学习成绩测验都是学业成果评价的重要方式,但内涵有所不同。学习成绩测验针对课程内容,结果反映的是课程效度,目的是考查学生对学习内容的掌握程度;职业能力测评的考核内容为与特定职业相关的认知特征,反

---

① Wandersman, A., Imm, P., Chinman, M. et. al., Getting to Outcomes [J]. *Evaluation and Program Planning*, 2000, 23 (3): pp. 389 – 395.
② Christie, C., What Guides Evaluation? [J]. *New Directions for Evaluation*, 2003, No. 97: pp. 7 – 35.
③ Smith, N. L., Empowerment Evaluation as Evaluation Ideology [J]. *American Journal of Evaluation*, 2007, 28 (2): pp. 169 – 178.
④ 唐以志:《关于以效果为导向构建职业教育质量评价标准的思考》,载于《中国职业技术教育》2016 年第 6 期,第 12 ~ 16 页。

映职业效度，目的是测评学生的职业能力和职业素养。① 由于很多学科都在进行着与职业能力测评有关的研究，所以要想对职业能力和职业能力测评给出统一的定义和严格分类几乎是不可能的，但仍可将其大致分为"广义的职业能力测评"和"狭义的职业能力测评"两类。

人类获得职业能力的途径主要有两种：一是教育机构提供的系统化专业课程学习；二是在工作场所提供的工作情境中的学习。对通过这两种途径获得的学习成果的测量、评估和评价都属于广义的职业能力测评。据此，职业能力测评是社会组织（如学校、企业、行业组织和政府等）根据特定职业领域的能力要求采用一定测量工具和方法对特定人群进行评价、测评和评估的活动，常见的包括职业资格考试，以及工业心理学、人力资源管理领域的各种能力评价工具，如国家职业资格（等级）考试和"基于经验的能力评价工具"（instrument for competence assessment，ICA）。②

狭义的能力测评是对职业院校在校学生的职业能力进行诊断和测评，目的是了解学生现有职业能力的水平和结构特征，为职业教育质量监控和教学实践提供实证依据。这里最重要的是通过对学生个体职业能力的诊断与评价，进行不同院校专业之间、校际或区域之间的比较。③ 鉴于职业教育的教育属性，狭义的职业能力测评强调在"职业教育学理论"框架内进行能力评价，这不包括通常的职业资格（等级）考试和技能大赛。

职业资格（等级）考试和技能大赛与职业能力测评的区别在于，前者将能力发展过程视为一个"黑箱"，仅关注考生能够表现出来的和被观察到的能力。事实上，在当今世界，社会发展对人才提出了更高的、综合性的要求，单纯的学习成绩测验和职业资格（等级）考试已无法满足对高素质综合性人才进行全面评价的要求。（狭义的）职业能力测评不仅关注能力发展的结果，还关注能力发展的过程，从而为职业教育的课程和教学设计提供实证基础。因此，职业能力测评是传统学习成绩测验和职业资格考试的重要补充，而不是替代。

迄今为止，人们开发了很多（职业）能力分析的模型和能力测评方法。2007年德国出版的能力研究典籍《能力测评手册》（第二版）收录了44种国际通用的能力分析和测评方法，其中一些评价方法和工具甚至已经发展成为市场化的产

---

① 赵志群、何兴国、沈军、张志新：《产出导向的职业教育质量监控——职业院校的职业能力测评案例》，载于《中国职业技术教育》2015年第9期，第5~13页。
② 由瑞典工业心理学家开发的能力评价工具。它以员工一线工作经验作为评价基础，对个人的工作能力以及与活动、实施相关的能力进行诊断。
③ Rauner, F., Heinemann, L., Maurer, A., et al., *Competence Development and Assessment in TVET (COMET)* [M]. Dordrecht: Springer, 2012: pp. 2~3.

品或在线评价工具。① 表 1-1 对目前常见的职业能力测评方法进行了分类概括。这里建立的分类标准具有一定的历史缘由，反映了随着对职业能力认识的不断加深，职业能力测评从"主观评价"到"鉴定测量"，再到"诊断性测评"的发展历程。与"鉴定"相比，"诊断"强调测评结果在教学过程中的应用；与"测量"相比，"测评"包含能力中那些无法被直接测量的部分，并赋予其价值判断。

表 1-1　　　　　　　　　　职业能力测评的分类

维度	分类	原因	举例说明
研究范式	质性、量化和混合研究	基于不同能力观，对能力的可测量性、能力解释精确程度理解不同	质性：能力档案袋、能力传记法（能力发展历程）；量化：各类能力量表
情境性	情境无涉和情境性	对能力可观察性和工作相关隐性知识的认识不同	情境无涉：ICA 能力测评工具；情境性：COMET 职业能力与职业认同感测评
具体对象	"自我组织与控制能力"；"单一能力"；"组合能力"	能力结构模型和测评目的不同	"单一能力"：ASCOT 职业能力测评仅对"专业能力"进行测评；"组合能力"：COMET 同时对职业能力与职业认同感进行测评
评价依据	基于行为样本；基于工作场所观察；基于以往绩效	对职业能力评价依据的有效性和可靠性的解读不同	行为样本：职业资格考试；工作场所观察：能力观察法；以往绩效：关键绩效指标（key performance indicator）考核
价值取向	以绩效结果为目标；以能力发展为目标；兼顾能力发展与绩效结果双重目标	职业教育与技能培训的属性不同，学校与企业的出发点不同	以绩效结果为目标：职业资格（等级）考试；兼顾能力发展与绩效结果双重目标：COMET 职业能力与职业认同感测评
评价主体	基于内部自我观察的主观评价和基于外部他人观察的客观评价	对能力观察法的可客观化理解不同	自评和他评

---

① Erpenbeck, J. & von Rosenstiel, L. (Eds.), *Handbuch Kompetenzmessung* [C]. Stuttgart: Schäffer-Poeschel, 2007: pp. XXVI–XXVII.

埃鹏贝克（J. Erpenbeck）和罗森斯提尔（L. von Rosenstiel）提出了开发能力测评方法的理论模型，包括 6 个维度和 16 个要素。根据实践需要，可以对不同维度的要素进行不同方式的组合，从而对职业能力进行多样化的系统性测评。①
以上测评方法分类可以为开发职业能力测评方法提供重要思路。

（二）大规模职业能力测评

大规模职业能力测评的概念是在大规模测评概念的基础上提出的。根据教育测评专家兰格（J. de Lange）的定义，大规模测评（large-scale assessment）是指针对数量很大的学生实施的测评，旨在诊断学生学习状况，评定学生个体成绩和评估教育项目。② 其测评内容可以基于课程，也可以是能力评估。国际上普遍认可的大规模测评项目如经济合作与发展组织（Organization for Economic Co-operation and Development，OECD）的"国际学生评价项目"（Programme for International Student Assessment，PISA），以及国际教育成就评价协会（The International Association for the Evaluation of Educational Achievement，IEA）的"国际数学与科学趋势研究项目"（The Trends in International Mathematics and Science Study，TIMSS）。它们对大范围（一个甚至几十个国家）的学生进行抽样和复杂设计的评价，而不是类似于我国高考、中考等由专门考试机构在教育行政部门指挥下统一组织的，为实现人才的分流、选拔和质量鉴定，即在确保公平的条件下，对大批量考生进行的一种检测、评价和甄选活动。③

大规模测评在评价内容、对象和目的上与一般的学业选拔考试（如高考、中考等）不同，以 PISA 为例：（1）评价的内容是学生应用知识和技能解决实际问题的能力，而不是考核他们对课程的掌握情况；（2）通过复杂的抽样，选出有代表性的样本，从而实现对教育系统的整体评价，而不是针对学生个体进行选拔；（3）在对学习进行评价的同时，收集教育系统、学校、家庭、学生个人特征等因素，分析它们对测评结果的影响，为教育决策提供依据，而不仅仅是对成绩进行统计分析。④

大规模职业能力测评以职业能力为评价内容，在评价对象、评价目的上延续了大规模测评的内核。在评价对象上，它更关注通过抽样对群体的职业能力发展状况进行评价。在评价目的上，它不是单纯对职业能力状况进行统计分析，而是

---

① Erpenbeck, J. & von Rosenstiel, L. （Eds.） Handbuch Kompetenzmessung [C]. Stuttgart：Schäffer – Poeschel, 2007：pp. XXVI – XXVII.
② De Lange, J., Large-scale Assessment of Mathematics Education [A]. Frank, K. & Lester, Jr. （Eds.） Second Handbook of Research on Mathematics Teaching and Learning [C]. Charlotte, NC：Information Age Pub, 2007：pp. 1111 – 1142.
③ 王蕾：《大规模考试和学业质量评价》，高等教育出版社 2013 年版，第 38 页。
④ 陆璟：《PISA 测评的理论和实践》，华东师范大学出版社 2013 年版，第 1～2 页。

结合背景调查问卷，收集教育系统、学校、企业、家庭、学习者个人特征等影响职业能力发展的因素，为教育决策制定、校企合作机制的完善、教师教学的改进和学习者学习效果的提高提供支持。大规模职业能力测评是一个整体的概念，对其应当进行整体的理解和把握，探讨诸如"与'大规模'相对的是'小规模'，那'小规模职业能力测评'是什么？"的问题是没有意义的。

我们将大规模职业能力测评定义为以学习者的职业能力发展规律、职业认知规律，以及职业的要求为基础，建立跨职业的能力模型和测评模型；依据能力模型和测评模型，开发相应的测试题目，对特定职业领域学习者的认知能力特征进行大规模测评，以诊断学习者的职业能力发展状况，评估职业学习的效果。确切地讲，这里讨论的是大规模"能力诊断"而不是严格意义上的"能力测评"。采用"测评"的概念，主要是因为一般性文件中约定俗成的说法。通常，大规模职业能力测评的抽样范围为多个国家或多个地区。与职业资格考试相比，大规模职业能力测评有以下特点：

第一，大规模职业能力测评的内容是认知能力，而职业资格考试的内容是职业技能以及与职业相关的知识。

第二，大规模职业能力测评具有跨职业领域的特性，能对不同职业的认知能力进行统一的诊断；但由于职业数量和种类很多，无法建立统一的职业资格考试形式。

第三，大规模职业能力测评是对整体的职业能力进行诊断，而职业资格考试的目的是对个体的职业技能和知识进行鉴定。

第四，在进行大规模职业能力测评时，还要收集学习者的背景资料，通过对背景资料的分析，确定影响职业能力发展的个体、学校和企业乃至政策层面的因素，从而为职业教育效能分析，教育教学改革和教育政策的制定提供实证基础。

与职业院校的学业考试相比，大规模职业能力测评从职业效度而非课程效度出发，评价学习者的职业能力，因而可对不同国家、不同类型的职业教育体制中的受教育个体以及教育机构进行比较。

第四节 本书的框架、目标与方法

一、总体框架

现代职业教育质量保障体系包括外部质量保障体系和内部质量保障体系两大

部分。外部质量保障体系是职业教育体系质量监督、评价和调控的系统,由职业教育主管部门以及社会有关方面共同组成;内部质量保障体系是指职业院校内部质量保障活动的系统,由质量生成、质量监督与评估、信息管理、反馈调控等系统组成。本书在现代职业教育质量保障体系建设的政策目标研究、国内外职业教育质量保障体系建设现状调查、现代职业教育质量保障体系建设的基本理论探讨、职业教育人才培养标准制定、职业教育运行机制和投入保障机制建设、职业教育教学过程质量控制、职业院校学生职业能力测评和教师职业发展与职业能力测评研究等方面展开,系统总结中外职业教育质量保障体系建立和完善过程中的经验教训,研究相关的理论和技术手段,在此基础上提出有关体制机制改革的建议,促进职业教育总体质量的提高。

首先,对职业教育质量保障体系进行理论研究和国际比较研究,形成相对完善的分析框架,提出现代职业教育质量保障体系的基本内容,为政策研究奠定基础,同时对相关研究方法进行系统梳理和深度评估。

其次,对职业教育质量保障体系建设工作现状进行研究。从当前我国职业教育质量保障体系建设工作现实出发,通过有目的的调研,描绘出我国职业教育质量保障体系建设工作的典型图景和实际状况,找出影响职业教育质量提高的问题症结。

再次,进行现代职业教育质量保障体系建设的"典型试验"[①] 和学生学习绩效测量(职业能力测评)的实证研究。现代职业教育质量保障体系不是纯粹的理论构建和制度安排,而是根植于教育实践的实际操作活动系统,在内部需要对职业院校的专业建设、课程开发、教学过程和资源管理进行控制和评价,在外部需要对职业教育的结果——职业院校学生职业能力发展的状况进行评价,这些操作活动都是在我国(或各地方)的具体环境中实现的,需要适应经济发展、个人需要、质量标准和职业资格等多方面的要求。本书对所开发的职业教育质量保证体系中的工具和方案进行试验,采用典型试验和大规模能力测评等形式,使其具备可操作性。

最后,在上述理论研究、国际比较研究、现状调查和实证研究的基础上进行综合研究,吸收借鉴国内外成功经验并结合我国国情,提出建立和完善我国现代职业教育质量保障体制的政策建议,提供用于进行质量保障活动的技术工具。重点研究上述体制机制以及验证质量保障技术方案和工具的可行性,探讨在我国现阶段怎样的"体制机制与工具组合"最有利于促进职业教育质量的系统化提高。

本书的研究框架如图 1-1 所示,即从五个方面的视角出发,力图实现五个主要目标。研究内容分为八个方面,主要完成三个关键任务。

---

① 德语 Modellversuch 的直译,在英语里常被翻译成 design based research,是德国联邦职业教育研究所(BIBB)开发的职业教育创新研究方法,后来在德国和欧盟职业教育研究项目中被广泛应用。

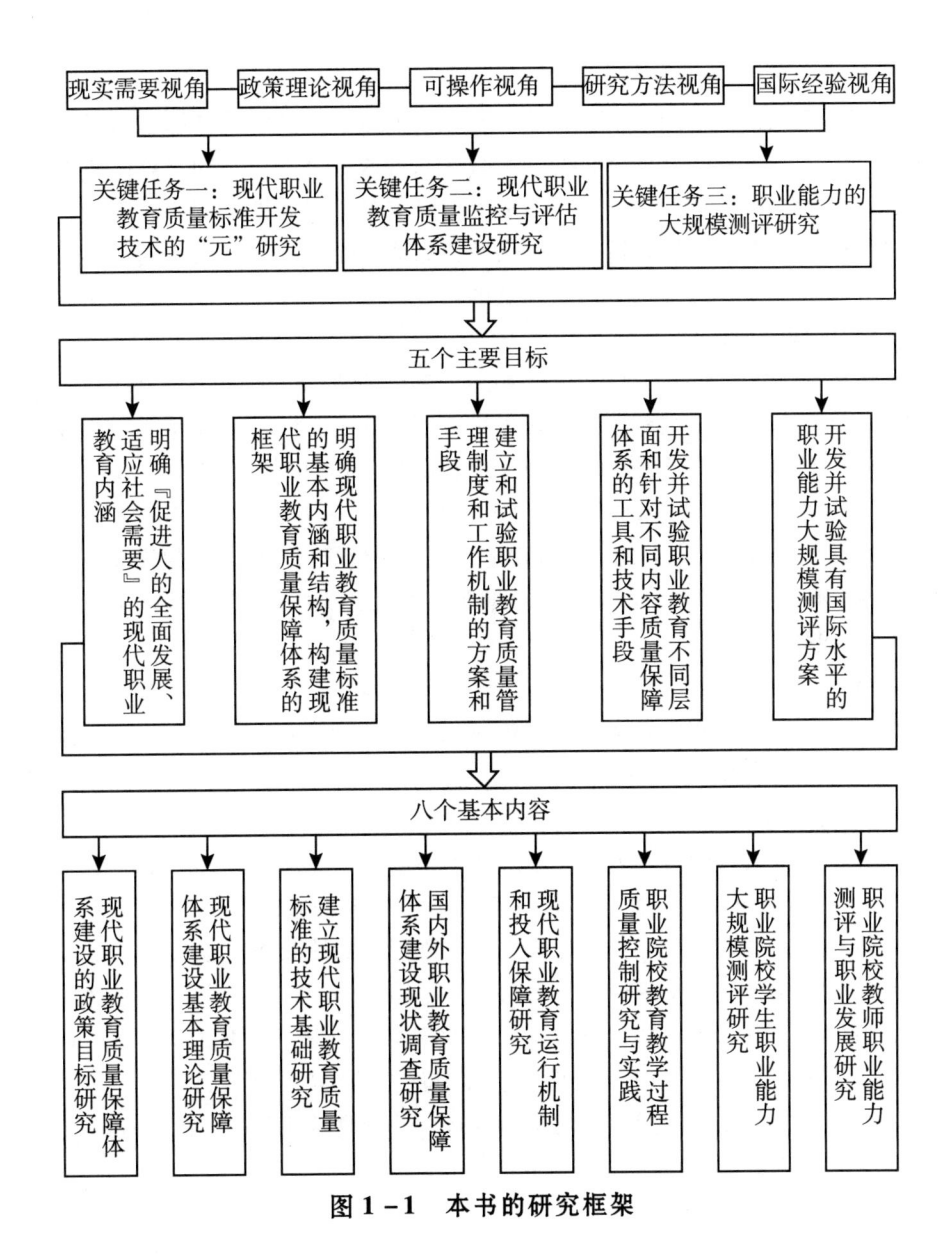

```
现实需要视角    政策理论视角    可操作视角    研究方法视角    国际经验视角
```

```
关键任务一：现代职业    关键任务二：现代职业    关键任务三：职业能力的
教育质量标准开发        教育质量监控与评估       大规模测评研究
技术的"元"研究          体系建设研究
```

五个主要目标

| 明确"促进人的全面发展、适应社会需要"的现代职业教育内涵 | 明确现代职业教育质量标准的基本内涵和结构，构建现代职业教育质量保障体系的框架 | 建立和试验职业教育质量管理制度和工作机制的方案和手段 | 开发并试验职业教育不同层面和针对不同内容质量保障体系的工具和技术手段 | 开发并试验具有国际水平的职业能力大规模测评方案 |

八个基本内容

| 现代职业教育质量保障体系建设的政策目标研究 | 现代职业教育质量保障体系建设基本理论研究 | 建立现代职业教育质量标准的技术基础研究 | 国内外职业教育质量保障体系建设现状调查研究 | 现代职业教育运行机制和投入保障研究 | 职业教育教学过程质量控制研究与实践 | 职业院校学生职业能力大规模测评研究 | 职业院校教师职业能力测评与职业发展研究 |

图 1-1 本书的研究框架

考虑到研究对象的复杂性，本书选择多方面的视角开展工作，从职业教育发展的现实需要、政策理论、可操作性、研究方法和国际经验五个方面展开。

1. 现实需要的视角

近年来，在大力发展职业教育政策支持下，我国职业教育事业获得了快速发展，建立了世界上最大规模的职业教育体系，然而一些深层次问题也逐渐显露出来，其中最突出的就是职业教育质量不高的问题，主要表现在以下几个方面：

第一，职业院校毕业生职业能力和职业素养等发展水平处于较低层次，不能完全满足社会和经济发展的需要。

第二，有关部门缺乏职业教育改革与发展的整体思路和既高瞻远瞩又切实可行的政策，也没有建立能够促进职业教育持久健康发展的完整的质量保证体系。

第三，很多职业院校办学条件不完善，开展职业教育的基础较为薄弱。

第四，职业教育的管理队伍和师资队伍素质及结构存在较大问题，其管理和教学水平无法满足高质量职业教育发展的需要。

2. 政策理论的视角

《教育规划纲要》提出要"树立科学的教育质量观，把促进人的全面发展、适应社会需要作为衡量教育质量的根本标准""树立以提高质量为核心的教育发展观，建立以提高教育质量为导向的管理制度和工作机制""制定教育质量国家标准，建立教育质量保障体系"的要求，为职业教育质量保障体系建设提供了政策依据。现代职业教育的职业能力发展理论、全面质量管理理论和大规模职业能力测评理论和实践，构成了现代职业教育质量保障体系建设的技术与理论基础。

3. 可操作的视角

任何质量保障体系设计必须具备足够的可操作性，相关研究应当提供比较容易实施的技术工具和实施方案。这需要通过典型试验的方式得出，并在试验中提供足够的"科学伴随"① 研究。

4. 研究方法的视角

关于人文社会科学研究方法，一般认为主要有"思辨"（我国传统上称为议理）和"实证"两大类，我国传统的教育研究比较注重思辨。按照国学大师季羡林的说法，思辨这种研究方法比较玄乎：既可以满篇教条，也可以用行政命令代替说理，反正社会科学理论不像自然科学实验那样，乱说不会立即受到惩罚。② 本书强调实证研究，关注数据收集、加工和解释的合法性（legitimacy），从三个方面选择研究方法，即：（1）适应性，即方法适应确定的研究目标；（2）均衡性，在定性和定量方法之间确定均衡的方式，并处理其相互之间的关系；（3）重视判据，对调查数据进行合理的解释。

5. 国际经验的视角

有关质量保障体系的建立国际上有不同的模型，有代表性的有 ISO 系列国际质量标准、全面质量管理理念和欧洲质量管理基金会（European Foundation for Quality Management，EFQM）的卓越管理方案等，后者常常被认为更适合教育机构。此外，国际上还有很多系统的质量保障体系建设方案和职业教育质量保障方

---

① 德语 wissenschafliche Begleitung，是一种由德国联邦职业教育研究所发展起来的专门针对典型试验的职业教育研究方法。

② 季羡林：《季羡林谈读书治学》，当代中国出版社 2006 年版，第 50~51 页。

法，如瑞士的 Q2E 和《瑞士职业资格手册》（CH - Q）等，这些均为我国现代职业教育质量保障体系建设提供了可资参照的经验。

二、研究的主要目标与关键任务

本书致力于为国家决策和教育改革发展提供咨询服务，以提出具有建设性、前瞻性、操作性和工具性的政策建议为立足点，着力实现以下目标：（1）明确"促进人的全面发展、适应社会需要"的现代职业教育质量保障体系的基本内涵和结构，构建现代职业教育质量保障体系框架；（2）研究现代职业教育质量保障制度和工作机制的方案和手段；（3）开展不同层次的职业教育质量保障典型试验，设计和试验包括教育资源配置、教学过程管理、教育教学质量控制、教师队伍建设等内容的内部质量保障工具和技术手段；（4）开发并试验具有国际水平的职业能力大规模测评方案（即职业教育的 PISA）。

迄今为止我国针对职业教育质量保障体系的研究已经有很多，但多数成果都是理论层面的思辨型的探讨，缺乏操作性强的技术解决方案和实证研究。要想取得相关研究的突破性进展，必须在实证研究方面有所进步。本书需要完成的三个关键性任务是：

第一，现代职业教育质量标准开发技术的"元"研究。为满足经济社会发展和产业结构调整对技术技能型人才的需求，需要开展高质量的、有关职业教育人才培养标准的技术标准的"元"（meta）研究，在此基础上规范职业教育人才培养行为，从而形成"促进人的全面发展、适应社会需要为核心"的现代职业教育人才培养体系，提高职业教育人才培养质量。

第二，现代职业教育质量监测与评估体系建设研究。现代职业教育质量保障体系包括内部和外部质量保障体系，即所谓的职业教育质量监测与评估体系（M&ES），它是一个能够向管理人员连续反馈一个组织或机构运行状况的信息系统，能够识别获得目前所处的状态，包括"监测""评估""成本与效益评估""效果评估"等部分。本书通过研究建立现代职业教育质量监测与评估体系，特别关注迄今为止发展很弱的职业院校内部质量保障体系，开发并试验出能够"确定职业教育工作做得怎样""发现错在哪里""知道怎样修正"的系统化评估工具。

第三，职业能力的大规模测评研究。通过开发和实施具有国际先进水平的职业能力测评方案，并与相关国际研究进行比较，能够对职业教育的质量进行检测，从而为在职业教育领域建立"能够迅速提醒决策者及时纠正任何不利趋势"（PISA 的定义）的质量评价机制奠定方法论和技术基础。本书在现代职业教育理论和心理测评技术基础上解决一系列关键问题，包括职业能力测评的基础理论研究、综合职业能力模型的建立与验证、学生职业能力大规模诊断方案的开发和实施，以及职业能力测评结果与校企合作状况及教育教学改革的相关性分析等。

三、研究的方法与过程

本书按照现代职业教育质量保障体系建设基础研究、职业教育运行机制和投入保障研究、职业教育内部质量保障体系建设研究、职业院校学生和教师职业能力测评、现代职业教育质量保障体系建设政策建议和综合研究五个阶段展开，但它们之间不是严格意义上的线性关系。研究的技术路线如图1-2所示。

研究阶段	研究内容	研究方法
现代职业教育质量保障体系建设的基础研究	现代职业教育质量保障体系建设的政策目标研究；现代职业教育质量保障体系建设基本理论研究；建立现代职业教育质量标准的技术基础研究	文献法、调查法、典型试验
职业教育运行机制和投入保障研究	国内外职业教育质量保障体系建设现状调查研究；现代职业教育运行机制和投入保障研究	文献法、调查法、比较法、授权评价
职业教育内部质量保障体系建设研究与试验	职业院校教育教学过程质量控制研究与实践	典型试验、质量指标控制法、授权评价（如学习任务评价法、ERC、EE-Tool等）
职业院校学生和教师职业能力测评研究	职业院校学生职业能力大规模测评研究；职业院校教师职业能力测评与职业发展研究	大规模能力测评
职业教育质量保障的政策建议	现代职业教育质量保障体系建设的政策建议	文献法

图1-2 研究的技术路线

与其他教育类型相比，职业教育涉及教育、社会和经济技术等多个领域，其综合性和复杂性程度更高。职业教育研究是一个收集、加工和解释职业教育数据的过程，获得具有高度可靠性、有效性和代表性的数据是保证研究质量的基础。本书通过以下措施来保证研究质量：（1）记录研究的方法和程序；（2）理由充分和有质量保障的数据解释；（3）遵循既有规则；（4）接近研究对象；（5）有效的交流与沟通；（6）考虑多种因素的相互制约。在此，关键是处理好研究方法的"内容相关性"问题，即实现一般性研究方法与职业教育研究方法的相互协调。

1. 现代职业教育质量保障体系建设的基础研究

在基础研究部分，主要采用文献法搜集相关的政策文本、教育文件、论文、书籍、国内外相关标准、研究报告和实践案例等，对现代职业教育质量保障体系的理论和技术手段进行汇总和总结分析，通过调查国内外有代表性地区和机构职业教育质量保障体系的现状及相关分析，梳理其实践基础、政策发展脉络以及体系建设的技术基础，确定现代职业教育质量保障体系建设的政策目标，初步建立质量保障体系的架构和理论模型，在此基础上开发相关的技术标准，并针对所开发的技术标准通过典型试验加以验证。

2. 职业教育运行机制和投入保障研究

主要分析我国当前职业教育政策运行机制和投入保障机制（包括办学体制、投入体制、经费保障机制、成本分担机制、经费转移支付与补偿机制）等问题，构建科学有效的职业教育财政体制和教育投入机制。本书还要在质量管理和评价理论基础上，结合中国国情和现有法律法规情况，具体探讨相应的政策和制度设计。本部分采用的研究方法主要是实地调查和问卷调查的方法，采用实地调查的方法调查国内有代表性的地区、院校，了解这些地区职业教育的运行机制、投入体制以及质量保障模式的现状、经验与问题。

3. 职业教育内部质量保障体系建设研究与典型试验

采用典型试验和授权评价范畴内的多种评价技术和工具。授权评价法系统化的内部质量控制工具，由相关人员通过研讨会形式共同确定评价指标体系、个人评分、解释分数、讨论评价结果并最终形成共识，最后撰写评价报告。在典型试验中，为了实现所期望的创新成果，需要在以下几个环节做好质量控制：（1）创新需求的识别和确定；（2）创新的产生与创新过程的设计、试验和评估；（3）创新的实施、迁移和推广方式；（4）对创新成果和创新过程的总结性评价以及对其影响的分析。由于在整个创新过程中这些因素始终处于变化中，因此，研究过程是一个不断完善的过程，这需要所有课题参与者的开放性和灵活态度。

4. 职业院校学生和教师职业能力测评研究

职业院校学生和教师职业能力大规模能力诊断的步骤如下：

（1）建立职业能力测评模型。在 COMET 职业能力测评模型基础上，结合我国国情、测评目的、测评内容和测评对象等特点，建立具体的测评模型。

（2）开发测评实施方案。根据测评目的和测评模型等编制具有良好可操作性的大规模能力测评实施方案。该方案从横向上涵盖各测评内容维度；从纵向上涵盖测评的各个环节。

（3）测评工具的编制和完善。组织行业专家、专业教师、科研人员等共同编制和完善测评工具，并通过预测等保证工具的信度和效度。

（4）参评对象的抽样和测评人员的培训。按照方案在不同行业和省市选择职业院校，对参评对象进行抽样，并对各院校组织和实施测评的相关人员进行培训。

（5）实施测试。按照方案进行测评，通过组织保障和过程控制确保测评的公平和公正。

（6）评分者培训。对评分者进行培训，以期达到良好的评分者间信度（用 Finn 系数加以控制）和评分者内部信度。

（7）评分。由接受过培训的评分者对测评答卷等进行评分，结果录入计算机。

（8）测评数据分析。根据方案所确定的分析过程和分析方法，对测评数据进行分析，得到测评结果，并生成相应的雷达图、百分比图等图表。

（9）形成结论并撰写报告。根据测评目的，对数据进行深入分析，形成测评结论，并根据测评目的撰写多个层面的报告和政策制定建议。

5. 我国现代职业教育质量保障体制综合研究

综合研究在前四阶段研究结果的基础上，结合案例调查成果，总结我国在建立和完善职业教育质量保障体系过程中的经验教训，探索在国家层面、省域层面和院校层面，如何建立完善职业教育质量保障体系的方式方法，并提出政策建议。

第二章

现代职业教育质量保障体系建设的理论基础

第一节 质量保障研究

一、质量保障的理论框架

在质量管理的研究和实践中，不同的文化背景和研究背景下有"质量管理""质量保障""质量保证"等多种说法。文献分析发现，"质量保证"和"质量保障"的区别主要表现在汉语言的语义层面；英语"质量保证"的概念比较窄，有较强的工具性意义，而德语"质量保证"是"质量管理"的上位概念，具有更复杂的意义。鉴于本书的应用研究性质，我们采用"质量保障"和"质量保障体系"作为操作性概念，代替其他如"质量保证"和"质量管理体系"的说法。

质量保障（管理）的概念最初来自经济管理领域，其任务是确定并拟订产品或服务标准并不断改进，以确保其尽可能地没有缺陷。质量保障水平的高低，主要是通过顾客对产品或服务的满意程度体现的。对一个组织来讲，质量保障的目的是确定组织的质量方针并实施这一方针，包括的内容有：（1）质量规划：确定质量目标和质量标准，确定实施质量目标的先期规定；（2）质量控制：对过程和流程进行控制，以便提供尽可能无缺陷的产品和服务，并满足潜在顾客的质量要求；（3）质量保证：在组织内部和外部建立对自己所提供产品或服务的质量的信任；（4）质量改进：对产品和生产服务过程进行持续的质量改进，增强员工的质量意识，形成以质量为导向的组织文化。① 这些质量保障工作主要是通过建立和实施系统化的质量保障体系实现的。

职业教育质量保障深受企业管理和公共管理理论的影响。工业生产领域和公共管理领域的质量理论研究，是研究解决职业教育质量保障问题的基础。

（一）全面质量管理（TQM）与 ISO 9000 质量管理标准

作为一种专门的管理活动，质量管理诞生于 19 世纪末的工业生产领域。工业领域的质量管理经历了三个阶段，相应也表现出三种模式：一是质量检验阶段和事后检验质量管理模式，大约在 19 世纪末到 20 世纪 40 年代；二是统计质量控制阶段和统计质量管理模式，从 20 世纪 40 年代到 60 年代；三是全面质量管理阶段和全面质量管理模式，自 20 世纪 60 年代起。在此我们仅讨论全面质量管理模式。

"全面质量管理"在英文中有两种表述方法，即 total quality control（TQC）和 total quality management（TQM）。TQC 的概念由管理学家费根鲍姆（A. Y. Feigenbaum）在 20 世纪 60 年代提出，TQM 则由美国国防部于 1989 年提出。目前，TQM 已逐渐取代 TQC，这一变化也反映了全面质量管理理念和方式的发展。

我国质量管理界把全面质量管理的特点归纳为四个方面，即：（1）全面质量的管理意味着不仅要管好产品质量，还要管产品赖以形成的工作质量；（2）是全过程的管理，包括产品形成或服务提供的全过程；（3）是全员的管理，产品或服务的质量不再只是管理人员如质量检验员等少数人的事，全体人员都要关心产品或服务的质量，参与质量管理；（4）是科学的管理，采用科学方法进行管理。②

20 世纪末以来，ISO 9000 质量管理标准在世界范围内得到推广，其核心是加强基础性的制度建设，通过建立质量管理体系实施全面质量管理。ISO 9000 质量管理标准的全称为"ISO 9000 质量管理体系国际标准"，由国际标准化组织（ISO）的质量管理与质量保证技术委员会（TC176）制定。它的制定和发展深受全面质量管理理论的影响，在结构上采用过程模式，按照管理职责、资源管理、产品实现、测量分析和改进四大板块安排，这与全面质量管理奠基人戴明（W. E. Deming）倡导的 PDCA（PDSA）循环类似，也是全面质量管理基本理念

---

① ［德］赖因哈德·施托克曼：《非营利机构的评估与质量改进》，唐以志译，中国社会科学出版社 2008 年版，第 18～19 页。

② 朱新民等：《现代科学管理词库》，上海交通大学出版社 1986 年版，第 460 页。

的反映。

ISO 9000 质量管理标准建立了一个全面而广泛的框架，提供建立质量保障体系所需的进程和步骤。它提出了质量管理的八项原则，即：(1) 以顾客为关注焦点：满足和超越顾客的期望；(2) 领导作用：领导者在组织质量管理中起决定性的作用；(3) 全员参与：通过全体人员的共同努力来改进质量；(4) 过程方法：把组织的所有活动和资源当成过程来管理；(5) 管理的系统方法：将相互关联的过程作为系统加以识别、理解和管理；(6) 持续改进：把持续改进组织的业绩当成永恒目标；(7) 基于事实的决策方法：决策建立在数据和信息分析的基础上；(8) 与供方互利、合作。这些原则成为建立质量保障体系应满足的要求。

ISO 9000 质量管理标准与全面质量管理有相似的运行模式，为各种组织（包括职业院校）提供了建设质量保障体系的框架和指南。它们都强调综合使用现代统计技术和管理技术，采用相同或类似的管理技术工具。如 ISO 9000 标准列举的支持性工具有调查表、分层图、大脑风暴法等，全面质量管理采用多种工具，包括所谓的"老七种工具"和"新七种工具"。不同的是，ISO 9000 是质量管理标准，有标准的严谨性和规范化属性，对一个组织而言，指导更具体，操作性更强，要求也更严格；而全面质量管理是一套理念和技术方法，其指导作用不如 ISO 9000 质量管理标准具体，各种组织在实施全面质量管理时，相对更加灵活。①

（二）新公共管理与新公共服务的质量观

在公共管理领域发展起来的另外一套理念和管理模式，为职业教育质量保障也提供了重要的参考，这就是"新公共管理"和"新公共服务"理论。

1. 新公共管理与新公共服务

"二战"以后在福利社会理念推动下，很多西方国家政府职能发生了变化。面对信息化、全球化和可持续发展的挑战，按照传统官僚体制管理现代社会的公共事务已力不从心，由此产生了"新公共管理理论"。新公共管理理论主张采用"经纪人"方式，按照"顾客导向"和"竞争"原则改进行政部门的服务提供过程。其基本理念是：(1) 政府只负责制定政策而不负责执行政策，把管理和具体操作分开；(2) 追求效益，公共部门提高直接提供服务的效率与质量，从而主动、灵活、低成本地应对外界变化，并对不同利益需求做出反应；(3) 建立顾客导向的政府，顾客满意度是评价政府绩效最重要的指标。②

以登哈特（J. V. Denhardt）为代表的公共行政学者在此基础上建立了新公共

---

① 程凤春：《教学全面质量管理——理念与操作策略》，教育科学出版社 2004 年版，第 10~11 页。
② 彭未名、邵任薇等：《新公共管理》，华南理工大学出版社 2007 年版。

服务理论。所谓的"新公共服务",是指公共行政在服务公民社会时,其运行体系发挥功能的一套系统的价值观。据此,政府作为一个公共组织具有以下特点:(1)政府的职能是服务而不是"掌舵";(2)公共利益是政府服务的目标而非副产品;(3)政府服务在思想上要具有战略性,在行动上要具有民主性;(4)为公民服务,不是简单地为顾客服务;(5)责任并不简单;(6)重视人而不只是重视生产率;(7)公民权和公共服务比企业家精神更重要。①

新公共服务理论摈弃了企业家政府理论的缺陷,试图建立更加关注民主价值和公共利益、更加适合现代公民社会发展和公共管理实践需要的理论。它给我们的启示是,应通过追求经济效率和效益提高政府的行政效率,转变管理职能,把行政管理工作的重心从监督转向公共服务上来。

2. 新公共服务理念下的质量保障

新公共服务理念下的管理方式旨在改进公共部门的服务提供过程,按照"顾客导向"和"竞争导向"原则,实现公共管理的"绩效导向"和"效果导向",这与全面质量管理理念是一致的。公共管理追求的战略目标是:

第一,顾客导向。顾客是指从行政管理部门获得专门服务的人,既包括管理部门内部的顾客,也包括外部顾客,这比营利性企业的顾客复杂得多。

第二,竞争导向。市场调控与行政调控相比,能够产生更有益和有效的服务。

第三,绩效和效果导向。管理的重点不是提供的资源,而是这些资源投入后所带来的业绩(产品)及其引发的效果。②

可以看出,树立全面的质量意识和建立质量保障体系同样是新公共管理的一个重要目标,这与全面质量管理的基本原则是一致的。加文(D. A. Garvin)把公共机构的质量分为几个层面,即与产品相关的质量;与顾客相关的质量;与过程相关的质量;与价值相关的质量;政策质量。③

迄今为止,我国职业院校尽管很少有完全按照全面质量管理模式建立质量保障体系的,但很多院校借助全面质量管理理念、认证标准(如 ISO 9000 标准)开展了大量质量保障活动。职业院校有很强的公共机构的性质,运用公共机构的新公共管理理念开展质量保障活动也有重要的意义。公共事业中的供求关系不完全由市场调节,顾客有不同的价值取向和评价标准,因此公共管理无法完全按照

---

① [美]珍妮特·V.登哈特、罗伯特·B.登哈特:《新公共服务:服务,而不是掌舵》,丁煌译,中国人民大学出版社 2010 年版。

② [德]赖因哈德·施托克曼:《非营利机构的评估与质量改进》,唐以志译,中国社会科学出版社 2008 年版,第 19 页。

③ Garvin D. A., What does Product Quality really mean? [J]. *Sloan Management Review*, 1984: P. 25.

全面质量管理模式进行质量保障,而更适合采用"产出效果为导向的管理"模式。① 据此,职业院校质量保障的关键应当是"构建有竞争的组织结构,针对目标群体(如学生和企业)的需求建立现代质量意识,从而达到预期的效果"②。职业教育质量保障的重点是对取得的成果进行客观的评价,这首先需要对各种影响(短期、长期、预期与非预期的影响)进行区分和识别,对复杂的因果关系进行分析,需要建立在科学的评估理论和方法基础之上的实证数据。

二、质量保障体系

(一) 质量保障体系的概念

为了确保提供的产品和服务满足质量要求,并使所有员工都具备质量意识和责任感,组织机构需要建立质量保障体系。一般情况下,质量要求是由管理层确定的,其内容主要针对组织的结构、职责、过程和实施质量管理的方法。建立质量保障体系的实质就是建立组织的"质量文化",并对这一文化的遵守情况进行监督和调节。质量保障体系的任务包括质量策划、质量改进、质量控制和质量保证。③

质量保障体系通过一系列原则和准则来确定,并通过编写和出版质量手册等文件被固定下来,包括质量保证计划、质量保证程序和质量记录等。借助这些文件,组织可以建立统一的信息基础,在此基础上对组织进行评价和比较,最重要的评价标准就是该组织所提供的产品和服务的质量。

质量保障体系有不同模式,但它们的理论和技术基础一般都是全面质量管理、ISO 9000 质量管理标准或者 EFQM。不管采用哪种模式,质量保障体系都涉及组织结构的建构、过程的掌控以及对生产及服务提供的质量保证。组织机构的核心任务是一个从了解顾客的要求开始,到努力使顾客满意之间有规律的循环过程。新版 ISO 9001 质量标准更加关注企业的生产和经营过程。

质量保障工作的目的是帮助组织实现有效的"持续改进",质量保障体系的运作过程就是稳定地提供满足顾客需求和符合法律法规要求的产品和服务的过程,它涉及以下环节:

第一,管理职责。质量标准的实施是自上而下的,最高管理者应预先给定质

---

① Buscher, E., *Evaluation und New Public Management* [M]. Speyer: DeGEVal Jahrestagung, 2001.
②③ [德] 赖因哈德·施托克曼:《非营利机构的评估与质量改进》,唐以志译,中国社会科学出版社 2008 年版,第 19 页。

量目标和需实施的质量方针，设法使所有员工都支持质量保障体系并持续改进该体系，使其更好地符合企业的质量方针并满足顾客的需要。

第二，资源管理。最高管理层提出愿景，监测实现这一愿景的实施过程，并负责准备所需人力和财力资源、基础设施和有利于达到质量目标的工作环境。

第三，产品实现。这包括实现绩效所需的一切过程，其中顾客是第一位的。

第四，测量、分析与改进。收集和分析数据既是为了保证效益，保证顾客满意度，也是为质量管理体系优化进行的改进。①

建立质量保障体系时重要的是建立合理的组织结构，以及设计该组织与其合作单位之间的运行过程，以这些过程为基础制定有效的措施，贯彻实施制定的文件，监督其执行过程。一个组织机构在成功引入质量管理体系后，可通过被授权的认证机构按照标准（如 ISO 标准或《华盛顿协议》等）进行认证。但是，认证并不能保证组织机构在获得认证后一定就真正实施了现代化的质量管理，也不能保证所规定的工作流程得到了优化。

（二）职业教育质量保障体系

进入 21 世纪以来，我国各级政府制定了很多提高职业教育质量的政策，职业院校也进行了丰富多彩的质量保障体系建设实践。但从实际情况看，大部分职业院校并没有建立起完整的质量保障体系，只是（主动或被动地）从多种质量保障方案中选择性地引入了一些质量保障工具。这里有社会政策方面的原因，更有方法论和技术层面的原因。

我们普遍认为职业院校是一个"教育服务"的提供者，但从全世界范围看，目前还没有一个普遍认同的有关"服务"的定义。一般认为，服务与物质产品有很大区别，例如，服务的结果是非物质性的，外部顾客作为"联合制作人"参与服务的形成，很难将服务过程实现标准化，服务有过程性特征无法被大量生产和储备。② 不同群体有不同利益诉求，对职业教育服务质量的评价也会不同。比如，管理者关心如何按照法律法规进行合理的规划，并希望尽量降低实施和管理成本；学习者关心是否能够获得全面和有用的教育，以及获得的证书的含金量。职业院校需要在法律法规和政策允许范围内，平衡不同利益群体的需求（如提高教学质量和降低办学成本的矛盾）。

在职业教育领域，"顾客"不是一个简单群体，可以把顾客分为"当事人顾

---

① Radl, M., *Qualitätmanaement in Theorie und Praxis* [M]. München u. a.：Hampp, 2001：P. 53.
② Matul, C. & Scharitzer, D., Qualität der Leistungen in NPOs [A]. Badelt, C. (Ed.) *Handbuch der Nonprofit-Organisation* [C]. Stuttgart：Schäffer-Poeschel, 2002：P. 64.

客""出资顾客""直接顾客"以及"委托人"（如立法者）和"出资者"（如行政部门）等类型。① 这些概念在职业教育领域有些牵强。例如，职业教育服务的接受者常常无法自主选择其接受的服务（如学校和课程），即购买的决定权受到限制；服务不是提供给出资人（如政府）而是提供给那些符合条件的人（如享受免费教育的中职学生）。这说明，在职业教育机构运营中，顾客对服务质量的评价不起决定作用，而行政管理部门的评估可能更为重要。

在职业院校之间存在竞争，这一般不是市场化的竞争（如获得政府的资助项目等），因为人们不可能抛弃竞争的失败者。文化和价值观、地域特征等非市场因素对选择接受哪些职业教育服务具有重要的影响，如大城市较弱学校比小城市优秀学校有时对年轻人的吸引力更大。职业学校在建立质量保障体系后会发现运行非常困难，因为他们在办学过程中没有足够的自主权，其活动空间比企业要小得多。

这一切均对职业教育质量保障方式产生了重要影响。按照经典的质量管理理论（全面质量管理和 ISO 9000 标准等）和经验建立的职业教育质量保障体系，很难满足职业院校这种非营利性组织的质量保障要求，其根本原因是职业教育事业发展无法完全通过市场调节来实现。在此，公共管理领域的质量监测与评估模式，为我们提供了重要的启发。

三、质量监测与评估

（一）评估

"评估"是一种以获得信息和评价信息为目的的专门活动，以及这一过程所获得的结果。科学的评估是按照开放式标准，采用信息获取的实证方法和系统化信息评价方式进行的，并保证不同主体可以进行重复测量。②

作为质量保障体系的重要手段，评估不仅是为了满足纯粹的认识需求，而且是通过过程透明、记录明确的数据收集和解释，服务于做出决定并最终带来效益的社会实践活动。对评估对象的判断要遵循已有的规则（如 ISO），还要满足多元标准。这些标准可以由评估的委托人、目标群体、相关利益群体、评估者本身或者以上所有人制定。评估可以帮助项目（或组织）的管理者认识到工作过程中

---

① Martin, L., *Total Quality Management in Human Service Organizations* [M]. Newburry Park：Sage, 1993.

② Weiss, C. H., *Evaluationsforschung* [M]. Opladen：Westdeutscher Verlag, 1974：P. 19.

出现的问题,从而提高效率和效益、减少开支并改进效果。

评估具有以下功能:(1)获得认识:传达认识,为管理层的理性决策奠定基础;(2)执行监督:利用所获得的认识进行监督,衡量计划中所确定的目标是否可以实现;(3)促进发展:实现过程透明化,在项目参与方之间创造对话;(4)证明所实施措施的合法性:借助评估获得的数据,检验项目的投入、产出以及产生的长期效果,证明资金利用的有效性。

不同评估有不同的侧重点,从而完成不同的任务。例如,改进一个项目的规划(事前评估)、对实施中项目的观察(过程评估),或确定干预的有效性(事后评估)。有时评估也有"决策"功能,评估结果是为了证明某一政策的正确性,如一个项目是应该继续还是中止。

评估可分为形成性(formative)评估和总结性(summative)评估。前者的特点是积极建构、针对过程、具有建设性并且促进沟通;后者主要针对结果,具有概括性和结论性的特点。一般在项目规划和设计阶段只进行形成性评估;在项目实施阶段既可进行形成性评估,也可以进行总结性评估;事后分析通常都是总结性评估。评估中最困难的是解释因果关系。以下是几个重要的评估理论模型:

1. 多纳贝蒂安(A. Donabedian)质量模型

多纳贝蒂安被称为美国医学质量评估之父,现行卫生系统的质量评估模型是从他的质量评估模型中衍生而来。他提出评估应从结构、过程和成效三个维度开展,结构要素是基础,它使过程要素成为可能,过程要素促使产生短期结果(产出),并最终促使产生效果(成效)。因此,对质量的评价最终要体现在效果上(见表2-1)。①

表2-1   多纳贝蒂安质量模型

质量维度	内涵
结构质量(structure)	提供产品或服务的基础、规模和潜在能力
过程质量(process)	过程是将结构这一输入转化为输出的相互关联或相互作用的活动
效果质量(outcome)	为服务对象提供服务行为后,服务对象呈现的反应和结果,它反映的是提供的服务对服务对象及社会产生的影响。包括产出(output)、迁移与运用(transfer)、成效(outcome)

2. 斯塔弗尔比姆(D. L. Stufflebeam)的CIPP评估模型

传统的CIPP评估模型有四个基本要素,即背景(context)、输入(input)、

---

① Weiss, C. H., *Evaluationsforschung* [M]. Opladen: Westdeutscher Verlag, 1974: P.19.

过程（process）和结果（product）。斯塔弗尔比姆对传统的 CIPP 评估模型进行了发展，提出了十个要素，在原有四个要素基础上增加了合同协商（contract）、元评估（meta-evaluation）、综合报告（final synthesis），并把结果要素细化为四个要素，即：影响（impact）、有效性（effectiveness）、可持续性（sustainability）、可迁移性（transportability），更多关注的是一个项目或计划的长期效果。①

3. 基于变革理论的逻辑模型

世界银行、联合国教科文组织、OECD 的很多项目都采用此模型。基于变革理论的逻辑模型更强调效果导向和影响，是一种"黑箱评估"，关注投入和产出而不关注过程，因为过程可以有多种方式，是可以弱化的。

职业教育是一种需求导向的教育，以需求确定目标，根据目标决定投入和开展活动，从而形成产出和效果。要想实现效果导向，评估时要关注需求和目标之间的关系，评估目标和效果的关系、投入和产出的关系，评估标准关注效率、效益、有效性、相关性和可持续性指标。

（二）监测

通过评估可以建立持续的监测（monitoring）。监测可针对整个职业教育体系，也可针对一项政策或一个项目，目的是获得关于投入、产出和效果方面的数据。监测有针对政策层面的，如对中职生免费入学状况的监测，也有针对职教体系层面的，如通过毕业生职业发展监测提供人才培养质量方面的信息。

"监测是评估的一种形式，它用来描述项目的执行情况，对项目履行其预定职责的好坏进行评价"。监测与评估的区别表现在，评估仅在某一段时间进行，而监测是一项长期任务，是持续、程序化的活动。监测的目的是监督项目是否按照原有计划进行，不关心项目计划及实施条件本身是否合理，而效果的因果分析是评估的任务。在监测中，对所观察到的变化的解释处于次要地位。监测是描述性的活动，每隔一段时间就要搜集一次信息，由此持续了解事情的发展进程，而这在具体的评估中无法做到。监测是对状态的详细记录，评估是对结果与原因的因果分析。监测与评估结合，可以呈现职业教育的现实状态，以及其中深层次的因果关系。表 2-2 展示了全面教学监测与评估体系案例。

---

① 唐以志：《职业教育"提质攻坚"行动与评估者的责任》，载于《当代职业教育》2018 年第 3 期，第 6 页。

表 2-2　　　　　　　全面性：监测和评估相结合

监测——详细记录	评估——因果分析
教学目标是否达到	成败的原因是否出自教学过程参与者自身
是否背离教学计划	教学过程中出现变化的原因何在
目标群是否收益	教学目标是否需要更改
取得了哪些直接和间接效果	在教学环境中出现变化了吗
教学活动的运行、管理及合作是否有效	提出了哪些监测建议

资料来源：唐以志：《职业教育"提质攻坚"行动与评估者的责任》，载于《当代职业教育》2018 年第 3 期，第 6 页。

质量保障体系研究中还有一个与监测密切相关的概念是"控制"（controlling），人们常会笼统地说"监控"，即"监测与控制"。控制是起源于企业管理学的概念，其核心意义是"引导、控制、管理或调节"。控制系统是企业管理系统的子系统，它通过协调规划、监督及获取信息提高整个系统对环境的适应性和协调性。也就是说，控制是实现管理目标的工具。环境越复杂，运行就越需要得到控制。控制有两项基本任务：一是明确信息和获取信息，将其整理加工后及时传递给信息的接收者；二是协调规划、监督系统与信息采集系统间的关系。

监测与控制的区别在于：监测提供信息，但控制还具备协调的功能；监测报告的范围比控制更加广泛。在实践中，监测要提供关于所取得的效果的数据，而控制主要关注成本方面的问题。监测涉及过程性与系统性问题，控制针对结构性因素。在监测过程中，项目参与方可以参与评估标准和指标的制定，而控制是根据已确立的"标准化指标"进行的。监测遵循"从下到上"的原则，而控制遵循"从上到下"原则。

监测与控制和评估不同，它是一项长期任务，根据组织的内部及外部数据不间断地告知管理人员项目发展与实际状况间的关系（期望值与实际值的比较），帮助管理人员做出调整。多数情况下，监测在职业院校内部自己组织实施，控制则有多种形式。监测是社会学概念，控制是企业管理学概念，二者结合起来，可以丰富职业教育质量保障体系的理论基础。监测可在内容和方法上提高控制的质量，使控制更加民主化，并在一定程度上反映人的主观真实性。监测可通过控制成本核算等方法得到丰富和发展。①

---

① ［德］赖因哈德·施托克曼：《非营利机构的评估与质量改进》，唐以志译，中国社会科学出版社 2008 年版，第 74~82 页。

(三) 质量监测与评估体系

按照现代质量管理理念，一个组织对自己工作质量的控制和管理就是开发自己的评估能力，即"评估能力开发"（evaluation competency development，ECD）。"评估能力开发"是现代管理中促进组织发展和保证项目成功的重要手段，它是利用外部人员为一个组织或项目开发包括概念、方法和发展战略在内的成套工具，即"确定做得怎样""发现错在哪里""知道怎样修正"的过程。在评估能力开发工作中，"监测与评估体系"（monitoring and evaluation system，M&ES）是最为重要的内容。

监测与评估体系是所有能够向管理人员连续反馈一个组织或项目运行状况的信息、识别获得成功的潜能，并尽早发现问题以保证及时调整的工具。完整的监测与评估体系包括"监测""评估""成本/效益评估""效果评估"四个部分。监测与评估是一个为保证组织有效运转并取得预期成果，各有关方面达成共识的沟通过程，它是服务于一个组织或项目的管理工作，帮助其完成任务，考核和检查工作进展，并确定阶段性成果的重要工具。

对于职业院校来说，监测与评估体系是一个涉及整个学校和所有教职员工利益的长期而持续的变化过程，是一个为所有涉及者和参与者（如家长、老师、学生、学校、企业和社会等）都带来好处的、能持续提高学校教育教学质量和工作效率，不断改善教职员工的工作和生活质量的现代化管理手段；是一个能够向有关人员连续反馈相关工作（或项目运行）状况的信息、识别获得成功的潜能、尽早发现问题并保证及时调整的系统化工具，是一个为保证工作计划有效实施并达到预期目标、各有关方面达成共识并实现这一共识的过程。①

监测主要由职业院校内部人员进行，评估则多由外部机构（特别是第三方机构）和外部专家承担。监测与评估的区别表现在操作主体、数据处理方式、工作频率和工作目标等方面，二者相辅相成：监测提供初步资料，评估使用监测所获得的资料并真正赋予其价值。没有监测，就没有需要或能够处理的原始资料，也就失去了评估的基础（见图2-1）。

监测与评估体系对现代职业教育质量保障体系建设具有重要的意义。职业教育质量监测与评估体系的考察对象包括整个职业教育体系所涉及的所有机构和人员，它至少由三部分内容组成：第一，促进区域、行业或企业人力资源开发的宏观职业教育质量监测与评估体系；第二，促进机构发展的职业教育机构的质量监测与评估体系；第三，促进学生发展和教师提高教学水平的教学质量监测与评估

---

① 赵志群：《职业教育与培训学习新概念》，科学出版社2003年版，第256~257页。

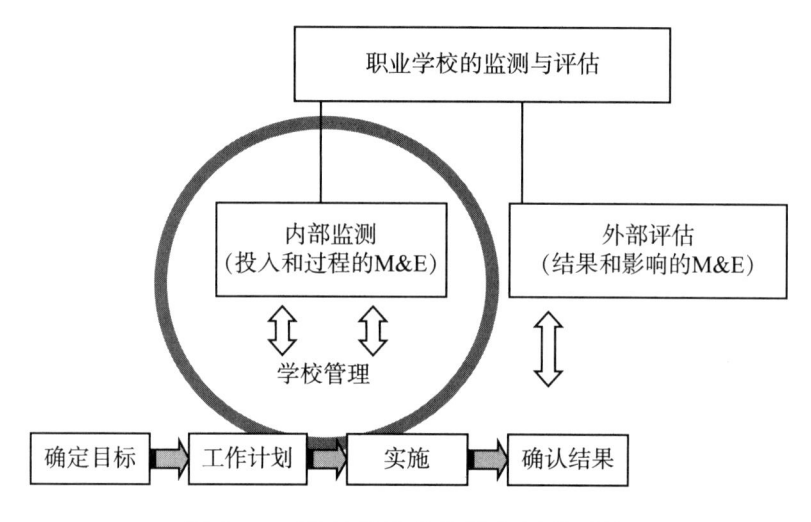

```
                    ┌─────────────────┐
                    │ 职业学校的监测与评估 │
                    └─────────────────┘
```

图 2-1 职业学校的监测与评估系统

体系。尽管这些评估体系的内容和操作有很大差异，但它们仍有类似的结构框架。在职业教育实践中，职业院校质量监测与评估的对象主要是在开发和推广新的课程、教学方法和管理模式以后判断达到目标的程度，例如，对使用新教学媒体后设计效果和实际效果的比较、采用新教学法后或教师接受进修后学生学习成绩的变化等，目的是通过系统的监测与评估手段，保证学校工作达到预期的效果。①

　　质量监测与评估一般按照以下程序进行：确定评估内容和评估标准，设计评估工具，收集和分析数据与证据，明确改进要点并指定改进计划。学校质量监测与评估工作的核心是客观和全面地判定监测与评估对象的实际情况。这个过程是一个典型的螺旋循环向上发展的过程，体现在课堂教学、教书育人和学校管理等方方面面。建立职业院校的质量监测与评估体系，意味着普通教师的工作也增加了管理的功能，也意味着传统督学的任务发生了很大变化。

　　目前职业教育质量监测与评估的发展呈现一些共同趋势，表现在：监测与评估的对象从"投入"转向"产出"和"结果"；与教育有关各方的参与者都有机会系统并长期从事这工作；监测与评估的目标演变为"持续改良"，即提高教育体系的标准化程度和效率。在现代职业教育体系中，监测与评估活动既可以针对整个教育机构（如学校的 ISO 9000 或 ISO 29990 证书认证），也可以针对职业院校的某一个具体工作或项目，如示范院校建设和合作办学等。

---

① ［德］瓦格纳：《调查与评估教育机构的现代化方法与手段》，载于《中国职业技术教育》2002 年第 4 期，第 19~21 页。

第二节 授权评价

一、职业教育评价方法的发展

教育评价的发展经历了"科学主义评价""人文主义评价""后现代主义评价"三个阶段。参照教育评价的整体发展过程，可对职业教育评价的现实定位和未来发展趋向做出一定预测。

(一) 教育评价发展的阶段

1. 科学主义评价观及方法论

19 世纪末 20 世纪初，科学技术在帮助人类征服自然的过程中取得了辉煌的成就，其唯效率的价值追求、归纳式的思维逻辑以及量化设计的研究范式对社会科学产生了重要影响。按照基于决定论哲学思想的后实证主义观点，① 原因影响结果，教育评价是通过"科学"手段和量化方法收集信息，形成对评价对象客观状态的认识，从而了解事情的"本来面貌"的活动。② 以定量实证主义（quantitative positivism）为导向的科学主义评价观使教育评价的质量和效率得到了很大提高。例如，教育部 2004 年版《高职高专人才培养水平评价方案》就是典型的科学主义评价观指导下的评价方案，它强调指标量化、评价标准统一。科学主义评价的典型特征是崇尚管理主义模式，注重外部评价，被评价者需要向外部专家提供足够的证据去"证明质量"。③

进入 20 世纪 50 年代以后，学术界对纯粹的量化研究是否适用于社会科学领域产生了激烈争论。批评者认为，科学主义评价对于态度、创造力、能力等因素的测量有很大局限性。④ 为了解决这一问题，美国教育家泰勒提出了目标导向的

---

① Phillips, D. C., & Burlules, N. C., *Postpositivism and Educational Research* [M]. Lanham, MD: Rowan Littlefield, 2000.
② [美] 约翰·克雷斯威尔：《研究设计与写作指导：定性、定量与混合研究的路径》，崔延强主译，重庆大学出版社 2007 年版，第 5 页。
③ 戚业国：《高校内部本科教学质量保障体系建设的理论框架》，载于《江苏高教》2009 年第 2 期，第 31~33 页。
④ 张其志：《西方教育评价发展的心理学基础》，载于《教育评论》2010 年第 1 期，第 166~168 页。

评价原则，但这并未从根本上解决科学主义评价的问题。受人文主义思想影响，评价者开始接受多元化观点，或至少承认这一现实的存在，质的评价方法逐渐成为传统量化评价方法的重要补充。

2. 人文主义评价观及方法论

人文主义者对以量化研究为核心的科学主义评价方法的质疑是，科学研究的任务不应局限于纯粹的"客观事实"，也应关注意义、价值和情感等主观领域；管理者的授权和放权、团体凝聚力和合作思想在评价中同样重要。[①]

人文主义学者建立的教育评价模式如 CIPP 等，认为评价的重点是教育的过程而非结果，强调交流，关注诊断和分析潜在问题，由此对教育过程进行有效的干预和改进。[②] 人文主义评价模式强调描述性的定性分析，考虑人的观念和主观经验在评价中的作用，反映了个体需要的多元化取向。由于此类研究多以倡议和讨论的形式进行，所以影响力较小。科学主义和人文主义评价观在社会的发展过程中，呈现互相质疑又共同发展的态势。

3. 后现代主义评价观及方法论

后现代主义思想注意到了科学主义和人文主义评价观的不足，其解决方案是弱化量化研究，重视知识建构、应用条件以及由此带给人们影响的差异。后现代主义思想提高了非理性的价值，[③] 质性研究方法被逐渐接受。

后现代主义评价思想的典型体现是第四代评价，其由于符合社会多元化的现实以及多元利益主体的需求，受到学术界的高度关注，并引发了一系列公共管理改革措施。第四代评价和应答式评价都与"自然主义"方法有紧密的联系。第四代评价强调评价者的参与性。

参与式评价研究的代表人物是卡曾斯（J. B. Cousins）、厄尔（L. M. Earl）和惠特摩（E. Whitmore）。他们立足行动研究，要求"评价者不仅要促进公民参与评价，而且还要成为社会中被剥夺权利和缺少声音的少数民族的代言人"。[④] 授权评价理论进一步发展了参与式评价理论，为利益相关者提供了有操作性的工具，以此为基础的教育评价也更倾向于采用质性方法，通过集中每个参与者的意见，使评价结果逐步"接近"现实；同时对讨论过程进行量化，进而得出可视化结果，体现了定性与定量评价方法的较好融合。

[①] 于璨、宋凤宁、宋书文：《教育组织行为学》，北京师范大学出版集团2009年版，第18页。

[②] ［美］斯塔弗而比姆：《方案评价的 CIPP 模式》，引自《教育学文集（教育评价卷）》，人民教育出版社1989年版，第313页。

[③] 王景英、梁红梅：《后现代主义对教育评估研究的启示》，载于《东北师大学报（哲学社会科学版）》2002年第5期，第112~118页。

[④] Cousins, J. B. & Earl, L. M., The Case for Participatory Evaluation [J]. *Educational Evaluation and Policy Analysis*, 1992, 14 (4), pp. 397–418.

(二) 教育评价的发展趋势

从教育评价的发展历程可见,未来职业教育评价的走向应是"从外部评价转向内部诊断",评价的理念从一元控制走向多元治理,评价的重心从"物化"走向"人化",评价方法从单纯量化走向质、量并举。

目前我国职业教育评价的基础仍然是关注共享价值观,即价值取向一元性,而价值多元化还没有受到应有的重视,职业院校在建构质量保障体系时很少考虑相关利益者的多元需求。未来,应当也必须承认并尊重利益相关者的不同价值标准和价值取向。只有建构各方"认可"的评价标准,保障评价者与被评价者之间的平等,才能适应从管理者的一元主导向多元主体发展的治理趋势的要求。职业教育评价的发展趋势是,尽管量化评价方法仍占据主导地位,但质的方法会成为重要补充;量化与质性方法相结合,可以更好地解释和分析社会现象,当然这些方法仍然是开放和不断发展的,评价的专业化要求也越来越高。在此,"人"的因素越来越重要,评价主体由"组织者和实施者"扩展到"所有利益相关者",职业教育评价重心从"物本"转变为"人本",是未来发展的必然选择。[①]

二、授权评价的内涵和特点

授权评价是质性研究和量化研究相结合的方法,它是在民主、透明的环境下,由评价者或主持人引导参与评价的利益相关者开展的自下而上的内部质量诊断与评价活动,其最终目标是质量改进。[②] 授权评价可以为组织或项目的管理提供有效的制定计划、实施计划和自我控制的方法,也可作为职业教育内部质量诊断的工具。

(一) 授权评价思想

有关授权评价思想的研究主要集中在其创始人费特曼及其研究团队的三本著作中,即《授权评价:自我评价与问责的知识工具》《授权评价的基础》《授权评价的理论应用》。这些研究从哲学思想、适用范围、操作步骤、案例支持和应用原则等方面做了深入讨论。费特曼把授权评价过程分为四个阶段,即确立目

[①] 李凌艳、李勉:《从西方教育评价理论发展的视角看我国学校评估研究》,载于《教育理论与实践》2010 年第 4 期,第 25~29 页。

[②] Fetterman, D. M. & Wandersman, A. Empowerment Evaluation: Yesterday, Today and Tomorrow [J]. *American Journal of Evaluation*, 2007, 28 (2): pp.179-198.

标、评价现状、发展策略、记录通向未来的证据。他们认为，项目参与者应全程参与评价过程，整个评价过程需要遵循十项原则，即"促进、集体共有、包容、民主参与、社会正义、群体知识、基于证据的策略、能力构建、组织学习和问责"①。

20 世纪 80 年代，授权评价被推广到教育领域，如美国的"国家教育改革运动"和"学校促进项目"。由于授权评价方法的推广，美国的教育管理更加强调家长、教师、管理员以及其他员工参与教育质量评价的机会和权利，这对提高教育质量和整体效率做出了重要的贡献。②

授权评价理论与通常的参与式评价、参与性理论、合作性评价等有密切的关系，③但是又有明显不同。授权评价与其他参与式评价的主要区别是强调利益相关者的参与和控制程度。授权评价的方法论基础是"证据策略"（evidence-based strategies），但这不是其他参与式评价所强调的。④ 授权评价在从开始到结束的整个过程中均需各层面都发挥作用，而在其他评价模式（如民主评价）中，利益相关者的评价仅需在有限的方面开展。⑤ 授权评价还特别关注利益相关者的满意度，即授权、参与、协作、利益相关者是授权评价必不可少的要素。⑥

授权评价不是一个特定的方法，而是一种系统化的思维方式，目的是让参与者学会像评价者一样去思考，在评价工作影响的过程中建构自己的评价能力，促进自我决策和发展。卡曾斯（J. B. Cousins）从两个维度对授权评价、客观主义评价与其他参与式评价模式的特点进行了比较，如图 2-2 所示。

图 2-2 中两个维度分别是参与深度和评价方法决策的控制权。在授权评价中，利益相关者控制并深度参与，处于图 2-2 中最左下角最深层次位置；参与式评价属于平衡控制类，与授权评价有相同的参与程度；基于利益相关者的评价⑦是评

---

① Fetterman, D. M., Steps of Empowerment Evaluation: From California to Cape Town [J]. *Evaluation and Program Planning*, 1994, 17 (3): pp. 305 – 313.

② Fetterman, D. M. & Wandersman, A., *Empowerment Evaluation Principles in Practice* [M]. New York: The Guilford Press, 2005: P. 5.

③ Patton, M. Q., Toward Distinguishing Empowerment Evaluation and Placing it in a Larger Context [J]. *Evaluation Practice*, 1997: 18 (2): pp. 147 – 163.

④ Wandersman, A., Imm, P., Chinman, M. & Kaftarian, S., Getting to Outcomes: A results Based Approach to Accountability [J]. *Evaluation and Program Planning*, 2000, 23 (3): pp. 389 – 395.

⑤ Christie, C. What Guides Evaluation? A Study of How Evaluation Practice Maps onto Evaluation Theory [J]. *New Directions for Evaluation*, 2003 (97): pp. 7 – 35.

⑥ Smith, N. L. Empowerment Evaluation as Evaluation Ideology [J]. *American Journal of Evaluation*, 2007, 28 (2): pp. 169 – 178.

⑦ Bryk, A. (Ed.) *Stakeholder-based Evaluation* [M]. San Francisco: Josssey – Bass, 1983.

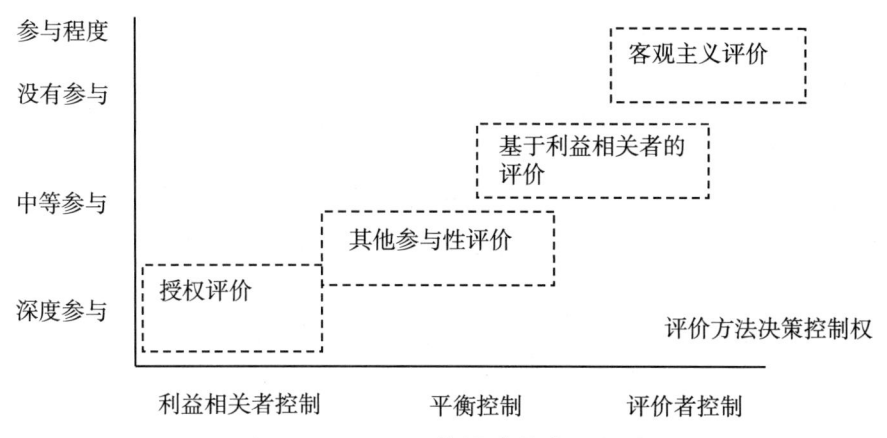

```
参与程度
没有参与          ┌─────────┐
                  │ 客观主义评价 │
                  └─────────┘
          ┌──────────────┐
          │ 基于利益相关者的 │
          │ 评价          │
          └──────────────┘
中等参与
    ┌──────────┐
    │ 其他参与性评价 │
    └──────────┘
┌────────┐
│ 授权评价 │              评价方法决策控制权
└────────┘
深度参与

利益相关者控制      平衡控制      评价者控制
```

图 2-2 不同评价模式的参与维度

资料来源：Cousins, J. B., Donohue, J. J. & Bloom, G. A., Collaborative Evaluation in North American: Evaluator' Self-Reported Opinions, Practices and Consequences [J]. *Evaluation Practice*, 1996, 17 (3): pp. 201-226.

价者控制类，具有中等参与程度；客观主义评价[①]是评价者控制类，被评价者没有任何参与。研究表明，从参与深度和实践操作方面看，教育领域采用授权评价具有很大的优势。

（二）授权评价的特点

1. 授权评价的内部性

授权评价是"内部"评价或"自我"评价，即由被评价项目（或机构）负责人组织实施。这是一种通过评价实现学习的方式，属于"解释性方法"范畴，其关键词是内部、人员、责任和管理者。[②] 职业院校的内部评价者既可能是教师、校长或管理者，也可以是由学校指定的专门人员。内部评价在提高学校效能和人才培养质量方面具有很大的作用，因为改变的推动力主要来自内部。教师在内部评价过程中发挥着重要作用，由此可以更加系统地监控自身的行为，获得自信，这是教师专业化成长的重要内容。

有一些学者对内部评价的客观性提出质疑，认为其缺乏（硬性）标准。事实

[①] Stufflebeam, D. L., Empowerment Evaluation, Objectivist Evaluation, and Evaluation Standards: Where the Future of Evaluaton Should not Go and Where it Needs to Go [J]. *Evaluation Practice*, 1994, 15 (3): pp. 321-338.

[②] Clifford, D. L. & Sherman, P., Internal Evaluation: Integrating Program Evaluation and Management [A]. Love, A. J. (Ed.) Developing Effective Internal Evaluation [C]. San Francisco: Jossey-Bass, 1983: pp. 23-45.

上，内部评价和外部评价都有局限性，而评价的目的是更深入地理解事物，而不是对其做出"唯一正确"的判断。评价提供一个概况（如轮廓图）而不是综合分数，这有利于理解评价对象，并促进其在特定环境条件下进行质量改进；以分数作为评价结果看似"客观"，却容易因为某些政治目的而被滥用。[①] 内部评价通过分析问题、提出建议，致力于克服困难并实施相应举措，是一种有效的组织发展干预工具。内部评价与其他评价方式的差异体现在评价目标、假设、发起者和利益相关者等方面的不同。内部评价属于行动研究，是一种组织发展活动[②]，与组织评价[③]和组织诊断[④]有很多相似之处，包括评价的结构、操作和管理，因此内部评价也是一种管理活动，管理者和内部评价者共同发挥强化组织管理的作用。

2. 授权评价的参与性

参与式评价的特点是允许被评价对象参与到评价过程中。它最早由斯德克（R. E. Stake）提出，后来很多学者从不同角度对其进行了发展和修正。[⑤] 古贝（E. G. Guba）与林肯（Y. S. Lincoln）批判性地分析了传统评价范式的弊端，在吸收参与式评价思想基础上，提出了反应性建构主义评价模式，强调评价者在认识、理解、分析和诠释利益相关者多元观点的基础上，形成整合的价值体系。[⑥]

"参与式评价"有多种类似称谓，如参与式监测（participatory monitoring, PM）、参与式测量、监测与评价（participatory assessment monitoring and evaluation, PAME）、参与式影响监测（participatory impact monitoring, PIM）和利益相关者导向评价（stakeholder-based evaluation）等。多种名称表明了人们对相关内涵理解的差异，但参与式评价有一个共同的基本假设，即通过授权给利益相关者参与的权利，可以提高评价的适当性和有效性。一般认为，参与式评价的优点是可以提高效度，缺点是有可能降低评价的客观性。

斯塔佛尔比姆的 CIPP 模式认为方案管理者最终会面对决策，评价是决策层通过与利益相关者共同参与评价而获取信息的过程，即 CIPP。[⑦] CIPP 从满足管

[①] Nevo, D. School Evaluation: Internal or External? [J]. *Studies in Educational Evaluation*, 2001. P. 101.

[②] Huse, E. & Cummings, T. Organization Development [M]. St. Paul, MN: West, 1985.

[③] Lawler, E., Nadler, D. & Cammann, C. (Eds.) Organizational Assessment [M]. New York: John Wiley, 1980.

[④] Harrison, M. I. Diagnosing Organizations [M]. Beverly Hills, CA: Sage, 1987.

[⑤] Stake, R. E. The Countenance of Educational Evaluation [J]. Teachers College Record, 1967 (7).

[⑥] [美] 埃贡·G. 古贝，伊冯娜·S. 林肯：《第四代评估》，秦霖、蒋燕玲译，中国人民大学出版社 2008 年版。

[⑦] Stufflebeam, D. L. The CIPP Model for Program Evaluation [A]. In: Madaus, G. F., Scriven, M. S. & Stufflebeam, D. L. (Eds.) Evaluation Models: Viewpoints on Educational and Human Services Evaluation [C]. Boston: Kluwer–Nijhoff, 1983: pp. 117–141.

理者信息需求出发，帮助决策层快速做出反应，缺陷是管理者不愿意将反思与自评工作视为评价的一部分。授权评价理论认为，必须将反思与自评工作内化为日常管理的一部分，评价才能顺利进行。巴顿的发展性评价理论把参与性评价提到了新的高度。它将评价使用者的意图作为焦点，根据潜在使用者的特性，从目标导向、方法导向、比较导向、判断导向与决定导向等评价途径中选择适当的评价方法、技术和模式。① 参与的基本的过程如图2-3所示。

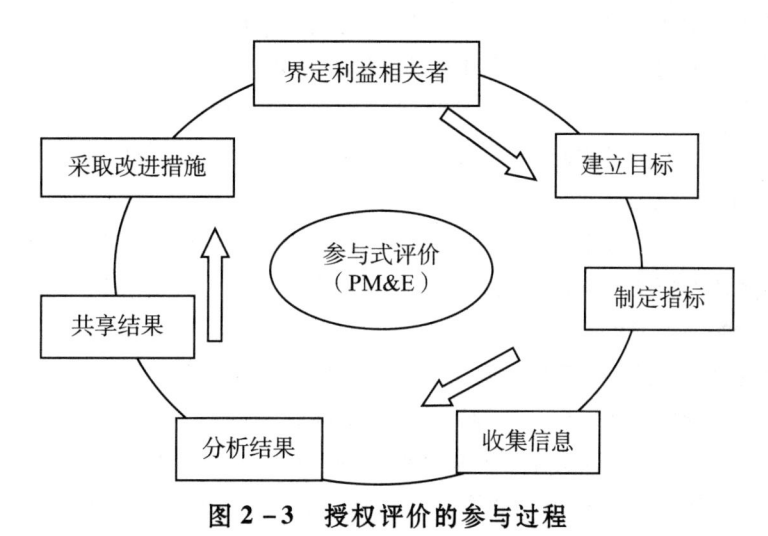

图2-3 授权评价的参与过程

资料来源：Karen, S. Participatory Monitoring and Evaluation: Principles, Action Steps, Challenges [EB/OL]. http://siteresources.worldbank.org/INTPAME/Resources/Training-Materials/Training_2002-06-19_Sirker-Ezemenari_PovMon_pres.pdf, 2015-06.

惠特莫尔（E. Whitmore）对参与式评价进行了归纳，认为它以建构评价能力为目标，在特定情境下关注使用者的需求，尊重和利用利益相关者的知识经验，不断反思自己的态度、观点和行为，并与利益相关者分享权利，而利益相关者也能掌控未来的评价过程。② 参与式评价更加重视"人"的因素，关注利益相关者的需求，强调评价中不同观点的交换。

目前对参与式评价的批评主要是认为其否定客观和可靠的科学标准，将评价者的任务转嫁给了被评价项目的参与者，因此会（部分）失去评价的本来意义。而且，参与式评价的结论有时也缺乏足够的代表性和普遍性。然而，参与式评价由于满足多元价值需求，在很大程度上解决了传统评价的不足，这也是大家所公认的。

---

① Patton, M. Q. Utilization-Focused Evaluation: The New Century Text (3rd ed.) [M]. Thousand Oaks, CA: Sage, 1997: pp. 23-25.
② Whitmore, E., *Understanding and Practicing Participatory Evaluation* [M]. San Francisco: Jossey-Bass Publishers, 1998, pp. 43-46.

3. 授权评价的有效性

有效性是衡量评价质量的重要指标。评价有效性的高低在很大程度上取决于评价工具的质量，这可以通过一些指标来反映，如结果被采用率、持续进行、内部人员广泛参与、满足学生和公众的要求等。[①] 引进相关理论研究成果可以提高授权评价的外部和内部有效性。例如，通过一定理论指导下的利益相关者参与式评价，对丰富学生成长历程和教育质量改进能够起到积极的作用；[②] 由于被评价者的心理焦虑对评价的有效性有很大影响，通过明确评价目的、讨论相关标准、将过程透明化和公开化、推进学习型组织建设等策略，可以提高评价的有效性。[③] 据此，豪斯（E. R. House）提出了授权评价的三个原则，即包容、对话与解放（deliberation）。评价过程除了主办者和组织者外，还要有边缘代表和弱势群体代表；应鼓励不同人员间的对话，增强不同利益、价值观群体之间的相互理解。[④]

评价至少有4种主要用途，即工具、启发、促进和象征作用。[⑤] 然而在现实中，有很多评价的结果未得到充分利用，因此有必要探索提高评价有效性的方法。讨论比较多的是通过可信的模型评价来评价评价效果，即开发和利用元评价标准，为评价者提供评价效果的反馈信息。美国教育评价标准联合委员会（JCSEE）提出的效用性、可行性、适切性和精确性等四个维度的元评价指标，是社会评价领域的重要参考。[⑥] 还可以通过实证研究提高评价的效果。马克（M. Mark）提出了评价效果分析的框架和质量标准，如评价的环境、活动、结果和专业性问题等。[⑦]

三、授权评价的心理学和社会学基础

研究发现，在一个项目发展或机构建立的初期，传统的外部评价可以有效地

---

① AAHE. Principles of Good Practice for Assessing Student Learning. *Assessment Forum Learning Through Assessment* [M]. Washinton DC：AAHE, 1997：P. 36.

② Jennifer G, H., Clifton F. C., *Emblems of Utility in Higher Education Developing and Sustaining High-quality Rograms* [M]. Allyn and Bacon Washington：MA, 1997：P. 37.

③ Sewart, D., Laurae, G. & Michael, S., Strategies for Managing Evaluation Anxiety：Toward a Psychology of Program Evaluation [J]. *American Journal of Evaluation*, 2002 (23)：P. 264.

④ House, E. R., The Issue of Advocacy in Evaluation [J]. *American Journal of Evaluation*, 1998 (2)：pp. 233 – 236.

⑤ Shulock, N., The Paradox of Policy Analysis：If it is not Used, Why Do We Produce So Much of It? [J]. *Journal of Policy Analysis and Management*, 1999 (18)：pp. 226 – 244.

⑥ Stufflebeam, D., The Meta Evaluation Imperative [J]. *American Journal of Evaluation*, 2001 (22)：pp. 183 – 209.

⑦ Mark, M., Toward an Agenda for Research on Evaluation [A]. Caracelli, V. & Preskill, H. (Eds.) The Expanding Scope of Evaluation Use [C]. New Directions for Evaluation, 2000 (88)：pp. 5 – 24.

发挥支持和控制功能。但是随着外部发展条件的满足，会对评价工作提出新的要求，评价工作重点会从外部评价转向内部诊断，① 这就需要相应的诊断工具予以支撑。授权评价是一个可行的职业院校质量诊断工具。

（一）授权评价的起源

授权评价可以追溯到 20 世纪 20 年代的"授权思想"和"民主理念"。管理学家福列特（M. P. Follett）严厉批评企业组织机构的等级制度，提倡关注员工权益的民主化管理方式。日本企业家将其同质量理论放在一起并应用于工业生产中，获得了极大成功，成为其强化和释放劳动力潜能、提高企业竞争力的关键。② 20 世纪 70 年代初，教育机构也开始意识到，依靠单纯的外部管理而缺少民主参与的评价方式已经不能满足需要，只有提升员工参与度、积极性和发挥内在潜能，才能有效地提高组织的绩效。③ 美国的"教育改革运动"等一系列项目的实施，促进了教育界对授权评价的思考和实践。

（二）授权评价的心理学基础

多个学科领域的研究和社会实践促进了授权评价的发展。群体心理学（community psychology）认为，参与具有社会性，个体特征只有通过行动参与式研究才能更好地体现，相关者通过活动过程可更好地控制自身事务。在解码对话过程中，参与者对自己的观点更清晰，对世界的"真实意识"会更明确。他们逐渐意识到自己是如何思考和行动的，从而达到一种"对先前认识的认识"，改变或拓展自己的认识视野。授权意味着某一个人或群体对自身事务的控制，④ 它特别强调自我诊断。

人本主义（humanism）心理学是相对于传统心理学而言的。它认为教师的任务不是传授知识（行为主义心理学），也不是教会怎样学习（认知主义心理学），而是提供学习资源，帮助学生学会自我学习。⑤ 这从学习角度为授权评价提供了解释性支持，特别是对人的关注。评价过程就是发展的过程，通过评价可以促进教

---

① Mandakini, P. Participatory Evaluation (PE) [EB/OL]. http：//www.unesco.org/education/aladin/paldin/pdf/course01/unit_09.pdf, 2016 – 12 – 04.

② 秦海敏：《从赋能授权理论谈内部控制》，载于《经营管理》2006 年第 8 期，第 69 ~ 70 页。

③ 景涛、陈丹、李惠先：《基于体系化授权思想的授权管理理论架构整合性创新》，载于《社会科学》2009 年第 4 期，第 52 ~ 59 页。

④ Rappaport, J. Terms of Empowerment Exemplars of Prevention：Toward a Theory for Community Psychology [J]. *American Journal of Community Psychology*, 1987, 15 (2)：pp. 121 – 148.

⑤ 陈向明：《在参与中学习与行动——参与式方法培训指南》（上册），教育科学出版社 2003 年版，第 160 ~ 163 页。

师、学生以及其他利益相关者的发展。评价参与者与学习者在已有经验基础上,通过与他人相互学习而建构知识,并主动整合新旧知识,扩展知识视野和认识深度。

(三) 授权评价的社会学基础

从社会学角度看,授权评价强调各类社会角色在发展过程中的平等参与和相互交往,在社会中建构相互平等的关系。这不仅意味着内部诊断参与者相互之间应该磋商,而且意味着他们的基本愿望和知识系统都得到了充分的尊重。①

"对话交际是语言的生命真正之所在","纯粹的对话关系"是一种"在各种价值相等、意义平等的意识之间相互作用的特殊形式"②。对话理论对授权评价的启发是:人的思维需要人际间的话语互动,授权评价法为这种互动提供了足够的空间,让每个参与者都能自由发言,在平等的对话中生成新的知识理解。

20世纪90年代以来,相对主义和文化多元论对科技理性思维形成了很大的冲击。哈贝马斯(J. Habermas)提出的"交往理论",通过建立具有普遍性的"规范基础"来描述、分析和批判现代社会,以"真理的共识论"批判实证主义的"真理对应论"。据此,共识形成的前提是参与者没有内部制约和外部压力,并同时满足自身的需求,因为每个人都期望获得一种被尊重的生活方式。③ 交往理论与授权评价方法类似,都认为共识是可以达成的,达成共识的唯一途径是参与和沟通。参与者在没有内外压力的情况下表达个人观念,用协商的方法进行讨论,并达成基本共识。

四、基于授权决策和利益相关者理论的解释

目前,职业教育评价出现了评价主体由政府主导向利益相关者多方介入的范式转变,这意味着,评价实践也需要建立非线性理性评价机制④以及相应的工具支撑,这对授权评价工具开发及相关理论研究提出了需求。

(一) 授权决策理论

决策是管理活动中的重要内容,传统的决策采用自上而下的方式,决策权集中

---

① 周忠学:《互动交融教学法探析》,载于《教学研究》2012年第6期,第112~118页。
② [苏] 巴赫金:《巴赫金文论选》,佟景韩译,中国社会科学出版社1992年版,第252页。
③ 董青梅:《语言沟通抑或语言权利?——当哈贝马斯相遇布迪厄》,载于《平顶山学院学报》2013年第3期,第51~57页。
④ 程兰芳、周丽丽、马肖肖:《高等教育质量的评价模型研究》,载于《统计与决策》2016年第10期,第33~37页。

在管理者手中，即所谓的理性决策模式。有限理性（bounded rationality）理论认为，决策者的视野受到决策能力和组织资源数量等因素的制约，不可能提出全部解决方案并保证决策完美。新的"授权决策"主张，允许员工对工作范围内的事情做出决策而无须请示上级；团队作为被授权的共同体可以发挥"群体决策"的优势。研究发现，复杂的决策任务需要群体决策；而对简单的决策任务，专家个人决策比群体决策效果会更好。现代职业教育体系的运行是所有利益相关方共同治理的过程，它与经济、社会发展以及学生发展之间有密切而又复杂的联系。要想对职业教育体系进行深入的剖析、反思和改进，群体决策优于个人决策，这正是"授权评价"思想的体现。

要保证群体决策的有效性需要满足两个条件：第一，决策群体由有丰富专业经验、不同专业背景的成员构成；第二，群体成员能平等、开放、透明地进行思想交流。只有重视决策群体中多数专家的意见，群体决策才能为问题诊断和制定决策提供有效的帮助。①

（二）利益相关者治理

"利益相关者"是所有受组织目标影响的，或影响组织目标实现的个人和群体。利益相关者理论源自企业管理实践，经历了"利益相关者影响""利益相关者参与"和"利益相关者共同治理"三个发展阶段。② 职业教育治理是利益相关方共同参与职业教育服务与供给的过程。职业院校作为一种非营利组织，是典型的利益相关者组织。按照新公共管理理念，现代学校已发展成为不同利益相关者的命运共同体。③

授权决策和利益相关者理论表明，组织管理模式正经历着从自上而下到自下而上的范式性变革，这需要开发相应的质量管理与保障工具。职业教育评价也呈现出治理主体多元化、治理方法多样化、治理态势多变化和治理理念服务性等特征。目前我国职业教育治理仍处在政策、法规的制度设计之中。2014年国务院《关于加快发展现代职业教育的决定》指出"职业院校要依法制定体现职业教育特色的章程和制度，完善治理结构，提升治理能力"④，授权评价在利益相关者治理的路径选择中无疑具有积极的启发作用。

---

① ［美］杰拉尔德·格林伯格、罗伯特·A. 巴伦：《组织行为学》，范庭卫等译，江苏教育出版社2005年版，第398页。

② ［美］R. 爱德华·弗里曼：《战略管理——利益相关者方法》，王彦华、梁豪译，上海译文出版社2006年版。

③ 刘德宇、白洁：《大学利益相关者与高校课程管理制度创新》，载于《河北科技大学学报（社会科学版）》2014年第3期，第98~101页。

④ 国务院：《国务院关于加快发展现代职业教育的决定》，http://jycg.nvq.net.cn/htm/8541/191224.html，2015-05-19。

五、职业教育授权评价与诊断

评价有鉴定、诊断和改进三个层次的目的。我国早期职业院校人才培养水平评价主要采用鉴定方式,主要任务是鉴定目标的达成度,或根据某种准则和标准鉴定教育活动结果合格与否、优劣程度或者水平高低,以及进行相关排名或比较、分层或分等、筛选或选拔。随着职业教育内涵建设的加强,教育评价活动不再将鉴定作为最主要的目的,而是通过"诊断"获取各类信息,提供关于评价对象的问题与原因分析,提出有针对性的"疗法"与"处方"。与"诊断"相比,"改进"更需要提供关于"进步"的描述,以实现对教育发展的促进作用。

诊断最重要的意图不是为了证明,而是为了改进,① 即以被评价对象接受诊断时的现状为基线,新的诊断与上一时期的成就结果对比,寻找差距,判断自身是否有进步的评价方法。以"自身进步"作为质量诊断评价标准,以发展为导向,强调标准的动态性和不断提高的倾向,是授权评价的主要价值取向。② 这类方法减轻了评价对象接受外部评价的压力,体现了诊断与改进的评价观。

(一) 授权评价的过程与原则

授权评价的核心是"自我诊断"和"利益相关者参与"。在此,利益相关者共同融入评价的计划与执行过程,从"评价准备""评价实施""形成结论"和"实施反馈"的整个过程都要有利益相关者的参与和共同治理,具体如图2-4所示。

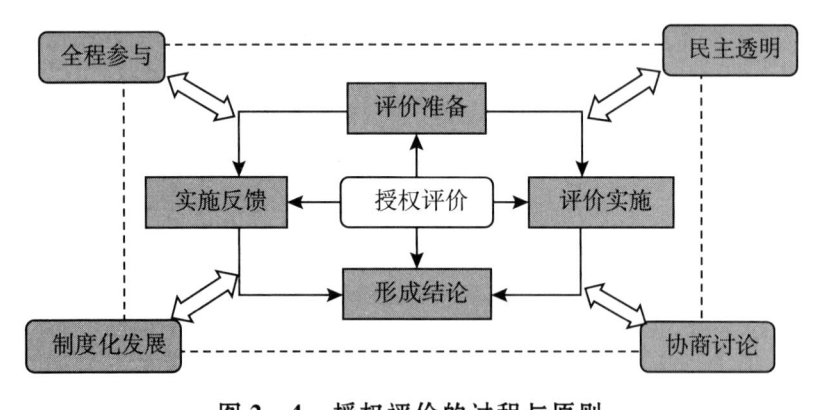

图2-4 授权评价的过程与原则

---

① [美] 斯塔弗尔比姆:《评价模型》,苏锦丽等译,北京大学出版社2007年版,第37页。
② 沈玉顺、卢建萍:《制定教育评价标准的若干方法分析》,载于《高等师范教育研究》2000年第2期,第24页。

在授权评价实施过程中，评价者与参与者共同主导评价进程。评价者的角色是指导者，主要任务是创造宽松、民主的氛围，让每一位参与者充分表达个人观点，通过与他人观点的碰撞进行个人意义构建，以此促进自我诊断、自我决策和组织发展。授权评价强调学习是社会化的，即通过从别人经验中学习来提高整个组织的学习能力。授权评价遵循的原则是：

第一，全程参与。评价者和被评价者是平等民主的，都积极参与和投入到整个评价过程中去。通过参与项目评价的各个阶段，保证评价过程的合理性，增强参与者的认同感。

第二，民主透明。评价创造了开放性、民主的对话环境，在评价者的帮助下，参与者不断进行交流、反思和自我评价，允许矛盾的相互冲突，以反映不同的立场和观点。

第三，协商讨论。评价过程是一个协商、妥协、再协商、再妥协的系统反思过程。参与者解读和反思评价指标的优点和不足，反思过程有助于形成或修订新的方向，或对自身的观点重新建构，以此提升自我诊断能力。

第四，制度化发展。评价结果能被有效运用是保证评价有效性的前提条件，因此需要将评价的逻辑和价值制度化为日常活动和组织管理的一部分，否则，评价结果很难为质量改进提供实际的指导和帮助。

（二）授权评价的工作机制

授权评价的工作机制是参与者之间知识建构的过程，每位参与者将个体经验和知识共享到群体中，通过"知识工作"创造更大的价值。[①] 评价者不仅关注客观事实，而且还要建立民主文化，关注差异、价值协商、应答、心理建构、知识转换和结果共识等一系列过程。授权评价工作机制如图2-5所示。

图2-5的圆形代表一个知识建构共同体。开展知识建构面临两个矛盾：一是未知与已知的矛盾。人的未知引发了自身的求知欲和求知行动，个人的求知行动引发他人的反馈，从而形成新知识和新理解。二是个体知识与共同体知识间的矛盾。个体将原有知识共享到共同体中，推动了共同体知识的发展，也通过与共同体成员的互动，重新建构了自己的知识和理解。由此出现了四个象限，分别代表知识建构中的四种状态：我（每位参与者）的诊断、我的观点、我们（除了我之外的其他参与者）的诊断、我们的观点。每一种知识流动和交互形成了新的知识建构，反映了六对知识交互和自交互。

---

① 张建伟、孙燕青：《建构性学习——学习科学的整合性探索》，上海教育出版社2005年版，第177页。

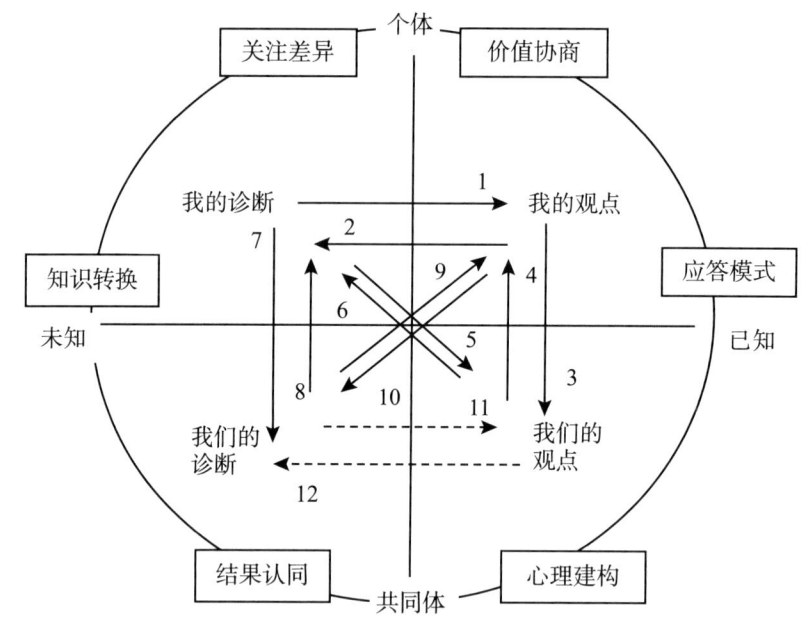

图 2-5 授权评价工作机制

注：图中阿拉伯数字的含义为：1：根据我的诊断分值，解释我的观点和理解；2：通过我的解释思考我的诊断的合理性；3：把我的理解和知识传递到我们的观点（其他参与者的建构）中；4：通过我们的观点解释，反思并建构我的观点；5：针对个人关心的问题，从我们的观点中寻找可能的答案；6：根据我们的观点，重新修正我的评价；7：把我的诊断分享到我们的诊断中；8：从我们的诊断中发现与自己诊断的不同之处；9：针对我们的诊断，联想到个人已有的相关知识经验；10：生成新的理解和建构，并对我们的诊断产生影响；11：反思重组我们的理解和建构；12：重新修正我们的诊断。

授权评价能够满足现代组织自我诊断要求，为职业教育质量诊断（评价）方案设计提供了理论基础。

六、职业教育授权评价研究的理论基础

支持授权评价研究的理论很多，本书仅在第四代评价、建构主义和组织学习理论的框架下探讨职业教育授权评价问题。

（一）第四代评价

1. 第四代评价的基本思想

古贝和林肯将评价的发展划分为四个阶段。第一阶段为测量阶段（20世纪

初~30年代）：主要关注是否掌握了某个课程的知识，强调评价工具和技术的运用，评价者扮演"测量员"的角色。"评价之父"泰勒在测量的基础上作了"描述性"解释，使评价者从"测量技术员"发展为"描述者"，由此进入了评价的第二阶段，即"描述时代"（20世纪30~50年代）。1957年苏联人造卫星率先发射成功震惊了美国人，他们开始反思本国教育，要求评价者不仅要有能力运用测量手段收集信息，而且还要具备一定的判断能力，"判断"成为第三代评价的主要标志。

以上三种传统评价范式的局限性是具有浓厚的管理主义倾向。① 评价通过自上而下的线性管理模式实现；被评价对象处于被动地位，它只能发现"早已存在的问题"而无法预测未来。传统评价忽视价值多元性，强调管理部门作为单一的主导力量，强调采用量化方法查证、核实和提炼事实。

"第四代评价"的核心思想是"建构"，强调协商建构、全面参与、多元价值，属于自然主义或解释性范式。基于多元价值取向，建构主义评价关注利益相关者的不同主张、焦虑和争议，认为协商是达成共识的根本途径。评价者的工作是"诊断"和"开处方"，其任务是与被评价者一起探究原因和谋划对策。建构主义评价的特点表现在以下方面：

第一，心理建构。评价是对被评事物赋予意义，本质上是一种心理建构。因为无论如何努力也难以获得"绝对正确"的结果，因此只能通过参与者共同讨论协商，形成深入的理解。所有评价参与者在交流过程中反思对事物的认识，评价结果是他们交互作用的共同建构物，即对原有理解形成的重新认识。

第二，意义协商。评价是评价参与者之间基于个人对某一事物的认识，通过与他人对话共享个体知识，不断调整价值观，缩短对被评价事物的意见分歧的过程，最终妥协达成一种共同认可的结果，即共识。②

第三，应答/回应模式。评价的出发点是对利益相关者各方评价要求的"回应"。采取应答模式，即每个人都有机会表达意见，其他人对此做出应答，可以增进沟通，消除官僚倾向并满足多元需求。

第四，关注资源和过程。信息技术的发展使资源变得更加重要，特别是软资源建设。随着投入控制向产出控制理念的转变，过程控制和结果评价成为评价的重点。

第五，结果认同。评价不是对某一事实得出的鉴定结果，而是评价参与者对

---

① ［美］埃贡·G. 古贝、伊冯娜·S. 林肯：《第四代评估》，秦霖、蒋燕玲译，中国人民大学出版社2008年版，第68页。
② 卢立涛：《回应、协商、共同建构——"第四代评价理论"的述评》，载于《内蒙古师范大学学报（教育科学版）》2008年第8期，第1~6页。

评价对象状况交换的意见和认同的结果；评价可能达成共识，也可能产生更多的问题，这些问题是下次建构的逻辑起点。①

2. 对职业教育授权评价的启示

目前我国职业教育评价基本停留在传统评价范式层面，它与职业院校和学习者多元化发展需求之间必然会产生矛盾。尽管人们在反思中也开发了一些改良方法，但这没有从根本上解决统一标准和多元化发展之间的矛盾。例如，教育部发布的《关于建立职业院校教学工作诊断与改进制度的通知》（以下简称"诊改通知"）②的文件本身，也存在着两种范式的纠结，这会引发其贯彻实施过程中的困惑。第四代评价采用新的理念和方法论，摒弃传统评价永远也不可能完全实现的乌托邦式的绝对"科学性"追求，这不仅是对旧范式的修改或扩展，更是系统化的创新。评价范式转化的实践，是解决评价实践问题的重要突破口。

第四代评价为职业教育评价提供了重要的方法论基础。社会的深层结构是由观念而不是物质力量构成的，应把评价从实时测量和判断的操作方法层面上升到关注人的主体地位及其社会关系的哲学高度。授权评价关注对社会事实和社会意义的理解和诠释，③方法上采用"建构"和"探索性"策略，通过建立评价者与利益相关者的互动模式，在评价各参与方的作用下形成结论或判断。

随着现代评价理论的普及，我们已经认识到，要想实现教育质量的持续提升，仅靠外部监控是无法实现的，必须建立学校内部质量保障体系。教育部"诊改通知"要求职业院校按照"需求导向、自我保证，多元诊断、重在改进"的方针建立"常态化的内部质量保证体系和可持续的诊断与改进工作机制"，授权评价与"诊断与改进机制"的建设有高度的吻合。

（二）建构主义理论

建构主义是第四代评价理论的方法论，有时也被称为"阐释"或"解释"。④

1. 建构主义理论的基本思想

建构主义的思想萌芽可追溯到18世纪初建构主义的先驱维柯（G. B. Vico），他提出，社会的各项原则可在人类的心理变化中发现，人类只能理解他们自己建构的一切。20世纪初，皮亚杰（J. Piaget）和维果茨基（L. Vygotsky）分别从发

---

① ［美］埃贡·G. 古贝、伊冯娜·S. 林肯：《第四代评估》，秦霖、蒋燕玲译，中国人民大学出版社2008年版，第185~227页。

② 教育部：《教育部办公厅关于建立职业院校教学工作诊断与改进制度的通知》，http://www.moe.edu.cn/srcsite/A07/moe_737/s3876/201507/t20150707_192813.html，2015-06-23。

③ 金新：《建构主义理论的方法论探析》，载于《党政干部学刊》2011年第2期，第19~20页。

④ ［美］埃贡·G. 古贝、伊冯娜·S. 林肯：《第四代评估》，秦霖、蒋燕玲译，中国人民大学出版社2008年版，第69页。

生认识论和心理发展理论角度对建构主义进行阐述，并将其应用于课堂教学。此后，科恩伯格（O. Kornberg）、斯腾伯格（R. J. Sternberg）和卡茨（D. Katz）从认知结构的性质与发展条件、个体主动性在建构认知结构过程中的作用以及认知过程中如何发挥个体主动性等方面进行了深入探索。①

建构主义知识观可归纳为两点：（1）学习是知识的建构，提供认知工具、蕴含丰富资源、鼓励学习者通过与环境的互动去建构个人意义的学习环境，是教育的基本要求；（2）学习是知识的社会协商，知识具有社会性，在个人与团体共同的互动中生成。② 建构主义学习观对教育评价研究有重要的影响。据此，教育管理的核心是沟通、合作、参与、协商和共建。学习者不是被动的信息吸收者，而是个体主动参与整个学习过程，是以已有经验为基础，在一定情境下，通过与外界相互作用来主动建构意义的过程。③ 学习不是信息的积累与记忆，而是学习者相互交流形成的对原有观点的重组和重建；他人的信息输入对个体来讲即为学习，由此认识到新的知识角度，深化原有的理解。④

2. 对职业教育授权评价的启示

建构主义对开展职业教育授权评价有重要的启发。首先，应承认评价具有多重事实。建构主义认为人的认知是多元的，因此无法获得完全相同的事实。评价不是判断哪种事实更"科学"，参与者的知识经验和认知结构都是真实的。应摒弃评价者统治话语权、被评价者只能唯命是从的评价模式，创造民主环境，鼓励通过交流和协商达到探究世界的目的。

其次，建构主义主张多重价值观并存。"事实和价值观相互依存，事实只有放在价值框架中才能体现其存在的本能"⑤。评价主体不限于评价的管理者、组织者和实施者，应扩展到所有的利益相关者。应听取不同参与者的意见，协调不同价值观下的思想分歧，通过协商形成参与者共同认可的结果。

最后，协商是共同建构的主要手段。传统评价模式崇尚实证，依赖技术理性，其评价效果有可能抑制学校特色的形成和学生的个性发展。通过多方参与的"解释性辩证过程"，授权评价按照协商机制设计评价方案，评价者与被评价者一起探究原因、谋划对策，最终将信息整合为一个系统化的相对合理的模式。

---

① 高文、徐斌艳、吴刚：《建构主义教育研究》，教育科学出版社2008年版，第4页。
② ［美］莱斯利·P. 斯特弗、杰里·盖尔主编：《教育中的建构主义》，高文等译，华东师范大学出版社2002年版。
③ 王保中：《试论建构主义学习观》，载于《现代教育科学》2005年第3期，第34~36页。
④ 陈琦、张建伟：《建构主义学习观要义评析》，载于《华东师范大学学报（教育科学版）》1998年第1期，第61~68页。
⑤ ［美］埃贡·G. 古贝、伊冯娜·S. 林肯：《第四代评估》，秦霖、蒋燕玲译，中国人民大学出版社2008年版，第69页。

（三）组织学习理论

1. 组织学习理论的发展

组织学习理论由甘集洛西和迪尔（V. E. Cangelosi and W. R. Dill）最先提出，① 后来在心理学、社会学、管理学和经济学领域进行了广泛的研究，对企业组织发展产生了重要的影响。较有影响的理论有阿基里斯和舍恩（C. Argyris and D. Schon）提出的单循环、双循环学习理论②等。20 世纪 90 年代，圣吉（P. M. Senge）使用学习型组织这一新的术语，将组织学习理论研究推向了又一个高潮。

2. 组织学习理论的基本观点

组织学习指组织为了适应外部不断变化的竞争环境，努力改变自身管理、运行等机制，以保持持续发展的过程。组织学习有三个层次的含义：一是将组织学习视为一个组织的学习，即将组织拟人化，成为一个能够学习、处理信息、反思经历、拥有大量知识、技能和专长的主体，一个能够遵循并超越组织发展目标的主动学习的机构。二是将组织学习视为在组织过程中的学习。组织学习的推动者是组织成员，而不是组织本身，这里强调参与和反思两个核心概念。③ 三是通过组织学习和在组织中学习，最终发展成学习型组织。组织学习理论纷繁多样，但其展现的核心内核也有共同遵守的法则：

第一，关注差异。学习共同体依赖差异而发展壮大。不同观点在个体或群体中传递和共享，便是不同知识的建构；当差异的建构在参与者之间达成共识时，便为下一步的机制改进提供了基础。适当的差异是发展的关键，而极端的差异有可能引发冲突。

第二，对话。对话不是对立或对抗，包含了一种暗示搁置自己的信仰而去倾听别人，和为了群体需要而屈从和放弃自己观点的意愿。在民主的氛围中，合乎逻辑的辩论仍然有一席之地，但前提是所有参与者的对话都要相互尊重和信任。

第三，共享文化。为了尽快发展成共同体，需要培育共同的目标和共享文化，如公认的规范、实践、习惯和语言。组织学习的过程就是经历观点差异、进行协商、心理建构最后达成共识的过程，同时也是文化共享的过程。文化共享可以使学习共同体与外界的群体或个体建立联盟，组成更大的协作共同体。

---

① Cangelosi, V. E. & Dill, W. R., Organizational Learning: Observations to Wards a Theory [J]. *Administrative Science Quarterly*, 1972（17）: pp. 1 – 25.

② Argyris, C. & Schon, D., *Organizational Learning: A Theory of Action Perspective* [M]. Menlo Park: Addison – Wesley, Reading, 1978.

③ ［德］迈诺尔夫·迪尔克斯、［德］阿里安娜·安托尔、［英］约翰·蔡尔德主编：《组织学习与创新》，上海人民出版社 2001 年版，第 30～34 页。

3. 对职业教育授权评价的启示

教育组织创新符合一般公共组织创新的要求，既要对"社会上的主流思想和做法"进行挑战，也要挑战"组织过去的主流思想和做法"。职业教育质量保障不仅是教育管理的学术问题，也是与经济、技术、社会政治和文化等密切相连的社会问题。职业教育机构是一个复杂社会系统，需要适应和转变，这本质上也是学习的结果。①

为了适应组织和市场化发展，现代职业院校不仅要具备技术、管理和人员上的灵活性，还必须发展成为具备竞争力的学习型组织。学习型组织的质量不是单向度地注重绩效，而强调通过共同学习保证实现"持续的质量改进"。作为组织学习系统重要组成部分的学校质量保障体系，是一个使评价活动成为学校获得知识和经验的组织学习过程。在教育质量的生产过程中，评价最大的用途是作为学习的工具。评价是一个批判性学习和反思的过程，并将反思结果付诸实践，并使其进一步接受检验的过程。在这一过程中，组织及其成员逐步加深对于自身活动的认识，提高其思维和行动能力。

知识是组织发展最有价值的资源，它能促进组织发展并提高组织的竞争力，这需要创造民主机制增进信息的传播、交流与共享。合理的决策以相应的知识与信息为基础，必须依靠一定手段去获取做出决策所需的全部知识和信息。把由此获得的评价结果反馈给评价参与者，可有效增加利益相关者对评价的认同感和满意度。处理评价信息的方式对职业教育评价具有重要影响，优秀的组织能够将有限的个人知识有效地向整个组织传播，评价的焦点从传统上对具体结果的关心，转变为对组织学习能力建设的关心，其基础是所有成员的直接参与、持续学习和不间断的经验交流，② 这恰恰也是授权评价的特点。

第三节 职业能力诊断与测评

一、能力研究的基本问题

能力是当前国内外职业教育研究和创新实践中使用频率最高的概念之一。这

---

① [美] 戴维·乔纳森：《学会用技术解决问题——一个建构主义者的视角》，任友群、李妍、施彬飞译，教育科学出版社2007年版，第140页。
② [美] 西蒙：《管理行为》，杨烁译，北京经济学院出版社1988年版，第9页。

有两方面的原因：一是技术发展、特别是信息技术推广和劳动生产方式变革对劳动者的能力要求发生了巨大的变化；二是人们更加关心受教育者在工作世界中的主体地位，这反映了职业教育的发展和进步。"以（职业）能力为基础"作为职业教育课程和教学改革的指导思想已经普遍被接受。

（一）能力的概念

能力不是一个简单事实，而是一种人的个性特性。学术界对能力有不同的理解和解释，主要表现在两个方面：一是不同学科和研究领域有不同的理解；二是不同国家和文化有不同的理解。在此，不同的教育和经济政策以及具体的职业的传统等因素都有重要的影响。

1. 不同学科对能力的理解

按照心理学的解释，能力是一种心理特征，是个体顺利完成某种活动所需的心理条件；它可以指现有的成就水平（包括知识和技能等），也可以指容纳、接受或保留事物的可能性，因此，能力是个体具有的潜力和可能性。[1]

在职业教育学研究领域，德国的研究具有重要的影响。魏纳特（F. E. Weinert）的能力定义具有代表性，即"个体或包括多个人的群体所拥有的、能成功满足复杂需求的前提条件"[2]。这不仅包含了认知方面的内容，也包括动机、道德、意志和社会方面的成分。人们只有在处理专业或领域（domain）内的事宜时才能获得能力，因此能力遵循所谓的"领域特殊性原则"。

人力资源开发研究对能力的理解常与具体工作绩效相联系。诺顿（B. Norton）的《DACUM 手册》将能力定义为"工人在完成一项给定的职业任务取得的知识、技能和态度方面的成就"[3]。著名的资格发展管理工作组把能力理解为"个体通过对事务进行安排而获得的自我组织的才能"[4]。经济学范畴的能力定义强调个人的责任，但忽视了内化过程的他律性原则和员工的个性特征。[5]

2. 不同国家和文化的理解

不同国家或文化对能力的理解有所不同。英国国家职业资格标准（Natioanal

---

[1] 彭聃龄：《普通心理学》，北京师范大学出版社 2006 年版，第 404 页。

[2] Weinert, F. E., Concept of Competence: A Conceptual Clarification [A]. Rychen, D. S.; Salganik, L. H. (Eds.) Defining and Selecting Key Competencies [C]. Seattle: Hogrefe & Huber, 2001: P. 62.

[3] Norton, R. E., DACUM Handbook [M]. The National Centre on Education and Training for Employment. Columbus/Ohio: The Ohio State University, 1997: Appendix C.

[4] Erpenbeck, J. Selbstgesteuertes, selbstorganisiertes Lernen [A]. In: AG QUEM. (Ed.) Kompetenzentwicklung [C]. Manster Waxmann, 1996: P. 311.

[5] Bolder, A. Arbeit, Qualiflcation und Kompetenz [A]. In: Tippelt, R. (Ed.) Handbuch Bildungsforschung [C]. Opladen: Leske & Budrich, 2002: P. 662.

Vocational Qualifications，NVQs）通过学习结果来描述能力，其基本理念是：如果学习者能够完成一项工作任务，那么他就具备了这项能力。据此，能力是通过考核展现出来的按照一定结构组织的知识、技能和绩效要求。NVQs按照这一理念建立了能力结构体系，如一个职业资格包括若干项能力单元（unit），每个单元包括若干学习结果（learning outcome），后者通过一系列评价指标（assessment criteria）来描述。这种建立在行为主义目标理论基础上的能力概念，对欧洲乃至国际职业教育发展产生了很大影响，如澳大利亚的培训包也是类似理念的反映。为了使职业资格考试可行，人们普遍把工作任务分解成为一系列可观察、可描述的能力点，包括知识和技能。

德国人认为职业教育的培养目标是行动化的能力，即"职业行动能力"（Handlungskompetenz），它是"对个人和社会负责任行事的自我控制的意愿和本领"，是"通过对事实的理解、反思以及对动机和问题状况的判断开发实现的"①。德国行动能力的表述与英式的去情境化表述方式不同，它总是与一个综合性的复杂工作任务相联系，采用"完整的行动模式"理念，强调人在复杂问题情境中按照专业化的要求和道德规范正确地去行动，即能力是"成功满足复杂需求的前提条件"②。

我国对能力的认识主要是通过国际合作项目引入的，在很大程度上受到发达国家的影响。我国国家职业资格证书体系以及受盎格鲁文化影响较大的职业院校采用英式理解，将职业能力理解为"任务胜任力"③。也有人接受德国的职业行动能力概念。自21世纪初开始，教育部相关文件和领导讲话就开始采用"综合职业能力"的说法，即"一个人在现代社会中生存生活，从事职业活动和实现全面发展的主观条件"④，这种认识与行动能力的概念是一致的，它超越了单纯的功能性要求，开始强调人的全面职业素养和潜能的发展。

（二）不同的能力观

对能力的不同理解形成了不同的能力观，这可以按照不同心理学流派进行分类，如行为主义、认知主义、人本主义或建构主义的职业能力观⑤。哈

---

① Bader, R. Berufliche Hangdlungdkompetenz [J]. *Die Berufsbildende Schule*, 1989 (41): P.74.
② Ertl, H. & Sloane, P. F. E. Curriculare Entwicklungsarbeiten zwischen Lernfeld und Funktionsfeld [A]. Päzold, G. & Rauner, F. (Eds.) *Qualifkationsforschung und Curriculumentwiklung* [C]. Stuttgart: Franz Steiner, 2006: P.120.
③ 徐国庆：《职业教育项目课程开发指南》，华东师范大学出版社2009年版，第73页。
④ 刘来泉：《深化教学改革，突出特色，提高质量，进一步推动职业教育健康发展》，引自国家教委职业技术教育司等：《面向21世纪的职业教育教学改革》，高等教育出版社1998年版，第13页。
⑤ 匡瑛：《什么是职业能力—基于比较分析的角度》，载于《江苏高教》2010年第1期，第131~133, 136页。

格（P. Hager）[①]和石伟平[②]等把能力研究归结为三种能力观指导下的行动，即行为主义的能力观、基于一般个性特征的能力观和综合的能力观。

1. 行为主义的能力观

行为主义的能力观用完成一项具体任务所需的行为来定义能力，也称为基于任务的能力观，它与"以能力为基础的教育"（competence based education，CBE）的发展有密切的联系，"以能力为基础的教育建立在对某一岗位所需能力甄别与陈述的基础上……通常是以特定的行为化目标来陈述甄别出来的操作性技能"[③]，其理论基础是泰勒（F. W. Taylor）的科学管理原则和行为主义目标运动。美国教育界20世纪50年代的行为主义目标运动，则鼓励教师把教学目标表述成可观察的行为变化，通过对学生外显行为变化的判断确定教学目标是否达成。行为主义能力观指导下的职业教育强调通过行为目标的实现提高学习者的技能，一般较少关心任务（能力点）之间的联系以及心理特征在完成任务中的作用。

2. 基于一般个性特征的能力观

基于一般个性特征的能力观即关注个体完成任务所需的重要的一般个性特征。其假设是：工作表现出色的人会有一些共同的个性特征，如系统性思维、自信、主动和坚持等。具有这些个性特征的人可将其恰当地应用在具体任务中。这种能力观不考虑应用情境，认为能力是独立于具体情境之外的知识、技能和态度。哈格强调一般能力有两个特征：一是对工作情境变化敏感；二是能将注意引向更多的途径。[④] 这种能力观的最大问题是"去情境化"：首先并没有实证研究证实确实存在一般性能力，而专家智能研究（expertise research）却发现，专家的能力具有领域特殊性特征；其次，通过对工作能力分析得到的个性特征，并不一定能帮助人们完成具体的工作任务。[⑤]

3. 综合的能力观

综合的能力观认为，能力是在一系列具有典型意义的工作任务情境中表现出来的知识、才能、技能和态度的综合。人的一般个性特征只有与职业情境联系起来，才能反映出职业实践的整体性要求。最新能力研究多数持综合的能力观，多

---

① Hager, P., Competency standards-a help or a hindrance? an Australian perspective [J]. *The Vocational Aspect of Education*, 1995, 47 (2): pp. 141 - 151.

② 石伟平：《比较教育研究》，华东师范大学出版社2001年版，第298~301页。

③ Burns, R., *Competency-based Education: an Introduction* [M]. New Jersey: Educational Technology Publications, 1972: P. 7.

④ Hager, P., Recognition of Informal Learning: Challenges and Issues [J]. *Journal of Vocational Education and Training*, 1998, 50 (4), pp. 521 - 535.

⑤ Röben, P., Competence and expertise research [A]. Rauner, F. & Maclean, R. (Eds.): *Handbook of Technical and Vocational Education and Training Research* [C]. Dordrecht: Springer, 2008: pp. 371 - 379.

数国际组织的文件对能力的理解也是综合性化的,如国际劳工组织报告强调"更加自主的、有适应力的和多功能的工人"……"个人的全面的能力,特别是交流、解决问题、团队工作的能力而不仅仅是纯的技术技能"①。这里对"综合"的理解有两方面:(1)能力是多维,或其构成要素是多样化的;(2)能力的要素(如知识、技能等)在问题解决过程中被整合起来。人的一般个性特征只有与相关职业情境建立起联系,才能反映出职业实践的整体性要求。②戴斯特勒等从认知、功能、社会和元能力四个维度构建了整体的能力模型。③文献分析发现,尽管存在多种理念,但当前多数能力的定义关注到了能力的整体性特征,在一定程度上反映了综合能力观的认知发展趋向。④

二、职业能力

职业能力是职业教育的重要概念。职业教育学、职业学(vocational disciplines)、人力资源管理和社会学的资格研究从不同侧面对职业能力进行研究。

(一)职业能力的基本内涵

职业能力是与职业相关的认知能力特征,对职业能力的讨论应当综合考虑教育、经济、文化和职业传统以及劳动市场发展状况等因素。国际上普遍认为"职业"是一种典型的德国式的社会组织方式,因此德国有关职业能力的研究成果是职业能力研究的重要参考。

在德国,职业能力的概念最早由洛特(H. Roth)提出,当时他把职业能力分成自我能力、专业能力、方法能力和社会能力。⑤后来职业教育界相关讨论多数是在这个定义的基础上进行的。例如,艾彭贝克等把职业能力划分为个人能力、积极和主动的应用能力、专业与方法能力以及社会能力,从三个维度对能力

---

① Axmann, M., Facilitating Labour Market Entry for Youth through Enterprise-based Schemes in Vocational Education and Training and Skills Development [R]. Series on Youth and Entrepreneurship. Geneva: ILO, 2004: P. 3.

② Fischer, W., Bullock, H., Rotenberg, J. & Raya, P., The Dynamics of Competence: How Context Contributes Directly to Skill [A]. Wozniak, R. & Fischer, K. (Eds.) Development in Context: Acting and Thinking in Specific Environments [C]. Hillsdale, NJ: Erlbaum, 1993: pp. 93 – 117.

③ Le Deist, F. & Winterton, J., What is competence? [J]. Human Resource Development International, 2005, 8 (1): pp. 27 – 46.

④ 刘洋、和震:《职业能力研究进展综述》,引自北京师范大学职业与成人教育研究所:《职业与成人教育研究新进展》,北京师范大学出版社2012年版,第45~73页。

⑤ Roth, H., Pädagogische Anthropologie. Vol. II: Entwicklung und Erziehung. Grundlagen einer Entwicklungspädagogik [M]. Hannover: Schroedel, 1971.

进行理解：一是行为主体：人可以自己或在他人帮助下发展形成有关事件和事实的本领；二是环境：行为主体发展和生成这些本领需要一定的环境，如家庭、企业和社会等；三是意愿：能力涉及个体的意愿。①

德国《联邦职业教育法》将职业教育的目标定义为获得职业能力，通过《职业培训条例》对学习者在通过结业考试时应具备的职业能力进行了确定，包括职业知识、技能和资格。职业能力是完成一系列典型工作任务所需要的职业认知能力和主观潜力，它通过在特定任务背景中的"职业行动"表现出来，即"职业行动能力"。这确定了职业教育特有的培养目标，即"学会从事一门职业"，这是德国对职业能力理解的重要特征。

以英国为代表的盎格鲁文化不关注工作是否是以"职业的形式"组织的，人们甚至无法用一个英语词汇去表达德语 Beruf 或汉语"职业"的意义②。英语的职业能力指完成"工作任务"的能力和绩效，在职业教育中指知识技能的学习成果（outcome）。尽管起源于经济学范畴的 DACUM/CBE 理念得到了推广，但这并没有促进教育学意义上的能力研究的实质性发展。在 DACUM/CBE 实践中，competence，competency 和 skill 基本是同义词，尽管职业能力也包括"态度"的概念，但是内容抽象，多为如认真、细致等抽象的词汇，没有建立这些概念与职业情境的直接联系，在职业教育实践中也很难被评价。

目前职业能力是我国公认的职业教育的培养目标，但大家对职业能力的理解并不相同，主要从以下角度理解：

第一，宏观教育目标视角。该视角认为，职业能力"是指某一职业所需的专业能力和非专业能力的总和，是个体当前就业和终身发展所需的能力"③，这与德国的职业行动能力相似。

第二，从狭义和广义两个层面区分。我国社会对"岗位"和"职业"的区分不明确，对"以职业形式组织的工作"没有足够的敏感性，认为存在狭义和广义的职业能力：狭义的职业能力指岗位能力，或完成特定任务的能力；广义的职业能力指某职业共同的基础能力，是经过适当学习完成某种职业活动的可能性或潜力。④

第三，能力分析方法视角。例如，在课程开发实践中，职业能力有时被解释

---

① Erpenbeck, J. & von Rosenstiel, L. (Eds.) Handbook Kompetenzmessung [C]. Stuttgart：Schaeffer-Poeschel，2003：pp. XVII – XXI.

② 如德语 Beruf 包含了英语 vocation、occupation、profession、job 和 career 等词的全部或部分含义，Career 也经常被翻译成中文的职业。

③ 杨黎明：《关于职业能力发展》，载于《职教论坛》2011 年第 3 期，第 4～15 页。

④ 孟广平：《能力本位教育与职业技术教育课程开发》，载于《职业技术教育》2000 年第 12 期，第 32～33 页。

为完成工作任务的胜任力。① 美国职业信息网（Occupational Information Network，O∗NET）按照实证主义方式列举上百个要素表述岗位能力；② 但人种志研究方式与此完全不同，它关注工作环境和经验，强调对日常活动的细致分析和"深描"。③

原劳动部"国家技能振兴战略"研究课题组把能力分成三个层次：（1）职业特定能力：按职业分类大典划分的各职业的特定能力；（2）行业通用能力：在一组特征和属性相同或相近的职业群中体现出来的共性的技能和知识要求；（3）核心能力：是职业生涯甚至日常生活中必需的、并能体现在具体职业活动中的基本能力。④ 这种分类对职业资格（等级）考试有很大影响。一些技能鉴定机构甚至开展了核心能力模块（如与人合作、自我学习、信息处理等）的培训和相关能力鉴定工作，这体现了行为主义能力观与基于一般个性特征能力观两个"极点"的不同寻常的结合。

总的来说，我国职教界目前多认可职业能力的综合性和整体性特征，在谈及职业能力时常用"综合职业能力"表示，这也明确体现在教育部和人力资源和社会保障部的相关文件中，如前者的"专业教学标准制定工作名词术语"和后者的《一体化课程开发技术规程（试行）》。

（二）与职业能力相关的重要概念

在现代职业教育中，有一些与职业能力联系紧密但又不同的概念，如资格、技能、智力和职业道德等。比较职业能力与这些概念，可更好地理解职业能力的内涵。

1. 技能与职业资格

能力、技能和资格是既有紧密联系但又不同的概念。能力起源于教育学和心理学理论，技能和资格来源于管理学研究，目前这些概念的使用相当混乱。

技能是在一定目标指导下，在已有知识和经验基础上经过反复练习形成的一系列规则性的动作体系，包括外显的肢体操作的动作体系和内隐的认知活动体系。职业技能是从事一项职业必需的客观条件，人是技能的载体。技能分为"智力技能"和"操作技能"。较低级的技能经过有目的、有组织的反复练习，动作会趋向自动化，从而达到较为高级的技巧性技能阶段。

---

① 徐国庆：《解读职业能力》，载于《职教论坛》2005年第36期，第1页。

② Peterson, G., Mumford, D., Borman, C. et. al., Understanding Work Using the Occupational Information Network (O∗NET) [J]. Personnel Psychology, 2001, 54 (2): pp. 451－492.

③ Lave, J., Cognition in Practice: Mind, Mathematics and Culture in Everyday Life [M]. New York: Cambridge University Press, 1988: P. 12.

④ 陈宇：《职业能力以及核心能力》，载于《职业技术教育》2003年第11期，第26页。

从学习的角度看,能力是对自身及其在个体、职业和社会领域中具有自我承担责任的才能的学习成果;技能是可利用的学习成果,是学生所学本领在个体、职业和社会领域范围内的可用性,一般不关心认知和精神运动领域的目标。[①]

资格是完成职业任务需要满足的要求。在职业描述中,资格一般通过技能等级方式来确定和描述,因此职业资格和职业技能总是伴生在一起表述或被讨论的,其核心是"可观察的职业技能"。职业能力和职业资格的区别表现在:(1)资格由工作任务的客观要求决定,职业能力是完成一组任务所需要的主观能力和潜力。(2)资格可通过训练获得,与人格(素养)发展无关,而职业能力与人格发展有关,包含了对工作的理解、评估和反思。(3)人是资格的载体,职业技能是人类的技能技巧在不断客观化过程中的剩余部分;职业能力很难被客观化,它超越了当前任务的要求,以解决未来的问题为目标。职业能力包含认知、动机和意志等因素,是可以学习和影响的,因此与智力也不同。[②]

资格和技能可以在基于生产实际的考试情境中一项一项地表现出来,是可以标准化的。[③] 而职业能力是以人类智力和个性智力为基础的特有的能力,是"理解、反思、评估和完成职业典型工作任务以及在承担社会、经济和生态责任的前提下,共同参与设计技术和社会的发展的能力"[④],而不仅是简单按照具体命令执行常规性的任务。能力发展与人格的发展息息相关,但获得技能不是人格发展的内容,只是适应一项工作要求的前提条件。[⑤]

从职业教育学角度看,一个人如果能够满足职业的要求,意味着他不但具备职业技能,而且还能承担起职业的角色,在职业情境中坚持自己的观点,或对其他观点提出质疑,即实现"职业的自治"。凯兴斯泰纳(G. Kerschensteiner)曾经形象地比喻,职业教育的目标是给人一只"思考的手"。从这个角度看,CBE提供的"手"太短,因为人不可能准确描述所有职业能力,"仅从技术和设备方面的能力分析中确定学习目标,不符合生产过程的人性化和民主化要求"[⑥]。职

---

① Wilsdorf, D., *Schlüsselqualifikationen. Die Entwicklung Selbständigen Lernens und Handelns in der Berufsausbildung* [M]. München: Lexika Verlag, 1991: P. 43.

② Rauner, F. et al., *Competence Development and Assessment in TVET* [M]. Dordrecht: Springer, 2013: P. 7.

③ Erpenbeck, J. & von Rosenstiel, L. (Eds.) *Handbook Kompetenzmessung* [C]. Stuttgart: Schaeffer Poeschel, 2003: P. XI.

④ Rauner, F. et al., *Competence Development and Assessment in TVET* [M]. Dordrecht: Springer, 2013: P. 8.

⑤ Huisken, F., Zur Kritik des Ansatzes bürgerlicher Curriculumtheorie [A]. Frey, K. (Ed.) *Curriculum Handbuch. Band I* [C]. München: R. Piper & Co. Verlag, 1975: P. 130.

⑥ Arnold, R., *Ausgewählte Theorien zur beruflichen Bildung* [M]. Baltmannsweiler: Hohengehren, 1997: P. 136.

业教育的意义远远超越了提供技术手段，它是发展职业行动能力和培养创新能力的重要方式。

2. 智力

智力是一般的心理能力，包含推理、计划、问题解决、抽象思维、理解复杂思想、快速学习和从经验中学习等能力。不同心理学家对智力的认识不同。加德纳（H. Gardner）的多元智能论对职业教育有着广泛的影响。他认为，每个人都有相对独立的、与特定认知领域相联系的智能，如语言智能、逻辑数学智能和空间智能等，每个个体的智力表现形式有所不同。① 职业能力发展也是一种特定智力特征决定的能力发展，因此，可以按照职业的典型智力特征区分职业的类型和职业能力的层次。职业能力既不是智力因素和文化因素的简单叠加，也不只是针对具体工作的"资格或技能"。能力是可以学习和被影响的，这与智力不同。职业能力一方面由职业工作给予，另一方面来自个体的自有智力。②

3. 职业道德、职业认同感和职业承诺

职业能力发展受动机和情感的影响，与职业认同感和在此基础上建立发展的职业承诺有密切的联系。

职业认同感是个体对所从事职业的目标、社会价值及其他因素的看法，是职业能力发展的一个重要维度，是职业道德和职业精神发展的基础。职业承诺是指由于个体对职业的认同和情感依赖、对职业的投入和对社会规范的内化而导致的不愿变更职业的程度，它是与组织承诺有关但高于组织承诺的情感和态度。实证研究证明，如果没有职业承诺，就不可能解释职业能力发展的规律。③

在职业教育实践中，职业能力、职业认同感和职业承诺紧密相连，共同发展出职业责任感、质量意识和职业精神。德莱福斯"从初学者到专家"（from novice to expert）的职业发展逻辑规律，④ 同时也是职业认同感和职业精神的发展规律。按照郝维斯的发展性任务理论，⑤ 职业能力和认同感的发展状况可以通过不同阶段的典型工作任务表现出来。

---

① Gardner, H., *Intelligence Reframed: Multiple Intelligences for the 21st Century* [M]. New York, NY: Basic Books, 1999.

② Rauner, F., Grollmann, P. & Martens, T. Messen Beruflicher Kompetenz (entwicklung). ITB – Forschungsbericht 21 [R]. Bremen: Institut Technik und Bildung, 2007.

③ Blankertz, H., Einführung in die Thematik des Symposiums [A]. Benner, D., Heid, H. & Thiersch, H. (Eds) Beiträge zum 8. Kongress der Deutschen Gesellschaft für Erziehungswissenschaften vom 22. – 24. März 1982 in der Universität Regensburg [C]. Zeitschrift für Pädagogik, 1983 (18): pp. 139 – 142.

④ Dreyfus, H. L. & Dreyfus, S. E., Künstliche Intelligenz. Von den Grenzen der Denkmaschine und dem Wert der Intuition [M]. Reinbek bei Hamburg: Rowohlt, 1987.

⑤ Havighurst, R. J., *Developmental Tasks and Education* [M]. New York: David McKay, 1972.

4. 关键能力（核心能力）

20 世纪中叶，随着社会劳动水平分工的逐渐弱化，职业和岗位间的界限变得模糊起来，对职业人才的资格要求做出具体预测变得更加困难。德国社会学家梅腾斯（D. Mertens）在对劳动市场与劳动者的职业适应性问题进行研究时提出了关键能力的概念，即"与具体工作任务和专门技能或知识无关的，但对现代生产和社会顺利运行起着关键作用的能力"①。关键能力概念很快引起其他西方国家的重视，随后英国对类似的能力如核心能力（core skills，也有 common skills 等说法）做了说明，将其概括为问题解决能力等 11 项。后来英国的职业资格中又将其进行分类，一类为强制性能力，包括通讯能力、计算能力、信息技术；另一类为选择性能力，包括问题解决能力、个人能力、现代外语能力等。这样，关键能力概念向行为主义导向的方向又进了一大步。澳大利亚也有类似的关键能力培养方案。②除关键能力外，人们还用其他类似术语描述那些"非学科专业的"能力，如 cross curricular competence 等，即不属于某个学科或职业所特有、具有横向迁移特性，并对成功学习和工作具有重要作用的能力。我国也有很多类似讨论，但是还没有见到严谨的实证研究成果。

格鲁波（U. Grob）等建立了一个由结构性、功能性、可塑性、内容广度、可实证检验和均衡性等 6 个指标组成的能力评价模型，对上述能力分类进行检验，发现它们都无法满足模型要求。例如，由于缺乏实证检验，关键能力无法证明其确实能帮助人们有效应对岗位中不可预测的需求，同时也没有明确的内部结构。③

对（职业）能力的不确切认识在一定程度上为我国职业教育实践带来了问题。很多职业院校无法区分一些基本概念，在其教学文件（如课程标准）中把能力和技能作为同义或近义词对待，从而造成培养目标的偏差。很多有关职业能力的讨论由于缺乏足够理论基础和实证依据，只能停留在概念性思考阶段，这也给教育实践带来困惑。例如，关键能力概念与多元智力论有矛盾，与公认的"领域相关性原则"和情境原则也不相符。关键能力"明确"但"不精确"地描述了职业教育的一部分内容，它在多大程度上能够真正促进职业教育的发展，还有待于进一步的观察。

---

① Mertens, D. Schlüsselqualifikationen – These zur Schulung für eine moderne Gesellschaft ［J］. *Mitteilungen aus der Arbeitsmarkt – und Berufsforschung*, Nürnberg, IAB, 1974 (7)：pp. 36 – 43.

② DECS (Department for Education and Children's Services South Australian) (1997)：Key Competencies - Professional Development for Teachers and Trainers ［Z］. Victoria University.

③ Maag Merki, K., Cross-curricular competencies ［A］. Rauner, F. & Maclean, R. (Eds.) *Handbook of Technical and Vocational Education and Training Research* ［C］. Dordrecht：Springer, 2008：pp. 517 – 523.

（三）范式转化：从"适应导向"到"设计导向"

长期以来，在确定职业教育培养目标时，在学习者个性发展的"教育性目标"和适应企业岗位用人要求的"实用性目标"之间始终存在着矛盾。矛盾的核心是：职业教育是为学习者职业生涯发展奠定扎实的基础，还是（仅）满足企业工作岗位的现实需求？

针对现代社会从业人员职业资格的发展趋势，德国联邦职业教育研究所（BIBB）的工业社会学研究提出的"极化理论"被广泛认可，即未来社会将存在两"极"人群，一极是为数众多的低技能人员，另一极是数量较少的高技能人员，而后者会成为生产组织发展的真正赢家。① 按照这一理论，英语国家 CBE 职业教育的"教育市场化"理念，恰恰是对"低技能劳动力市场"的回应，② 这是造成英美两个伟大工业国家后来发展成为"低技能平衡国家"的重要原因之一。

为了抵制工作的低技能化发展趋势，实现"工作的人性化"是一条重要的出路，即按照"人性化工作"理论，通过"完整的工作行动方案"避免过分精细的分工。③ 据此，人的工作行动包含多个特定而有序的步骤，应设计成为包含计划、实施和评价等步骤的整体化过程。从经济学角度看，扁平化管理、团队工作和自主决策是未来工作世界的主要特征，技术工人也必须具备相应职业素养。"职业教育必须走全新的道路……培养勇气十足、自我负责和具有社会行动能力的公民"④，这就是所谓的"完整的职业教育"理念。⑤ 可以说，实现人性化和社会可承受的工作设计，是技术发展和经济转型的必然要求，也是高素质劳动者和技术技能型人才的必要条件。对职业教育来说，这意味着职业教育人才培养模式必须实现"从适应导向"向"设计导向"的范式转变。

设计导向职业教育的核心理念是：在教育、工作和技术三者之间没有谁决定谁的简单关系，在技术的可能性和社会需求之间存在着人为的和个性化的"设计"的空间。教育通过多元文化取向对社会愿望产生影响，可以（参与）设计

---

① Baethge, M., Gerstenberger, F., Kern, H., et al. *Produktion und Qualifikation* [M]. Hannover: Schroedel, 1976.
② Hirtt, N. Education in the "Knowledge Economy": Consequences for Democracy [A]. Aufenanger, S. et al. (Eds.) *Bildung in der Demokratie* [C]. Budrich: DgfE, 2011: P. 172.
③ Brödner, P.; Oehlke, P., Shaping Work and Technology [A]. Rauner, F.; Maclean, R. (Eds.) *Handbook of Technical and Vocational Education and Training Research* [C]. Springer, 2008: pp. 573–581.
④ Ganguin, D. Die Struktur offener Fertigungssysteme in der Fertigung und ihre Voraussetzungen [A]. Dybowski, G., Haase, P. & Rauner, F. (Eds.) *Berufliche Bildung und betriebliche Organisationsentwicklung* [C]. Bremen: Donat, 1992: P. 33.
⑤ Ott, B., *Ganzheitliche Berufsbildung. Theorie und Praxis handlungsorientierter Techniklehre in Schule und Betrieb* [M]. Stuttgart: Steiner, 1998.

技术的发展。职业教育成为技术、工作和教育之间复杂关系的独立变量。应有意识地促使职业教育对生产组织发展和技术进步产生积极的影响，实现从"适应导向"向"设计导向"的战略性转变。①

设计导向教育的教学目的是满足企业对产品质量和员工创新能力的要求，其学习内容是职业实践中开放性的工作任务。教学不局限在技术的功能方面，而是在把技术发展作为一个社会过程来看待。设计能力是"本着对社会和生态负责的态度，（参与）设计工作世界的能力"，它是层次更高的职业教育目标，是以人为本的教育学理论的要求。设计导向也是企业劳动生产组织发展的要求，是职业教育针对工作世界的结构性变化所作的反应，体现了技术的可能性与经济、社会、生态利益以及与价值观之间的妥协关系。

参与设计工作领域和社会发展，这与我国"培养社会主义的建设者和接班人"的"全面发展"培养目标和当前提高创新精神和创新能力的社会发展需求是一致的。设计导向不但为职业教育改革提供了思想工具，对职教教师培养、创新研究以及文化和区域发展等方面的研究也提供了重要的启发。要想实现从适应导向向设计导向转变，必须树立非技术决定论的、全面发展的世界观，对教学模式和课程进行改革，由此促进解决问题能力和创新能力的发展。

三、大规模职业能力测评（诊断）

在职业教育实践中有多种学业成果的评价方式，如学业考试、职业技能考试和职业能力测评等。它们之间既有区别又有联系，每一种方式都有其特定的意义和功能。

（一）职业能力测评的含义

所谓职业能力测评，是以建立在教育学理论基础上的标准化能力模型和测评模型为基础开发测试题目，对特定职业领域的认知能力特征进行考查，看是否实现了职业教育的培养目标。能力测评的目的是对不同类型教育体制和教学模式中的受教育个体以及教育机构之间进行比较，同时收集被测学生的背景资料，通过测试结果与背景资料的相关性分析，分析被测学生的职业能力、职业认同感及职业承诺的发展状况及其影响因素。

职业能力的证明和确认非常困难，因为要想了解一个人是否具备在困难情境

---

① 赵志群：《西方职业教育研究的路径与方向——劳耐尔〈职业教育研究手册〉读后》，载于《北京大学教育评论》2017年第2期，第175~185页。

中解决复杂专业问题的能力，只能通过观察，而观察法恰恰是一种无法准确鉴定社会现实的实证研究方法。因此，我们不可能对人的职业能力进行准确的测量，只能对其进行诊断性的评价。严格意义上讲，我们这里讨论的不是"职业能力测量"，而是"职业能力诊断"。之所以采用"能力测评"这一概念，仅仅是为了遵循约定俗成。

职业能力测评的特点，也是最大的优点是：它可以诊断和评价被测学生在一个特定职业领域内的认知能力特征，即对实践性知识进行诊断性评估，其核心是工作过程知识的诊断。工作过程知识分为三种层次，即引导行动的知识、解释行动的知识和反思行动的知识，[1] 这些认知特征可以通过纸笔测试的方式进行检测。职业能力测评可以确定被测学生的能力水平和能力轮廓、进行能力发展状况的调查，并比较不同职业教育模式和教学的质量，其意义远远超出了检验"学习成果"是否符合特定课程标准所规定的学习目标的层面。

各个职业之间的职业能力存在着差别，这些差别不仅反映在专业内容方面，也体现在不同职业的喜好、能力特征和教育培训方面。与职业技能考试相比，职业能力测评的另一个优点是，由于建立了统一的能力模型，它能不受这些差别的影响，对不同职业的职业能力进行评价和比较。

在当前建立现代职业教育体系的实践中，实现不同级别职业教育（如中职、专科高职和应用型本科）之间的有序衔接具有重要的战略意义。这里需要解决的一个关键问题是：如何科学判断职业院校毕业生的认知能力发展程度？如果能够确定职业能力发展水平与（职业）认知能力水平的对应关系，那么职业能力测评的结果就有可能与普通高考的文化课考试成绩建立起对应关系。因此，职业能力测评的意义也远超传统的专业知识和技能考试，这是传统考试所无法比拟的。

（二）大规模职业能力测评

大规模职业能力测评是在大规模测评概念的基础上建立的。按照兰格（J. de Lange）的定义，大规模测评（large-scale assessment）是指针对数量很大的学生实施的测评，旨在诊断学生学习状况、评定学生个体成绩并评估教育项目或课程的质量。[2] 国际上被普遍认可的大规模测评项目是 PISA、TIMSS 和 NEAP，它们对大范围（某个国家甚至几十个国家）的学生进行抽样，同时对考察内容进行极

---

[1] Rauner, F. et al., *Competence Development and Assessment in TVET (COMET)* [M]. Dordrecht: Springer, 2013: P.6.

[2] De Lange, J. Large-scale assessment of mathematics education [A]. Frank, K., Lester, Jr. (Eds.) *Second Handbook of Research on Mathematics Teaching and Learning* [C]. Charlotte, NC: Information Age Pub, 2007: pp. 1111–1142.

其复杂的考试设计。这与我国高考、中考等由专门考试机构在教育行政部门指挥下统一组织的选拔考试不同，后者是"为实现人才分流、选拔和质量鉴定，在确保公平的条件下，对大量考生进行的检测、评价和甄选活动"①。

以 PISA 为例，大规模测评与一般学业选拔考试的不同点表现在：（1）评价学生应用知识和技能解决实际问题的能力，而不是考核其对课程的掌握情况；（2）通过复杂抽样选出有代表性的样本，从而实现对教育系统的整体评价，而不是针对学生个体进行选拔；（3）在对学习进行评价的同时，收集教育系统、学校、家庭和学生个人特征等因素的信息，分析它们对测评结果的影响，为教育决策提供依据，而不仅仅是对成绩进行统计分析。②

大规模职业能力测评在评价对象、评价目的上延续了大规模测评的基本内涵：在评价对象上，它对一个群体的职业能力发展状况进行评价；在评价目的上，它不仅仅是对职业能力状况进行统计分析，而且要结合背景调查问卷，收集教育系统等影响职业能力发展的因素，为制定教育决策、完善校企合作机制、促进教师教学改进和学习者学习效果的提高提供支持。

大规模职业能力测评以职业能力发展逻辑规律和职业要求为基础，建立跨职业的能力模型和测评模型，据此开发测试题目，对特定职业领域的学习者的认知能力特征进行大规模测评，以诊断学习者的职业能力发展状况，评估职业学习结果的效果。

与职业技能（资格）考试相比，大规模职业能力测评有以下特点：（1）大规模职业能力测评的对象是职业认知能力，技能（资格）考试的对象是职业技能以及相关的知识；（2）大规模职业能力测评具有跨职业领域的特性，能对不同职业的认知能力发展水平进行诊断，但是由于职业种类众多，人们无法建立统一的技能考试形式；（3）大规模职业能力测评是对群体的职业能力进行诊断，而职业技能考试的目的是对个体的技能和知识水平进行鉴定；（4）在进行大规模职业能力测评的同时，通过学习者背景资料的收集与分析，可以确定影响职业能力发展的个体、学校和企业乃至政策层面的因素，从而为职业教育的效能分析、教育教学改革和教育政策制定提供实证基础。

借鉴世界技能大赛（WordSkills）的经验，大规模能力测评测试题目的内容主要依据职业效度，③ 而不是课程效度来确定，这与日常的学业考试不同。只

---

① 王蕾：《大规模考试和学业质量评价》，高等教育出版社 2013 年版，第 38 页。
② 陆璟：《PISA 测评的理论和实践》，华东师范大学出版社 2013 年版，第 1~2 页。
③ Hoey, D., How Do We Measure Up? Benchmarking the World Skills Competition [A]. MacLean, R. & Wilson, D. (Eds.) International Handbook of Education for the Changing World of Work. Vol. 6 [C]. Dordrecht: Springer, 2009: pp. 2827-2840.

有按照职业的效度来评价学习者的职业能力，才可以对不同地区、不同职业教育模式的受教育个体以及教育机构进行比较。国际层面的大规模职业能力测评，可以比较不同国家教育体系（包括课程标准）的优势与劣势。PISA 的经验表明，大规模的标准化测评能够为制定教育政策和进行教育教学改革提供扎实的基础。

（三）职业能力测评中无法进行技能考试（鉴定）

很多人提出，是否可以在大规模职业能力测评中加入技能考试的部分？答案是否定的。

要想回答这个问题，首先要明确什么是技能考试。职业技能通常是与职业资格相联系的，通过技能（资格）考试，在真实的职业工作情境中考察检验被测学生的实践能力是否达到了职业标准及相应教学计划的要求。通过技能考试证明考生在职业教育期间积累了足够的实践经验，这是获取职业资格的基础，因为这与从事一门职业的权限有关。

在职业技能考试中一般需要特别确认：（1）考生是否牢固掌握了所规定的专业技能/资格，特别是与安全生产相关的技能/资格；（2）考生是否掌握到一定程度的其他技能/资格？（3）考生还掌握了哪些尽管不属于核心资格要求，但还是希望其掌握一些的技能？

很多职业技能只存在于真实的职业工作中，只有在特定的工作情境下才有可能被辨识出来，所以技能考试必须、也必然在真实的职业情境中进行（以情境考试的方式）。能够辨认出这些技能的人，一定是所在职业实践共同体的优秀成员，只有他们才熟悉自己的职业要求。由于社会职业的数量和种类非常多，而且差别巨大，我们无法建立起一种统一的技能考试形式。

职业技能的许多方面（包括重要方面）没有办法通过考试进行精确测量，因为要想在实践考试中证明考生是否具备了重要的职业技能，隐性知识非常重要，而隐性知识恰恰是无法通过考试来辨识的。如果在大规模职业能力评价中采用技能考试方式，技能鉴定无法满足评分者间信度和经济性的要求，因为根据观察结果对技能进行测评时，要想得到足够多的样本和有效的测评数据，测试费用会高到令人无法接受的地步。

职业能力测评是职业技能考试的一种补充方式，而不是替代方式。与技能考试不同的是，职业能力测评不考核以行动能力形式表现出来的那部分能力。事实上，每一种学业评价方式都有其适用范围和局限性，技能考试和职业能力测评也是如此。

在各国教育发展史上，曾经出现过一些因不了解其缺陷而盲目推广新教育技术的重大失误，如德国职业教育的"标准化考试"等。① 最近有报道称，澳大利亚推广的标准化考试方式是造成其基础教育学业成绩变差的一个重要原因。中国也有很多类似的不成功案例，特别是某些省份开展的大规模技能抽查，尽管出发点是好的，但长远来看，其对职业教育发展造成的伤害可能比促进作用要大得多。

（四）职业能力测评的局限性

我国传统教育研究多采用思辨性方法，这一状况正在得到根本性的改变。大家普遍认为，引入适合的教育评价技术监测教育活动结果，可以对职业教育进行质量控制，PISA 项目的成功实施促进了这一理念的推广。PISA 的经验表明，可以利用投入产出评估法测量教育成果，确保教育政策和教学改革建立在实证基础之上；可根据公认的标准通过有效的质量控制工具，对教育的组织过程和教育体系进行监控和优化。②

但是，即便是 PISA 等成功的量化研究也有局限性。大规模职业能力测评有可以解决的问题，也有自身的局限，特别是针对不同评价内容的局限：

1. 隐性职业知识

隐性知识无法用专业语言进行明确的描述和解释，但它对职业能力又非常关键，属于技能考试的内容。隐性知识一般通过被测者在实施职业行为的过程中所表现出来的工作质量进行判断，特别是根据工作结果的质量。在职业能力测评中，借助专门的测试题目和评分设计，可以调查被测者已获取的隐性知识的水平。

2. 手工技巧

对许多职业而言，手工技巧是评判是否具备职业资格的一个重要标准。对于首饰匠、模具技师等技术类职业特别是手工技术职业来说，手工技巧在职业技能中占有很重要的地位。要想掌握手工技巧，需要大量练习并至少具有足够的动觉智力。技巧是可以测评的，技巧测量主要采用专家评分法，如烹饪比赛。

3. 关键能力

关键能力（也称核心素养或通用能力）在工作和职业教育中的地位十分重要。但是，关键能力是否可以作为跨职业的"关键"的能力被测量，学术界对此

---

① Rademacker, H., Analyse psychometrischer Verfahren der Erfolgskontrolle und der Leistungsmessung hinsichtlich ihrer didaktischen Implikationen [J]. *Programmierte Prüfungen*：*Problematik und Praxis*，1975（25）：pp. 63 - 100.

② Klieme, E. & Hartig, J., Kompetenzkonzepte in den Sozialwissenschaften und im empirischen Diskurs [J]. *Zeitschrift für Erziehungswissenschaft*，2007，Sonderheft 08：pp. 11 - 29.

依然存在争议。学习理论和专家智能研究发现，关键能力与特定领域的知识与能力（即专业能力）相比价值并不更高。相反，解决问题能力是建立在专业能力基础上的。① 实证研究发现，跨专业的关键能力之所以重要，并不是它在解决问题时发挥了"关键性"的作用，而是它作为普通意义上的能力帮助专业能力发挥了作用，从而完成了工作任务。② 这说明，关键能力或通用能力只有在职业实践共同体的专业化的工作中，才有可能被识别出来。

4. 在互动工作过程中表现出的能力

不同职业的工作行为方式有所不同，可分为"设计型行为"和"目的理性型行为"。艺术创作是按照设计型行为方式工作的典型代表。利用方案规划的方式对此类职业进行能力测评，只能有限地预测工作成果水平，特别是在"次级专业工作领域"，如维护和故障诊断等，因为这里看重的不是忠实原有规划，而是独创性的工作。③ 针对以"设计型行为"方式为主的职业，职业能力测评会遇到较大困难，因为其工作过程（过于）开放，如那些主观性和互动性特别明显的职业，如学前教育教师和护士等。在开展大规模能力测试时，应通过基于观察的评价方法补充调查数据。

四、COMET 职业能力测评

COMET 职业能力测评（Competence Development and Assessment in TVET）是德国不莱梅大学与本项目合作开发的。它以现代职业教育理论为基础，采用开放式测试任务，以纸笔测试形式对职业院校学生的职业认知能力进行大规模测评。④

（一）能力测评模型

职业能力测评的目的是：第一，了解被测学生在自己的职业实践共同体中，或在"从初学者到专家"的职业能力发展过程中达到了哪个级别的水平？第二，展示出被测个体的能力特征和能力轮廓，借此分析职业教育体系、专业设置和人才培养模式中存在的问题；第三，了解不同个体、不同群体之间存在的差别（异

---

① Gerstenmaier, J., Domänenspezifisches Wissen als Dimension beruflicher Entwicklung [A]. Rauner, F. (Ed.) *Qualifikationsforschung und Curriculum* [C]. Bielefeld: Bertelsmann, 2004: pp. 151 – 163.

② Grob, U. & Maag Merki, K., Überfachliche Kompetenzen: *Theoretische Grundlegung und empirische Erprobung eines Indikatorensystems* [C]. Bern: Peter Lang, 2001.

③ Brater, M., Künstlerische übungen in der Berufsausbildung [A]. *Projektgruppe Handlungslernen* (Ed.), *Handlungslernen in der beruflichen Bildung* [C]. Wetzlar: W. - von Siemens - Schule, 1984: pp. 62 – 86.

④ 本节详细内容参见赵志群等：《COMET 职业能力测评方法手册》，高等教育出版社 2018 年版。

质性）；第四，了解影响职业能力发展的条件和影响因素。

能力测评的基础是建立不同职业通用但专业内容开放的能力模型，它不但要满足心理学和教育学理论的规范性要求，而且要经过实证检验。职业能力模型既要反映不同职业的学习要求，又要能为设计测试题目提供指导。由于职业教育的专业（职业）数量很多，不同专业学习内容差异很大，我们无法针对每个专业建立不同的职业能力模型，而且针对特定专业的能力模型也没有实际意义，因为无法借此开展大规模比较研究。

按照目前国际能力测评研究界公认的定义，能力是"可以学习和传播的绩效特征"①。职业能力模型必须满足以下要求：在职业能力与普通的认知能力（如智力）之间划清界限；把职业能力与一般的动机区分开来；借此可以评价是否满足不同专业培养目标的要求；可以在此基础上开发测试题目。

通过职业能力测评试图解决的问题包括：(1) 了解被测学生在自己的职业共同体中，或在"从初学者到专家"的职业能力发展过程中达到了哪个级别的水平？(2) 如何展示出被测个体的能力特征和能力轮廓，并借此分析职业教育体系、专业设置和人才培养模式中存在的问题。(3) 了解不同个体、不同群体之间存在的差别（异质性）。(4) 了解职业能力是在什么样的外部条件下发展的？

COMET 职业能力模型（见图2-6）是一个由3个维度构成的跨职业能力模型，这3个维度分别是"能力要求维度""内容维度""行动维度"，其中，能力要求维度包括4个能力级别，即名义能力、功能性能力、过程性能力和整体化的设计能力；内容维度包括"职业定向性的任务""程序化的任务""蕴含问题的特殊任务""不可预见的未知任务"四个职业工作范围，对应四个学习范围，即"定向和概括性知识""关联性知识""具体与功能性知识""学科系统化的深入知识"；行动维度包括获取信息、制订计划、做出决策、实施计划、控制和评价六个阶段。

1. 能力要求维度（职业能力级别）

能力要求维度反映个体在完成职业任务时体现的能力级别水平从低向高递增。COMET 能力模型有4个能力级别，即名义能力、功能性能力、过程性能力和整体设计能力；每个能力级别下有若干能力指标（子能力）："直观性/展示"和"功能性"用以测量功能性能力；"经济性""使用价值导向""企业生产流程和工作过程导向"指标用以测量过程性能力；"环保性""社会接受度""创造性"指标用以测量设计能力。3个能力级别和8个能力指标共同构成了对职业能力进行评价和解释的框架（见图2-7）。

---

① Klieme, E. & Leutner, D., Kompetenzmodelle zur Erfassung individueller Lernergebnisse und zur Bilanzierung von Bildungsprozessen [J]. *Zeitschrift für Pädagogik*, 2006, 53 (6): pp. 876 – 903.

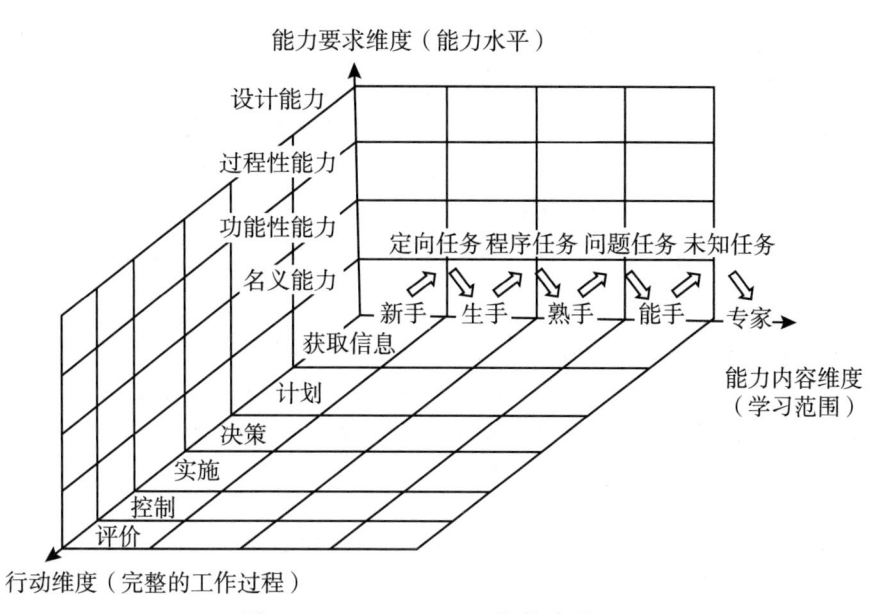

图 2-6 COMET 职业能力模型

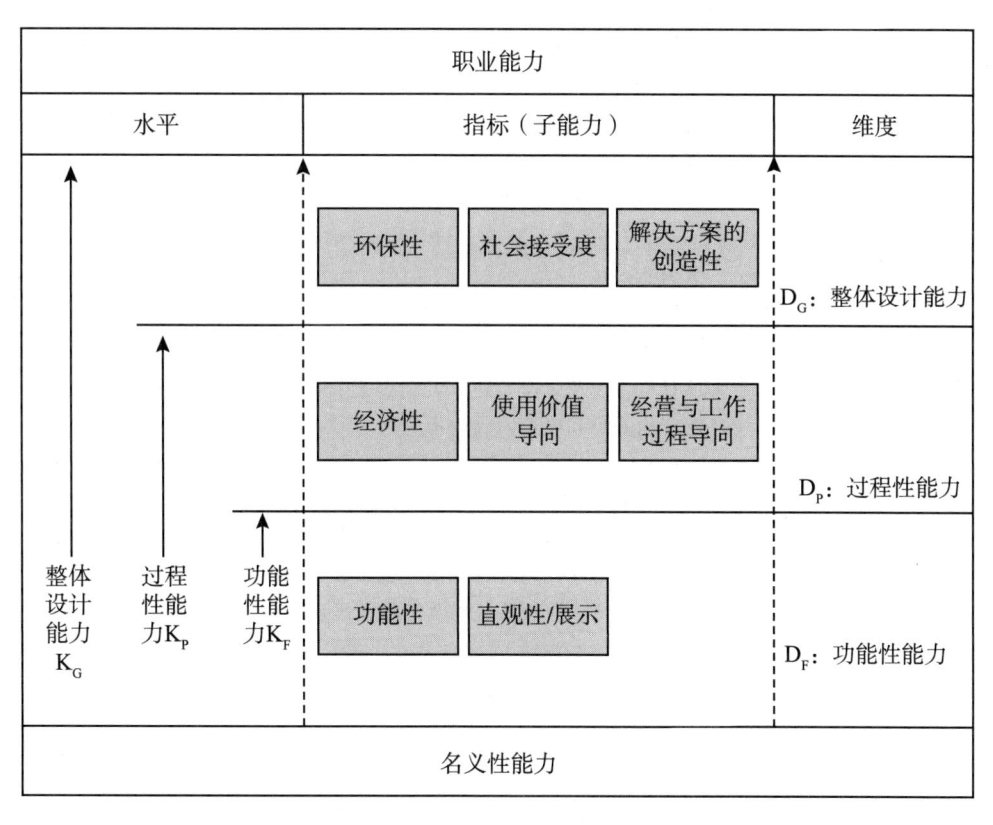

图 2-7 职业能力：水平等级、指标（子能力）和维度

名义能力表示学习者仅具备表面的、概念性的知识,这些基础知识还不足以支持合格的职业行动,能力测评不对名义能力进行分析和评价。

功能性能力级别表示学习者具备的基本的专业知识和技能,但还没有理解知识、技能间的关系和它们对实际工作的意义。

过程性能力与企业的生产流程和工作情境联系密切。具备过程性能力的学生在完成工作任务时能考虑经济性、顾客导向和过程导向等多方面的要求,已具备职业的质量意识和工作过程知识。

达到整体设计能力级别的学生可以在整个企业和社会系统中去认识复杂的工作任务,并在不同利益与使用给定的技术空间之间做出权衡,可以从社会与可持续发展的角度对职业工作任务进行反思,并实现了个体的"解放"。有关能力指标的具体解释如表2-3所示。①

表2-3　　　　　　COMET能力级别与能力指标的含义

能力级别	能力指标的含义
四、整体设计能力 有设计能力者具有丰富的工作经验和专业知识,能创造性地完成工作	(8) 创造性 创造性来自学生在特定情境下为完成任务预留的设计空间。不同职业对"创造性"指标的解释与评判不同。解决方案的创造性也体现在对问题情境的敏感性方面。在职业工作中,专家有时会对具有不寻常创造性的解决方案提出质疑,解决方案在满足创造性要求的同时要有助于目标的实现
	(7) 环保性 环保性不仅是一般的环保意识,而且要针对工作过程和生产结果提出特定的要求。同时要考虑,解决方案多大程度上使用了对环境无害的材料,以及工作计划多大程度上符合环保要求。解决方案还要考虑节约能源和废物回收与再利用
	(6) 社会接受度 社会接受度主要指人性化的工作设计与组织、健康保护以及其他超越工作本身的社会因素(如委托方、客户和社会的不同利益)。同时考虑劳动安全、事故防范以及解决方案对社会环境的影响等

---

① [德]劳耐尔、赵志群、吉利主编:《职业能力与职业能力测评——KOMET理论基础与方案》,清华大学出版社2010年版,第55~56页。

续表

能力级别	能力指标的含义
三、过程性能力 有过程性能力者，可以独立完成任务，并且知道为什么要这样做，知道他的工作在整个生产流程中的位置	（5）企业生产流程和工作过程导向 本指标针对企业的上下级结构以及不同的生产部门，具有十分特殊的意义。以企业生产流程为导向的解决方案会考虑与上下游过程之间的衔接，考虑跨越每个人的工作领域的部门间的合作
	（4）经济性 在工作行动中，需要估算经济性并考虑各种成本因素。决策时最重要的是权衡支出与收益间的关系，并考虑未来可能产生的后续成本。具有经济责任感的行动，还体现在考虑对宏观国民经济发展有积极的影响
	（3）使用价值导向 职业行动、行动过程、工作过程和工作任务始终要以顾客为导向。有较高使用价值的解决方案除了满足用户的直接使用要求和减少使用中的故障外，还要考虑后期保养和维修的便利性。另外，解决方案还要有持久性和扩展的可能性
二、功能性能力 有功能性能力者，可以（在没有他人指导下）独立完成任务，但还不知道为什么要这样做	（2）功能性 解决方案要想满足任务要求，实现功能是最基本的、也是决定性的。功能性指标包括工具性的专业能力、与具体情境无关的学科知识以及专业技能
	（1）直观性/展示 在计划和准备阶段，技术工人通过语言或文字描述，利用图纸和草图条理清晰、结构合理地向委托方展示完成工作任务后的结果，使委托方（上级领导或顾客）能针对这一建议性方案提出意见并做出评价
一、名义性能力 有名义能力者，有一定的知识，但还不能独立完成任务，需要有他人的指导	名义能力是能力等级的最初级，处于这个能力级别的测评对象已经属于职业的"风险群体"，因此不再设二级能力指标进行细化评级

　　那些只达到名义能力水平的学生没有达到培养目标的要求，属于风险群体。他们无法按照职业标准独立完成职业的典型工作任务，但是不排除这些人有可能在今后的职业实践中通过不断反思和积累工作经验，最终发展成为合格的专业技

术人员。

按照八项子能力的得分，可以得到每个被测学生或被测学生小组的"能力轮廓"，并由此解释能力测评的结果。对测评结果值进行解释时采取实用主义方法。关于相邻两个能力级别间的过渡，COEMT 的量化标准与其他标准化能力测评方法有重要的区别，后者一般通过难度不同的测试题目来区分能力级别。

2. 能力内容维度

内容维度反映职业的行动领域，是开发能力测试题目的基础。职业测评的内容无法从职业院校的人才培养方案中导出，因为职业能力测评的目的是比较不同地区、院校的人才培养质量，因此只能按照职业效度确定测试题目，即每道测试题目对其职业领域来说都是有效的。职业能力评价不针对某一特定培养模式，恰恰可以用来比较不同培养模式的优缺点。[①]

职业能力模型内容维度应既满足教学内容的系统化要求，又适合不同的职业的教育实践。按照德莱弗斯兄弟"从初学者到专家"的能力发展逻辑规律，可以对学习领域（行动领域）建立合理的顺序。德莱弗斯兄弟把职业能力发展划分为从初学者到专家的五个阶段：第一，初学者（novice）的行为受到与能力相关的规则、客观事实和特征的指引，很少考虑到情境因素；第二，提高者（advanced beginner）是初学者经历了在现实情境中运用规则的阶段成长起来的，他们开始意识到一些情境因素并加以考虑；第三，有能力者（competent）已学会处理冗余信息，既能应用通用规则也会考虑情境因素，能够根据具体情况区分信息的重要性；第四，熟练者（proficient）形成了知觉或具备了"知道怎样（know-how）"的知识，无须经过有意识思考就能采取行动；第五，专家（expert）能够凭直觉轻松自如地操作，会根据经验采取可行行动，而不需要有意识地决策。[②]

按照情境学习和实践共同体理论[③]、认知学徒制理论[④]以及发展性任务理论，[⑤] 劳耐尔（F. Rauner）从职业学的角度总结出，学习者只有完成一系列对职业发展有促进作用的工作任务时，才能发展其职业能力。职业发展每走上一个阶段，一般需要完成 3~4 个典型工作任务，即能够反映本职业独特的工作内容、

[①] Hauschildt, U., Brown, H., Heinemann, L. & Wedekind, V., COMET Südafrika [A]. Fischer, M., Rauner, F. & Zhao, Z. (Eds.) Kompetenzdiagnostik in der Beruflichen Bildung [C]. Münster: LIT, 2015: P. 363.

[②] Dreyfus, H. L. & Dreyfus, S. E., Mind over Machine [M]. New York: Free Press, 1986: P. 23.

[③] J. 莱夫、E. 温格:《情景学习：合法的边缘性参与》，高文等译，华东师范大学出版社 1991 年版。

[④] Collins, A., Brown, J. S. & Newman, S. E., Cognitive Apprenticeship: Teaching the Crafts of Reading, Writing and Mathematics [A]. Resnick, L. B. (Eds.) Knowing, Learning and Instruction [C]. Hillsdale, N. J.: Erlbaum, 1989: pp. 453–494.

[⑤] Havighurst, R. J., Developmental Tasks and Education [M]. New York: David Mc Kay Company, 1972.

工作方式方法和工作要求的、具有范式意义的工作任务。① 这些任务在不同的职业发展阶段有自己的特点，如图2-8所示。

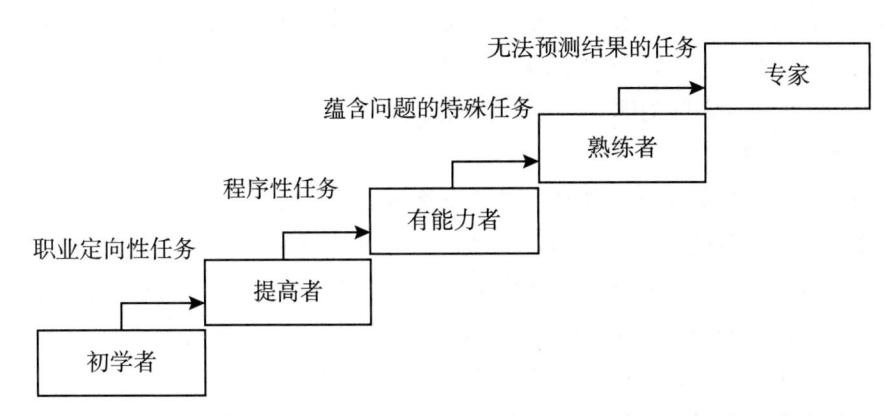

图2-8 每个职业发展阶段的发展性任务（典型工作任务）的特点

"初学者"完成"职业定向性任务"后成为"提高者"。该层次的任务是日常或周期性的工作、装配制造或简单修理，学生由此了解本职业的基本概念、标准化要求和典型工作过程。学生完成此类任务须遵循特定的规则和标准，逐步建立质量意识并有学习反思的机会。

"提高者"通过完成"程序性任务"发展成为一个"有能力者"，核心是对工作系统、综合性任务和复杂设备建立起整体化的认识，掌握与职业相关联的知识，了解生产流程和设备运作、思考人与人之间的关系以及技术与劳动组织间的关系、获取初步的工作经验并开始建立职业责任感。

"有能力者"完成"蕴含问题的特殊任务"，从而成长为一个"熟练者"，他掌握与复杂工作任务相对应的功能性知识，完成非规律性的任务（如故障诊断）并进一步发展合作能力，成长为专业人员并形成较高的职业责任感。

"专家"可以完成不可预见结果的工作任务。要想成为"专家"，"熟练者"需要接受知识系统化的专业教育，建立学科知识与工作实践的联系，并发展组织能力和研究性学习的能力。②

据此可以确定职业能力测评的题目内容。测试题目可以参照国家职业资格标准确定，但不必过分关注职业标准或课程标准上的职业描述，因为形式化的规定甚至有可能干扰测试题目的开发工作。国内外经验证明，企业实践专家经过短暂

---

① Rauner, F., Entwicklungslogisch Strukturierte Berufliche Curricula: Vom Neuling zur reflektierten Meisterschaft [J]. *ZBW*, 1999, Vol. 95 (3): pp. 424-446.

② Reinhold, M., Haasler, B., Howe, F. et al., *Curriculum-Design II. Entwickeln von Lernfeldern-Von beruflichen Arbeitsaufgaben zum Berufsbildungsplan* [M]. Konstanz: Christiani, 2003: pp. 30-40.

沟通是可以选定内容适当的测试题目的。

为了让内容维度具有可操作性，必须采用开放式的综合性测试题目。开放式的测试题目与学生所在年级没有关系。通过交叉测试设计（cross-over-testarrangement），可以对不同年级学生职业能力发展状况进行测评，确定被测学生处于从"初学者"到"专家"的哪一个能力发展阶段。

3. 行动维度

职业教育学和劳动科学普遍认同"完整的工作行动过程"理念，它有重要的标准规范意义。乌里希（J. G. Ulich）总结了完整工作任务的五个特征：（1）可以独立确定任务目标，并将这些目标融入上一层目标中；（2）独立为行动进行准备和规划；（3）可选择工具和方法，包括实现目标所需的互动手段；（4）可实施任务，纠正明显的行动错误并进行反馈；（5）可检查并反馈结果，同时检验行动结果是否与既定目标一致。① COMET 能力模型采用中国职教界熟知的"完整的行动模式"，即把行动过程分为"明确任务/获取信息、制订计划、做出决策、实施、检查控制和评价反馈"六个步骤，② 这为开发测试题目提供了另一个理论基础。

在此要考虑不同的行动类型，因为初学者、有能力者或专家的实际情况会有所不同。行动类型可以分为两种，即"目的理性行动"和"设计与对话式行动"。每个职业都有两种类型的行动，只不过它们的表现强度有所不同。

第一，目的理性行动：职业任务有明确目标，可以确定清晰的行动步骤，即目的决定完成任务的步骤。此类行动中的设计空间较小。如果在明确任务阶段有较大设计空间，那么在计划和实施阶段就会有较大限制，甚至有精确设定的工作步骤。

第二，设计与对话式行动：具有开放性目标，只能在一定程度上制定行动计划，而具体行动步骤只能在工作过程中被逐渐确定，典型的如故障诊断或艺术类工作。任何一幅绘画作品都是画家在与作品之间不断对话的过程中成形的。③

对"目的理性行动"占主导地位的职业（专业），一般用两道测试题目即可，从制定规划的角度探讨完成工作任务的过程。对"设计与对话式行动"占主导地位的职业（专业），则应让被测学生描述可能采取的行为方案。建议将测试题目增加到 4 道，每道答题时间最多 60 分钟，同时保留让被测学生思考不同行

---

① Ulich, E., *Arbeitspsychologie*. 3. Aufl. [M] Zürich, Stuttgart, 1994: P. 168.
② Pampus, K., Ansätze zur Weiterentwicklung betrieblicher Ausbildungsmethoden [J]. *BWP*, 1987 (2): pp. 43–51.
③ Brater, M. Künstlerische übungen in der Berufsausbildung [A]. Projektgruppe Handlungslernen. Handlungslernen in der beruflichen Bildung [C]. Wetzlar: W. – von Siemens – Schule, 1984: pp. 62–86.

动方式的测试形式。

（二）COMET 职业能力测评方案概要

COMET 职业能力测评建立了标准化的测试程序，通过学生的职业能力发展情况对职业教育的学习结果进行比较。它按照专业类别以笔试形式进行，核心是评价被测学生的职业（认知）能力，即"完成和处理一组任务时所需要的主观潜力"。在测试中，每位被测学生需要完成三项任务，即测试任务卷、背景情况调查问卷和测试动机问卷。

1. 测试题目

COMET 测评的主要测试工具是开放性的综合性测试题目。对绝大部分专业来说，每名被测学生需要解答两道题目，每道题目答题时间为 120 分钟。至于在 240 分钟测试时间里可以解答多少道测试题目，须由专业教学专家视具体职业决定。这里需要注意两个指标特征：一是本职业典型的行动类型；二是测试题目是否具有足够的代表性。测试题目因职业不同而异，其基础是职业的典型工作任务，由一个职业的职业标准而定，且符合职业教育的人才培养目标要求。

测试题目具有足够的复杂性和综合性，能体现典型工作任务的职业工作和学习内容。测试题目由监考教师随机发给被测学生，后者需提出完成任务的解决方案，并用易于理解的方式解释采取该方案的理由。学生可以利用草图、文字描述、表格和清单等技术语言说明，并向客户详细阐述其理由。

2. 背景问卷和测试动机问卷

被测学生需填写一份背景情况调查问卷，用于确定职业能力发展的背景条件，包括被测学生的背景特征、职业院校和实习实训企业状况。背景问卷还包括用于测量职业认同感的题项，对职业认同感的发展以及在此基础上建立的职业承诺进行评价。测试动机问卷用于了解被测的测试动机，涉及完成测评任务的时间、对测试任务的兴趣和认识，以及付出努力的程度。测试监考教师也要填写一份考场情况问卷，用于了解该班级被测的测试动机和测试氛围。

3. 测试评分表

为了解释和评价被测学生的任务解决方案，COMET 方案建立了针对 4 个能力级别的由 8 个能力指标组成的指标体系，每项指标设置 5 个观测评分点，它们都经过心理测评技术信度和效度验证。如"功能性"指标的 5 个观测评分点为解决方案是否满足功能性要求？是否达到"技术先进水平"？解决方案是否可以实施？是否（从职业活动的角度）说明了理由？表述的解决方案是否正确？评分者按照观测评分点给学生的解决方案打分。每个观测评分点设有"完全不符合""基本不符合""基本符合""完全符合"四个档次。

4. 问题解决空间

为了确保评分能够达到足够高的评分者信度，评分者往往希望得到试题的"标准答案"帮助其评分。COMET 测评采用开放性题目，不存在"标准答案"。每道试题的"问题解决空间"描述测试题目可能出现的各种解决方案，可以提示评分者，在按照 8 个能力指标进行评分时应重点考虑哪些方面。

（三）能力测试的质量指标

近几十年，特别是 PISA 项目实施以来，一些经过实证研究开发的测评方法在技术层面已经达到了很高的水平，职业能力测评方法也必须达到此标准。但我们不能将 PISA 或 TIMMS 测试方法简单地套用在职业教育上，因为在运用和解释质量指标时必须考虑职业教育的特点。

徐恩（D. Schoen）在其名著《反思的实践者》中总结了职业能力的特征，即职业能力是与科学理论知识相对应的，"在不确定和价值冲突状况下发挥功能的一种途径。多种相互冲突的观点使人处于窘境，迫使其在多种方案中做出选择并实践"[1]，这为职业能力测评提供了思想上的启发。在能力测评研究，既要考虑职业教育的特点，又要遵循传统的测试质量标准，即遵循客观性、信度和效度。

1. 客观性

客观性是指测试结果在多大程度上与测试者无关，可分为测试实施客观性和评估客观性。为能力测评的被测学生提供关于测试目标、流程和结果分析的标准化信息，可以提高测试的实施客观性。事实证明，制订一套向被测学生反馈测试结果的流程特别重要。将能力测试时间安排在毕业考试（答辩）前期，被测学生会认为其对自己未来的职业发展有特别的意义，这也会提高实施的客观性。

COMET 测试方案的评分客观性通过专门的抽样和评分方法保证，确保评分者不为"自己学生"的试卷打分。足够多的被测学生以及科学的抽样也很重要。

2. 信度

测试信度标志着职业能力测评的精确度，表示可靠性的高低。职业能力测试在信度方面面临着特殊的挑战，因为职业能力只能通过开放性综合测试题目进行，被测学生的解决方案多种多样，不同人群的能力特征差别又很大，这对评分方式提出了很高的要求。实践证明，通过专门的评分方法（如评分员训练）和参数控制（如 Finnjust）可以获得足够高的评分者间信度值。

---

[1] Schoen, D. A. *The Reflective Practitioner. How Professionals Think in Action* [M]. Basic Books. Habercollins Publisher, 1983：P. 17.

3. 效度

效度表示有效性，显示测试如何准确针对所要测量的对象进行，有内容效度、构念效度、效标效度和生态效度等。如果测试没有实现内容的有效性，那么是否客观或可靠是没有意义的。对职业能力测试的内容是否有效，特别是被测者解决方案的质量，只能由本专业的专家评判。因此从严格意义上讲，"能力测评的内容效度已经不是质量指标，而是在测试结构设计时就要考虑的首要目标"①。

第一，内容效度。如果测试题目的内容穷尽了被测评构念（职业能力）的基本要素，则认为其具有内容效度。当测试题目反映真实职业任务的要求时，即具有内容效度。职业能力测试的题目内容以职业行动领域，即职业的典型工作任务为基础。由于不同认知水平的专业人士都可以不同程度地解答同一道开放性测试题，如技术工人或技术员，这时需指定测试对象群体为基本测试组。按照典型工作任务的要求可以测试出能力特征的发展程度。职业教育还需要开发出一套满足心理测量技术要求的技能模型（而非难度模型），从而"示范性地反映被测学生如何通过具有不同特征度的解决方案完成开放式的职业任务"②。

第二，效标效度。效标效度衡量潜在的（职业能力）特征及结构的测试结果，与相关测试及考试方法测试结果的一致性的高低。对职业教育而言，最简单的方法是参照职业资格（等级）考试或技能竞赛题目来确定效标效度，然而目前恰恰是这些考试和竞赛题目因为内容效度不足而广受诟病。我们采取相反的做法，按照 COMET 能力测评方法对现有考试进行评估。③ 只有当技能考试同样也以企业真实工作任务的方式测试全部职业能力（包括所有子能力）时，才有可能将此类考试作为外部的效标效度指标。

第三，构念效度。当测试结果以准确且可理解的方式反映了应被测量的构念（如职业能力）的内涵时，便具备了构念效度。构念效度可以根据理论及事实逻辑推导，或通过实证研究。在对能力测试方法进行心理测量评估时，构念效度具有特殊的意义，因为我们难以对内容效度确定客观化的数值，同时职业教育的能力测评也无法确定适当的外部指标。构念效度可以先从目标构念（此处为 COM-

---

① Bortz, J. & Döring, N. *Forschungsmethoden und Evaluation* [M]. Berlin：Springer, 2002：P. 199.
② Martens, Th. & Rost, J., Zum Zusammenhang von Struktur und Modellierung beruflicher Kompetenzen [A]. Rauner, F. et. al., *Messen beruflicher Kompetenzen. Bd. I* [C]. Münster：LIT, 2009：pp. 91 – 95.
③ 王珺燕以全国职业院校技能大赛高职组嵌入式产品开发项目为例，以 COMET 职业能力模型为参照标准，通过吻合度研究分析竞赛试题与职业能力要求的匹配情况。她发现，竞赛试题主要反映选手"做出了什么"，很少关注"为什么做"。由于不了解选手的认知模式，技能竞赛无法调查过程性能力与设计能力级别的职业能力（王珺燕：《嵌入式产品开发技能竞赛试题与职业能力模型的吻合度研究》，引自庄榕霞、赵志群：《职业院校学生职业能力测评的实证研究》，清华大学出版社 2012 年版，第 164 ~ 191 页）。

ET 能力模型）中推导出假设，然后再依据对假设的检验算出来。COMET 能力模型及测评模型的心理测量评估的目的是获得构念效度。[①] 2009 年的第一次 COMET 典型试验对能力模型进行心理测量评估，从而使之成为一个测评模型。[②] 马滕斯等后来又检验了 COMET 测试方法的构念效度。[③]

[①] Erdwien, B. & Martens, Th. Die empirische Qualität des Kompetenzmodells und des Ratingverfahrens [A]. Rauner, F. et al. *Messen beruflicher Kompetenzen*, Bd. I [C]. Münster: LIT, 2009: P. 62.

[②] Martens, Th. & Rost, J. Zum Zusammenhang von Struktur und Modellierung beruflicher Kompetenzen [A]. Rauner, F. et al. *Messen beruflicher Kompetenzen. Bd. I* [C]. Münster: LIT, 2009: pp. 91 – 95.

[③] Martens, Th. u. a. Ergebnisse zum Messverfahren [A]. Rauner, F. et al., *Messen beruflicher Kompetenzen. Bd. III* [C]. Münster: LIT, 2011: pp. 90 – 126.

第三章

现代职业教育质量保障体系政策目标

  按照质量管理理论的基本思想，职业教育质量保障体系可以视作一个可持续的有机系统，主要包括质量目标及责任人、过程管理、效果评价、信息反馈和持续改善五个部分的内容。具体而言：（1）职教质量保障体系的目标及责任人，包括中央层面、地方政府以及各院校及举办方的职责与目标定位，主要通过法律和政策来明确与规范；（2）过程管理，即从专业设置、招生选拔、学生培养到工作就业全过程的质量控制与管理；（3）效果评价，包括毕业生成绩与证书获得、就业情况、用人单位反馈和第三方评估等；（4）信息反馈，是对以上活动的信息整理、收集与分析反馈，为进一步改善教育质量提供指导建议和意见；（5）持续改善，即根据信息反馈提供的建议和意见，将问题分解到质量目标及责任人、过程管理及效果评价的具体执行层面，从而提出可执行的解决方案，达到持续改善教育质量的目的。

  本章梳理我国中央和地方政府的职业教育相关法律与政策，结合政治学理论分析职教质量保障体系相关政策的逻辑起点和发展脉络，总结目前职教质量保障体系建设存在的问题，并提出政策建议。

第一节 职业教育质量保障政策

一、提升职业教育的定位,明确质量目标及责任人

我国 1996 年颁布的《职业教育法》第三条指出,国家发展职业教育,推进职业教育改革,提高职业教育质量,建立、健全适应社会主义市场经济和社会进步需要的职业教育制度。第十二条提出,国家根据不同地区的经济发展水平和教育普及程度,实施以初中后为重点的不同阶段的教育分流,建立、健全职业学校教育与职业培训并举,并与其他教育相互沟通、协调发展的职业教育体系。

2002 年《国务院关于大力推进职业教育改革与发展的决定》提出在"十五"期间初步建立起适应社会主义市场经济体制,与市场需求和劳动就业紧密结合,结构合理、灵活开放、特色鲜明、自主发展的现代职业教育体系。2005 年,国务院召开全国职业教育工作会议印发《国务院关于大力发展职业教育的决定》,强调"建立和完善有中国特色的现代职业教育体系"。2011 年,《教育部关于推进中等和高等职业教育协调发展的指导意见》就推进中等和高等职业教育协调发展提出了具体指导意见,回应专业、课程与教材体系,教学与考试评价等多方面的问题。

2014 年,第三次全国职业教育工作会议发布《关于加快发展现代职业教育的决定》,与此配套,教育部、发改委、财政部、人力资源和社会保障部、国务院扶贫办等六部门联合印发了《现代职业教育体系建设规划》。《关于加快发展现代职业教育的决定》提出加快构建现代职业教育体系,《现代职业教育体系建设规划》把决定的各项政策进一步落实,明确职教改革与发展的总体目标是"牢固确立职业教育在国家人才培养体系中的重要位置,到 2020 年,形成适应发展需求、产教深度融合、中职高职衔接、职业教育与普通教育相互沟通,体现终身教育理念,具有中国特色、世界水平的现代职业教育体系,建立人才培养立交桥,形成合理教育结构,推动现代教育体系基本建立、教育现代化基本实现。"至此,明确了职教发展的质量目标,为建立职教质量保障体系指明了方向。

(一)推进职业教育管理体制改革,明确教育质量责任

现代职业教育质量保障体系的建立离不开政府、院校和企业三者之间的密切

互动。中国经济社会发展不平衡，厘清中央与地方政府的管理权限，是落实职教质量保障工作的首要前提。2002 年，《国务院关于大力推进职业教育改革与发展的决定》提出"建立并逐步完善在国务院领导下，分级管理、地方为主、政府统筹、社会参与的职业教育管理体制"，这初步明确了中央和地方政府在职教质量保障体系中的权责。

针对职业院校的质量保障责任，2005 年《国务院关于大力发展职业教育的决定》要求"深化公办职业学校以人事分配制度改革为重点的内部管理体制改革"；2014 年《国务院关于加快发展现代职业教育的决定》提出要"完善现代职业学校制度。扩大职业院校在专业设置和调整、人事管理、教师评聘、收入分配等方面的办学自主权"，首次从制度层面提出了职业院校现代学校制度的建设要求，有利于完善现代职业学校的行政管理体制和教师管理体制，既坚持了一般学校制度的共同原则，也关注职业院校特色，为提高职业院校办学和管理的专业化水平奠定了制度基础，有助于真正落实面向社会自主办学的法人地位，实现依法治教、依法治校。

（二）推动办学模式创新，引入企业等责任人

引入行业企业、社会团体及科研机构等参与职业教育，提升教育质量。2005 年《国务院关于大力发展职业教育的决定》要求推进"政府主导、依靠企业、充分发挥行业作用、社会力量积极参与，公办与民办共同发展"的多元办学格局，还要"探索以公有制为主导、产权明晰、多种所有制并存的办学体制"。2014 年《国务院关于加快发展现代职业教育的决定》丰富了建设多元化办学格局的具体内容：一是在办学模式上给予更大创新空间，鼓励多元主体办学；允许以资本、知识、技术、管理等要素参与办学并享有相应的权利。二是在优化机制和参与管理上，提出探索公办和社会力量举办的职业院校相互委托管理和购买服务的机制；引导社会力量共同开发课程和教材等教育资源。三是多渠道筹措资金。这不仅健全了政府补贴、政府服务、助学贷款、基金奖励等制度，同时鼓励企业投入、社会捐赠以及民间资本来共同参与职教办学、管理和评价。2015 年《教育部关于深入推进职业教育集团化办学的意见》指出，要充分发挥政府推动和市场引导作用，本着加入自愿、退出自由、育人为本、依法办学的原则，鼓励国内外职业院校、行业、企业、科研院所和其他社会组织等各方面力量加入职教集团，探索多种形式的集团化办学模式，创新集团治理结构和运行机制，全面增强职教集团化办学的活力和服务能力。

二、经费投入与质量保障

教育质量的保障与实现需要相应的资源支持,即质量成本的分担。总体而言,各地逐步建立了以政府投入为主、受教育者分担、其他多种渠道筹措经费的成本分担机制。但是当前存在以政府为主导的质量成本分担趋势,主要表现为:政府主渠道作用更加突出,国家财政性教育经费中职教所占份额逐步提高。财政对职教投入增强,确保了提升职业教育质量保障的水平。

(一)明确各级政府的经费投入责任

《教育规划纲要》提出进一步明确各级政府提供公共教育服务职责,完善包括职业教育在内的各级教育经费投入机制,明确学校办学经费的可靠来源以及相应的增长速度。2014年,财政部、教育部下发《关于建立完善以改革和绩效为导向的生均拨款制度 加快发展现代高等职业教育的意见》,提出按照现行财政体制和职业教育"分级管理、地方为主、政府统筹、社会参与"的管理体制,各级地方政府是建立完善所属公办高职院校生均拨款制度的责任主体。2015年,财政部等下发了《关于建立完善中等职业学校生均拨款制度的指导意见》,提出"多元投入,分类支持"的原则,坚持政府投入为主,发挥市场机制作用,在体现公平的基础上,努力探索分类支持,对不同地区、不同专业、不同规模、不同效益的中职学校实行差异化拨款制度,以实现到2020年,建立起与社会主义市场经济体制相适应、基本满足事业发展需要的中职教育多元经费投入体系,形成以政府投入为主,行业、企业及其他社会力量共同支持的经费投入长效机制。

(二)逐步建立职业院校的生均预算内经费标准

《职业教育法》第27条规定"省、自治区、直辖市人民政府应当制订本地区职业学校学生人数平均经费标准"。《教育规划纲要》也明确要求省级政府制定和实施职业院校生均经费政策。教育部、财政部在近年的文件中再三要求各地建立职业院校生均拨款制度。2011年,《教育部关于推进中等和高等职业教育协调发展的指导意见》提出,"高等职业学校逐步实现生均预算内拨款标准达到本地区同等类型普通本科院校的生均预算内经费标准。中等职业学校按编制足额拨付经费"。2014年教育部等部门印发《现代职业教育体系建设规划(2014~2020年)》要求各地依法出台职业院校生均经费标准或公用经费标准。同年,财政部、教育部下发《关于建立完善以改革和绩效为导向的生均拨款制度 加快发展现代高等职业教育的意见》，要求"各地因地制宜、科学合理地确定高职院校生均拨款标准（综合定额标准或公用经费定额标准），并逐步形成生均拨款标准动态调整机制"，这使我国高职院校办学经费首次有了国家制度保障。

（三）不断完善资助政策体系、降低受教育者的成本分担

1. 明确总体资助目标

2014年《国务院关于加快发展现代职业教育的决定》提出"健全公平公正、多元投入、规范高效的职业教育国家资助政策。逐步建立职业院校助学金覆盖面和补助标准动态调整机制"。2016年，《财政部　教育部关于下达2016年现代职业教育质量提升计划专项资金预算的通知》，要求各地统筹职教资源配置，优化中职学校布局，重点支持公办中职学校改善基本办学条件，并适当兼顾教育质量高的民办中职学校，加大对农村、边远、贫困、民族地区以及区域经济重点发展地区倾斜。

2. 扩大资助对象

2007年，《国务院关于建立健全普通本科高校、高等职业学校和中等职业学校家庭经济困难学生资助政策体系的意见》把高等职业学校纳入高等教育学生资助政策体系，从制度上保障了学生不会因为家庭经济困难而失学。据此还实行了中等职业教育免学费政策，这是继免除城乡义务教育阶段学生学杂费之后，促进教育公平的又一件大事。《现代职业教育体系建设规划（2014～2020年）》还要求加大对现代农业、装备制造业、现代服务业、战略性新兴产业、民族工艺和基本公共服务等领域的急需专业（集群）的支持力度。

3. 创新资助方式

2007年，《国务院关于建立健全普通本科高校、高等职业学校和中等职业学校家庭经济困难学生资助政策体系的意见》提出试行运用教育券发放国家助学金的办法。《现代职业教育体系建设规划（2014～2020年）》要求"推行以直补个人为主的资助经费支付办法"，确保资助资金让真正需要资助的受教育者受益。2015年，《关于建立完善中等职业学校生均拨款制度的指导意见》要求中央财政通过"以奖代补"方式，引导各地建立完善中职学校生均拨款制度。

（四）集中财力开展重大项目建设

实施中央财政资金支持的职教重大项目工程，是解决职业教育突出问题和主要矛盾的重要途径。2004～2013年，中央财政共投入各类专项资金1 113亿元，支持了一系列职教重大项目建设，如"职业教育实训基地建设计划""职业院校教师素质提高计划""高等职业学校提升专业服务产业能力建设项目""高等职

业教育专业教学资源库建设项目""中等职业教育改革发展示范学校建设计划""国家示范性高等职业院校建设计划"等。随着《国务院关于加快发展现代职业教育的决定》的颁布,中央财政加大项目整合力度,从2014年起实施了"现代职业教育质量提升计划",其任务(项目)涉及教育、发展改革、财政、人力资源社会保障、农业、扶贫等多个部门。

(五) 提高城市教育费附加用于职业教育的比重

2005年,《国务院关于大力发展职业教育的决定》提高了城市教育费附加用于职业教育的比例,这一比例在2014年《国务院关于加快发展现代职业教育的决定》中进一步提高到了30%。

(六) 明确企业投入责任,提高质量保障水平

1. 足额提取职业教育培训经费,履行企业社会责任

2002年,《国务院关于大力推进职业教育改革与发展的决定》提出企业按照职工工资总额的1.5%足额提取教育培训经费,列入成本开支。2014年,《国务院关于加快发展现代职业教育的决定》提出如"企业提取的教育培训经费用于一线职工教育培训的比例不低于60%"等规定。

2. 发挥企业重要办学主体作用

2014年,《国务院关于加快发展现代职业教育的决定》首次提出企业要发挥"重要办学主体作用""企业开展职业教育的情况要纳入企业社会责任报告",并将以政府购买服务或税收优惠等方式给予支持,鼓励企业和学校合作办学、责权对等。《现代职业教育体系建设规划(2014~2020年)》提出"到2020年,大中型企业参与职业教育办学的比例达到80%以上"的发展目标。2015年教育部发布《教育部关于深入推进职业教育集团化办学的意见》,鼓励多元主体组建职教集团,深化职教办学体制机制改革,推进现代职业教育体系建设。

3. 发挥行业的指导、评价和服务作用

2014年《国务院关于加快发展现代职业教育的决定》在发挥行业作用方面也有表述,如提出通过授权、委托服务等方式,把适应行业组织承担的职责交给行业组织。

三、细化质量目标要求,加强质量过程管理

2015年,教育部发布《关于深化职业教育教学改革全面提高人才培养质量

的若干意见》，明确了职业教育人才培养质量的基本原则，即：坚持立德树人、全面发展；坚持系统培养、多样成才；坚持产教融合、校企合作；坚持工学结合、知行合一；坚持国际合作、开放创新。

（一）进一步明确人才培养质量目标，加强德育工作

2011年，《教育部关于推进中等和高等职业教育协调发展的指导意见》提出"中等职业教育是高中阶段教育的重要组成部分，重点培养技能型人才，发挥基础性作用；高等职业教育是高等教育的重要组成部分，重点培养高端技能型人才，发挥引领作用"。2014年，《关于加快发展现代职业教育的决定》在指导思想中明确"职业教育要适应技术进步和生产方式变革以及社会公共服务的需要，培养数以亿计的高素质劳动者和技术技能人才"，明确了职业院校也包括应用技术类型本科院校办学的基本定位。

德育是加快发展现代职业教育、提升职业教育质量的内在要求。2009年，教育部、中宣部等六部门联合召开了第一次全国中等职业学校德育工作会议，并印发《关于加强和改进中等职业学校学生思想道德教育的意见》。2014年，教育部对《中等职业教育德育大纲》进行了修订，为新形势下职业学校加强和改善德育工作提供了基本规范。2015年，《教育部关于深化职业教育教学改革，全面提高人才培养质量的若干意见》提出统筹推进活动育人、实践育人、文化育人，广泛开展"文明风采"竞赛、"劳模进职校"等丰富多彩的校园文化和主题教育活动，把德育与智育、体育、美育有机结合起来，构建全员、全过程、全方位育人格局。

（二）推进职业教育招生考试制度改革

2011年，《教育部关于推进中等和高等职业教育协调发展的指导意见》提出"完善职业学校毕业生直接升学和继续学习制度，推广'知识+技能'的考试考查方式"的设想。2013年，《教育部关于积极推进高等职业教育考试招生制度改革的指导意见》提出"建立和完善多样化的高等职业教育考试招生方式"，并对高等职业学校招生明确了六种途径，即传统高考、单独考试招生、面向中职毕业生的技能考试招生、中高职贯通招生、技能拔尖人才免试招生以及面向初中毕业生的长学制培养。《现代职业教育体系建设规划（2014~2020年）》进一步明确了考试招生改革的两大目标：一是建立符合职教特点的招生考试制度；二是扩大学校招生自主权，扩大职业院校毕业生升学机会，并逐步扩大高等职业学校招收有实践经历人员的比例。高等职业教育的考试招生改革已经迈出了实质性的步伐。

（三）加强专业设置的改革力度

在高职教育专业建设上，教育部加强了宏观管理和指导。例如，成立高职高专教育大类专业教学指导委员会，为专业设置及其教学工作提供宏观管理和指导。其次，扩大了职业院校专业设置自主权。2004年，《普通高等学校高职高专教育专业设置管理办法（试行）》对专业设置的权力进行了下放，明确高等学校有权在核定的专业类中自主设置和调整目录内专业。2011年，教育部印发《关于推进高等职业教育改革创新引领职业教育科学发展的若干意见》，提出发挥地方及行业在高职教育专业设置工作中的调控和引导作用，要求各地建立"专业设置和调整的动态机制"，建立"人才需求预测机制和专业设置预警机制"。

在中等职业教育的专业建设方面，《中等职业教育改革创新行动计划（2010～2012年）》提出"建立中等职业学校人才需求预测与专业设置动态调整机制，促进专业建设规范化和信息化"。同时要求"修订、发布和实施新的中等职业学校专业目录，研究制定中等职业学校专业设置管理办法，开发专业设置标准，规范中等职业学校专业建设"。2014年，教育部组织制定了首批涉及14个专业类的95个《中等职业学校专业教学标准（试行）》，以加强中职教育教学基本建设，促进专业建设的标准化、规范化。2015年，《教育部关于深化职业教育教学改革全面提高人才培养质量的若干意见》提出重点设置区域经济社会发展急需的鼓励类产业相关专业，提出注重传统产业相关专业改革和建设，服务传统产业向高端化、低碳化、智能化发展，满足"互联网+"等战略发展需求。

（四）加大课程、教材建设力度

为了满足高职高专教育对教材的基本需求，2000年，《教育部关于加强高职高专教育人才培养工作的意见》决定组织实施《21世纪高职高专教育人才培养模式和教学内容体系改革与建设项目计划》。2015年，《教育部关于深化职业教育教学改革 全面提高人才培养质量的若干意见》指出，要加快完善教材开发、遴选、更新和评价机制，加强教材编写、审定和出版队伍建设；各地要加强对本地区教材建设的指导和管理，健全区域特色教材开发和选用制度，鼓励开发适用性强的校本教材；要把教材选用纳入重点专业建设、教学质量管理等指标体系。

为了推进国家精品课程建设，2006年，《关于全面提高高等职业教育教学质量的若干意见》提出在"十一五"期间启动1 000门工学结合的精品课程建设。《中等职业教育改革创新行动计划（2010～2012年）》提出建设50个中职教育国家规划教材出版基地，开发遴选1 200种中职教育改革创新示范教材。

为了建立健全课程衔接，2014年，《国务院关于加快发展现代职业教育的决定》提出"推进专业设置、专业课程内容与职业标准相衔接，推进中等和高等职业教育培养目标、专业设置、教学过程等方面的衔接，形成对接紧密、特色鲜明、动态调整的职教课程体系"。2015年，《教育部关于深化职业教育教学改革全面提高人才培养质量的若干意见》指出，要统筹安排开展中高职衔接专业的公共基础课、专业课和顶岗实习，研究制订中高职衔接专业教学标准。注重中高职在培养规格、课程设置、工学比例、教学内容、教学方式方法、教学资源配置上的衔接。合理确定各阶段课程内容的难度、深度、广度和能力要求，推进课程的综合化、模块化和项目化。鼓励开发中高职衔接教材和教学资源。

为了推进课程的信息化程度，《现代职业教育体系建设规划（2014~2020年）》要求"加快数字化专业课程体系建设；将信息技术课程纳入所有专业；在专业课程中广泛使用计算机仿真教学、数字化实训、远程实时教育等技术；加快发展数字农业、智能制造、智慧服务等领域的相关专业；加强对教师信息技术应用能力的培训；办好全国职业院校信息化教学大赛"。

（五）加强实训基地建设，提升学生实践能力

实训基地建设是发展职业教育的必然要求，是培养人才的重要途径。开展实训教学，是职业教育和其他形式教育的不同之处。通过实训，学生不仅可以深化理论知识，也能培养实践动手能力和综合职业能力，增加其就业竞争力。

1. 实施示范引领项目

中央财政从2004年开始实施"职业教育实训基地建设计划"，在全国引导性奖励、支持建设一批能够资源共享，集教学、培训、职业技能鉴定和技术服务为一体的职教实训基地，切实改善了职业院校实训条件，提升了职业院校基础能力。通过发挥这些基地的骨干作用和带动作用，为培养、培训高质量技能型紧缺人才提供了条件保障。

2. 明确重点建设目标

在校外实训基地建设方面，2005年，《国务院关于大力发展职业教育的决定》明确在重点专业领域建成2 000个专业门类齐全、装备水平较高、优质资源共享的职教实训基地。2006年，教育部《关于全面提高高等职业教育教学质量的若干意见》提出在重点专业领域选择市场需求大、机制灵活、效益突出的实训基地进行支持与建设，形成一批教育改革力度大、装备水平高、优质资源共享的高水平高职教育校内生产性实训基地。2015年，《教育部关于深化职业教育教学改革 全面提高人才培养质量的若干意见》指出，要提高实习实训装备水平。建立与行业企业技术要求、工艺流程、管理规范、设备水平同步的实习实训装备标准体系。

3. 改进资助方式，提高资金使用效益

2005 年，《中央财政支持的职业教育实训基地建设项目支持奖励评审试行标准》明确指出，中央财政用于支持职教训基地建设的专项资金将采取以奖代补的方式下达，并根据大小两种基地建设模式以及对《评审标准》的达标程度，采取四种不同的奖励支持方式，这有助于切实发挥中央资金的改革导向作用并提高其使用效益。

（六）推行"双证书"制度，加强学生职业技能培养

职业资格证书是连接职业教育和人力资源市场的重要纽带，也是评估职业教育质量的重要方面，在促进就业和提升职业教育质量方面具有重要作用。2005 年，《国务院关于大力发展职业教育的决定》提出，省级以上重点中等职业学校和有条件的高等职业院校要建立职业技能鉴定机构，开展职业技能鉴定工作，其学生考核合格后同时获得学历证书和相应的职业资格证书。2009 年，《教育部关于加快高等职业教育改革　促进高等职业院校毕业生就业的通知》要求"切实落实毕业证书和职业资格证书'双证书'制度。高职院校要把相关专业获得相应职业资格证书，作为其学生毕业的条件之一"。

（七）鼓励多种产教融合、校企合作实现方式

推进校企合作制度体系建设。2015 年，《教育部关于深化职业教育教学改革　全面提高人才培养质量的若干意见》指出，创新校企合作育人的途径与方式，发挥企业的重要主体作用，推动校企共建校内外生产性实训基地、技术服务和产品开发中心、技能大师工作室、创业教育实践平台等，增强职业院校技术技能积累能力和学生就业创业能力。2018 年，教育部等六部门印发《职业学校校企合作促进办法》，进一步促进了校企合作的深入。建立和完善顶岗实习、半工半读制度。2014 年，《国务院关于加快发展现代职业教育的决定》要求"加大实习实训在教学中的比重，创新顶岗实习形式"，同时在配套政策上要"强化以育人为目标的实习实训考核评价""健全学生实习责任保险制度"。2015 年，《教育部关于深化职业教育教学改革　全面提高人才培养质量的若干意见》再次强调"推行认识实习、跟岗实习、顶岗实习等多种实习形式"，强化以育人为目标的实习实训考核评价。

开展现代学徒制试点。2014 年，《国务院关于加快发展现代职业教育的决定》提出"开展校企联合招生、联合培养的现代学徒制试点"。随后，《现代职业教育体系建设规划（2014～2020 年）》要求在有条件的企业试行职业院校和企业联合招生、联合培养的学徒制，企业根据用工需求与职业院校实行联合招生

（招工）、联合培养。同年，教育部《关于开展现代学徒制试点工作的意见》提出"现代学徒制是校企合作培养技术技能人才的重要途径"，要求"逐步建立起政府引导、行业参与、社会支持，企业和职业院校双主体育人的中国特色现代学徒制"。这是全国职教工作会召开后出台的第一个制度性配套文件，有助于从根本上调动校企双方合作育人的积极性。

鼓励职教集团化办学。2015 年，教育部印发《关于深入推进职业教育集团化办学的意见》，对集团化办学的参与主体、组织形式、治理结构、运行机制等提出了要求。

四、加强师资队伍建设，提高教育教学质量

教师管理制度是教师队伍建设的重要环节和制度保障。2011 年，教育部《关于推进高等职业教育改革创新引领职业教育科学发展的若干意见》提出"完善符合高等职业教育特点的教师专业技术职务（职称）评审标准"和"完善专业教师到对口企事业单位定期实践制度"。《现代职业教育体系建设规划（2014～2020 年）》提出"改革教师资格和编制制度""探索职业教育师资定向培养制度""建立职业院校教师轮训制度""实行新任教师先实践、后上岗和教师定期实践制度"。2015 年，《教育部关于深化职业教育教学改革 全面提高人才培养质量的若干意见》指出，建立健全高校与地方政府、行业企业、中职学校协同培养教师的新机制，建设一批职教师资培养培训基地和教师企业实践基地，积极探索高层次"双师型"教师培养模式。

为了贯彻落实全国教育工作会议精神和教育规划纲要提出的完成培训一大批"双师型"教师、聘任（聘用）一大批有实践经验和技能的专兼职教师的工作要求，2011 年教育部、财政部发布《关于实施职业院校教师素质提高计划的意见》，明确以高素质专业化"双师型"教师队伍建设为目标，以提升教师专业素质、优化教师队伍结构、完善教师培养培训体系为主要内容，进一步加强职业院校教师队伍建设。《教育部 财政部关于实施职业院校教师素质提高计划（2017～2020 年）的意见》进一步促进了此项工作的进行。

教育部于 2013 年颁布实施《中等职业学校教师专业标准（试行）》。该标准在理念上强调"师德为先""学生为本""能力为重""终身学习"，突出"双师"素质要求。该标准是新中国成立以来第一次针对职业学校教师制定的专业标准，对规范教师教育教学活动，引领教师专业发展，严格教师培养、准入、培训、考核等工作环节，具有重要的指导意义。

五、其他提升职业教育质量的政策措施

（一）加强农村、西部地区职业教育质量提升建设

党中央、国务院高度重视农业、农村和农民工作，把解决"三农"问题作为事关党和国家发展全局的重中之重，旨在促进农村职教改革和质量提升的政策也陆续出台。2005年，《国务院关于大力发展职业教育的决定》提出积极开展城市对农村、东部对西部职教对口支援工作，把发展职教作为城市与农村、东部与西部对口支援工作的重要内容。2011年，教育部联合8个部门出台《关于加快发展面向农村的职业教育的意见》，进一步明确了农村职教改革发展的目标任务是：以推动县域经济社会发展为目标，坚持学校教育与技能培训并举、全日制与非全日制并重，大力开发农村人力资源，逐步形成适应县域经济社会发展要求，体现终身教育理念的现代农村职业教育体系。2014年发布的《现代职业教育体系建设规划（2014~2020年）》要求完善东中西部对口支援机制，将职教作为东部地区对口支援中西部地区的优先领域。教育部、国务院扶贫办印发《贯彻落实〈职业教育东西协作行动计划（2016~2020年）〉实施方案》，全面落实东西职业院校协作全覆盖行动、东西协作中职招生兜底行动、职业院校参与东西劳务协作各项工作任务。

（二）加快信息化建设，降低质量提升成本

为了发挥现代信息技术优势，提高教育、教学、管理、决策和科研的信息技术应用水平，政府通过多个文件促进以信息化带动职教现代化目标的实现。2006年，《关于全面提高高等职业教育教学质量的若干意见》提出把现代信息技术作为提高教学质量的重要手段，不断推进教学资源的共建共享，扩大受益面。2012年，《关于加快推进职业教育信息化建设的若干意见》明确了职教信息化能力建设的总体目标。《现代职业教育体系建设规划（2014~2020年）》要求"将信息化作为现代职业教育体系建设的基础"，并把"加强职业院校信息化基础设施建设、加强职业教育信息化管理平台建设、加强职业教育数字化资源平台建设以及提高开放大学信息化建设水平等"作为重要工作来抓。2017年《教育部关于进一步推进职业教育信息化发展的指导意见》对职教信息化发展提出了更全面的要求。

（三）加强国际交流与合作，提升教育质量

职业教育是教育领域国际交流合作最活跃的领域之一，如仅在2012年就有

高职国际交流合作项目633个，占整个高等教育中外合作办学项目的46%。《现代职业教育体系建设规划（2014~2020年）》从三个方面加大职教国际合作力度，即完善中外合作机制，支持职业院校引进国（境）外高水平专家和优质教育资源；实施中外职业院校合作办学项目；加大职教国际标准制定工作的参与力度，积极参与到职教专业标准、课程体系的开发和合作中去。

六、注重质量评估，加强院校评估工作

2004年，教育部启动高职高专院校人才培养水平评估工作，其基本方针是"以评促建、以评促改、以评促管、评建结合、重在建设"。2005年，《国务院关于大力发展职业教育的决定》"把学生的职业道德、职业能力和就业率作为考核职业院校教育教学工作的重要指标"。2006年，《关于全面提高高等职业教育教学质量的若干意见》将毕业生就业率与就业质量、"双证书"获取率与获取质量、职业素质养成、生产性实训基地建设、顶岗实习落实情况以及专兼结合专业教学团队建设等方面作为重要的考核指标。2008年，随着《高等职业院校人才培养工作评估方案》的颁布，初步建立了符合高等职业院校人才培养工作特点和现状的评估指标体系。

在评估主体方面，建立社会各方共同参与的多元评价机制成为发展趋势。2011年，《教育部关于推进中等和高等职业教育协调发展的指导意见》要求"吸收行业、企业、研究机构和其他社会组织共同参与人才培养质量评价，将毕业生就业率、就业质量、创业成效等作为衡量人才培养质量的重要指标，形成相互衔接的多元评价机制"。2014年，《国务院关于加快发展现代职业教育的决定》再次强调"实施职业教育质量年度报告制度"和"注重发挥行业、用人单位作用，积极支持第三方机构开展评估"。

七、高职教学质量信息反馈与改进

高职领域开展了数据信息平台采集与管理工作，建立了发布高职教育质量年度报告制度，并在此基础上开展内部教学诊断和改进工作。

（一）高职人才培养工作数据采集与管理平台

按照教育部《高等职业院校人才培养工作评估方案》要求，所有独立设置的高等职业院校须按要求填报《高等职业院校人才培养工作状态数据采集平台》，

向上级教育主管部门逐级汇总。到 2017 年底，已连续采集全国高职院校教学培养工作数据，包括高职院校的基本信息、院校领导、基本办学条件、实践教学条件、办学经费、师资队伍、专业、教学管理与教学研究、社会评价和状态资料汇总 10 大类数据。学校、省和国家三级高职教学培养工作数据库的建成，为提高职业院校教育教学管理水平提供了平台。

（二）高等职业教育年度质量报告发布制度

《国家中长期教育改革和发展规划纲要（2010～2020 年）》提出"建立高等学校质量年度报告发布制度"。继而，2011 年教育部在《关于推进高等职业教育改革创新 引领职业教育科学发展的若干意见》中要求"各地和各高等职业学校都要建立人才培养质量年度报告发布制度，不断完善人才培养质量监测体系"。在 2015 年的《关于报送高等职业教育年度报告（2016）的通知》中鼓励高职院校，主动联系企业发布"企业参与高等职业教育人才培养年度报告（2016）"（以下简称"企业年报"）。截至 2016 年 3 月中旬，全国共有 173 所高职院校联系 262 家企业发布了企业年报，在中国高职高专教育网（www.tech.net.cn）向社会公布。质量年报的主体从高职院校扩展到省级政府和企业，报告的指标和内容也在逐步完备。高职教育质量年度报告作为质量保证体系的重要组成部分，是高职教育内涵建设的重要抓手。

（三）教学诊断与改进工作

2015 年，教育部发布《关于建立职业院校教学工作诊断与改进制度的通知》，在职业院校推进建立教学工作诊断与改进制度，"以行业企业用人标准为依据，设计诊断项目，以院校自愿为原则，通过反馈诊断报告和改进建议等方式，反映专业机构和社会组织对职业院校专业教学质量的认可程度，倒逼专业改革与建设。"教学工作诊断与改进制度的建立，是管评办分离后，落实学校人才培养质量主体责任、加强教育行政部门事中事后监管的制度设计。

第二节　职业教育质量保障政策的发展脉络

一、政策发展阶段

我国职业教育的立法——《职业教育法》于 1996 年颁布，它正式确立了职业教育的法律地位，并对职业教育体系、实施以及保障条件做了明确规定。随后，有关于职教发展和质量保障的政策纷纷出台，这可以分为四个阶段。

（一）职业教育质量保障政策的准备阶段（1996～1999年）

这一时期，中央政府对职教管理体制和办学体制不断进行调整，逐步形成了以地方政府为主导的职教管理格局和多层、多元职教办学格局。

《职业教育法》规定："国务院教育行政部门负责职业教育工作的统筹规划、综合协调、宏观管理……县级以上地方各级人民政府应当加强对本行政区域内职业教育工作的领导、统筹协调和督导评估。"伴随着原有部属院校由中央划归到地方，办学格局重心下移，职教管理责任逐渐下放到地方政府，这经过1999年《教育部、国家计委关于印发〈试行按新的管理模式和运行机制举办高等职业技术教育的实施意见〉的通知》得到确认。例如，目前高等职业院校的类型有职业技术学院和地方举办的职业大学、普通高等专科学校、独立设置的成人高等学校、普通本科院校举办的二级学院、具有高等学历资格的民办高校以及部分重点中等专业学校等。中等职业学校有普通中专、成人中专、职业高中、高等学校附属的中职部、技工学校。以上办学类型各有特点，构成了现今我国职教的主流和发展方向。在地方为主的管理体制和多元主体办学格局下，不同类型的职教机构之间的竞争增强，各地职教发展之间的差距有所扩大，引发了社会对职教质量的关注。

（二）职业教育质量保障政策的起步阶段（1999～2006年）

在理顺体制机制的基础上，职业教育得到进一步发展，尤其是伴随着高等教育的扩张，高职教育规模迅速扩张，这使得许多职业院校在硬件设施、师资队伍等方面的投入无法跟上，暴露出了许多质量问题。职教投入不足、基础薄弱和办学条件较差，已经成为这一时期影响职教发展的突出问题。

教育部在2000年出台《关于加强高职高专教育人才培养工作的意见》，对专业建设、课程和教学内容体系改革、实践教学改革、教学方法和考试方法改革、师资队伍建设以及与生产、科技结合等涉及质量保障的关键构成提出了指导意见，并在2004年与国家发改委等七部门联合出台的《关于进一步加强职业教育工作的若干意见》中提出"坚持以就业为导向、深化办学体制改革、完善就业准入制度和职业资格证书制度、加快职教实训基地建设、深化职业院校人事制度改革，多渠道增加投入"等措施推动职教改革与发展。国务院在2002年和2005年两次召开全国职业教育工作会议，分别出台了《国务院关于大力推进职业教育改革与发展的决定》和《国务院关于大力发展职业教育的决定》。前者强调"深化教育教学改革、适应社会和企业需求;严格实施就业准入制度,加强职业教育与劳动就业的联系;多渠道筹集资金,增加职教经费投入"等措施;后者则进一步明确了"坚持以就业为导向,深化职业教育教学改革"的发展方针,并在转变办学思想、深化教学改革、加强实践能力培养、推行工学结合和校企合作模式等方面提出了具体指导意见。这些政策为职教质量保障体系的建立提供了根本依据。

(三) 职业教育质量保障政策的快速发展阶段 (2006~2014年)

这一时期,职业教育人才培养"质量工程"全面启动。随着示范性办学基地的建设,职教人才培养模式改革拉开了序幕。2006年教育部、财政部启动实施国家高职示范校建设计划。2006~2014年,中央财政投入47.23亿元,引领带动地方财政和行业企业投入超过100亿元,支持200所示范高职院校重点建设788个专业点,建设院校的办学条件明显改善。至此,高职教育在学生发展、教学改革、政策保障、服务贡献等方面取得了实质性发展,迈入了内涵质量发展的新时期。[①] 随后颁布的《关于全面提高高等职教教学质量的若干意见》进一步对人才培养模式的改革重点进行了说明。职教以服务为宗旨,以就业为导向,以此来推进办学思想、办学机制、管理模式以及专业布局等方面的改革和创新,已经成为职业教育的共识。

借鉴示范校建设的成功经验,政府采用项目工程形式,不断加大财政投入,有针对性地实施专项改革措施。例如,在示范建设方面,建设了1 000所国家中等职教改革发展示范校;在师资队伍建设方面,2011~2013年,中央财政安排16.6亿元,推动了国家、省级和学校三级教师培训体系的建立。[②] 启动职业院校教师编制核定工作,完善兼职教师聘用政策,逐步解决"双师型"教师总量不足、质量不高的问题;在推进教学工作信息化和优质资源共建共享方面,中央财政启动实施职教专业教学资源库建设项目。[③] 在考试招生改革方面,存在单独招生、对口单招、注册入学、面试入学等灵活多元的招生方式。这些举措提升了职教人才培养的基础能力,为推动内涵式发展起到了重要作用。

这一时期,职业教育质量保障的一个突出成就在于,职教财政投入力度不断加大,为职教质量保障体系的建立提供了经费支持,财政性职教经费投入稳步增长。2013年职教财政性教育经费约为2 543亿元,比2005年的426亿元增加2 117亿元,增长了近5倍,年均增长率达25%。中央政府还加大了对农村中职

[①②] 惠梦:《我国高职教育"全面开花"》, http://www.mof.gov.cn/zhengwuxinxi/caizhengxinwen/201608/t20160812_2386342.htm, 2017-07-31。

[③] 《教育部财务司负责人就职业教育财政投入答记者问》, http://www.jyb.cn/zyjy/zyjyxw/201406/t20140630_588270.html, 2014-06-30/2015-07-15。

学生的资助力度，先后出台《关于中等职业学校农村家庭经济困难学生和涉农专业学生免学费工作的意见》（2009年）和《关于扩大中等职业教育免学费范围进一步完善国家助学金制度的意见》等政策，为农村学生就读中职学校提供了相对公平的入学机会。全国财政性投入的增加在一定程度上为质量保障体系建设奠定了基础，职业教育质量保障体系建设进入了新的发展阶段。

（四）职业教育质量保障政策的深化阶段（2014年至今）

在"后示范"时期，如何进一步保持和深化职业教育人才培养模式改革的成效，是政府所面临的主要议题之一。2014年，国务院印发了《关于加快发展现代职业教育的决定》（以下简称《决定》），提出以培养技术技能人才为目标，到2020年形成具有"中国特色、世界水平"的现代职教体系。《决定》从"推进人才培养模式创新、建立健全课程衔接体系、建设双师型教师队伍、提高信息化水平和加强国际交流与合作"五个环节来提高职教人才培养质量。随后，教育部在《关于学习贯彻习近平总书记重要指示和全国职业教育工作会议精神的通知》提出："深化专业、课程和教材改革，创新人才培养模式，开展现代学徒制等试点工作，深化产教融合、校企合作，提高人才培养针对性、实效性。"2015年，教育部发布《关于深化职业教育教学改革、全面提高人才培养质量的若干意见》，提出提高职教人才培养质量的指导思想、基本原则、根本任务和重大举措。相比以往，质量保障的政策目标进一步提高。

这一时期，建设开放式的现代职教体系成为共识。《决定》提出"引导普通本科高等学校转型发展"。职业院校也包括应用技术类型本科院校，这一观点已逐渐得到认可。职业教育形成从中职、专科、本科甚至到专业学位研究生的培养体系，拓展了职业学校学生的成长空间。

建立职教经费保障制度也是这一时期的重点工作任务。2014年财政部和教育部出台《关于建立完善以改革和绩效为导向的生均拨款制度加快发展现代高等职业教育的意见》，要求"2017年各地高职院校年生均财政拨款水平应当不低于12 000元"，中央财政根据各地生均拨款制度建立和完善情况等因素给予综合奖补，以激励各地建立生均拨款制度和提高生均拨款水平。这是中央政府首次明确提出建立高职教育的生均经费保障制度，并依据体现改革绩效导向的职教质量因素分配奖补资金，是职教质量成本分担的一项重要举措，为职教质量保障体系建立提供了坚实的物质保障。

经济增速放缓和产业转型升级对技能人才的迫切需求，使职教发展受到了前所未有的重视。职业教育如何更好地满足经济、产业的发展需求，成为当前面临的一大难题。为深化和巩固人才培养模式变革成效，《教育部关于开展现代学徒制试点工作的意见》(2014年)和《教育部和人力资源社会保障部关于推进职业院校服务经济转型升级面向行业企业开展职工继续教育的意见》(2015年)开启了现代学徒制试点工作和职业院校培训企业职工项目。按照2015年教育部印发的《高等职业教育创新发展行动计划(2015～2018年)》要求,支持地方建设200所优质专科高等职业院校。在现代职业教育的顶层设计基本完成的形势下,职教质量保障体系建设问题已经提上了议程。

二、政策演进特征

随着社会经济的发展,我国职教质量政策不断演进。对职教质量政策的发展阶段进行比较,发现其政策演进具有以下几方面特征。

(一)政策功能取向多元化

不同时期,发展职业教育被赋予不同的功能,提升职教质量的意义也从单一功能转向多元化。如1996年的《职业教育法》对发展职教的意义阐述为"促进经济和社会发展和劳动力就业";2002年,《国务院关于大力发展职业教育的决定》中对发展职业教育的功能扩展为"调整经济结构、提高劳动者素质、加快人力资源开发""拓宽就业渠道、促进劳动就业和再就业的重要举措""为农业、农村和农民服务,为推进西部大开发服务"。2005年《国务院关于大力发展职业教育的决定》除了进一步明确"推进我国走新型工业化之路、解决'三农'问题、促进就业再就业"的功能之外,特别强调要把"加快中等职业教育发展与繁荣经济、促进就业、消除贫困、维护稳定、建设先进文化紧密结合起来"。2009年,中职免学费政策的出发点是"解决家庭经济困难学生的就学问题,维护教育公平"。进入新时期,国务院将职教发展的功能提高到"对于深入实施创新驱动发展战略,创造更大人才红利,加快转方式、调结构、促升级具有十分重要的意义"[①]。

可以看出,发展职教、提升职教质量的功能从相对单一的"促进劳动力就业"和"满足社会主义经济建设需要",扩展到个人层面的"促进再就业""就业创业""职工继续教育",宏观经济层面的"为'三农'服务""为西部大开发服务""推动产业转型升级",以及社会发展层面的"减轻农民负担""精准扶贫""维护教育公平"等方面,体现出鲜明的时代特色。

---

① 见2014年颁布的《国务院关于加快发展现代职业教育的决定》。

（二）政策制定主体下移，多部门联动

一方面，职教质量保障政策的制定主体从早期的国家最高权力机关——全国人大常委会、国务院、教育部、财政部等中央部委为主，逐渐过渡到以各省（直辖市\自治区）、市政府等地方政府为主。以浙江、江苏、广东等省份为代表，一些地方政府从本地实际情况出发采取措施，开展不同形式的政策改革试点工作，由下而上推动中央职教质量保障政策的完善。

另一方面，政策的制定逐步打破部门藩篱，从教育行政单一发文转变为多部门联动出台改革措施。目前，教育部协同财政部、国家发改委、人力资源社会保障部、科技部、民政部和文化部等部门联合起草、出台职教质量保障相关政策，已逐渐成为一种常态。这种突破"块块"体制束缚、"跳出教育领域来发展教育"的策略，增强了政策决策的科学化，提高了政策的瞄准精度。

（三）政策工具组合并用

中央政府为实现自己的政策意图，在政策演进前期倾向于通过职教招生名额的分配、对职业院校升格的审批和招生专业目录调整等行政手段来规范职业院校的办学行为。随着政府治理能力的提高，在政策演进后期，中央政府在上述行政手段之外，逐步加大经济手段的刺激，比如竞争性的专项工程、经费保障机制中"绩效"性质的奖补资金、对企业接受职业学生顶岗实习的税收减免优惠等政策，旨在引导和激励职业院校贯彻政策目标，落实相关政策精神。政策工具的组合协同使用，增强了政策执行效力，对职教质量提升发挥了较强的合力作用。

三、政策逻辑起点

逻辑起点是政府制定职业教育质量保障政策的基本出发点。随着职教质量保障政策的演进，政府决策目标也即逻辑起点也随之变动。下面根据 1996~2016 年《政府工作报告》和各部委发布的重要文件对职教质量保障的逻辑起点进行了归纳和总结。

（一）资料来源

分别选取 1996~2016 年间的《政府工作报告》21 份和国务院、教育部、财政部等政府部门出台的关于职教政策文件 27 份作为研究资料来源，后者的公布形式主要是法律、纲要、决定、通知和意见等。这些政策文本涉及职教质量相关

的管理机制改革、财政投入和专项工程等方面,可以展现中央政府在发展职教方面的整体思路和战略布局,有效体现中央政府关于建立职教质量保障体系的内在决策逻辑。

(二)《政府工作报告》中的职业教育发展目标

在历年《政府工作报告》中(见表3-1),不同时期职业教育发展重点不同。

表3-1　历年政府工作报告中关于"职业教育"的政策内容

年份	政策内容
1996	积极发展多形式、多层次的职业教育和成人教育。优化教育结构,使普通教育和职业教育的比例更加合理
1997	职业教育是经济发展的重要支柱,要大力发展中等职业教育,通过改革、改组、改制积极发展高等职业教育,农村的义务教育也要增加职业教育的内容,改变目前生产、建设、服务和管理第一线实用人才缺乏的状况。成人教育要与职业教育结合起来,以满足就业和在职提高的需要
1998	积极发展中等、高等职业教育和成人教育,开展多种形式的岗位和技术培训
1999	积极发展各种形式的职业教育和成人教育
2000	进一步发展高中阶段教育、高等教育和各类职业教育
2001	大力发展职业教育和职业培训,建立职业教育与普通教育相互沟通的教育体系。发展成人教育和多种形式的继续教育,逐步形成终身教育体系
2002	大力发展中等和高等职业教育
2003	加强职业教育和培训
2004	大力发展职业教育和继续教育
2005	大力发展各类职业教育
2006	发展职业教育是一项重要而紧迫的任务,今后五年中央财政将投入100亿元支持职教发展
2007	加快发展职业教育。要把发展职业教育放在更加突出的位置,使教育真正成为面向全社会的教育,这是一项重大变革和历史任务。重点发展中等职业教育,健全覆盖城乡的职业教育和培训网络。深化职教管理体制改革,建立行业、企业、学校共同参与的机制,推行工学结合、校企合作的办学模式。 为了促进教育发展和教育公平,从今年新学年开始,在普通本科高校、高等职业学校和中等职业学校建立健全国家奖学金、助学金制度,为此中央财政支出将由上年18亿元增加到95亿元,明年将安排200亿元,地方财政也要相应增加支出;同时,进一步落实国家助学贷款政策,使困难家庭的学生能够上得起大学、接受职业教育

续表

年份	政策内容
2008	大力发展职业教育。加强职业教育基础能力建设，深化职业教育管理、办学、投入等体制改革，培养高素质技能型人才
2009	大力发展职业教育，特别要重点支持农村中等职业教育。逐步实行中等职业教育免费，今年先从农村家庭经济困难学生和涉农专业做起
2010	继续加强职业教育。以就业为目标，整合教育资源，改进教学方式，着力培养学生的就业创业能力
2011	大力发展职业教育
2012	建设现代职业教育体系。完善国家助学制度，逐步将中职免学费政策覆盖到所有农村学生，扩大普通高中家庭经济困难学生资助范围
2013	加快发展现代职业教育
2014	加快构建以就业为导向的现代职业教育体系
2015	全面推进现代职业教育体系建设。引导部分地方本科高校向应用型转变
2016	大力发展现代职业教育，分类推进中等职业教育免除学杂费

注：本表格来自对历年《政府工作报告》的原文摘录。

1996~1999年，重在调整办学体制，如"改革、改组、改制""多形式、多层次""多形式"等词语一再出现，反映出职教体制机制正在改革调整中。职教发展重点在"大力发展中等职业教育"上，强调普职比例，以规模为优先目标，职业教育质量未有提及。

1999~2006年，首次提及构建普职互通的职业教育体系（2001年），并且计划采取行动加大中央政府对职教的财政投入（2006年）。

2006~2014年，一方面强调从教育公平出发，实施中职免费政策；另一方面提出"工学结合、校企合作"、加强"基础能力建设"和"改进教学方式"等提升职业教育质量的具体措施。

2014~2016年，重点在于构建横纵贯通的现代职业教育体系。

（三）不同时期的职业教育质量保障政策的逻辑起点

对国务院、教育部和财政部等职教政策的27份文本分析发现（见表3-2），不同时期职教质量保障政策的逻辑起点分别为：

表 3-2　　中央政府主要职业教育质量政策的逻辑起点

年份	名称	逻辑起点
1996	中华人民共和国职业教育法	职业教育是国家教育事业的重要组成部分，是促进经济、社会发展和劳动就业的重要途径。国家发展职业教育，推进职业教育改革，提高职业教育质量，建立、健全适应社会主义市场经济和社会进步需要的职业教育制度
1998	国家教委关于印发《关于实施〈职业教育法〉加快发展职业教育的若干意见》的通知	进一步调整结构，推进以初中后为重点的不同阶段的教育分流，建立、健全职业学校教育与职业培训并举，并与其他教育相互沟通、协调发展的职业教育体系。进一步深化办学体制和管理体制改革，逐步建立、健全有中国特色的、适应社会主义市场经济和社会进步需要的职教制度和有效的运行机制。进一步加强职教内部建设，改善职教的整体基础和管理水平，提高教育质量和办学效益
1999	教育部、国家计委关于印发《试行按新的管理模式和运行机制举办高等职业技术教育的实施意见》的通知	促进我国高等教育更好地适应经济建设和社会发展需要，加快培养面向基层、面向生产、服务和管理第一线职业岗位的实用型、技能型专门人才的速度，缓解应届高中毕业生的升学压力；积极探索以多种形式、多种途径和多种机制发展高等职业技术教育；进一步扩大省级政府对发展高等教育的决策权和统筹权
2000	教育部关于加强高职高专教育人才培养工作的意见	大力推进高职高专教育人才培养模式的改革，加强学校教学基本建设和教学管理；注重提高质量，努力办出特色。形成能主动适应经济社会发展需要、特色鲜明、高水平的高职高专教育人才培养模式
2002	国务院关于大力推进职业教育改革与发展的决定	初步建立起适应社会主义市场经济体制，与市场需求和劳动就业紧密结合，结构合理、灵活开放、特色鲜明、自主发展的现代职业教育体系。具体目标：以中等职业教育为重点，保持中等职业教育与普通高中教育的比例大体相当，扩大高等职业教育的规模。广泛开展各级各类职业培训。把农村和西部地区作为工作重点
2004	国务院批转教育部2003~2007年教育振兴行动计划的通知	以就业为导向，大力推动职教办学模式。以促进就业为目标，进一步转变高等职业技术学院和中等职业技术学校的办学指导思想，实行多样、灵活、开放的人才培养模式，把教育教学与生产实践、社会服务、技术推广结合起来，加强实践教学和就业能力的培养

续表

年份	名称	逻辑起点
2004	教育部等七部门关于进一步加强职业教育工作的若干意见	更好地适应全面建设小康社会对高素质劳动者和高技能人才的迫切需要；尽快改变职教发展相对滞后的局面，切实发挥职教在经济社会发展中的基础作用
2005	国务院关于大力发展职业教育的决定	进一步建立和完善适应社会主义市场经济体制，满足人民群众终身学习需要，与市场需求和劳动就业紧密结合，校企合作、工学结合，结构合理、形式多样、灵活开放、自主发展，有中国特色的现代职业教育体系
2006	教育部关于大力发展民办中等职业教育的意见	全国民办中等职业教育的办学规模要进一步扩大，学校数和在校生数占职业学校的比例有较大幅度的提高；建成一批办学规模大、办学条件好、教育质量高、特色鲜明、社会信誉度高的民办中等职业学校；初步形成公办与民办中等职业教育优势互补、共同发展的格局
2006	教育部　财政部关于实施国家示范性高等职业院校建设计划加快高等职业教育改革与发展的意见	通过实施国家示范性高等职业院校建设计划，使示范院校在办学实力、教学质量、管理水平、办学效益和辐射能力等方面有较大提高，特别是在深化教育教学改革、创新人才培养模式、建设高水平专兼结合专业教学团队、提高社会服务能力和创建办学特色等方面取得明显进展。发挥示范院校的示范作用，带动高职教育加快改革与发展，逐步形成结构合理、功能完善、质量优良的高职教育体系，更好地为经济建设和社会发展服务
2006	教育部关于全面提高高等职业教育教学质量的若干意见	贯彻国务院关于提高高等教育质量的要求，适当控制高等职业院校招生增长幅度，相对稳定招生规模，切实把工作重点放在提高质量上
2007	国务院关于建立健全普通本科高校、高等职业学校和中等职业学校家庭经济困难学生资助政策体系的意见	从制度上基本解决家庭经济困难学生的就学问题。同时，进一步优化教育结构，维护教育公平，促进教育持续健康发展

续表

年份	名称	逻辑起点
2009	财政部 发改委 教育部等关于中等职业学校农村家庭经济困难学生和涉农专业学生免学费工作的意见	逐步实施中等职业教育免费政策，是落实科教兴国和人才强国战略，全面提高国民素质，把我国巨大的人口压力转化为人力资源优势的重要途径；是优化教育结构，促进教育公平和社会公正的有效手段；是推进我国走新型工业化道路，建设社会主义新农村，调整产业结构、促进就业再就业的重大举措；是继全部免除城乡义务教育阶段学生学杂费之后，促进教育公平的又一件大事，具有重要的现实意义和深远的历史意义。 中等职业教育免学费工作先从农村家庭经济困难学生和涉农专业学生做起，对于减轻农民负担，增强中职教育的吸引力，鼓励高素质劳动者在农村创业就业，改善农村劳动力结构，加快新农村建设，发展现代农业，发展农村经济，缩小城乡差别，具有重要的推动作用
2010	国家中长期教育改革和发展规划纲要（2010～2020年）	到2020年，形成适应经济发展方式转变和产业结构调整要求、体现终身教育理念、中等和高等职业教育协调发展的现代职业教育体系，满足人民群众接受职业教育的需求，满足经济社会对高素质劳动者和技能型人才的需要
2011	教育部关于推进中等和高等职业教育协调发展的指导意见	促进中等和高等职业教育协调发展……到2020年形成现代职业教育体系和增强职业教育吸引力
2011	教育部 财政部关于支持高等职业学校提升专业服务产业发展能力的通知	整体提高高等职业学校办学水平和人才培养质量，提高高职教育服务国家经济发展方式转变和现代产业体系建设的能力；推动高等职业学校创新体制机制，加快人才培养模式改革，整体提升专业发展水平和服务能力，为国家现代产业体系建设输送大批高端技能型专门人才
2011	教育部关于推进高等职业教育改革创新引领职业教育科学发展的若干意见	促进高等职业学校办出特色，全面提高高职教育质量，提升其服务经济社会发展能力；服务经济发展方式转变和现代产业体系建设的时代责任，主动适应区域经济社会发展需要，培养数量充足、结构合理的高端技能型专门人才，在促进就业、改善民生方面以及在全面建设小康社会的历史进程中发挥不可替代的作用

续表

年份	名称	逻辑起点
2011	教育部等九部门关于加快发展面向农村的职业教育的意见	农村职业教育要以推动县域经济社会发展为目标，坚持学校教育与技能培训并举、全日制与非全日制并重，大力开发农村人力资源，逐步形成适应县域经济社会发展要求，体现终身教育理念的现代农村职教体系
2012	教育部关于加快推进职业教育信息化发展的意见	推进职业教育广泛、深入和有效应用信息技术，不断提升职教电子政务能力、数字校园水平和人才信息素养，全面加强信息技术支撑职教改革发展的能力，以先进教育技术改造传统教育教学，以信息化促进职教现代化
2012	财政部 发改委 教育部等关于扩大中等职业教育免学费范围进一步完善国家助学金制度的意见	加快发展中等职业教育，促进教育公平和劳动者素质提高
2014	国务院关于加快发展现代职业教育的决定	到2020年，形成适应发展需求、产教深度融合、中职高职衔接、职业教育与普通教育相互沟通，体现终身教育理念，具有中国特色、世界水平的现代职业教育体系
2014	财政部 教育部关于建立完善以改革和绩效为导向的生均拨款制度加快发展现代高等职业教育的意见	建立完善以改革和绩效为导向的高职院校生均拨款制度，进一步加大高职教育财政投入，逐步健全多渠道筹措高职教育经费的机制，鼓励引导社会力量举办职业教育
2014	教育部关于学习贯彻习近平总书记重要指示和全国职业教育工作会议精神的通知	职业教育是国民教育体系和人力资源开发的重要组成部分，是广大青年打开通向成功成才大门的重要途径，肩负着培养多样化人才、传承技术技能、促进就业创业的重要职责。抓好职教工作，既是教育改革的战略性问题，又是重大的经济和民生问题，必须摆在更加突出的战略位置，作为深化教育领域综合改革的战略突破口和转方式调结构惠民生的战略支点，推动职教与经济社会同步发展，助推"中国制造"走向"优质制造"和"精品制造"
2014	教育部关于开展现代学徒制试点工作的意见	深化产教融合、校企合作，进一步完善校企合作育人机制，创新技术技能人才培养模式；以推进产教融合、适应需求、提高质量为目标

续表

年份	名称	逻辑起点
2015	财政部 教育部 人力资源社会保障部关于建立完善中等职业学校生均拨款制度的指导意见	促进中等职业教育改革发展，整体提高中等职业学校经费水平和人才培养质量，促进中职学校办出特色、办出水平，建立完善中职学校生均拨款制度
2015	教育部 人力资源社会保障部关于推进职业院校服务经济转型升级面向行业企业开展职工继续教育的意见	发挥职业院校开展职工继续教育的优势，提高职工文化知识水平和技术技能水平，推进和谐劳动关系建设，促进大众创业、万众创新，服务好新常态下行业企业的转型升级。到2020年，职业院校普遍面向行业企业持续开展职工继续教育，市场意识明显增强，职工继续教育课程资源建设、师资队伍建设和信息化建设水平显著提升。重点提高职工的职业理想和职业道德、技术技能、管理水平以及学历层次。通过开展职工继续教育，全面促进学校管理创新，全面提高教育教学质量，全面提升服务经济社会发展的能力
2015	教育部关于深化职业教育教学改革全面提高人才培养质量的若干意见	完善产教融合、协同育人机制，创新人才培养模式，构建教学标准体系，健全教学质量管理和保障制度

1. 1996~1999年，体制机制改革背景下服务经济发展的经济逻辑

这一时期，我国正处于国有企事业单位改革和教育体制改革进程中，职教面临着管理体制和办学体制等制度改革。社会主义市场经济兴起需要大量高素质的技术技能人才，发展职教的目的是"促进经济、社会发展和劳动就业"，"适应社会主义市场经济"和"适应经济建设"等词一再被提及。服务经济发展成为职教质量保障政策的初衷。

2. 1999~2006年，高等教育扩招背景下促进就业的社会逻辑扩展

一方面，社会主义市场经济发展需要职业教育坚持以"适应经济社会发展需要"为目标，满足市场需求；另一方面，1999年高等教育扩招，大学毕业生"就业难"问题开始显现。职教被视为解决个体就业的有效途径。政策文件中开始提及"以促进就业为目标"和"与市场需求和劳动就业紧密结合"，纾解劳动力就业问题成为继"服务社会主义经济建设"之外的又一新增功能，保障民生的社会逻辑显现。

3. 2006~2014年，强调"促进教育公平和社会公正"的政治逻辑

职业教育在校学生迅猛增加，但课程教学与市场脱节，质量发展相对滞后，职教吸引力下降，并且职教学生多来自收入水平相对较低的农村家庭。因此，在"促进就业""保障民生"和服务"经济发展方式的转变"的基础上，中央政府通过补贴助学金、发放贷款和实施中职免费等资助政策来增强职教吸引力，以"减轻农民负担""维护教育公平""促进社会公正"。经济、社会和政治逻辑交织汇聚，并以促进公平的政治逻辑为先。

4. 2014~2016年，再次转回服务经济升级和促进就业的经济、社会逻辑

2014年左右，我国经济增速放缓，大学生就业形势依然严峻。建设现代职业教育体系，全面提高人才培养质量，既是"教育改革的战略性问题，又是重大的经济和民生问题"。一方面要"服务好新常态下行业企业的转型升级"，另一方面要"传承技术技能、促进就业创业"，服务"大众创业、万众创新"的时代需求。

四、决策的逻辑起点

（一）逻辑起点的特征分析

结合上述内容，可以看出职教质量保障政策的逻辑起点呈现以下特点：

第一，功能拓展：从单一走向多元化。由自我发展、形成特色到强调适应经济发展方式转变、产业结构调整、社会人才需求和就业方式转变以及终身学习的特点；从单向的经济效率导向转变为把促进就业、保障民生和促进教育公平与社会公正并重的多维取向。

第二，突出时代性：不同时期质量保障政策的目标可以体现出各阶段的社会经济发展特征，反映出鲜明的时代特色。质量保障政策的逻辑起点不断演变，是为了不断适应工业化、市场化、城镇化、信息化和国际化加快发展的步伐，以回应转变经济发展方式、发展现代产业体系和创新驱动型经济赋予职业教育的新任务和新内涵。

第三，有序演替：质量保障政策的决策逻辑一时以"服务社会主义市场经济"为主旨，继而扩展为"服务市场经济"的经济逻辑与"促进就业"、保障民生的社会逻辑并重，一时又突出强调"促进教育公平和社会公正"，最近又回归到"服务制造业转型升级"的经济逻辑和促进"创业就业"的社会逻辑。职教质量保障政策受到经济发展、官员的任职周期和社会发展等因素的制约和影响，其逻辑起点体现出一种有序的波动。

第四，目标定位不断提高：由笼统的"以就业为导向"到明确提出"校企合作、工学结合"人才培养方式，再到"产教深度融合"、创新人才培养模式和"构建教学标准体系"等，对职教人才培养过程的要求不断深化；由实现普职互通到构建体现终身教育理念、中职和高职教育协调发展的现代职业教育体系，再到建设"具有中国特色、世界水平的现代职教体系"；由单纯的职教内部体系建设问题过渡到与外部经济社会发展的紧密结合，推动实现职教与经济社会同步发展。

（二）背后的理论思考

中国市场经济的实际发展水平决定着职教质量保障政策目标的逻辑起点。经济基础决定上层建筑，上层建筑反作用于经济基础。社会主义市场经济发展早期，要求职教发展为市场经济发展服务；随着经济水平的提高，社会所面临的主要的经济矛盾不同，对职教的发展和质量要求也在随之不断变化。当前，在工业革命4.0浪潮之下，对职教质量发展的要求则转变为"为制造业转型升级"与创新驱动型经济服务。

与此同时，质量保障政策目标的定位过程，在某种程度上也反映了职教的发展水平与质量状况。质量保障的政策目标长期未有较大突破，实质上反映出职教发展水平较为缓慢，面临的突出矛盾和质量问题并未得到根本性改进。后示范时期，职教质量政策目标的提升，是对之前（快速发展的示范校建设时期）实践过程中职教质量提升的一种肯定。

对质量保障政策逻辑起点的演进特征分析发现，一方面，领导人的任期与质量保障体系的逻辑起点关系密切，如在2004~2014年温家宝总理在任期间，注重从教育公平角度发展职业教育；从2014年以后，李克强总理更多强调职教为"中国制造"转型升级服务。质量保障政策逻辑起点的波动和演替，较为明显地反映出不同届的中央政府的施政主张间的差异。

总体上讲，职教质量保障的逻辑起点始终坚持为经济逻辑和社会逻辑服务，只是在不同时期的具体政策目标上进行微调，体现出渐进主义的特征。根据政治学的渐进主义模型，由于时间、信息和成本的限制，决策者无法逐一确认所有备选的政策方案及其后果。政治本身的局限性也妨碍了清晰准确的社会目标的建立，以及对成本和收益的精确计算。因此决策者在制定政策时往往是保守的，通常会接受现行项目的合法性，并默许继续执行原来的政策，在此基础上进行渐进的调整与修正。① 在逻辑起点之外，许多政策措施都是过去政策活动的延续，仅

---

① ［美］托马斯·R. 戴伊：《理解公共政策》，谢明译，中国人民大学出版社2011年版，第15~16页。

在形式、资金、组织或者行动上进行微调,而非彻底的变革。

政府不同时期看似不同的决策逻辑起点,无论是早期的服务经济发展的经济逻辑,还是中后期扩展的促进就业、保障民生的社会逻辑和促进教育公平和社会公正的政治逻辑,都有机统一于中央政府谋求国家治理的整体绩效中。作为人民群众利益的代表者,政府在制定职教质量保障政策时必须统筹兼顾,综合、权衡考量政治、经济和社会三方面的利益。从这个意义上可以说,谋求国家治理绩效最大化是职教质量保障政策决策的逻辑起点。

第三节 职业教育质量保障政策的问题与展望

一、存在问题

通过对职教保障相关政策的梳理,结合政策的逻辑起点分析,围绕质量管理系统应当遵循的五方面内容,可以归纳出我国职教质量保障体系建设目前存在的问题与不足。

(一)质量目标与责任人不明确,保障执行难

第一,多维度、多层次的质量目标体系有待建立。目前,已有衡量职教发展水平的指标多为就业率、工资水平和满意度等劳动力市场指标。一方面,受制于采集时点的限制,它们无法反映职教的长期影响趋势;另一方面,也无法有效衡量个体的就业质量,如社会保险、工作场所条件等,测量指标有待丰富并系统化。另外,对于学校培养过程的质量目标不明确,尚未达成共识。现代职业教育体系的建立,要求打通职业教育和普通教育,这意味着需要在全国范围内建立统一的职业教育质量保障体系与高中教育和普通本科教育进行衔接,这对职业教育的质量目标提出了更高的要求。由于目前尚未建立统一的、操作性强的国家层面的质量指标体系,因此,质量保障体系的建设与落实缺乏坚实的基础和具体指导原则。

第二,企业作为责任人之一严重缺位。一方面,企业参与职教培养过程的主动性和积极性不强。由于培养的技术人才在劳动力市场上常常被"挖墙脚"而造成损失,所产生的收益弥补不了投入成本,因此,为规避其他企业的这种"搭便车"行为的发生,企业往往倾向于不参与培养过程。这也是校企合作学校热、企

业冷的主要原因。另一方面，企业作为举办主体对职教经费投入的占比较低。中央和地方政府努力追求的多渠道筹措经费一直难以实现，企业与社会作为职教的责任人之一严重缺位，经费投入占比较低，参与的积极性也不高。职教经费来源呈现财政投入和学费收入占主体的"两元"格局。虽然2014年《国务院关于加快发展现代职业教育的决定》明确了企业作为职教办学主体的地位，规定企业参与办学可享受相关税收优惠，但具体的实施细则未能落到实处。

第三，职业教育质量目标与实际经费投入严重不匹配。由于职教培养技术技能型人才对实验、实习和实训条件要求较高，实践教学占有相当比例。这就要求对职教教学经费投入相对同级的普通教育要更大。事实上，职教培养成本高于普通教育已经成为国际公认的事实。以高职为例，在澳大利亚，高职教育的培养成本是普通高等教育的 2.62 倍；在马来西亚，这一数字是 2.84 倍。[①] 与普通教育投入相比，我国政府对职教的经费投入明显偏低。目前国家财政性职教教育经费投入与同阶段普教相比仍明显偏低。生均总经费和生均公共财政预算教育经费中，中职与普通高中大体相当，高职仅为普通本科的一半。即职教质量目标与经费投入严重不匹配，这样影响了职业教育质量的提升，也降低了职业教育的竞争力和吸引力。

地方政府经费投入缺乏制度约束，教学质量难以保障。部分经济落后地区的高职生均拨款制度较难落实，政府投入严重不足。尤其是地方上的技工学校普遍困难，财政拨款仅能保证公办技工学校教师工资和一些专项经费，学校基建投资没有纳入政府财政预算，学校发展所需资金只能靠自筹，民办技校则几乎没有政府的补贴费用。更有一些地方政府将部分职业教育完全抛入市场，任其发展，职教办学经费没有纳入财政体系，教师工资得不到保证，改善学校办学条件、提高教职工福利待遇以及提升人才培养质量都将无从谈起。

更为重要的是，职教生均培养成本的核算相对滞后，现行学校财会制度严重束缚了生均培养成本数据的拆分和估算，财务数据的匮乏使得科学、严谨的成本核算落空，更无从谈及与产出绩效相关联的生均质量成本测定，这些都为质量目标的实现及可持续改善带来困难。

（二）质量过程管理缺乏系统性和一致性，面临制度性歧视

如果说明确质量目标和责任人是从人和财上对质量进行全局把握和宏观指导，那么过程管理就是从规范程序到执行环节对质量进行保障实施。尽管中央政

[①] 郭艳梅、李中国：《我国高职教育经费投入：数据分析与政策建议》，载于《教育学术月刊》2014年第11期，第49~54页。

府关于职教招生考试制度改革、专业设置、课程教材标准、师资队伍建设和实训基地建设等方面陆续出台了许多政策规定，但是这些政策相对零散、缺乏统一规划和整体布局，尤其缺乏对从入口到出口的全过程系统规范。

职业教育的入口和出口关键环节面临制度性歧视。招生选拔过程中的歧视政策严重阻碍职教发展。目前，许多地方把职业院校的录取招生放在中考招生和高考招生的最后批次录取。这不是把职教看作是一种与普通教育相对等的不同"类型"的教育，而是视其为低于普通教育"层次"的教育。受此影响，接受职教成为许多初、高中毕业生在考试失利后的无奈选择，严重影响职业院校选拔高素质人才和职业教育的吸引力。

就业政策中的制度性歧视变相否定职教质量。职业教育的资格证书不被社会认可，含金量下降。职业学校毕业生在就业，尤其是报考公务员等方面存在诸多政策限制和歧视。国家虽然将职教上升到国际竞争力的战略高度，但是职教在发展过程中长期受歧视，严重影响了职业教育的质量保障。

（三）多元主体参与的质量评价体系尚未真正落实

目前，国内职教质量评价主要是以政府为主导而开展进行的，如之前开展的职业院校评估工作，而职业学校作为质量评价主体的核心作用并未得到有效发挥。一方面，由于院校的主体地位受制于现行评价机制的束缚，实行职业院校从下至上总结上报、国家教育行政部门给予最后的评定审批的评估流程，未走出政府行政问责的窠臼；另一方面，职业学校缺乏完善的自我评价体系，与之相对应的评价技术和方法。并且，各职业院校的办学实力和所处的发展阶段存在较大差异性，其自我评估能力参差不齐，质量保障关注的往往办学是条件与过程，对学生的发展关注不够。此外，职教的社会评价体系尚不成熟和完善。一方面，缺乏不依附政府而能较好地保持客观和独立性的社会评价中介机构，教育咨询类企业在我国刚刚起步，职教能够从市场上获取的教育评估服务非常有限。另一方面，企业行业在职教评估中的参与不足，所发挥的影响较弱。企业行业作为职教的重要利益相关者，目前在职教评估中的作用有限，制约着职教质量的信息反馈水平和持续改善。

另外，在评估的质量标准方面，往往倡导建立规范的、统一的指标体系来反映共性的质量保障标准，但却容易忽略不同地区、不同类型和不同发展特色的职业学校的实际发展情况；在具体评估过程中，更多侧重对当期产出成果的单向度评估，往往忽略了成本投入和已有的办学基础，缺乏投入—产出绩效评价和进行科学严谨的增值评价。

（四）信息监测系统有待完善和进一步开放

目前，职教信息监测系统主要围绕着"高等职业院校人才培养工作状态数据采集与管理平台"建立的，依托这个平台对发布高职教育质量年报，并进行各类评估。有学者指出①，该平台的"定量指标将高职教育的目标逐一量化分解，并进行统计、比较，极端状态下使得某些高职教育机构转化为为数字奋斗的机器，陷入绝对化、机械化、数字化的泥沼中，忽略了真正的内涵和质量发展。"这一现象已不鲜见。

在这一平台之外，教育行政部门依托各类专项工程分别构建了"国家示范骨干高职院校建设""高等职业学校专业建设发展""高等职业学校教师专业能力发展平台""职业教育专业教学资源库"等数据库。这些数据库之间相互孤立、缺乏进一步有机整合和持续跟踪更新，发挥的作用有限。

更为重要的是，以上这些数据库，除个别的"职业教育专业教学资源库"之外，均不对教育行政系统之外的人员开放。一方面，这损害了职业教育利益相关者——学生和家长的知情权，同时损害了行业企业对职教参与的积极性和可能性，数据信息的不透明和不公开限制了职业学校之间市场竞争机制的形成；另一方面，也大大限制了职教专家和学者利用相关数据进行研究和质量评估的机会，对于这些耗费大量成本得来的数据而言，使用效率过低，无疑是一种巨大浪费。此外，在数据信息监测方面，中职教育发展进度逊于高职教育，有待进一步加强。

（五）缺乏长期的建设项目、尚未建立持续的反馈机制

现行的各类职业教育质量改革工程，不论是中央层面还是地方层面的，基本都是3~5年左右的短期项目工程，这可能容易受到教育行政部门相关领导人的任职周期的影响。但职教质量保障是一个长期的系统工程建设，往往不能在短短的3年之内看到成效。"项目创设的众多管理模式机制的适用范围与推广价值，在短短3年的建设期内必然无法得到有效确证"②。尤其是那些需要持续培育的能力机制建设，如师资队伍建设、校企合作、社会服务等，都需要长期积累。并且，这些项目制的一个突出问题在于，项目结束之后，再无大量专项资金投入，

---

① 蓝洁：《高等职业教育质量保障的现状及其再认识》，载于《职业技术教育》2014年第1期，第38~42页。

② 肖凤翔、于晨、肖艳婷：《国家高职教育项目制治理的生成动因、效用限度及优化策略——以"国家示范性高等职业院校建设计划"为例》，载于《教育发展研究》2016年第Z1期，第64~70页。

项目建设的许多内容因经费难以维续从而面临中止和倒退的风险。

在职教质量提升的各项措施中，常常"重建设、轻评估"、少反馈。教育行政部门和职业院校的关注重点多在于开展/申请各种名目的质量工程，但对于项目完成后的效果评估，尤其是绩效评估重视力度不足，易出现形式主义"走过场"。并且少有将前一项人才培养过程中的经验教训总结反馈于下一项政策措施之中，缺乏持续的质量反馈机制。

二、政策发展建议

基于以上对政策的梳理和分析，我们提出以下建议：

（一）建立统一的质量目标、明确多元主体参与

首先，在国家层面建立统一的、多层多维的质量目标体系。建议成立跨部门的职业教育质量委员会，制定可执行的质量目标体系。

其次，明确职教质量保障主体的多元参与机制，从政府的一元治理到多元利益主体参与。在政府内部，逐渐明确中央和地方在职教发展和质量提升中的事权和财权，遵循二者匹配原则，将质量目标与实际投入统一起来。充分调动行业企业在质量保障体系中的作用。努力构建从招生到就业人才培养全过程的企业参与机制，尤其是发挥行业在人才培养方案制定和职业资格标准制定过程中的影响力。

最后，根据成本分担原则，结合质量收益来界定成本分摊责任人。从经验上看，政府（中央和地方层面）、学生（或家庭）和企业是主要的成本分摊责任人。在明确质量目标的基础上，对相应的质量成本结构进行测算、分解，合理划分责任，以中央统筹为主，地方政府全力参与，引进企业一起来合理分担质量成本，并按照职教分层不同，合理制定个人分担比例。

（二）确保系统、规范的过程管理，清除制度性障碍

首先，从促进社会经济发展的战略角度出发，统筹全局，对于职教人才培养的全过程进行统一规划。在确保学校发展自主权的基础上，在全国层面制定各类办学标准，均区分为基本（合格）和发展（优秀）两个层次，并制定相应的质量提升路线图；同时，允许地方根据实际发展情况，保持特色，在国家统一标准基础上制定各自更高的地方标准。

其次，联合其他部委共同清理歧视性的制度和政策，跳出教育部门发展职

教。在行政体系内部，廓清轻视"职业教育"的思想意识，增强政府对职业教育的重视力度，大力改革考试招生制度，积极出台职教学生积分落户等就业优惠措施，为职教发展和质量提升创造良好的体制机制氛围。

（三）落实多元主体参与、内外兼修的质量评价体系

继续坚持管评办分类的评估原则，首先，在政府主导的院校评估基础上，积极开展学校自评自建，突出学校在质量改进中的核心主体地位，从学生的学习过程所得到的指导与帮助，教学活动对学生利益与需求的满足情况，以及人才培养的效果和效率入手，不断加强学校内部质量保障体系的监测。政府和学术界应对职业学校的具体评估工作给予组织保障和技术支持。其次，充分发挥已经建立行业指导委员会和职教集团的作用，加强行业企业在质量评价过程的参与，并发挥影响作用。最后，对职业院校实行分类质量评估，积极推行基于投入产出效率的绩效评价和增值评价，不断提升评估技术手段、完善评价准则。

（四）建立全面、公开、透明的职业教育质量信息反馈平台

首先，在已有的各项数据平台的基础上，进行系统化整合，建立以院校为单位的职教发展和质量信息大平台。将全国的职业院校和学生纳入统一的信息系统，构建学生—专业—院校—省四级数据平台，覆盖职教培养的全过程，并保持不断更新，为建立质量保障体系提供充分可靠的基础信息。

其次，定期面向社会各界公开数据平台，保障社会各界对职教质量的知情权。一方面，职教经费收入数据的公开，有助于加强民众对政府治理行为的监督，有助于提高财政资源的分配效率和使用效率，降低寻租的可能性，为各类职业院校创造良好的竞争机制；另一方面，通过学生和家长的"用脚投票"机制，在学校外部形成市场压力，迫使职业学校提升教育质量，培养适应市场和社会需要的合格的技术技能人才，真正提升职教的地位，实现良性互动。

（五）延长项目建设时限、重视构建质量改善机制

一方面，集中精力构建长期的质量工程项目。不妨设置阶段性目标，定期发布项目进展情况，突出不同时期项目工作所取得的阶段成就，避免领导换届等政治因素对项目产生不良影响。集中精力对职教的质量提升进行深入、持续攻坚，最终帮助职业院校形成自我发展能力。

另一方面，通过专门网站发布各职业院校的评估信息，并收集各界信息进行及时反馈，真正做到以评促改、以评促建，努力形成"多样化、特色化的职业发

展路径和质量样态"①。努力构建多部门联动的、常态化的职教质量持续改善机制。

第四节 现代职业教育体系中的质量保障框架

一、现代职教体系建设对质量保障的诉求

按照教育部等六部门的《现代职业教育体系建设规划（2014~2020年）》，到2015年，应初步形成现代职业教育体系框架；2020年，应基本建成中国特色现代职业教育体系。可以说，这是现代职业教育体系建设的时间表，同时也对建立现代职业教育质量保障框架提出了要求。在此应当关注两方面的问题。

（一）转变职业教育评估范式

目前而言，职业教育评估范式还停留在分散的各自为政的状态。虽然教育部会组织全国性的院校遴选、验收评估等，但参与的院校基本是分散的、局部的。加上职业教育的办学主体是地方政府，地方政府拥有足够的办学自主权，以致各地职业教育评估具有明显的地方特色。总体来说，地方政府的重视程度与职业教育评估强度成正相关。有的地方职业教育评估非常多，甚至泛滥，学校不堪重负，而在有的地方甚至满足不了基本的职业教育发展要求。现代职教体系规划从职业教育的层次结构、终身一体、办学类型和开放沟通等方面对未来职业教育进行了战略性总体架构。在这一发展框架下，职业教育评估亟须改变目前分散、各自为政的评估范式，取而代之为一体化、系统化的评估范式。除此以外，新的评估范式还应包含评价主体的转变，要让教师、学生、专业机构和用人单位都参与到教育质量评价中，让教育的最终用户在质量保证和评价中起到核心作用。②

---

① 蓝洁：《高等职业教育质量保障的现状及其再认识》，载于《职业技术教育》2014年第1期，第38~42页。

② 赵西爱、李文、张越：《论教育质量保证和评估的现代范式》，载于《中国高教研究》2004年第8期，第45~46页。

（二）建立一体化、系统化的质量保障框架

近 10 年来，国家相关政策文件已经涉及职业教育质量保障体系的设计，如《国务院关于大力发展职业教育的决定》中明确提出，"各级人民政府要建立职业教育工作定期巡视检查制度，把职业教育督导作为教育督导的重要内容，加强对职业教育的评估检查"[①]。2010 年出台的《中等职业教育改革创新行动计划（2010—2012 年）》规定，要"强化评估、确保落实具体内容，以各项计划的目标要求为依据，加强工作评价和绩效评估……督促各有关方面履行责任，落实分工任务目标"[②]。可以看出，国家从顶层设计上对职业教育质量保障作了勾勒，明确责任、以评估促改革成效是当前质量保障的主要目的。但是，目前我国职业教育质量保障体系的研究和实践还很薄弱，特别是现代职业教育体系的系统性和开放性要求还没有完全贯彻到保障体系建设工作中[③]。换言之，目前还缺失基于构建现代职业教育体系的质量保障框架。由于现代职教体系的外部适应性、内部适应性和系统协调性等内涵特性，必须建立一体化、系统化的现代职业教育质量保障框架方能符合要求。

二、职业教育质量保障框架的设计原则

现代职教体系的构建迫切需要设计一体化、系统化的职业教育质量保障框架，框架的设计遵循哪些原则是首先要思考的问题。

（一）整体设计

要构建一体化、系统化的职业教育质量保障框架，必须遵循整体设计的基本原则。因为设计质量保障框架的目的是服务于现代职教体系构建，构建现代职教体系的理论假设是基于现代职业教育是教育类型，而非教育层次。这就要求整体化的设计，既要解决现代职教体系内部不同教育层次的适应性和协调性问题，也要解决现代职业教育与经济社会发展的适应性和协调性问题。在内部，对中职、高职、应用本科、专业硕士等不同教育层次进行质量保障框架的整体设计，即便

---

① 《国务院关于大力发展职业教育的决定》，2005 年。
② 《国家中长期教育改革和发展规划纲要（2010 - 2020 年）》，http://www.gov.cn/jrzg/2010 - 07/29/con-tent_1667143.htm。
③ 郭扬：《"外圆内方"：职业教育质量监控与评价体系的结构特征》，载于《职教论坛》2004 年第 4 期，第 13 ~ 16 页。

不同教育层次的质量保障重点不同，但应当有统一的指导框架，这个框架服务于现代职教体系构建的指导思想和发展思路；在外部，对不同教育层次与行业企业的合作，以及行业企业协调参与职业教育人才培养的制度和机制保障进行整体设计。

（二）分类指导

分类指导原则与整体设计原则相伴而生，主要指以下几方面的分类：第一，政府、行业企业、第三方评估机构、学生和家长都是质量保障的主体，要分配好各自权责；第二，体系内不同教育层次的分类，中职、高职、应用本科、专业硕士等不同教育层次要有不同侧重的质量保障内容；第三，同一教育层次内不同水平院校的分类，以中等职业学校为例，普通中职校、国家级重点职校、省市级示范校、国家改革发展示范校的质量保障要区别对待，以切实发挥质量保障的诊断促进功能。

（三）底线思维

目前人们往往热衷于各种选优评估，如示范院校评估、特色专业评估、精品课程评估等，而忽略了最底层院校、专业和课程的评估和督促。大家不太关心那些"差学校""差专业""差课程"培养出来的"差学生"的质量和出路，但这些"差"会直接影响到社会对职业教育的看法，对职业教育的社会影响力和吸引力产生严重负面影响。所以，应当树立底线思维，从国家层面出台具有底线思维的质量保障框架，形成国家层面抓底线、地方层面抓特色的局面。实际上已经开始多年并产生良好效果的高职高专院校合格评估就是基于底线思维的好的肇端。

（四）减负高效

质量保障作为现代职教体系的重要组成部分，其使命是服务现代职教体系构建，服务职业院校改革发展。但质量保障措施并非越多越好，过于泛滥的评估评价会使得职业院校疲于奔命。一体化、系统化的现代职业教育质量保障框架设计应遵循减负高效的原则，既为职业院校减负，又必须高效，这要求设计质量保障框架时必须在二者之间寻求最佳平衡点，而代表职业院校发展水平的专业、课程等核心内涵是关键问题。

（五）系统衔接

现代职教体系内的中职、高职、应用本科等不同层次间的质量保障措施都需将衔接作为关注点。学制上的衔接是教育行政部门通过政府文件确立的，内涵上的衔接则是相关办学主体深入研究、努力实践的结果。就目前而言，职业教育质量保障框架应关注中高职衔接（贯通）和中职与本科衔接（贯通）在宏观管理、中观沟通和微观课程等方面的质量保障，特别是对微观课程衔接，在课程管理中关注是否真正建立了实质意义的学制衔接。课程管理作为课程建设的重要抓手，是系统衔接设计的关注点。

三、职业教育质量保障的框架设计

总体设想是形成国家教育行政部门、地方教育行政部门、行业企业、职业院校共同关注并参与职业教育人才培养过程的"六位一体"质量保障框架[①]。

按照整体设计、分类指导、底线思维、减负高效和系统衔接的原则，职教体系内所有层次的职业院校都应按照这一框架落实质量保障，再根据各层次特点设计具有特殊性的质量保障项目。国家层面负责把握职业教育的办学标准，用合格评估确立职业教育的最低标准，凸显底线思维，同时开发职业院校办学质量数据监测平台，采用实时数据监测的形式了解各层次职业院校的运作情况。而地方教育行政部门则根据实际情况挖掘本地区办强办特的潜力，围绕职业教育内涵建设的专业展开评估，同时对个别专业开展国际化评估，努力实现"以战略眼光、现代理念和国际视野建设现代职业教育体系"[①]的目标。以行业企业协同保障机制促进行业企业参与职业教育人才培养过程，将行业企业作为职业教育办学主体之一。以上五类项目构成现代职业教育的外部质量保障体系，外部质量保障围绕内部质量保障展开，目的是激发内部质量保障作用的发挥。与内部质量保障构成了"六位一体"的质量保障框架。

（一）质量保障主体：谋求多元主体参与

传统意义上，质量保障的主体多数为教育行政部门和职业院校。现代职业教育质量保障的主体谋求多元参与，除教育行政部门（含国家和地方）和职业院校外，还需把行业企业作为质量保障的主体。《国务院关于加快发展现代职业教育的决定》中明确提出，"健全企业参与制度，研究制定促进校企合作办学有关法规和激励政策，深化产教融合"，"加强行业指导、评价和服务"[②]。应积极发挥行业企业在人才培养、过程监督中的主体作用，因为行业企业的作用其他主体无

---

① 《教育部等六部门关于印发〈现代职业教育体系建设规划（2014~2020年）〉的通知》，2014年。
② 国务院：《国务院关于加快发展现代职业教育的决定》，2014年。

法替代。国家教育行政部门、地方教育行政部门、职业院校、行业企业在质量保障框架内各司其职,质量保障的内容和过程应当是各主体最擅长和必要的。

(二) 质量保障内容:把握内涵发展主线

影响职业院校人才培养质量的因素涉及方方面面,如专业设置、培养方案、课程、教师、教学、实训条件等,现代职业教育质量保障的内容需把握以上内涵发展的主线,但并不意味着所有保障主体无重点的全部关注。其主要分工和保障重点是:第一,国家层面借助信息技术手段,用数据监测平台的形式关注所有涉及人才培养质量的因素,监控所有职业院校、所有专业涉及人才培养的各种内涵变化动态;第二,地方层面从专业的视角关注人才培养的过程,做到"专业设置与产业需求对接,课程内容与职业标准对接,教学过程与生产过程对接"①;第三,内部层面把握职业院校自身发展的各种变量,以外部质量保障的重点为指引,落实学生发展的理念;第四,外部层面明确行业企业的权利和责任,把握行业企业在职业教育人才培养过程中的优势和劣势,参与职业教育人才培养哪些环节及可能性和必要性,明确行业企业必须参与的环节、鼓励参与的环节,对必须参与但不参与的给予惩戒,对积极参与的给予奖励。

"六位一体"的现代职业教育质量保障框架内部有着严密的逻辑关系,有利于确保内涵发展的全面性和针对性。应主要明确几对关系:第一,最低标准和高级标准的关系。合格评估和国际化评估分别代表这对关系,国家层面对最低标准的把握,以及各地方对高级标准的提升体现了底线思维和特色发展的要求。第二,点与面密切结合的关系。国家层面质量保障平台是面,地方层面专业评估是点,二者的结合可以既全面又深入地保障职业教育人才培养的质量。第三,内部与外部统筹运行的关系。内部指职业院校和相关的教育行政部门,外部指相关的行业企业。高效的职业教育人才培养只靠内部无法实现,必须把行业企业的力量统筹进来。第四,国家和地方的关系,限于权责和精力等多种因素,国家和地方教育行政部门分工参与质量保障显得尤为重要。

(三) 质量保障过程:着力时空维度结合

谁来保障、保障什么确定以后,如何保障则是必须考虑的问题,因为质量保障的过程与前两者同等重要,决定着质量保障框架的成效。"六位一体"质量保障的过程着力于时间维度和空间维度的结合。一方面,时间维度上确定性与不确定性相结合。确定性是指框架内有的项目实施时间和周期等已经确定,如国家教

---

① 国务院:《国务院关于加快发展现代职业教育的决定》,2014 年。

育行政部门的职业院校合格评估项目建议每5年实施一轮,职业院校办学质量数据监测平台的实施则建议1个月或1个季度填报一次,确保信息采集的及时性,也不至于给学校增加负担。而不确定性则是框架内有的项目还不确定实施的对象、范围、频率等,如国际化评估需要根据各地的实际情况才能确定对象、范围和频率。另一方面,空间维度上纵向衔接和横向分类相结合。纵向衔接指项目实施要考虑不同教育层次之间的衔接。如在专业评估中,中等职业学校的专业评估要特别关注是否适宜衔接、如何衔接、效果如何等,特别要关注课程的衔接。横向分类指项目的实施要区分不同水平的学校,不同水平的院校采用不同的指标体系和实施方案,做到分类指导。另外,质量保障过程可委托第三方评估机构负责实施。

(四) 质量保障效果:用元评估保障效果

"六位一体"的质量保障框架效果还需要用元评估加以保障。具体来说,元评估是指对评估的评估。思图佛比姆(D. L. Stufflebeam)将元评估定义为获取和运用那些评估的实用性、可行性、合理性和准确性,以及其系统本质、行为能力、诚信度、受尊重程度和社会责任感方面的描述性和评估性信息,并向公众报告该评估的价值和缺陷的过程。[①] 元评估有两个重要作用:一是正确有效地引导评估;二是明确指出评估的优劣所在。现代职业教育质量保障效果如何必须放入构建现代职教体系的大背景下进行审视,运用元评估的基本程序对"六位一体"的质量保障框架加以反馈、指导和修正,切实提升质量保障效果。

---

① Stufflebeam D. L. A. Meta-evaluation [R]. Western Michigan University, School of Education, 1974: pp. 159-161.

第四章

国际职业教育质量保障体系建设

为提高职业教育质量，许多发达国家建立了较完备的职业教育质量保障体系。近年来，欧盟制定了《欧洲职业教育与培训质量保障参考框架》，丹麦建立了由多元主体共同参与的质量保障体系，英国教育标准局制定了职业教育质量标准，构建职业教育质量保障体系成为国际职业技术教育改革和发展的重要趋势。本章通过研究英国、丹麦、俄罗斯、澳大利亚等国的职业教育质量保障体系（包括质量指标体系、质量监控体系、质量评价体系），旨在揭示构建职业教育质量保障体系的一般规律和特殊规律，为构建我国的职业教育质量保障体系提供借鉴。

研究国际职业教育质量保障体系具有重要现实意义和理论意义，有利于我国借鉴发达国家的有益经验，构建科学、规范且具有可操作性的职业教育质量保障体系，促进职业教育质量的全面提高，为进一步开发人力资源、提高劳动力综合职业素质、增强国家的经济竞争力提供坚实保障。从国际视角出发对构建职业教育质量保障体系进行比较研究，有利于揭示构建职业教育质量保障体系的一般规律和特殊规律，有助于深化细化对职业教育发展中一些重大问题的理论思考和研究。

第一节 国外研究现状简述

职业教育是指教育者有目的、有组织、有计划地对受教育者传授职业技术知识和技能的活动。联合国教科文组织在1999年第二届国际职业技术教育大会采用"技术和职业教育与培训"(Technical and Vocational Education and Training,TVET)的术语,它既包括职前教育,也包括职后培训;既包括中等职业教育,也包括高等职业教育;既包括在学校里进行的职业教育和培训,也包括在其他场所进行的职业教育和培训。欧洲常用"职业教育与培训"这一概念。为简化表述,本章在不影响准确含义时仍采用"职业教育"的简化说法。职业教育质量保障体系是指为保证职业教育质量而建立的质量标准及其指标体系、质量监测体系和质量评价体系。

质量保障是近年来国际职业教育界关注的热点问题。国外相关研究主要反映在有关国家政府发表的政策性文件和研究报告中。欧盟把提高职业教育质量作为增强职教国际竞争力和吸引力的重要举措,并于2009年颁布了《欧洲职业教育与培训质量保障参考框架》(The European Quality Assurance Reference Framework for Vocational Education and Training,EQAVET或EQARF),以下简称《欧洲职业教育质量保障框架》。该框架规定了利益相关者在促进职业教育质量保障工作方面的义务,建立了质量保障循环模式以及质量指标体系,并以开放式协调的形式,组织利益相关者参与相关工作。该框架由质量保证和改进过程、监控过程和测量工具三个部分构成。质量保证与改进过程由计划、实施、评价、反馈、交流与研讨五个相互联系的阶段组成;质量监控由内部监控机制和外部监控机制组成;测量工具即质量指标由10个一级指标和14个二级指标组成,关注职业教育和培训与终身学习、劳动力市场、就业、经济之间的关系。

英国教育标准局(Office for Standards in Education)于2012年制定了统一的评价标准即《共同评价框架》(The Common Inspection Framework),它既是督导评价(外部评价)的依据,也是职业院校开展自我评价的依据。该框架主要由两部分内容构成:评价原则和统一的评价工作安排。评价标准主要包括四个方面,即总体效能,学员的学习成果,教、学和评价的质量以及领导与管理效能。

丹麦教育部颁布的《丹麦提高职业教育与培训质量的方法》提出了丹麦在共同质量保障框架下所采取的十项共同措施。芬兰国家教育委员会发表的《职业教育与培训的质量管理建议》提出了职业教育质量管理的九项建议。非洲联盟发表的《振兴非洲职业技术教育与培训的策略》文件提出,增强非洲职业技术教育吸引力的关键是提高职业技术教育的质量。

为及时监控职业教育质量,许多国家建立了职业教育质量监测体系。例如,"产出监测"已成为丹麦质量战略的一个重要元素。职业教育提供者如果要得到财政专项拨款,就必须达到特定的质量标准。2003年,丹麦教育部确定了质量方面的四个优先领域:一是学生的培养质量,尤其关注学生的能力和灵活性;二是教师的技能水平,特别关注教师专业技能和教学技能的更新;三是学校管理的专业化水平；四是院校与企业和当地社区联系的密切程度。测验和考试是丹麦职业教育质量保障的重要措施。测试由外部考官主持，以防止出现偏差。例如，在基础职业教育领域，学生必须参加最终的职业技能测试，来自产业界的代表担任外部考官。测试保证学生的知识技能水平达到要求。丹麦质量战略的要素之一是透明和公开。所有机构都必须在其网站上发布课程和教学信息，包括教学价值观、教学实践、学生各个科目的平均成绩等。

自20世纪90年代以来，澳大利亚对职业教育开展了全面改革，采取的重要措施之一是构建和完善职业教育质量保障体系。《澳大利亚质量培训框架》（Australian Quality Training Framework）包括注册标准、职业教育体系的审核和质量保障、认证过程的标准三方面。澳大利亚政府、企业、职业学校以及个人对职业教育的质量都十分关注，政府从政策、资金、人力和物力等方面为构建职教质量保障体系提供支持。在质量标准制定、质量监测和质量评价等方面，澳大利亚都做了很好的探索。例如，它制定的能力标准为评估学生在工作场所的能力提供依据；《澳大利亚质量培训框架——注册培训机构标准》（Australian Quality Training Framework – Standards for Registered Training Organizations）是各职业教育培训提供者必须遵守的办学标准；绩效标准则用来监督职业教育结果的质量。

第二节　国际典型案例分析

本节选取若干有代表性的发达国家和转型国家，对职业教育质量保障体系进行国别研究和专题比较研究，寻找规律和值得借鉴的经验，并从我国实际出发，研究构建我国职业教育质量保障体系的途径和方法。欧盟、英国、丹麦、俄罗斯等国际组织和国家建立了比较完善的职业教育质量保障体系，积累了相关经验。虽然各国的社会制度、经济发展水平不同，历史传统、文化背景、价值观念也千差万别，但在发展职业教育、构建职业教育质量保障方面却不乏一些相同之处。

一、《欧洲职业教育质量保障框架》分析

欧盟把提高职业教育质量作为增强职业教育竞争力和吸引力的重要举措。为进一步提升职业教育质量，欧洲委员会于2008年向欧洲议会和理事会提交了有关建立《欧洲职业教育质量保障框架》（The European Quality Assurance Reference Framework，EQAVET或EQARF）的建议。该建议经各成员国讨论和投票表决，

于 2009 年正式被欧洲议会采纳。该框架不仅有利于提高并监控成员国的职业教育质量,还对提高成员国职业教育体系的透明度和信任度,对实现欧洲职业教育一体化和实施欧盟范围内无国界终身学习战略具有重要的意义。①

(一)《欧洲职业教育质量保障框架》产生的背景

《欧洲职业教育质量保障框架》为成员国制定共同的质量原则、参考标准和指标奠定了基础。制定该框架主要基于两方面的考虑。

1. 提升职业教育的竞争力

2002 年,欧洲委员会在哥本哈根召开关于加强欧盟职业教育合作的会议,会议发表的《哥本哈根宣言》标志着欧洲职业教育一体化正式启动。提高职业教育质量是促进各国职教发展与合作的关键,职业教育质量高低,直接影响到各成员国劳动力的整体素质,影响各国之间的信任程度和劳动力的自由流动。因此,欧盟各国普遍关注职业教育质量问题。提高职业教育质量也是欧洲统一劳动力市场、实现完全一体化的基础。由于各成员国职业教育模式以及质量保障体系千差万别,欧盟需要建立一个参照标准,以提高各国职业教育体系的兼容性和竞争力。

2. 增强职业教育的吸引力

随着知识社会的出现,人类生产方式和工作的组织形式发生了深刻变化,这对职业教育提出了新的要求。2002 年,以"新世纪的教育"为主题的第六届欧盟教育部长会议发表联合公报,强调各成员国要深化教育领域的交流与合作,共同致力于"知识欧洲"(europe knowledge)的建立。知识社会的主要特点是知识和技术的更新速度快、周期短,学生在学校学到的知识和技能不能终身享用。职业教育也应贯穿于人的一生,满足人和社会可持续发展的需要。如何吸引更多社会成员特别是青年人接受职业教育成为欧盟国家面临的现实问题。由于职业教育在解决青年就业问题、促进社会平等和增强社会凝聚力等方面的重要性,欧盟重视通过提高职业教育质量增强职业教育吸引力,解决青年失业率居高不下、青年教育水平和学习积极性低的问题。

(二)《欧洲职业教育质量保障框架》的架构

《欧洲职业教育质量保障框架》是各成员国根据各自经验,在自愿基础上通过协商形成的。它采用合理的方式对职业教育实施过程进行内外监控与评价,确

---

① European Parliament. Draft European Parliament Legislative Resolution on the Proposal for a Recommendation of a European Quality Assurance Reference Framework for Vocational Education and Training [R]. Committee on Employment and Social Affairs, 2008 - 11.

保职业教育质量不断提高。该框架由三个部分构成。

1. 质量保障和改进过程

《欧洲职业教育质量保障框架》把职业教育过程分为计划、实施、评价和检查四个相互联系的阶段，规定每个阶段的统一要求，从整体上把握职业教育质量。《欧洲职业教育质量保障框架》在考虑和尊重各成员国多样性的同时，确保其适用于各国的职业教育体系及职业教育提供者。

第一，计划：主要是制定职业教育目标。各国通过建立一定程序掌握培训需求，制定与欧洲目标相联系的中长期目标，确定个人能力认证标准，确保相关信息畅通，提高质量状况的透明度。在此过程中，注意吸收各利益相关者积极参与。同时，欧盟要求职业教育提供者明确质量管理方面的职责，加强合作，并与利益相关者一起分析当地的教育培训需求，制定地方性目标且与欧盟和国家层面的职业教育目标相适应。

第二，实施：社会合作者、教育提供者及其他利益相关者在充分考虑实施方法、所需资源基础上合作制定职业教育实施方案、实施标准和指导方针。教育提供者负责描述实施过程，确保职业教育质量的透明性，加强与利益相关者以及其他提供者之间的合作，合理配置和利用资源。

第三，评价与测量：指通过定期测量对职业教育实施过程和结果进行评价。《欧洲职业教育质量保障框架》规定内部评价和外部评价相结合，不仅应及时进行自我评价，还应接受利益相关者的外部评价。国家或地区根据部门需要制定用以保证质量的标准和程序，采用早期预警系统和绩效指标，通过调查问卷等方式收集相关数据，衡量成效并诊断需改善的方面。教育培训提供者定期对实施过程和结果以及学习者学业成绩及满意度进行评估。他们还应采取有效机制，鼓励内部和外部利益相关者如管理者、教师、学生、家长、雇主、社会合作者等参与评估和审查。

第四，检查：在整合内部和外部评价基础上，处理反馈信息并改进职业教育。政府相关部门对各级教育培训进行定期检查，制订完善计划，使其得到相应调整。教育培训提供者收集有关学习者和教师对个人学习、教学环境的反馈意见，在与利益相关者讨论评价结果后制订改进计划，并把最后的检查结果公之于众。

2. 监测过程

监测由内部评价机制和外部监控机制组成，用于鉴定职业教育体系的效率以及需要改进之处。自我评价是重要的内部质量保障机制，它有助于教育提供者更好地分析挑战并获得充分的反馈信息，从而改善教育培训的效果，优化资源配置。自我评价是一个主观的自省过程，需要国家、地区或部门独立的第三方进行定期的外部监控。外部监控包括严格的管理和审核措施，以及同一层级间的互评。内部评价和外部监控结合有利于保证职业教育评价结果的可靠性、合法性和认可度。从评价和监督角度看，这是一个自上而下的过程，有利于从整体上保证职业教育质量。①

3. 测量工具

测量是质量管理的关键环节。《欧洲职业教育质量保障框架》根据各成员国的实际，综合选定了一套能测量和评估职业教育质量的统一工具，即质量指标。它关注职业教育与终身学习、劳动力市场、就业、经济之间的关系，提供有关政策目标是否实现、是否需要改进等方面的证据。测量工具包括10个相互衔接并反映职业教育在计划、实施、评价和检查四个阶段质量的具体指标。

计划阶段有两个指标。指标一是国内法定的职业教育提供者数量，它有利于在职业教育提供者层面形成质量保障意识，提高利益相关者对教育培训机构的信任度。指标二是对教师（培训者）培训的投入，即参与培训的教师数量和投入资金，它有利于更好地发挥教师在职业教育质量保障过程中的作用，更好适应劳动力市场不断变化的需求，提高学习者的成功率。②

实施阶段有三个质量指标。指标一是职业教育参与率，即根据职业教育类型（职前教育培训和职后继续教育）以及个体标准（性别、年龄、移民、少数民族、残疾人等）得出的参与职业教育人数，它有利于获得有关职业教育吸引力的基本信息，提高入学率。指标二是失业率，它为职教政策制定提供背景信息。指标三是弱势群体数量，即弱势群体在所有职业教育参与者中占的比例以及弱势群体的成功率。该指标可为职业教育政策制定提供背景信息，支持弱势群体接受职业教育。

评价阶段有三个质量指标。指标一是职业教育培训完成率，即顺利完成教育培训的人数以及辍学人数。该指标有利于获得有关教育培训质量的基本信息，从而进一步改进教育机构的办学质量。指标二是就业率，即学习者完成培训后的去向以及实现就业的学习者数量。该指标有利于提高就业能力，使职业教育更好适应不断变化的劳动力市场需求。指标三是学习者所获技能在工作中的运用情况，即学习者在完成培训后所从事职业的相关信息以及雇员和雇主对所获技能的满意率。该指标体现了定性数据和定量数据相结合，更具科学性。

---

① European Commission. Fundamentals of a "Common Quality Assurance Framework" for VET in Europe [EB/OL]. http：//www.nvf.cz/archiv/leonardo/dokumenty/quality.doc, 2004 - 06.

② Commission of the European Communities. Proposal for a Recommendation on the Establishment of a European Quality Assurance Reference Framework for Vocational Education and Training [R]. Brussels：the commission, 2008 - 07.

检查阶段有两个质量指标。指标一是有关劳动力市场培训需求鉴定机制的信息,包括鉴定机制本身的信息以及能证明该机制有效性的证据,旨在提高职业教育对劳动力市场需求的适应性。指标二是有关改善职业教育入学条件的方案,包括各级教育培训方案以及能证明新方案有效性的证据,旨在提高弱势群体在职业教育的入学率,改善面向弱势群体的培训机构的条件。①

(三)《欧洲职业教育质量保障框架》的启示

《欧洲职业教育质量保障框架》对欧洲建立职业教育质量保障机制、促进职业教育可持续发展具有重要意义,对于我国构建职业教育保障体系的启示是:

1. 职业教育质量标准要适时调整

职业教育的质量标准要与经济社会发展的要求相适应,该框架的形成和发展体现了与时俱进的特点。从最初欧洲理事会里斯本会议讨论职业教育质量保障问题开始,到最终形成《欧洲职业教育质量保障框架》,质量标准经历了多次调整,但每一次调整不是对以往标准的否定,而是根据时代要求对其作出改进。《欧洲职业教育质量保障框架》比开始时的共同质量保障框架更加注重社会合作者、职业教育提供者以及利益相关者之间的合作,更加注重社会弱势群体参与职业教育培训。

在经济全球化、教育国际化和知识社会发展背景下,构建我国职业教育质量保障体系需要充分考虑经济社会发展对技术技能人才的要求。首先,要及时更新职业教育的质量标准,使它符合社会对技术技能人才的新要求,从而持续提升职业教育的质量。其次,要根据世界职业教育发展趋势调整职业教育的质量标准,使其与国际接轨,从而提高我国职业教育的国际竞争力。最后,要根据终身学习的要求不断完善职业教育质量标准,使其体现对职前教育与职后培训、学历教育与非学历教育、正规学习与非正规、非正式学习的质量保障要求,从而全面提高职业教育的社会认可度和美誉度,增强职业教育的吸引力。

2. 职业教育质量保障要适当考虑差异性

欧盟各国职业教育在质量保障方面存在不少差异。制定《欧洲职业教育质量保障框架》的目的是在欧盟范围内建立统一的职业教育质量指标体系,为成员国提供可资参考的职业教育质量标准和监控程序。但是,《欧洲职业教育质量保障框架》并不是用一个固定的质量保障体系取代各成员国原有的质量保障体系,而是让各国在自愿基础上,根据本国法律和实际实施《欧洲职业教育质量保障框

---

① European Commission Education and Training. The European Quality Assurance Framework for Vocational Education and Training [EB/OL]. http://ec.europa.eu/education/lifelong-learning-policy/doc1134_en.htm, 2009 – 01.

架》。该框架充分考虑各国实际，各国可在保留本国原有质量保障体系的同时，按照该框架对它加以改进，并设计出有效的实施方法。

职业教育质量是一个多层面、多维度概念，制定职业教育的质量标准应考虑差异性。尽管我国职业教育有统一的人才培养目标，但是由于职业教育本身具有很强的针对性，职业教育的类型、层次以及内容多种多样，因此，职业教育质量保障要坚持统一性和多样性的统一。既要有严格而统一的质量标准，又要考虑到不同类型机构的差异。职业教育质量标准应有利于职业院校准确定位，立足于自己的层次和职能办出特色。

3. 职业教育质量保障要贯穿职业教育的全过程

《欧洲职业教育质量保障框架》把整个职业教育的过程分为计划、实施、评价和检查四个阶段，并明确规定每一阶段的具体质量指标，这些指标涉及职业教育的全过程和所有要素。这样一种框架有利于增强各国间的合作和信任，从而提升欧盟职业教育的整体质量，使欧盟的职业教育在世界范围内具有吸引力。

目前我国职业教育质量保障工作基本上处在实施层面，缺乏从计划、实施到评价和检查的全程全方位的质量保障。为促进职业教育的可持续发展，我国需要建立和完善职业教育质量保障体系，制定涉及职业教育各个方面、各个环节的质量指标，对职业教育进行全程质量监控并将相关的质量信息反馈给职业院校，使职业院校能及时改进其工作。在质量评估中，职业院校应建立和完善内部评价和外部监控相结合的制度，做到定时评估和不定时评估相结合、定性评估和定量评估相结合、校外评估与校内评估相结合、自我评估与互相评估相结合，从而不断提高职业教育的整体质量。

4. 职业教育质量保障要充分体现民主性

质量保障的民主性首先体现在相关各方参与制定质量标准方面。《欧洲职业教育质量保障框架》的形成得益于社会合作者、利益相关者以及教育培训提供者的协商与合作。教师在提高质量方面发挥着积极作用。学生和雇主的意见及满意度也是衡量职业教育质量的重要指标。质量保障的民主性还体现在对教育公平的关注上。《欧洲职业教育质量保障框架》的一个质量指标是职业教育参与率，它特别关注妇女、残疾人、少数民族和失业人员等社会弱势群体接受职业教育的机会和条件。因此，《欧洲职业教育质量保障框架》有利于增强社会凝聚力和包容性，促进社会人力资本开发，提高公民的就业竞争力。

构建我国职业教育质量保障体系应坚持以人为本、以教师成长和学生发展为本的理念，在广泛征集学生、教师、家长、用人单位意见的基础上，制定合理的质量标准及其具体指标体系，使各级各类职业教育培训机构有明确的办学依据和目标追求，最大限度地提高办学水平和质量。此外，质量保障要充分体现对平民教育的关注，充分考虑广大平民尤其是辍学者、残疾人、失业人员、农村贫困人口等社会弱势群体的入学率、完成率、就业率和满意率，使广大平民切实受到优质的职业教育。在"三农"问题重要性日益凸显的背景下，尤其需要关注面向农村和农民的教育培训，提高农村职业教育培训的质量，为培养有文化、懂技术、会经营的新型农民、促进社会主义新农村建设提供保障。

二、英国的职业教育质量评价

质量评价是保障职业教育质量的有效手段。英国的职业教育质量评价体系是由统一的评价框架、外部评价、学校自我评价构成的开放式、发展式的评价体系，它在提高英国职业教育质量中发挥了重要作用。

（一）英国职业教育质量评价的标准

教育评价标准是开展教育评价活动的前提和依据。英国教育标准局（Ofsted）制定的统一的评价标准即《共同评价框架》[①] 是督导评价（外部评价）的依据，也是职业院校开展自我评价的依据。该框架由两部分内容构成：评价原则和统一的评价工作安排。

英国职业教育评价标准包括四个方面，即总体效能，学员的学习成果，教、学和评价的质量，以及领导与管理效能。总体效能的评价依据是教育机构在满足学生和用人单位需求方面的有效性。学习成果主要通过考查学生学习目标实现情况、取得的进步、经济和福利改善状况以及对社区的贡献等方面作出评判。教、学与评价的质量则通过教、学的实施状况及效果、教学手段运用、为学生提供指导的有效性、学生需求的满足程度等方面体现。领导与管理效能的评定指标包括安全保卫、平等与多样化、资源管理等。

每一方面的评价结果分为优秀、良好、需要改进和不合格四个等级。每一方面评价标准都由三部分构成，即指导性问题、评价性陈述和评定的等级特征描述。[②] 每一等级的描述都需细致合理、条理清晰、重点突出、可操作性和可行性强，为评价人员顺利开展评价提供明确指导。

（二）英国职业教育质量评价的程序与方法

职业院校开展的自我评价和教育标准局组织的外部督导评价构成了英国职业

[①][②] Ofsted. Common inspection framework for further education and skills 2009 [EB/OL]. http://www.Ofsted.gov.uk/resources/common-inspection-framework-for-further-education-and-skills/2009-10.

教育质量的内外部评价。

1. 自我评价

20世纪90年代以来,英国在新的教育评价体系中突出了自我评价的地位。自我评价已成为职业教育机构以自我监控、自我改进、自我发展为目的的评价方式。自我评价程序主要包括以下步骤:相关证据/数据的收集与分析,评价等级的确定,评价后的信息反馈工作,自我评价报告的撰写,改进行动方案的制定和评价后改进工作等。英国职业院校开展自我评价的关键环节如图4-1所示。

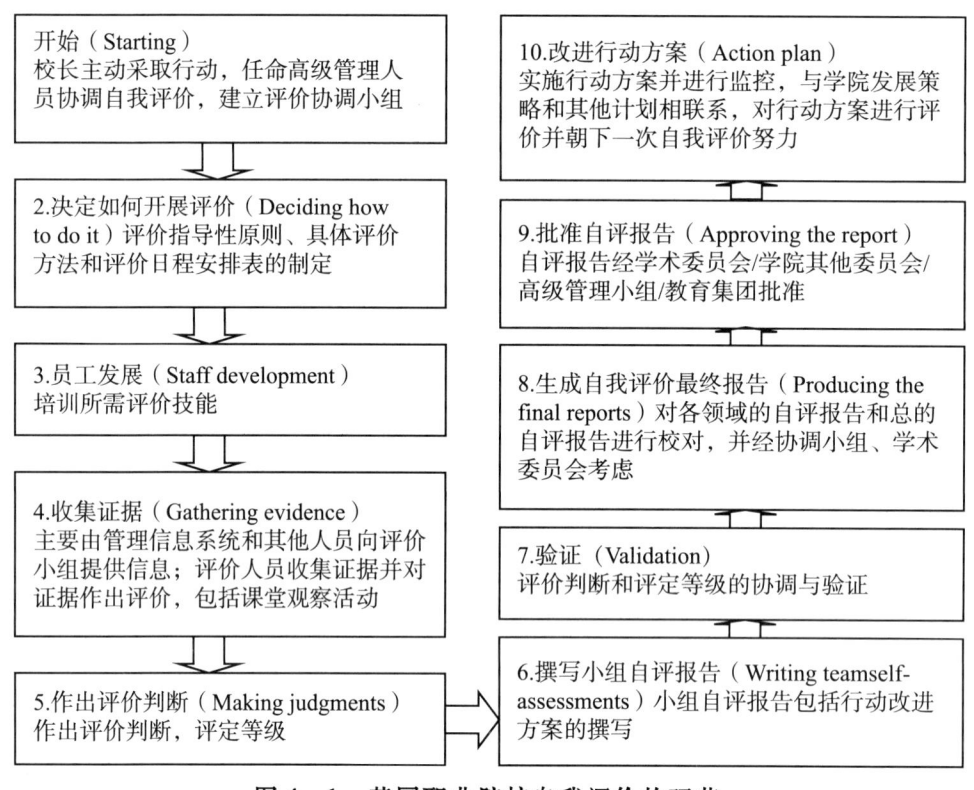

```
开始(Starting)                              10.改进行动方案(Action plan)
校长主动采取行动,任命高级管理人              实施行动方案并进行监控,与学院发展策
员协调自我评价,建立评价协调小组              略和其他计划相联系,对行动方案进行评
                                             价并朝下一次自我评价努力
         ↓                                              ↑
2.决定如何开展评价(Deciding how              9.批准自评报告(Approving the report)
to do it)评价指导性原则、具体评价            自评报告经学术委员会/学院其他委员会/
方法和评价日程安排表的制定                   高级管理小组/教育集团批准
         ↓                                              ↑
3.员工发展(Staff development)                8.生成自我评价最终报告(Producing the
培训所需评价技能                             final reports)对各领域的自评报告和总的
                                             自评报告进行校对,并经协调小组、学术
                                             委员会考虑
         ↓                                              ↑
4.收集证据(Gathering evidence)               7.验证(Validation)
主要由管理信息系统和其他人员向评价            评价判断和评定等级的协调与验证
小组提供信息;评价人员收集证据并对
证据作出评价,包括课堂观察活动
         ↓                                              ↑
5.作出评价判断(Making judgments)  →         6.撰写小组自评报告(Writing teamself-
作出评价判断,评定等级                        assessments)小组自评报告包括行动改进
                                             方案的撰写
```

图4-1 英国职业院校自我评价的环节

资料来源:FEFC. Effective Self-assessment:Report from the Inspectorate 1998-99 [EB/OL]. http://dera.ioe.ac.uk/3450/,2009-09.

自我评价注重连续的过程性评价,合理的数据收集和分析是自我评价的重要基础。收集的证据应符合相关性、有效性、真实性、充分性、连贯性和可靠性要求。收集证据的过程紧紧围绕5个关键问题进行,即学习者学业成就如何?教学和培训效果如何?教学项目和教学活动符合学习者的利益和需求吗?学习者获得指导和帮助状况如何?在提升学业成就和帮助学习者方面的领导和管理效度如何?自评报告的内容也要涉及这5个关键问题,须对每一个关键问题作出评价判断。

学校自评报告是对学校自评过程的总结。自评报告需清楚地反映以下内容：每项证据的来源；应用于哪项评价指标；应采取的改进措施。自评报告一般包括导言（自评院校概况介绍）、总的等级汇总表、等级评定表、课堂观察活动等级评定情况记录，"学生学习成果""教学质量""领导与管理"这三方面的等级评定情况记录等。

收集评价证据、得出评价结论、形成自评报告后，下一重要步骤是根据自我评价结果制定改进或发展方案。正如斯塔弗尔比姆所说，"评价最重要的意图不是为了证明，而是为了改进。"[①] 改进方案重点关注需要改进的领域，并根据事情的优先程度落实各项行动。行动方案的制定应具体化：需要做什么？谁去做？什么时候完成？需要什么资源？针对每一项行动，方案中都必须交代清楚。

2. 外部评价

外部评价通过发现院校的优势以及需要改进的领域，突出优势，并在此基础上提出改进意见与建议。外部评价结果以评价报告形式公开发布在英国教育标准局的网站上。英国外部评价包括三个阶段：[②]

第一，评价前的准备，主要指被评院校为迎接评价所做的准备工作和评价小组自身的准备工作。被评院校所做的准备工作主要有自我评价报告、行动改进方案、教学日常安排等有关评价材料的准备。评价小组的准备工作主要有评价前情况通报会和准备会议的召开以及评价通知的下达。被评院校一般在评价正式开始前 2~3 周收到评价通知。

第二，实地考察评价。实地考察阶段是评价的核心阶段，有两个主要任务：一是搜集相关第一手资料，获取评价指标所要求的信息；二是在收集和分析信息的基础上对学校效能和整体质量作出判断。实地考察评价把自评结果与实际情况进行比较。评价时间根据被评院校的性质和规模而定，一般持续 3~5 天。会议是评价工作的主要组织形式。评价期间召开的会议主要有小组最初会议（initial team meeting）、小组每天例会（daily team meeting）、审核会议（a moderation meeting）、最终等级评定会议（final grading meeting）以及反馈会议（feedback meeting）。现场实地考察包括以下环节：（1）分析自评材料。被评院校的自我评价是整个评价工作的基础。毕竟，评价人员对被评院校了解较少，不可能在短期内准确、全面、系统地收集被评院校教育活动及其效果的全部信息，只能在被评院校自评报告的基础上进行检查、复核及补充收集信息，然后分析、处理所获信

---

① 陈玉琨、赵永年：《教育评价》，人民教育出版社 1989 年版，第 298 页。
② Ofsted. Handbook for the inspection of further education and skills ［DB/OL］. http：//www.ofsted.gov.uk/ofsted-home/Forms-and-guidance/Browse-all-by/Other/General/Handbook-for-the-inspection-of-further-education-and-skills/，2009 – 09.

息，形成判断，最终得出评价结论。分析自评材料主要是对自我评价程序和自评报告进行分析评价。（2）收集证据/信息。为保证评价判断的有效性，必须收集大量有效的证据。常用的证据收集方法有访谈法、座谈法、课堂/工作场所现场观察活动、抽样调查和分析评价准备阶段收集的背景信息和基础数据。评价小组组长将收集的第一手证据材料（first-hand evidence）和其他证据进行汇总，并一一记录在证据表格上。（3）分析处理信息、形成评价判断。评价判断的客观性、公正性以及准确性是英国学校教育评价所一贯追求的目标。为实现这一目标，除保证收集的大量信息和证据是第一手的以外，在评价判断形成过程中特别强调集体性的专业判断。每天评价结束后，评价小组要开会讨论当天所收集的信息。开会讨论的过程就是评价人员对信息和证据进行分析、汇总与反复论证的过程。（4）得出评价结论、提出相关建议。评价判断是终结性的，是对被评院校各项工作和总体质量所达到的水准作出的评判，但它们也是发展性的，需要指出学校需要改进的方面，指明学校未来发展的方向。

第三，评价后续工作。包括评价报告的撰写与公布、跟踪回访、建立评价档案等。评价报告是评价过程与结果的集中体现，也是评价权威性和可靠性的集中体现。评价报告的撰写应该逻辑严密、措辞简洁、语言表达清楚、通俗易懂。评价报告内容须客观真实地反映学校实际情况，记载学校的成效、优势、劣势以及需要改进之处，如实记录学生、行业专家所提出的意见。评价小组负责人负责起草评价报告，并将评价报告初稿提交给督导评价服务机构，由该机构进行编辑工作，然后将编辑后的评价报告初稿返回给被评院校供核查。被评院校须在1个工作日内，对评价报告初稿进行评论，包括对报告的主要结论提出质疑或就一些事实性的数据错误进行更正。一般情况下，评价判断或评价结论不能被更改，除非这些评价判断或结论所基于的事实有明显的错误或疏漏，对评价结论产生了重大影响。是否需要作出修改，评价负责人须与质量保障小组商议后决定。如果综合效能等级被评定为优秀或不合格，则需要教育标准局质量保障小组成员做进一步审查。评价报告在评价结束25个工作日内公开发布在教育标准局网站上。

（三）英国职业教育质量评价的特点

英国职业教育质量评价经过多年发展已逐步趋于成熟，形成了自身的特点。

1. 评价理念先进

学生发展是教育质量的根本体现，是一切教育活动的终极目标。英国职业教育质量评价充分体现以学生为本的理念，标准的制定以"学生发展与成就"为核心，遵循学习者利益最大化的原则。例如，"学生的安全感"方面的等级评定往往对总体效能的等级评定产生直接影响；被评院校是否贯彻学生利益最大化原则是影响"领导与管理"等级评定的重要指标。"学生的学习成果"也是质量评价的一项重要指标。学生是教育质量提高的直接受益者,对教育机构的办学状况具有切身体验,所以,学生的观点和意见历来是评价的主要证据来源之一。英国职业教育质量内外部评价都十分关注学生的需求和利益。自我评价围绕共同评价框架中的 5 个关键问题展开,每一个问题的设计以学生为中心,针对学生的学习效果、学生学习过程中所得到的指导与帮助以及教学活动对学生利益与需求的满足情况等方面开展自我评价。① 评价工作的整个过程也提倡以学习者为中心,无论在评价实施前,还是实施过程中都注意听取他们的观点或建议。英国在 2012 年《共同评价框架》的意见征询稿中明确指出,教育评价应重点关注对学生学习成果产生重大影响的方面,对教学的评价应更为细致并提高教与学的评价的标准。②

2. 评价标准统一

英国教育质量标准局制定的统一的评价标准即《共同评价框架》是英国职业教育评价的依据。该框架的每一方面都设计有指导性的问题和不同等级的具体的特征性描述。这既有利于评价人员在评价标准指导下开展评价工作,也有利于职业教育实施机构找到努力的方向。英国的职业教育评价标准将改进能力作为单独的一项指标,突出了评价的重点,有利于被评院校实施改进行动。职业教育评价标准除了分项评价指标外,还有总的效能评价指标,比较系统、全面地反映职业院校的基本教学资源、教学管理状态、教学质量水平、改进能力以及教学效果。由于自我评价与外部评价依据的是同一套评价标准,评价的内容和评定等级的参考标准具有统一性,因而内外评价的结论具有可比性。对内外评价结论的对比分析可以判断院校自我评价结论的准确性,从而提高被评院校的自我评价水平。

3. 评价独立和权威

1992 年英国通过立法将教育标准局从教育部独立出来,使之成为中央政府对全国教育质量进行监测的权威机构。该机构直接对议会负责,具有较大自主权。教育标准局所需的经费由相关部门向其拨付,这就保证了教育评价的中立和公正。教育标准局主要负责评价框架的制定和修改、评价政策的修订以及对评价机构和评价人员的质量进行监控。这种机制既保证了评价活动的独立性,又维护了评价的权威性,确保了评价的高质量。为增强评价的有效性,教育标准局对督学的招聘和选任有一套严格的程序和制度。评价任务明确向社会公布后,在全英

---

① LSC. Quality improvement and self-assessment [DB/OL]. http://readingroom.lsc.gov.uk/lsc/2005/quality/goodpractice/quality-improvement-self-assessment.pdf, 2010 – 09.

② Ofsted. Common Inspection Framework 2012: Consultation document-proposals for revised inspection arrangements for further education and skills providers [DB/OL]. http://www.ofsted.gov.uk/resources/common-inspection-framework/, 2012 – 02.

国范围内招聘注册督学。注册督学成功竞标后就与标准局签订合同，全面负责组织和管理评价督导活动。英国的外部评价由注册督学及其领导的督导小组进行，人员包括注册督学、督导小组成员和外行督学。教育标准局从"一线评价"转为"二线管理"，在一定程度上保证了教育质量评价的公开性和公平性。

4. 评价过程透明和公开

英国职业教育质量的评价标准、评价内容、方法和程序都向学校、行业和社会公开。评价的结果（评价报告）在评价结束后按照规定的期限公开发布在网上。所有对教育质量感兴趣的组织和个人都可以从国家教育标准局官方网站上获得关于某一学校的评价报告。无论是自我评价还是外部评价，评价的通知一开始就下达给全体教职工、学生和相关雇主，采取的是一种全纳方法（inclusive approach）。"员工发展日"（a staff development day）的设立便是很好的例证。专门的培训机构在这一天对员工开展培训，以增强其评价意识，使他们主动融入自我评价活动中。① 在外部评价中，评价人员通过电子邮件、个别访谈、电话访问和现场实地考察等形式使雇主、学生参与到评价活动中。

5. 评价证据原始真实

英国职业教育质量评价强调以充足的第一手证据、以集体和专业性的判断保证评价结果的客观性和公正性。整个评价过程都强调收集证据的原始性和真实性。在实地考察阶段，评价专家将时间主要用于收集第一手证据。课堂/工作场所现场观察活动记录、学生的个案分析、与学生开展的讨论，以及通过访谈、问卷调查、电子邮件等方式获取的来自雇主、学生、教师等的反馈意见都是有力的一手证据。此外，收集的信息中也有很多直接来源于信息库。例如，职教机构学生资格证书的通过率、增值措施（value-added measures）、就业率、最低绩效水平等拨款机构提供的数据都是重要的参考数据。② 收集的证据分别被记录在不同的证据表格上并清楚地标明证据收集的日期。证据表格的利用，既证实了证据的可靠性与真实性，又方便参考引用。

6. 自我评价与外部评价互补

英国职业教育质量评价强调学校是教育质量的责任主体，注重学校内部质量保障机制建设。而外部评价的重点是确保学校自我评价的有效性和自我改进能力的提高，即外部评价的审查重点是学校内部质量保障机制的有效性。自我评价是内部质量保障机制的重要组成部分，评价的最终目的是为了促进学校改进工作。英国教育评价的重心近年来已从只重视外部评价转向强化院校自我评价，自我评

---

①② Ofsted Handbook for the Inspection of Further Education and Skills. [DB/OL]. http://www.ofsted-ed.gov.uk/ofsted-home/Forms-and-guidance/Browse-all-by/Other/General/Handbook-for-the-inspection-of-further-education-and-skills/, 2009 – 09.

价与外部评价相互结合、互为补充,共同服务于提升教育质量的目的。

三、丹麦的职业教育质量保障

2002年,欧洲各国教育部长签署了旨在推进欧洲职业教育合作的《哥本哈根宣言》,这标志着欧洲职业教育一体化进程的开始。丹麦按照欧洲职业教育《共同质量保障框架》(Common Quality Assurance Framework,CQAF)的要求,以共同的原则、指导方针和工具为基础,制定职业教育质量保障措施。

(一)丹麦的职业教育和培训质量观

由于要满足的需求不同,因此质量呈现出多元性和多层次性。质量不是一个绝对的概念,它取决于利益相关者的价值观、目标、资源、政策和环境。在丹麦,教育和教学质量是通过不断的政治争论和民主进程来定义的。从20世纪80年代开始,丹麦将职业教育质量保障重点放在学业完成率、就业能力、利益相关者的满意度和社会价值等方面。

至于国家定义的质量,丹麦教育部在描述职业教育质量战略时明确表达了以下看法:"在教育系统内谈明确的和普遍的质量是不可能的。在方法或目标和价值观方面给出一个明确的概念既不可能也不可取。这是一个基本的民主原则,它需要考虑到这样一个事实,即通过不同路径和采用不同手段和方法实现相同的目标是可能的。"①

20世纪90年代初丹麦教育部发起的质量工程中,质量保障背后的基本理念是:"质量涉及过程和教育机构取得的成果。为了建立'优质'的基础,明确要获得什么是有价值的,即明确教育机构为什么而努力是必要的。只有通过这种方法,才可能判定教育机构是否接近在一个领域内制定的'优质'标准。从这样的出发点看,关键的问题是制定目标并考虑实现这些目标的方法。这就是为什么质量总是处在不断地变化和发展之中。"②

在丹麦,职业教育质量保障主要考虑职业教育提供者和学习者,目的是确保国家职业教育目标与当地职业教育计划之间的一致性。丹麦职业教育的目标是:使年轻人具有获得较高专业水平资格的能力;使他们在职业教育培训计划完成后,能够继续深造或接受高等教育;使他们成为一个民主社会中的积极公民,获得公民技能。在丹麦,职业教育质量的主要指标是就业率、学业完成率、获得继

---

①② The Danish Ministry of Education. The Danish Approach to Quality in Vocational Education and Training, 2nd edition [EB/OL]. (2008-01-06) http://pub.uvm.dk/2008/vetquality2/helepub1.pdf,2012-05.

续教育或职业发展的机会。[①]

(二) 丹麦职业教育和培训质量保障的措施

2008年，丹麦教育部制定了9项有关质量保障的措施，即利益相关者的参与；国家共同指导方针；产出监测的指标；质量标准；教育部的批准、监督和检查；测试和考试；透明和公开；丹麦评估协会的评估；国际合作与调查。

1. 制定国家共同指导方针

作为国家共同标准，丹麦的法律法规和指导方针对职业教育的目标、结构、内容、能力水平、考试要求、申诉规则、教师能力等内容做了规定，为所有职业教育和培训计划提供了实施依据。例如，2007年丹麦在基础职业领域启动一项改革，目的是使基础职业教育计划都以能力为基础，相应的国家法规也进行了修订。在以能力为基础的方案中，正规和非正规的资格得到认可，为向终身学习社会过渡打下了制度基础。

丹麦教育部确定了质量保障领域的三个优先事项：第一，发表《年度资源报告》，它与丹麦职业教育体系的持续发展相关，是一种收集系统化数据的方法。该报告为职业院校和培训机构提供了一个系统的规则，用数据材料证明投入、过程、产出之间的关系。该报告还包括描述性的元素，以便职业院校和培训机构描述其质量保障策略和措施。第二，职业教育机构自愿就质量的共同基准进行磋商。丹麦的职业教育体系是一个分散的系统，责任和权限下放给国家和地方职教机构，职业教育培训提供者在一个共同基准上合作。这种做法可确保所有职教机构获得持续发展能力。第三，积极参与欧洲的质量保障合作，这是知识分享和"最佳实践"传播的一个先决条件。丹麦教育部引导职教机构参加欧洲的质量保障合作。

2. 吸收利益相关者参与

利益相关者的参与是丹麦职业教育体系的一个重要特征，这里主要的利益相关者是学习者、企业和社会伙伴。利益相关者之间的对话可以为职业教育的持续创新和发展做出贡献。

社会伙伴发挥着特别重要的作用，他们通过理事会、委员会和咨询机构等在职业教育所有领域与教育部密切合作。社会伙伴的角色是保证职业教育与企业和劳动力市场的需求相适应。社会伙伴参与质量保障的各个方面，如制定职业教育目标、与职业教育提供者合作、考试和认证、监测劳动力市场的动向等。

---

① The Danish Ministry of Education. The Danish Approach to Quality in Vocational Education and Training, 2nd edition [EB/OL]. (2008-01-06), http://pub.uvm.dk/2008/vetquality2/helepubl.pdf., 2012-05.

学习者在丹麦职业教育体系中发挥着不可或缺的作用。学习者通过参与制定学习计划影响学校的教育教学。学生会、教学指导委员会都有学习者的代表，他们可发表对教育教学的意见和建议。教育部还在学习者中开展各种调查，使学习者提供关于国家职业教育政策的反馈信息。

企业是第三个主要利益相关者，通过雇主组织在全国产生影响，通过地方培训委员会和地方职业院校指导委员会在地方层面发挥作用。企业的参与能够影响地方的教育计划和职业继续教育课程，使职业教育满足地方劳动力市场的特殊需求。

3. 开展内部评估

丹麦质量战略的"支柱"是职教机构的自我评估（内部评估）。所有职业教育提供者都要对自身的表现以及所提供的课程定期进行评估，证明他们有一个与CQAF相匹配的质量管理体系。在规划阶段，职业教育培训机构必须制定年度提高计划，包括如何提高整体的完成率；在实施阶段，职教培训机构须在特定层面和特定的教育培训方案中制定评价程序，详细说明受培训者和企业如何参与评价；在评估阶段，职业教育培训机构必须报告在教育部规定的优先领域内的评估结果，并在其网站上予以公布；在反馈和改进阶段，职业教育培训机构须根据评估结果，结合现有时间和资源，制定后续改革和发展计划。这个后续计划成为下一年行动计划的一部分。所有自我评价的结果，包括后续行动计划和战略，都会公布在职业教育培训机构网站上。

4. 实施外部评估

外部评估也具有重要的意义。外部评估的重点是如何改善国家的职业教育评估，这种评估建立在教育培训机构提供翔实材料的基础上。

教育部是负责丹麦教育和培训的主要权力机构。教育部赋予培训机构举办职业教育培训项目的权利。培训机构必须满足一些条件，如果达不到这些条件，批准可能被撤销；教育部通过系统收集有关教育结果的数据（新生入学人数、学员流动性、完成率、考试成绩、就业率等），连续监测职业教育培训机构的质量。教育部承担着对职业教育的立法实施、财政和教学状况进行检查的任务。在检查过程中采取多种形式，包括分析相关数据、考察院校等。教育部检查的内容包括年度报告、网站建设、毕业率、辍学率、就业率和继续教育率等。教育部还通过新的监测形式加强过程监测，新形式建立在测验和考试结果、完成率、完成时间、辍学率、转学率和向劳动力市场过渡率等六项质量指标基础上，目的是使整个质量监测更加系统化，并为外部质量评估提供更好的依据。

丹麦评估协会（EVA）作为一个外部的独立机构成立于1999年。评估协会每年均需向教育部提交一份在该年度开展评估活动的行动计划，教育部确保该计划与协会制定的目标的一致性。评估协会的工作是评估教育机构的教育和教学。

评估协会定期进行调查和研究，开发评价方法。自成立以来，评估协会已经在职业教育领域进行了大量评估。

5. 进行产出监测

多年来，"产出监测"已成为丹麦质量战略的一个重要元素。职业教育提供者如果要得到财政专项拨款，就必须达到特定的政策目标。在基础职业教育领域，这个原则被称为"物有所值"。教育部指定一些优先领域，如果职业教育提供者在诸如质量这样的领域达到目标，教育部就会为它们提供额外的资金。2003年，丹麦教育部确定了质量方面的四个优先领域：一是学生培养质量，尤其关注学生的能力和灵活性；二是教师的技能水平，特别关注教师专业技能和教学技能的更新；三是学校管理的专业化水平；四是院校与企业和当地社区联系的密切程度。

测验和考试是丹麦职业教育质量保障的一个重要措施，它以客观性原则为基础。测试由外部考官主持以防止出现偏差。例如，在基础职业教育领域，学习者必须参加最终的职业测试（特定的熟练技工测试项目），来自当地企业界的代表担任外部考官。测试保证学生的知识和技能水平达到相关要求，满足基础职业教育的要求以及劳动力市场的需求。在职业继续教育领域，考试结果是资格认证的基础，在签发证书之前都要进行个别考试。

6. 坚持透明、公开与国际合作

丹麦质量战略的基本要素之一是透明和公开。此举旨在为利益相关者和公众获得教育培训机构的相关信息提供路径。所有机构都必须在其网站上发布课程和教学信息，包括教学价值观、教学实践、战略计划、学生各个科目平均成绩的量化数据以及一些其他指标。法律还规定培训机构必须公布所有与教学质量评估相关的信息。①

在丹麦，参与国际调查，如经济合作与发展组织（OECD）的调查，也被认为是国家质量战略的要素。国际调查为教育质量评估提供了宝贵素材，使得一些重要指标如参与率、能力水平和投资回报率等更加清晰。

（三）丹麦职业教育质量保障的效果

CQAF 制定了一套旨在促进各成员国监测和评估质量的参考指标，包括就业能力、入学机会和适切性等。② 下面从三个方面考量丹麦职业教育质量保障的效果。

---

① The Danish Ministry of Education. The Danish Approach to Quality in Vocational Education and Training, 2nd edition [EB/OL].（2008 - 01 - 06），http：// pub. uvm. dk/2008/vetquality2/helepubl. pdf. ，2012 - 05.

② European Centre for the Development of Vocational Training. Fundamentals of A "Common Quality Assurance Framework"（CQAF）for VET in Europe [EB/OL]. http：// www. bmukk. gv. at/medienpool/18122/fundamentals_of_a_cqaf_for_v. pdf. ，2012 - 06.

1. 就业能力

丹麦的职业教育以双元制培训为基础,即工学交替,学生 2/3 时间在企业接受培训,1/3 的时间在学校学习文化和理论课,[①] 这就确保了学生能够获得劳动力市场所需的专业知识和实践能力,也使得职业教育毕业生就业率很高,大约 80% 的学生在完成职业教育计划后 1 年内就被雇用。[②] 丹麦职业学校还开设短期培训课程,这些课程时间短,同时又是劳动力市场上急需的,学生完成后容易就业。丹麦商业委员会推出了职业资格证书制度,学生完成职业教育课程后可以通过考试和评价,获得职业资格证书,其能力水平得到行业委员会的认可,有资格在劳动力市场就业。总之,丹麦灵活的、个性化的职业教育和培训为提高受培训者的就业能力提供了可能。

2. 适切性

所有利益相关者就职业教育及其发展开展持续对话,确保职业教育体系与学习者、企业和劳动力市场的需求相匹配。社会伙伴负责监测各行业内的发展,并促使职业教育计划不断更新。例如,负责继续职业教育的继续培训委员会每年都制订或修订大约 500 项继续职业教育培训计划,以保证这些计划符合劳动力市场的需求。职业教育提供者在保证职业教育体系灵活性和适应性方面也发挥了重要作用。它们与社会伙伴代表合作制订当地的职业教育发展计划,以使计划满足当地的需求。丹麦政府还实施"个人教育计划",使职业教育与学生的兴趣、能力和愿望相适应。个人教育计划由学生、教师、企业三方共同制订,同时被纳入"受培训者计划"(Elevplan)网中。该网记录了每一个受培训者的个人计划、电子日志、学校的多种报告。受培训者个人、教师、企业都可以通过这一平台了解学习情况和学习活动,从而确定合适的培训计划和方案。[③]

3. 入学机会

丹麦的职业教育体系是高度灵活和模块化的,能确保不同水平和能力的学员都有入学机会。在技术培训课程里,受培训者可以制订自己的培训计划,以适合他们的能力和需求。丹麦还设立了满足学术水平较低的年轻人需要的新项目。学校提供更加全面和连贯的指导,支持参加基础职业教育的年轻人。基础职业教育

[①] National Education Authority, Danish Ministry of Education. The Danish Vocational Education and Training System, 2nd edition [EB/OL]. http://pub.uvm.dk/2008/VET2/The_Danish_VET_System_web.pdf, 2012 - 05.

[②] The Danish Ministry of Education. The Danish Approach to Quality in Vocational Education and Training, 2nd edition [EB/OL]. http://pub.uvm.dk/2008/vetquality2/helepubl.pdf, 2012 - 05.

[③] Lamscheck - Nielsen, R. & Kjær, F. The Danish virtual platform "Elevplan" linking vocational school, training company and student [EB/OL]. http://www.trainerguide.si/Portals/_default/share/docs/Elevplan_presentation_UK110509.pdf, 2012 - 06.

与继续职业教育呈日益一体化趋势,这就为非熟练技术工人获得熟练技能提供了可能。继续职业教育特别注重为教育程度低的成年人和被边缘化的群体提供培训,同时激励成年人参与终身学习。2006年丹麦政府在原有"学校路径"和"公司路径"两种入学途径基础上,又增加了"实践路径",以满足那些不喜欢在学校学习但又希望接受职业教育的年轻人的需求。在"实践路径"中,学生在公司以接受培训的方式在工作场所学习基础课程,职业教育院校向学生提供咨询、指导和评价。[①] 所有这些做法都大大增加了各类人员接受职业教育的机会。

(四) 丹麦职业教育和培训质量保障对我国的启示

1. 树立科学的质量观

职业教育和培训质量是一个多层次、多维度且颇为复杂的概念,具有发展性、适应性、差异性等特征。丹麦就是在这样的理念之下形成了自己的职业教育质量观,将学业完成率、就业能力、利益相关者的满意度、获得继续教育或职业发展的机会作为重要的质量指标。

我国职业教育质量保障中存在的一个突出问题就是缺乏全面且科学的质量标准。因此,我国有必要在科学的职业教育质量观指导下,制定明确具体的质量指标来评估职业教育和培训的质量。首先,职业教育和培训应重视学生就业能力的提升,把毕业生的就业能力作为衡量职业教育和培训质量的重要指标。其次,职业教育与培训应考虑利益相关者的诉求,尽可能满足它们对职业技术人才培养的要求,把利益相关者尤其是学生和用人单位的满意度作为衡量职业教育和培训质量的重要指标。再次,职业教育和培训应重视学生终身学习能力的培养,为他们的后续学习和发展打下基础,把毕业生获得继续教育或职业发展的机会作为衡量职业教育和培训质量的重要指标。最后,职业教育和培训应重视提升国际竞争力,把国际性作为制定职业教育和培训质量指标的重要考量。只有体现国际性的质量标准才有可能在国际上得到广泛认可。

2. 建立健全内部和外部质量评价体系

建立质量评价体系是保障职业教育质量的有效手段。丹麦对职业教育的评价重视投入与产出,并建立了内外部评价体系。内部评价是职业教育培训机构的自我评价,由机构自身定期评价自己的质量。外部评价包括教育部的批准、监督和检查以及丹麦评估协会的评价。丹麦还注重内外部评价的连续性和系统性。

借鉴丹麦的做法,我国可以在政府制定规则标准、职业教育培训机构自我监

---

① European Centre for the Development of Vocational Training. Vocational education and training in Denmark [R]. Luxembourg:Publications Office of the European Union,2011:P.12.

控、社会评估机构评价的框架下建立内外部评价有机结合的质量评价体系。政府要以目标管理、地方分权为原则，制定法规和政策，明确职业教育的政策目标和质量标准。教育培训机构要自主制定教育培训计划，建立完善的教育教学质量监控系统和信息反馈系统。由教育、企业、专业团体等社会各界专家组成的社会评估机构则负责对教育培训机构的教育质量进行独立评价，以保证评价的客观、公正和透明。

3. 构建多元主体参与的质量保障体系

丹麦在职业教育质量保障过程中，形成了教育部、社会伙伴、教育培训机构、企业、学习者等多元主体共同参与的质量保障体系。各主体责任明确，通过互动合作共同保障职业教育的质量。例如，企业参与相关政策和计划的制订，也通过校企合作对职业教育的教育教学过程进行监督，并在此基础上对其结果进行评价。企业的参与使职业教育体系更为开放和透明，同时也有助于培养学生的实践技能，使职业教育培训供给更好地适应劳动力市场的需求。

我国职业教育质量保障也需要政府、教育培训提供者、企业、学习者等利益相关者的共同参与，明确各主体的角色、权利和责任，充分发挥各主体功能。政府是国家职业教育体系运行的重要调控机构，负责制定国家职业教育的总体规划，负责教育培训的督导工作。教育培训提供者主要指职业院校和培训机构，是落实所有政策和法规的基本主体，在实施教育培训的同时，还应对其教育培训的质量、组织机构的绩效进行自我测量和评价，并根据评价结果作出改进，从而在教育培训提供者中形成一种重视质量的文化。企业参与职业教育质量保障可通过以下途径：第一，实行现代学徒制，为学生提供更多的实践工作机会，将学校的理论学习与企业的实践训练结合在一起进行；第二，在国家、地方、职业院校不同层面参与职业教育政策、教学计划等的制订；第三，提供关于毕业生质量的反馈信息。职业院校学生是学习的主体，是职业教育质量保障的直接见证人和受益人，应充分发挥其在质量监控和评价中的重要作用。学生发出的声音以及毕业生的表现可以为职业院校改进人才培养工作提供大量有益的反馈信息。职业院校应牢固树立民主办学理念，认真倾听学生对办学的意见和建议，对毕业生进行追踪观察和研究。

四、俄罗斯中等职业教育质量外部评估

俄罗斯的中等职业教育相等于我国的高等职业教育。1992年，俄罗斯颁布的《俄罗斯联邦教育法》明确规定，俄罗斯联邦拥有对教育机构实施检查和国家评估的权利，即对各级各类教育机构进行认可（лицензирование）、鉴定

(аттестация) 和国家认定 (государственная аккредитация)。此后,俄罗斯陆续颁布了对中等职业教育机构实施认可、鉴定、国家认定的条例和其他相关政策法规,形成了比较完备的职业教育质量外部评估体系。

(一) 俄罗斯中等职业教育质量外部评估形成的背景

1. 地方分权和多元自治办学引发教育质量下滑危机

首先,地方分权造成各地区教育质量的参差不齐。苏联解体后,俄罗斯管理体制发生变化,过去中央集权的统一管理改为联邦、共和国和地区三级管理。分权制影响到教育标准的制定,具体表现在:联邦一级制定统一的国家教育标准;共和国一级的权力机构和教育管理机构制定区域教育标准;地方自治机构可以在国家统一标准下制定具体的教育标准。这些区域和具体标准的地区差异很大,容易造成不同地区教育质量的参差不齐。分权制使得职业教育机构的经费来源下移。部分职业教育机构归地方政府管辖,由地方政府拨款,由于各地区经济发展不均衡,贫困地区的职业教育经费不足,造成各地区教育质量参差不齐。其次,多元自主办学一定程度上引起教育质量的参差不齐。苏联解体后出现了私立职业教育机构,有些私立教育机构为牟取暴利,不考虑自身设备和师资条件大量招生,导致教育质量下降。学校拥有招生权、人才招聘和内部事务管理权后,容易出现各自为政和无序发展,进而影响教育质量。

2. 市场对人才的需求促进政府重视教育质量

欧洲教育基金会和欧洲委员会发表的《中欧和东欧高等和中等职业教育报告》指出:"现代社会对不同层次专业人员的需求在增加。分析中等职业教育的活动可以确定,经济和社会发展现状以及未来发展的特点决定了对中等专业人员的需求在增加,高科技和信息技术对未来经济和社会发展起主导作用,这些技术的使用势必会要求更多受过中等职业教育的人才参与到生产过程中。"①《俄罗斯联邦教育法》规定俄罗斯中等职业教育以培养中级技术人员为目标,满足个人在初等普通教育、完全中等教育和初等职业教育基础上对深化和扩展知识的需要。②随着社会的转型和发展,特别是经济的转型和发展,俄罗斯越来越认识到中等职业教育及其教育质量的重要性。

3. 就业模式转变要求教育机构重视教育质量

中等职业教育以培养中级技术人才为目标,在很大程度上以工作为导向,教

---

① 姜晓燕:《俄罗斯中等职业教育优先发展战略》,载于《外国教育研究》2006 年第 6 期,第 76 ~ 80 页。

② Верховный Совет Российской Федерации. Российская Федерация закон обобразовании [EB/OL]. http://uozp.akcentplus.ru/zakon% 2010% 2007% 201992% 20n% 2032661.htm, 1992 - 07.

育目标是帮助学生掌握一定的工作技能，便于学生毕业后顺利就业。苏联解体后，俄罗斯中等职业教育机构毕业生的就业模式由分配模式转向自主择业模式。中等职业教育机构能否培养出市场需要和满意的人才关系到自身的生存。中等职业教育机构要想获得良好发展，就要提高就业率，培养社会满意的技术人才，需要及时获得劳动力市场人才需求信息和人才培养质量的反馈信息，据此合理地设置专业和调整培养目标。由此，中等职业教育机构必须重视教育质量，加强与社会的联系，允许社会参与教育管理，包括参与质量评估。

4. 教育"消费者"的权利凸显催生了教育机构对评估的需要

苏联解体后，受市场经济的影响，中等职业教育机构的经费来源多元化。中等职业教育机构可以为社会提供有偿教育服务，如为企业培训员工，为当地居民提供继续教育等。学生、居民和企业等对教育的投资不仅代表了对优质教育的需求，更代表了参与教育质量管理和监督的权利。教育的"消费者"作为权利主体要求获得客观、全面和真实的教育质量信息。中等职业教育机构在享有较多自主权的同时，也必须承担起保障教育质量的责任，通过规范化的评估验证其教育质量，以回应公众的"问责"，维护自身良好的市场形象。

（二）俄罗斯中等职业教育质量外部评估的架构

1. 俄罗斯中等职业教育质量外部评估的环节

按照俄罗斯《高等和中等职业教育质量管理词典》，教育质量的要素包括："教学（教学过程、教学活动）质量、教学人员的质量、教学大纲的质量、物质技术基础和教育信息资源的质量、学生的质量、教育管理的质量和科学研究的质量等。"[①] 认可、鉴定和国家认定是对这些要素的检查。与这三个环节相对应，国家对中等职业教育质量评估的步骤依次是：发放办学许可证、质量鉴定和国家认证。如果中等职业教育机构顺利通过认可、鉴定和国家认定，那么该机构可以获得办学许可证、肯定的鉴定结论和认定证书。这些证书的有效期限都是5年，满期后需要申请再认可或再鉴定或再认定，进入新一轮的评估。认可、鉴定和国家认定是相互依存、依次递进的，共同构成俄罗斯中等职业教育质量外部评估的完整过程。

（1）认可——对基本办学条件的认可。"认可"是指联邦教育和科学检察署或联邦主体行政机构（以下简称"认可机构"）对已注册的中等职业教育机构基本办学条件的评估，看其是否符合国家和地方对基本办学条件的要求。联邦教育和科学检察署是联邦教育和科学部的下属行政机构，主要负责教育和科学领域的

---

① Степанова, С. А & Щербаков, Ю. Терминологический словарь в области управления качеством высшего и среднего профессионального образования [EB/OL]. http：//rudocs. exdat, 2012－06.

管理和监督工作。中等职业教育机构的基本办学条件由联邦和地方共同制定,其中地方对基本办学条件的要求是对联邦要求的补充。只有通过了认可,中等职业教育机构才有资格进入鉴定环节。

(2) 鉴定——对教学质量的鉴定。"鉴定"是对中等职业教育机构的教学评估,具体是指俄罗斯学校鉴定国家督察署和被赋予鉴定权力的机构对已获得办学许可证的中等职业教育机构的培养内容、水平和学生质量的评估,看其是否符合国家教育标准,以保证职业教育领域的统一国家政策,提高专业人才的培养质量,合理利用联邦预算拨款。俄罗斯学校鉴定国家督察署是俄罗斯普通和职业教育部的下设机构,负责对高等学校、中等职业教育机构和培训学院的鉴定工作。对中等职业教育机构的第一次鉴定要在其获得办学许可证3年、第一批学生毕业后实施。只有通过了鉴定,中等职业教育机构才有资格进入国家认定环节。

(3) 国家认定——对教育质量的综合评估。"国家认定"是对中等职业教育质量的综合评估,是国家教育管理机构对已获得办学许可证和通过鉴定的中等职业教育机构的国家地位的认证过程,根据认证结论确定其类型和类别。中等职业教育机构的国家地位取决于教育机构的类别,体现在教育机构的名称中。俄罗斯中等职业教育的实施机构主要有两类:一是技术专科学校(техникум)或中等专业学校(училище),这类学校实行基础层次的中等职业教育;二是高等专科学校(колледж),这类学校实行基础层次和高层次中等职业教育。如果一所技术专科学校想改变自己的地位(类型和类别),它必须按照规定的程序提出申请,达到国家认定的指标,通过国家认定后才可更换名称。

2. 中等职业教育质量外部评估的指标

(1) 认可指标。这一指标衡量中等职业教育机构是否达到了国家和地方对基本办学条件的要求,包括5个二级指标:①基建标准:检测中等职业教育机构是否达到了国家和地方相关政策对生均占地面积的要求;②学生和工作人员的卫生健康保健:检测中等职业教育机构为学生和教育工作人员提供的饮食、住宿条件、医疗保健、预防性和治疗性保健的情况;③教学场地设备:检测中等职业教育机构是否具备根据法规配备的建筑物、教室、实践课设备、体育设备等;④保障教学过程顺利进行的物质基础和资金:检测中等职业教育机构是否实行相应的教育大纲,是否具备教科书、教学方法方面的书籍和其他的图书资源;⑤教师教育程度和人员编制:检测教育工作者的数量和学历情况,看其是否可以保证相应教育大纲的实施。①

---

① Степанова, С. А. & Щербаков, Ю. Терминологический словарь в области управления качеством высшего и среднего профессионального образования [EB/OL]. http://rudocs.exdat, 2012 – 06.

（2）鉴定指标。这一指标衡量中等职业教育机构的培养内容、水平和质量是否符合国家教育标准。1995年，俄罗斯颁布了《俄罗斯中等职业教育国家标准》，后又经过两次修订，现行的是《中等职业教育国家标准（第三版）》。这是专业教学标准，每个专业有不同教学标准。它的核心有三部分："掌握基本职业教育大纲的结果要求""基本职业教育大纲的结构要求""执行基本职业教育大纲的条件"，包括四个二级指标：①一般能力：检测学生是否具备了诸如团队合作、解决问题等能力；②专业能力：检测学生是否掌握了专业知识和开展专业活动的方法等；③职业教育大纲的结构：包括中等职业教育机构应该开设的人文和社会经济课程、数学和自然科学课程、专业课程，应该组织的教学实践、生产实践、学生的中期鉴定和国家的总结性鉴定，学生学习这些课程和参加实践的最大限度负担和应该达到的水平；④实行基本职业教育大纲的条件：检测学生行使权力和履行义务的情况，检测面授学生的学习任务、学生假期时间、保障基本教育大纲执行的教学方法和物质技术基础情况。[①]

（3）国家认定指标。这一指标包括两部分：类型认定指标和类别认定指标。

一是类型认定指标。依据这一指标确定教育机构的类型，包括五个具体指标：①培训内容：检测教学计划和教学科目大纲是否符合国家教育标准；②培训质量：检测学生的培养质量是否符合国家教育标准、教育机构是否具备质量管理和监控体系；③教育过程的资源和方法保障：检测具备的图书资源、资金和教学资源状况；④教育过程的物质技术保障：检测是否具备与国家教育标准相符合的、为执行教学大纲而准备的教学实验设备、实习设备，检测与企业和组织的关系；⑤教育机构的培养活动：检测教育机构是否为学生开展课外活动创造条件，是否具有促进个体发展的能力。教育机构的培养活动这一指标又包括若干方面：教育机构是否具备行政机构和学生自治机构；学生开展课外活动的物质技术、课外活动的资金；职业道德和心理教育课程；教育内容中是否包括公民教育、爱国主义和精神道德教育；学生的文化普及活动和创造性活动；卫生保健工作、心理咨询和预防工作等。

二是类别认定指标。依据此指标可以将中等职业教育机构区分为职业技术专科学校和高等技术专科学校，包括三个具体指标：①实行的职业教育大纲，高等专科学校应该具备高层次的教育大纲，以提高学生的技能水平。②教育机构的信息化，即每一百名全日制学生拥有的电脑数量。③高品质的教师队伍构成。目前要求受过高等教育的教师比例：技术专科学校需达到90%，高等专业学校需达

---

① Министерство образования и науки Русской Федерации. Федеральные государственные образовательные стандарты среднего профессионального образования ［EB/OL］. http://mkmp.su/articles/federalnye-gosudarstvennye-obrazovatelnye-standarty-srednego-professionalnogo-obrazovaniya? page =0，0，2012 -12.

到95%；获得职业资格证书的教师比例：技术专科学校需达到48%，高等专科学校需达到54%；拥有高级职业资格证书、学位证书和职称的教师比例：技术专科学校需达到10%，高等专科学校需达到18%。①

3. 中等职业教育质量外部评估的程序

认可、鉴定和国家认定共同构成中等职业教育质量外部评估的完整过程。俄罗斯中等职业教育机构的认可、鉴定和国家认定的基本程序包括以下三个阶段：

（1）提交申请资料。中等职业教育机构需要向认可、鉴定和认定机构提交申请资料，保证提交资料的可靠性和填写资料的正确性。如果提交资料不全面或者填写资料不正确，那么教育机构的认可、鉴定和国家认定就会中止或者被延期。在质量鉴定环节，中等职业教育机构需要进行自我评估。

（2）组建委员会实施评估。认可、鉴定和国家认定机构组建的委员会是评估的主体。认可、鉴定和国家认定机构都是俄罗斯联邦行政机构。委员会成员不仅包括各级教育管理机构的代表，还包括中等职业教育机构的领导、学科专家、社会组织和社会联盟的代表。各委员会通过分析材料，参观和实地考察教育机构，与学生、家长以及工作人员进行交谈等途径核实中等职业教育机构提交的材料，了解基本办学条件、教学情况、毕业生的就业情况等，其最终目的是看其是否符合认可、鉴定和国家认定的各项指标。为保证提供的数据材料的客观性，联邦教育管理机构需要在中等职业教育机构提交材料的基础上创建国家认定的中心数据库。

（3）得出评估结论。如果中等职业教育机构获得肯定的认定和鉴定结论，那么它就有资格进入下一个环节。如果通过了国家评估，那么它会获得国家认定证书。这一证书证明其国家地位，证明其培养内容和水平符合国家教育标准，中等职业教育机构也因此有权利给毕业生颁发相应水平的国家证书。

（三）中等职业教育质量外部评估的特点

1. 评估的强制性

现行的俄罗斯中等职业教育质量外部评估以国家为主导，是联邦政府为了加强对中等职业教育机构的质量管理而采取的政府行为。中等职业教育机构必须每五年接收一次"国家—社会"评估，如果没有通过认可，就没有开展教育活动的权利；没有通过质量鉴定，就没有进入国家认定的资格，也就没有资格给毕业生

---

① Министерство образования Русской Федерации. Об утверждении Перечня основных показателей государственной аккредитации и крит-ериальных значений показателей, используемых при установлении вида образовательного учреждения среднего профессионального образования［EB/OL］. http：//www.bestpravo. ru/rossjskoje/vgzakony/g3r. htm，2012 – 12.

颁发相应水平的国家证书。《俄罗斯联邦教育法》规定："当国立或市立教育机构的培养质量低下时，俄罗斯联邦和以教育管理行政机构为代表的俄罗斯联邦主体可以对该教育机构提出诉讼，要求其补偿其他教育机构再培养这些毕业生所需的额外经费。"① 中等职业教育机构为了开展教育活动，扩大生源，提高质量，就必须遵照国家法规和政策的要求参与评估。

2. 评估的规范性

为了规范评估行为，俄罗斯颁布了一系列法规和相关政策文件。2000 年，联邦政府颁布了《教育活动认可条例》，2011 年，邦政府又颁布了经过修订的《教育活动认可条例》。2001 年，联邦教育部颁布《中等职业教育机构（中等专业学校）国家认定条例》。2003 年，学校鉴定国家督察署批准了《中等职业教育机构（中等专业学校）及其分校实施鉴定的方法建议》。这些法规与政策规定了评估者和被评估者的权利和义务，使评估工作有序而高效，为俄罗斯中等职业教育质量的外部评估提供了法律依据。这些法规与政策对评估的各个环节，包括评估的目的、原则、内容、程序等作了具体规定，使得评估工作有规则可依，提高了评估的专业性。

3. 评估标准的先进性

一方面，俄罗斯教育部为外部评估的各个环节制定了统一的评估标准。评估标准既包括量的指标，也包括质的指标。例如，联邦教育部要求专科技术学校中受过高等教育的教师比例要达到 90%，这是量的指标；教育部在制定学生文化普及活动和创造性活动指标时，只是列举了部分活动类型，这是质的指标，这种指标有利于保证教育活动的多样性和特殊性。另一方面，教育部会根据劳动力市场对人才需求的变化而不断调整评估标准。为了增强毕业生的适应性，提升毕业生在劳动力市场上的竞争力，教育部已对中等职业教育的国家标准进行了两次修订。新的国家标准的不同主要表现在：第一版和第二版标准注重课程内容和课程容量，第三版标准更注重能力，指明通过哪些课程发展学生的哪些能力。调整后的教育标准更明确、更具可操作性。

4. 评估人员的多元性

参与中等职业教育质量外部评估的人员不仅包括政府行政人员，也包括雇主、社会、学生家长、教育界代表等。社会人员作为不可或缺的一部分，其评估权利被写入《教育活动认可条例》《中等职业教育机构（中等专业学校）国家认定条例》等，被合法化。2001 年联邦教育部颁布的《中等职业教育机构

---

① Верховный Совет Российской Федерации. Российская Федерация закон обобразовании［EB/OL］. http://uozp.akcentplus.ru/zakon%2010%202007%20l992%20n%2032661.htm, 2012 - 10.

(中等专业学校)国家认定条例》规定,参与国家认定的人员由认定机构确定,不仅包括俄罗斯联邦主体行政机构的代表,还包括中等职业教育机构和高校的领导,社会组织和国家—社会联合会的代表。① 国家行政人员参与评估可以保证基本教育质量的一致性和评估行为的一贯性,加强对中等职业教育质量的监督和管理。社会各界力量参与评估可以让各利益相关方充分行使对教育质量的监督权。

5. 评估信息的客观性和公开性

评估信息的客观性体现在两方面:一是中等职业教育机构领导要保证提交的材料是客观的,要如实反映办学质量,这也是评估的基本原则;二是联邦教育管理机构在中等职业教育机构提交材料的基础上,创建了国家认定的中心数据库,数据库包含教育机构的所有活动信息。公开评估信息是为了让公众了解和监督中等职业教育质量。2011年颁布的《教育活动认可条例》规定:将中等职业教育机构的认可信息上传到该机构的官方网站上,保证信息的自由性和开放性,方便对此有兴趣的人了解该机构的教育质量。② 评估信息的客观性有利于评估真实反映职业教育机构的教育质量,评估信息的公开性有利于教育的消费者了解和监督教育质量,帮助教育的潜在消费者做出是否选择此教育机构的决定。

(四) 俄罗斯中等职业教育质量外部评估的启示

俄罗斯中等职业教育质量外部评估对我国职业教育质量评估不乏借鉴价值。

1. 构建指标体系,统一质量评估标准

教育质量评估标准和指标是评估的依据,统一的标准和细化的指标有利于高效开展评估工作和促进评估结果的客观化。俄罗斯将统一的标准作为职业教育质量的评估依据,针对不同的评估环节设计了相应的评估标准,这些标准既有量的指标,也有质的指标。量的指标有利于加强评估的可操作性,质的指标有利于增加教育的多样性。

借鉴俄罗斯设计职业教育质量外部评估标准和指标的经验,我国在制定高职院校教育质量标准和指标时需注意以下两点:第一,有针对性地设计标准和

---

① Министерства образования Русский Федерации. Об утверждении Положения о государственной аккредитация образовательного учреждения среднего профессионального образования (среднего специального учебного заведения) [EB/OL]. http://referent.mubint.ru/se-curity/1/46356/1, 2012-11.

② Министерства образования и науки Русский Федерации. Об утверждении Положения о лицензировании образовательной деятельности [EB/OL]. http://www.rg.ru/2011/03/23/license-obr-site-dok.html, 2012-11.

指标。即评估标准和指标的设计要有目的性,评估标准和指标的设计要考虑不同利益相关者的利益诉求。第二,量的指标和质的指标相结合。既要设计便于操作的量化指标,也要有描述性的质性指标,以便给教育机构留下发展的空间。

2. 完善评估法规,使评估有法可依

评估法规和条例有利于规范评估工作。俄罗斯重视职业教育质量外部评估的制度化建设,颁布了一系列的法规和条例。

借鉴俄罗斯制定职业教育质量外部评估法规的经验,我国在制定高职院校质量评估法规和政策时,需兼顾统一性与多样性。既要有统一的评估政策,又要对评估的各个环节作具体规定;既要在国家层面制定统一的法规条例,也要关注地区特性,制定促进各地区高职院校发展的具体法规和条例。

3. 吸纳利益相关者参与,实现评估人员多元化

职业教育质量评估的目的就是为了提高人才培养质量。对毕业生质量最有发言权的是职业教育的利益相关者,包括雇主和学生。吸纳各利益相关者参与教育质量评估,有利于加强教育机构与社会的联系。俄罗斯职业教育质量外部评估人员的多元化既提高了各利益相关者监督教育质量的积极性,也促进了评估结果的客观性。

借鉴俄罗斯职业教育质量外部评估人员多元化的经验,我国在促进高职院校外部评估人员多元化时,需考虑两点:第一,制定相关法规和政策,以保障社会力量参与高职教育质量评估的权利;第二,注重社会评估结果的应用,将社会评估人员的评估结果应用到国家评估当中,促进两者的结合。

4. 实行保真制度,保证评估的客观性

俄罗斯政府要求职业教育机构提交的材料应该是客观的和真实可靠的,这作为评估的一项基本原则被写入法规,并且职业教育机构领导要保证这些材料的可靠性。另外,为保证评估的客观性,联邦教育管理机构还创建了国家中心数据库,这一数据库包含教育机构的所有活动信息。

借鉴俄罗斯的这一经验,我国可采取两项对策:第一,在全国范围内建立公开的高职院校质量评估数据库。数据库既有高职院校提交的有关材料和信息,也有权威评估机构搜集的日常质量监控信息和数据,且这些信息和数据要被及时公开和更新。第二,建立责任制。将保证材料真实性的责任落实到具体责任人,从制度上保证评估材料的真实性。

第三节 本章主要结论

一、构建质量保障体系是国际职业教育发展的重要趋势

高质量是现代职业教育的价值追求。职业教育的质量既直接关系到劳动者的整体素质，也关系到职业教育的国际竞争力，还关系到职业教育的社会声誉和吸引力。在我国大力发展职业教育的过程中，数量扩张与质量提升的矛盾日益凸显。目前我国职业教育的发展已进入了转型升级、提高质量的内涵式发展时期。《国家中长期教育改革和发展纲要（2010～2020）》（以下简称《纲要》）明确提出要"把提高质量作为教育改革的核心任务。树立科学的质量观，把促进人的全面发展、适应社会需要作为衡量教育质量的根本标准"，提出要"制定教育质量国家标准，建立健全质量保障体系"（《纲要》第2条）。关于职业教育，《纲要》提出要"统筹中等职业教育和高等职业教育发展，把提高质量作为重点。制定职业学校基本办学标准。建立健全职业教育质量保障体系，吸收企业参加教育质量评估。"（《纲要》第14条）。

联合国教科文组织在2012年5月召开的第三届国际职业技术教育和培训大会上提出要发展高质量的职业技术教育，指出："需要努力提升各种类型以及多种背景下开展的职业技术教育与培训的质量。质量也是指职业技术教育为个人以及更广泛的教育和可持续发展议程作出的贡献"[①]。为提高职业教育质量，教育发达国家都高度重视建立健全职业教育质量保障体系。近年来，欧盟制定了《欧洲职业教育与培训质量保障参考框架》，丹麦建立了由多元主体共同参与的质量保障体系，英国教育标准局制定了职业教育质量标准，美国启动了职业教育质量数据库建设，俄罗斯建立了职业教育质量内部和外部评估体系。构建职业教育质量保障体系成为国际职业技术教育改革和发展的重要趋势。

[①] European Commission Education and Training. The European Quality Assurance Framework for Vocational Education and Training [EB/OL]. http: //ec. europa. eu/education/lifelong-larning-policy/doc1134 _ en. htm, 2009 – 01.

二、满足学生发展和经济社会发展的需要是职业教育质量内涵的核心

现代职业教育质量观应是以人为本、以学生的发展为本的科学质量观。职业教育质量是指职业教育满足职业院校学生发展需要以及经济社会发展需要的程度。因此,促进职业院校学生的发展、促进经济社会的可持续发展是衡量职业教育质量的根本标准。而职业教育质量保障是指依靠职业教育所有利益相关者,制定职业教育质量标准及其指标、依据质量标准及其指标对职业教育质量进行监控和评价、促进职业院校持续改进教育质量并达到人才培养目标的过程。

(一)促进职业院校学生的全面发展

职业教育作为一种培养人的活动,它既具有本体价值,也具有工具价值,但最重要的是其本体价值。促进职业院校学生的全面发展是职业教育的本体价值所在,也是职业教育的终极目的。职业院校的学生同样需要全面发展,这既是职业院校学生的利益诉求,也是现代生产发展的要求。随着科学技术的日新月异,社会的产业结构和劳动力就业结构不断发生变化,社会职业的变换也随之加快。职业更动和劳动变换的加快,要求现代社会的劳动者具有较强的应变能力。因此,职业教育除了为学生从事现有的工作做准备外,还应该"培养一种对尚未想象出来的工作的适应能力",使他们能够适应工作组织从福特主义(Fordism)向后福特主义(Post–Fordism)的转变,适应现代社会劳动的变换、职业的更动和劳动者的全面流动性,为学生的终身学习、终身发展打下基础,为他们的人生出彩、实现自身的价值创造机会。

此外,与不同时期对劳动力的不同需求相对应,职业教育经历了从产品驱动(product-driven)到市场驱动(market-driven)再到过程驱动(process-driven)的不同发展阶段。在产品驱动阶段,产品的更新周期还相当长,市场需求相对稳定,因而这一阶段职业教育的目标是使受培训者掌握生产某种产品的具体技能。在市场驱动阶段,产品的更新周期缩短,市场需求变化加快,因而这一阶段职业教育的目标演变为培养掌握多种技能、能够完成许多不同任务的工人。在过程驱动阶段,产品的更新速度进一步加快,市场需求变幻莫测,越来越多的知识密集型产业要依靠知识和信息、依靠智慧资本(智慧资本主要是指特定的人才和技术组合后所拥有的创造能力和这种能力的持久性,它是知识经济的资本基础)进行生产活动。因而这一阶段职业教育的目标发展为培养富有事业心、创造性以及具

有解决问题能力、交流与合作能力、应用新技术能力等关键能力的应变力强的新型劳动者。

工作组织的变化、职业结构的变化以及劳动力市场需求的变化都给现代职业教育提出了新的挑战。以技能训练为主的传统职业教育无法适应现代生产的需要，现代社会迫切需要职业教育为它培养既懂操作又通晓生产过程的基本原理、既能动手又能动脑的体力劳动和脑力劳动相结合的技术工人。对这些技术工人来说，仅有一技一艺是远远不够的，还需具备多方面的能力和广泛的适应性。现代职业教育不能再停留在技能训练，而要始终把学生当作完整的人来培养，促进他们身心的健康发展，促进其在知识、技能、情感、态度、价值观、审美意识等方面的全面发展，让他们"学会认知、学会做事、学会共同生活、学会生存"。2012年联合国教科文组织第三届国际职业技术教育和培训大会的主题是"培养工作和生活技能"（Building Skills for Work and Life），用培养（building）替代训练（training）本身就反映出职业教育理念的一种深刻变化。训练（training）是机械的、被动的、单调的，而培养、建构（building）强调学生的主体性、能动性、生命性、生成性和发展性。如何保障职业教育促进职业院校学生的全面发展，即保障其本体价值的实现是职业教育质量保障的核心内涵。

（二）促进经济社会的可持续发展

职业教育作为各级各类教育中与经济社会联系最为密切的一种教育，具有促进经济社会发展的工具价值。与普通教育相比，职业教育更重视为社会服务、为经济发展作贡献。因此，职业教育更需要关注外部需求。一方面，我国经济发展方式从粗放型向集约型的转变，要求加强人力资源开发，尽可能以人力资源的投入取代物质资源的投入，而高质量的职业教育在持续开发人力资源、把沉重的人口负担转化成强大的人力资源优势方面具有不可替代的作用。另一方面，我国产业结构的调整需要实施一系列重点产业振兴计划、发展战略性新兴产业和现代农业，这些具有较高技术含量的高新技术产业迫切需要职业教育为其培养高素质技术工人。然而，现实情况是，我国高素质技能型人才缺口非常严重，远远不能满足经济发展的需要。因此，尽快提高职业教育质量、为产业优化升级提供高素质技能型人才将是我国一项长期而艰巨的任务。而建立并完善现代职业教育质量保障体系，是提高职业教育质量进而满足经济社会发展需求的基本途径。

（三）促进职业教育的品质提升

从职业教育自身来看，提升职业教育人才培养质量、提升职业教育服务社会的能力、提升职业教育的国际竞争力、提升职业教育的社会声誉和吸引力等都迫切需要建立健全现代职业教育质量保障体系。经过近三十多年的发展,我国职业教育取得了数量上的大扩张。在我国的中等教育和高等教育中,中等职业教育和高等职业教育几乎都占据了"半壁江山"。但是职业教育依然是我国教育事业的薄弱环节,其办学质量还不尽如人意。目前我国职业教育存在的突出问题是缺乏健全的质量保障体系。质量保障体系的缺失导致职业教育的质量参差不齐,无法满足学生和社会对高质量职业教育的需求。因此自 2011 年以来,我国职业教育改革发展的重点,从以数量扩张为主导的规模性发展转向以质量提高为基本要义的内涵式发展。构建科学完善的现代职业教育质量保障体系,是提升职业教育品质、促进职业教育持续优化发展的根本路径和必然选择。

三、教育发达国家构建职业教育质量保障体系的基本经验值得借鉴

为提高职业教育质量,一些教育发达国家建立了较完备的职业教育质量保障体系。发达国家构建职业教育质量保障体系的基本经验主要有以下五大方面:

(一)构建具体可操作的职业教育质量指标体系

教育发达国家重视制定职业教育的质量指标。2009 年欧盟颁布《欧洲职业教育与培训质量保障参考框架》,设计了一套完整的质量指标体系,作为成员国测量和评价职业教育与培训质量的共同指标。该指标体系包括 10 个一级指标和 14 个二级指标。每一个指标都有操作定义。指标 1 是职业教育与培训机构应用质量保障框架的情况。该指标主要检测职业教育与培训机构对现有质量保障框架的应用情况。指标 2 是职业教育与培训机构师资培训投入。该指标主要检测职业教育与培训机构对师资培训的投入情况。指标 3 是职业教育与培训的参与率。该指标主要检测不同人群参与全日制职业教育与培训的人数。指标 4 是职业教育与培训的完成率。该指标主要检测不同人群职业教育与培训计划的参与者中顺利完成培训的人数。指标 5 是职业教育与培训的就业率。该指标主要检测职业教育与培训的参与者完成相关学习和培训后的就业情况。指标 6 是职业教育与培训所授技能的实用性以及个人和雇主的满意度。该指标主要检测两方面内容:一是学员通过职业教育与培训所获得的技能在工作中的实用性,技能的实用性是指所从事的行业与所学专业的对口程度;二是学员本人及其雇主对技能的满意度。指标 7 是社会失业率。该指标主要检测 15~74 岁人群中做好工作准备且积极寻找工作却没有工作的人数占劳动力市场总人数的百分比。指标 8 是弱势群体接受职业教育与培训的比例。该指标主要检测弱势群体(包括年龄弱势、性别弱势和身体状

况弱势)接受职业教育与培训的情况。指标 9 是劳动力市场培训需求分析预测能力。该指标主要检测职业教育与培训机构对劳动力市场培训需求的分析和预测能力,包括职业教育与培训机构更新职业教育与培训以适应未来劳动力市场需求的能力。指标 10 是远景规划能力。该指标主要检测职业教育与培训的规划方案,特别强调规划对弱势群体和个人发展需求的适应性。①

英国职业教育质量评价标准主要包括四个方面,即总体效能,学员的学习成果,教、学和评价的质量以及领导与管理效能。总体效能的评价依据是教育机构在满足学生和用人单位需求方面的有效性。学生的学习成果主要通过考察学生的学习目标实现情况、所取得的进步以及对社区的贡献等方面作出相应评判。教、学与评价的质量则通过教、学的实施状况及效果、教学手段的运用、对学生指导的有效性、学生需求的满足程度等方面体现。领导与管理效能的评价指标则包括安全保卫、平等与多样化、资源管理等。② 每一方面评价的结果分为优秀、良好、需要改进和不合格四个等级。每一方面评价都由三部分构成,即指导性问题、评价性陈述和评定的等级特征描述。

俄罗斯现行职业教育标准规定学生须具备两个素质:普通综合素质和职业综合素质。普通综合素质由几大关键能力组成,这些能力是学生从事任何职业都必不可少的能力,包括专业发展能力、自主学习能力、解决问题的能力、社会合作能力。职业综合素质是学生将来从事某类具体的职业所必备的素质,包括利用所学到的专业知识和技能组织、管理、实施某职业活动,利用先进的技术和方法解决职业活动中的问题等。③

可以看出,教育发达国家职业教育的质量指标包括职业教育的参与率、完成率、就业率、教与学的质量、学生学习的成果、学生和雇主的满意度、对师资培训的投入、领导与管理效能等多个方面,其中最受关注的是学生的发展指标。

(二) 构建以改进教学为目标的职业教育质量监测体系

为及时监控职业教育质量,一些发达国家建立了职业教育质量监测体系。丹麦把"产出监测"作为质量战略的一个重要元素。职业教育提供者如果要得到财

---

① European Parliament and Council. Recommendation of the European Parliament and of the Council of 18 June 2009 on the establishment of a European Quality Assurance Reference Framework for Vocational Education and Training [R]. Official Journal of the European Union:2009.

② Ofsted. Common Inspection Framework 2012:Consultation document [DB/OL]. http://www.ofsted.gov.uk/resources/common-inspection-framework/,2013 - 07.

③ Министерство образования и науки Русской Федерации. Федеральные государственные образовательные стандарты среднего профессионального образования [EB/OL]. http://mkmp.su/articles/federalnye-gosudarstvennye-obrazovatelnye-standarty-srednego-professionalnogo-obrazovaniya? page = 0,0.,2013 - 06.

政专项拨款，就必须达到规定的质量目标。2003年，丹麦教育部确定了质量方面的四个优先领域：一是学生的培养质量，尤其关注学生的能力和灵活性；二是教师的技能水平，特别关注教师专业技能和教学技能的更新；三是学校管理的专业化水平；四是院校与企业和当地社区联系的密切程度。[1] 测验和考试是丹麦职业教育质量保障的一个重要措施。测试由外部考官主持以防止出现偏差。在基础职业教育领域，学生必须参加最终的职业技能测试，来自产业界的代表担任外部考官。测试保证学生的知识和技能水平达到相关要求。发表年度资源报告是丹麦实施质量监测的重要方式。年度资源报告与丹麦职业教育和培训体系的持续发展相关，是一种收集系统化数据的方法。年度资源报告为职业院校和培训机构提供了一个系统的监测方法，用数据材料证明教育输入、过程和输出之间的关系。报告还包括描述性的元素，以便职业院校和培训机构描述其质量保障策略和措施。

美国2006年颁布实施的《卡尔·帕金斯生涯与技术教育法》（Carl D. Perkins Career and Technical Education Act of 2006，Perkins IV）要求联邦和州政府合作制定具有挑战性的技能标准，为学生获得高要求、高技能和高工资的职业做好准备。该法对州政府实施职业教育质量监测提出了方法、指标等方面的建议，并要求各州定期上交质量监测报告。[2] 美国联邦政府督促各州从教育成就、完成率、向中等后教育和劳动力市场过渡、参与工作本位学习情况等四个方面对生涯和技术教育的实施质量进行监测。为了评价州政府在职业教育发展方面所做出的努力，在查阅相关文献并听取州管理人员和专家意见的基础上，联邦教育部职业与成人教育办公室为州政府编制了一份自我评价量表，供州政府评价自身对帕金斯法相关条款的执行情况。量表包括6个领域（即管理、地区应用、技术准备、特殊人群、财务责任和问责）和30个指标。每一指标都被细化为可操作的活动和任务，如果这些活动持续进行，就表明职业教育项目正以较高的质量实施。[3]

澳大利亚从背景、参与、资源、产出和结果等方面对职业教育质量进行监测，提出要根据指标体系定期报告职业教育发展状况，及时记录职业教育与培训的结构变化与实施情况，根据指标体系收集数据并使之透明。

发达国家对职业教育质量的监测是全程、全方位的。既有对教育输入的监测，也有对教育过程、教育输出的监测；既有对投入资源的监测，也有对产出结果的监测。其中，学生的培养质量、教师的教学水平是监测的重点。

---

[1] The Danish Ministry of Education. The Danish Approach to Quality in Vocational Education and Training，2nd edition [EB/OL]. http：//pub. uvm. dk/2008/vetquality2/helepubl. pdf.，2012 - 05.

[2] Carl D. Perkins Career and Technical Education Act of 2006 [EB/OL]. http：//cte. ed. gov/perkinsimplementation/legislation. cfm，2013 - 06.

[3] Office of Vocational and Adult Education. State Career & Technical Education （CTE） Self Assessment [R]. http：//www. mprinc. com/products/browse_by_subject. aspx？ pubID = 451，2008 - 9.

（三）构建以学生发展为中心的职业教育质量评价体系

为保障职业教育质量，一些发达国家改变以往以问责为目的的质量评价，建立了以学生发展为中心的职业教育质量评价体系。英国教育标准局（Ofsted）制定了统一的评价标准即《共同评价框架》，它既是督导评价（外部评价）的依据，也是职业院校开展自我评价的依据。该评价框架主要由两部分内容构成：评价原则和统一的评价工作安排。职业院校开展的自我评价和教育标准局组织的外部督导评价构成了英国职业教育质量的内外部评价。20 世纪 90 年代以来，英国在新的教育评价体系中突出了自我评价的地位。自我评价已成为英国职业教育机构以自我监控、自我改进、自我发展为目的的评价方式。自我评价程序主要包括：相关证据/数据的收集与分析、评价等级的确定、评价后的信息反馈工作、自我评价报告的撰写、改进行动方案的制定和评价后改进工作等。自我评价注重连续的过程性评价，注重精确数据的收集和分析。评价证据的收集紧紧围绕与学生学习和发展相关的五个关键问题进行，即学习者学业成就如何？教学和培训效果如何？教学项目和教学活动符合学习者的利益和需求吗？学习者获得指导和帮助状况如何？在提升学业成就和帮助学习者方面的领导和管理效度如何？自评报告的内容也须涉及这五个关键问题，且要对每一个关键问题作出评价判断。外部评价通过发现院校的优势以及需要改进的领域，突出亮点与优势，并在此基础上提出相关的改进意见与建议。外部评价结果以评价报告的形式公开发布在英国教育标准局的网站上。①

澳大利亚联邦政府于 2012 年发表了题为《面向所有人的技能》的报告，提出职业教育与培训改革计划。② 根据报告提出的改革计划，澳大利亚将从 2014 年开始在新建立的"我的技能"网站上为每一位接受职业教育和培训的学生提供"独特学生鉴定"（unique student identifier）。"独特学生鉴定"是记录学生自身培训经历的唯一官方凭证，它相当于培训的电子档案，跟踪记录学生一生中在不同教育和培训机构接受职业教育和培训的情况。"独特学生鉴定"全面实施之后，学生在不同时期、不同场所接受的职业教育和培训都可以得到详细记录和相应认可，因此学生选择、转换职业培训课程或培训机构的过程将更加便捷。此项举措将惠及职业教育和培训的各利益相关者尤其是学生。通过"独特学生鉴定"，学生可以展示自己所有的培训记录和学习成就，企业可以招聘到合适的雇员，政府

---

① Ofsted Common Inspection Framework for Further Education and Skills [EB/OL]. http：//www. Ofsted. gov. uk/resources/common-inspection-framework-for-further-education-and-skills/，2009 - 10.

② Commonwealth of Australia. Skills for All Australians [EB/OL]. http：//www. innovation. gov. au/Skills/About/News/Pages/SkillsForAllAustralians. aspx.，2013 - 06.

也可以更好地掌握整个培训市场的信息，从而对职业教育和培训进行有效管理和质量监控。

发达国家职业教育质量评价由外部评价和院校的自我评价构成，以院校的自我评价为主，院校自我评价的重要性日益凸显。无论是外部评价还是内部评价，都把满足学生的需求、促进学生的发展作为最重要的评价标准，都非常注重对职业教育输出质量的评价。

（四）建立职业教育质量保障的合作交流机制

《欧洲职业教育质量保障框架》从欧洲层面、成员国层面以及提供者层面规定了利益相关者在促进职业教育与培训质量保障方面的义务，建立了质量保障循环模式，并以开放式协调的形式，组织利益相关者参与相关工作。该框架倡导发挥职业教育利益相关者的积极作用，在职业教育的经费投入、师资培训、制度建设、学生就业等方面给各方以话语权，加强各方的交流与合作。此外，框架强化劳动力市场对职业教育的作用，要求职业教育机构与企业保持良好沟通，根据企业反馈的质量信息及时改进教学。

丹麦在职业教育与培训方面形成了教育部、社会合作伙伴、职业教育与培训机构、企业、学习者等多元主体共同参与的质量保障体系。在这一体系中，各主体责任明确，通过互动合作共同保障职业教育与培训的质量。例如，企业参与相关政策和计划的制定，也通过校企合作对职业教育的教育教学过程进行监督。

英国无论是自我评价还是外部评价，评价的通知一开始就下达给全体教职工、学生和相关雇主，采取的是一种全纳方法。"员工发展日"的设立便是很好的例证。专门的培训机构在这一天对员工开展培训，以增强其评价意识，使他们主动融入自我评价活动中。在外部评价中，评价人员通过电子邮件、个别访谈、电话访谈和现场实地考察等形式使雇主、学生参与到评价活动中。

参与俄罗斯中等职业教育质量外部评估的人员不仅包括政府行政人员，也包括雇主、学生家长、教育界的代表。社会人员作为不可或缺的一部分，他们的评估权利受到相关法规保护。俄罗斯联邦教育部 2001 年颁布的《中等职业教育机构（中等专业学校）国家认定条例》规定，参与国家认定的人员由认定机构确定，不仅包括俄罗斯联邦主体行政机构的代表，还包括中等职业教育机构的领导、社会组织和国家—社会联合会的代表。① 社会各界力量参与评估可以让各利

---

① Министерство образования Русский Федерации. Об утверждении Положения о государственной аккредитация образовательного учреждения среднего профессионального образования ［EB/OL］. http：//referent. mubint. ru/security/1/46356/1.，2013－05.

益相关方充分行使对教育质量的监督权。

从以上分析可以看出，教育发达国家在构建职业教育质量保障体系的过程中非常重视各利益相关者的作用，强调质量保障主体的多元化，明确各质量保障主体的责任和义务，并通过多种方式建立各保障主体之间的合作关系，为质量保障打下坚实的社会基础。

（五）建立职业教育质量保障的信息公开机制

欧盟通过"欧洲职业教育与培训质量保障"专门网站，及时报道质量保障相关活动，更新成员国职业教育与培训的质量信息。欧洲统计中心也通过数据的收集与发布，参与职业教育与培训质量保障过程。评估结果和反馈信息的公布有利于增加评估过程的透明度，促进反馈信息的有效利用。

英国职业教育质量的评价标准、评价内容、方法和程序都向学校、行业和社会公开。评价的结果在评价结束后按照规定的期限公开发布在网上。所有对教育质量感兴趣的组织和个人都可以从国家教育标准局的官方网站上获得关于某一学校的评价报告。

丹麦职业教育质量保障的策略之一是透明和公开。所有机构都必须在其网站上发布课程和教学信息，包括教学价值观、教学实践、学生各个科目的平均成绩等。此举旨在为利益相关者和公众提供关于教育和培训机构的信息。法律还规定培训机构必须公布所有与教学质量相关的信息。

俄罗斯联邦教育管理机构在职业教育机构提交材料的基础上，创建了国家认定的中心数据库，中心数据库包含教育机构的所有信息。2011年颁布的俄罗斯《教育活动认可条例》规定，将职业教育机构的质量信息上传到该机构的官方网站上，保证信息的开放性，方便对此有兴趣的人了解该机构的教育质量。[1] 质量信息的公开有利于教育消费者了解和监督职业教育机构的教育质量，帮助教育的潜在消费者做出是否选择此教育机构的决定。

美国于2005年启动"数据质量计划"，旨在建立全国性的教育数据库，包括职业教育数据库，数据库对职业教育的利益相关者开放[2]。凤凰和亚特兰大地区的数据质量研究机构在题为《提高数据质量：定义数据质量标准》的报告中指出，在职业教育评价领域存在测量方式不统一的现象，这使获得的数据缺少可比

---

[1] Министерство образования и науки Русской Федерации. Об утверждении Положения о лицензировании образовательной деятельности [EB/OL]. http：//www.rg.ru/2011/03/23/license-obr-site-dok.html.，2013 – 06.

[2] Data Quality Campaign. The Next Step Using Longitudinal Data Systems to Improve Student Succe [R]. http：//www.dataqualitycampaign.org/resources/details/384，2013 – 07.

性。测量方式的统一是实现数据标准化的第一步,数据的标准化也是数据高质量的必然要求。该报告为有效且可靠的数据搜集提供了质量标准[①]。美国职业与技术教育学会正在开展一个"建立认证交换机制"的试点项目,试图实现行业认证机构和教育系统之间的数据互换,并提出了建立数据共享的标准和指南、建立国家数据交换机制等行动步骤。

从 2012 年开始,澳大利亚联邦政府及各州和领地政府着手建立"我的技能"网站,到 2014 年完全建成。该网站实际上是一个公共信息库,它提供关于培训机构、课程、培训成果、费用、资助情况等信息,同时也有当地就业信息的链接,雇主和学生可从中做出培训选择。政府和培训机构会不断更新网站的信息。

可以看出,教育发达国家把透明与公开作为质量保障的重要策略,非常注重职业教育质量信息的公开。公开质量信息是为了让公众了解和监督职业教育质量。通过建设质量保障数据库、质量保障网站等途径,教育发达国家建成了职业教育质量保障信息公开的平台,也为公众了解质量信息、参与质量保障提供了路径。

---

① Phoenix and Atlanta Regional Data Quality Institutes. Improve Date Quality:Defining Data Quality Criteria and Standards [R]. http://www.dataqualitycampaign.org/resources/details/,2013 – 06.

第五章

职业教育运行机制与投入保障

职业教育体系是指由办学者、出资者、教育提供者（学校）、受教育者、规制者（主要是政府）以及其他重大利益相关者（如企业）等围绕着职业教育活动而形成的具有稳定性关系模式的系统。职业教育体系要解决谁来办学，以什么方式办学？谁来出资，以什么方式出资？谁提供教育，以什么方式提供教育？谁来接受教育，并以什么方式接受教育？谁对系统的相关方进行规制，并以什么样的方式规制等问题。同时，职业教育体系要良性有效率地运转，还需要解决运行机制问题，即职业教育体系的各个部分是如何衔接？相关部分参与方之间是以什么样的方式来参与？他们的角色、权利与义务如何？这就涉及职业教育领域内人员、机构、资源、组织和制度等多方面因素的相互协调。

要研究职业教育体系运行机制的问题，需要关注和分析以下方面：职业教育的办学体制与财政体制；职业教育的校企合作培养人才的体制与投入保障；职业教育系统的规制工具与政策有效性；在此基础上剖析区域性或地方性职业教育的运行模式，以考察全国各层次职业教育运行机制。考虑到当前职业教育发展的现状与面临的问题，我们把专科层次的高等职业教育作为研究重点，同时适当兼顾中等职业教育。

第一节 职业教育的办学体制与财政体制

办学体制是围绕着举办某种层次或某种类型的学校而将一定范围内有资源、

有意愿、有能力和有资格的行动者组合在一起的制度安排形式。通常，资源（如资金、土地、或学校发展需要的某些关键资源，如行业支持）、能力（如管理和运转学校的经验与能力）、意愿（愿意办学）、资格（拥有设置审批权）在不同的行动者之间的分配不一样，有的行动者有资源，但缺乏能力；有的有能力，但缺乏资源或者缺乏意愿。办学体制的作用在于通过制度设计，将这四个方面的有机要素组合起来。有活力的办学体制往往能吸引和激励多元的行动者举办或参与举办学校。

所谓教育财政体制，是指某一层级政府用一定的工具和方式向一定范围的主体提供资源（资金）用于教育，并对教育机构或活动产生特定功能的制度安排，提供资源的主体、财政工具和财政功能是考察教育财政体制的三个主要维度。提供资源或资金的主体可以是多元的，如不同层级的政府、不同类型的企业（国有企业、民营企业等）、个人等，可以是明确指定的（如某级政府、某类企业），也可以不是明确制定的（如潜在的提供捐赠的企业和个人）。

本章分析我国职业教育的办学体制和财政体制的总体现状，尤其是当前职业教育投入方式、保障水平和存在的问题等。在此基础上，从制度主义的视角出发剖析地方分权下的高职办学体制演变，并利用实证数据探究地市级政府举办高职院校的动力机制，最后重点研究了高职办学体制与财政体制间的互动关系——一方面办学体制决定了高职院校在汲取财政资源方面存在差异，另一方面多层多元的财政体制导致高职院校之间出现竞争和分化。

一、职业教育办学体制与财政体制概况

从《中国教育统计年鉴》《中国教育经费统计年鉴》《中国劳动统计年鉴》等资料，可以看出我国中等和高等职业教育的办学格局和经费投入状况。

（一）办学体制概况

新中国成立以来，我国建立起了世界最大规模的职业教育体系，但是近年来高等和中等职业教育的规模有不同的发展。民办高等职业教育伴随着普通高等职业教育总体规模的发展在不断壮大，而民办中等职业教育则伴随着中等职业教育总规模的萎缩而缩减。

我国职业教育的举办主体呈现"多层、多元"的格局，不仅有公私分野，隶属不同层级政府的区别，而且即使在同一级政府层面，还有教育部门与非教育部门（一般多为行业部门）以及地方国有企业的不同区分。由地方教育部门、地方其他部门和地方企业所属高校三者作为举办主体的高职院校占全部高职院校总数

的比重分别为33.8%、39.5%和3.3%；中职学校主要有地方教育部门和地方其他部门举办。

（二）财政体制概况

1. 公共投入为主的成本分担机制

政府和学生家庭是我国职业教育经费投入的主体，随着政府对职业教育的经费投入力度逐年加大，形成公共财政投入为主的成本分担格局。

在高等职业教育领域，高职高专院校2013年的经费收入为1 452.4亿元，其中国家财政性教育经费（主要包括预算内教育经费、各级政府用于教育的税收、企业办学中的企业拨款，校办产业和社会服务收入用于教育的经费）为823.7亿元，学杂费收入为465.5亿元，分别占总经费收入的56.7%和32%。公共财政和学杂费收入是高职高专经费收入的主体投入渠道。

中等职业教育2013年的教育经费收入为1 997.9亿元，其中国家财政性教育经费收入为1 719亿元，学杂费收入为152.9亿元，分别占总经费收入的86%和7.7%。公共财政投入占比远超学杂费收入，成为中等职业教育经费收入的主要来源渠道。这一趋势是伴随着我国中职免学费政策的逐步实施而形成的。①

2. 地方为主与专项补贴

在公共财政预算内教育经费收入中，地方政府是职业教育投入的绝对主体，中央政府的财政投入尽管在近年来略有增加，但总趋势不变。这与我国职业教育地方办学为主的格局是相一致的。例如，2013年隶属中央教育和其他部门的高职高专财政预算内收入为58.3万元，隶属地方教育和其他部门的高职高专财政预算内收入为7 165.9万元，地方政府财政预算内教育经费投入占到98%；隶属中央教育和其他部门的中职财政预算内收入约为17.7万元，隶属地方教育和其他部门的中职财政预算内收入为13 491万元，地方政府财政预算内教育经费投入占到99%。

在地方财政投入为主的格局之下，中央政府主要通过以各种项目的形式下达的财政专项资金对地方的职业教育经费进行补贴，以引导职业教育的发展方向，落实职业教育的政策目标和管理职责。2004~2013年，中央财政共投入各类专项资金1 113亿元，主要支持了职业院校基础能力建设、示范引领、学生资助、综

---

① 资料来源于《中国教育经费统计年鉴》和《中国劳动统计年鉴》；中等职业教育包括中专学校、成人中专、技工学校和职业高中，在计算2006年中职教育经费收入时，因职业高中与职业初中数据无法拆分，且职业初中所占比重较低，把职业中学经费近似看作职业高中经费。

合奖补等四大类项目①。职业院校基础能力建设包括实训基地建设计划、职业院校教师素质提高计划、高等职业学校提升专业服务产业能力建设项目以及高等职业教育专业教学资源库建设项目。示范引领项目包括中等职业教育改革发展示范学校建设计划和国家示范性高等职业院校建设计划。学生资助项目包括中职国家助学金、中职免学费补助资金以及高等职业学校的高等教育学生资助项目。综合奖补政策主要是指中央财政用于各地建立完善职业教育生均拨款制度的"以奖代补"专项资金。

中央财政设立的职业教育专项资金通常要求地方政府、行业企业部门以及职业院校对这些项目进行资金配套,并根据地方政府所处地区的经济发展水平,分项目、按比例进行分担,诸如中职免学费补助资金以及综合奖补的标准奖补部分,等等。

3. 行业部门与教育部门的分割

我国有相当一部分职业院校是由地方的非教育部门(其他厅、局),即通常所说的行业部门举办。在"谁举办、谁负责"的财政投入体制下,教育部门和行业部门举办的职业院校在获得财政经费收入方面存在差异。尽管省级教育部门和非教育部门举办的院校其经费一般均由省级财政保障,依靠的都是省级财力,但省级教育行政部门所属院校得到的财政保障相对来讲更为有力,在获取教育部门所设立的各类专项经费方面占有优势,如国家级示范校建设项目的分配。

省级非教育部门所办院校的财政预算通常列在其主管行业厅局的总财政预算中,由省财政直接拨付。行业性高职院校在获得财政专项收入上存在很大差异,这既取决于主管厅局的财政实力及掌握行业资源的丰厚程度,还取决于主管厅局对高职教育的重视程度。

(二)职业教育的拨款机制

1. 多样化格局

在"多层、多元主体"办学体制下,我国职业教育长期实行"举办者投入"的管理原则,客观上使职业院校在获取公共资源方面呈现出较大差异,直接导致职业教育在拨款机制上也呈现出"多层、多元"的特征。

研究发现,目前职业院校中比较常见的拨款方式有基数加发展、定额定员和生均综合定额加专项三类。② 第一种拨款方式相对简单,每年的经费"发展系

---

① 教育部:《十年1.2万亿:助推职业教育健康发展》,http://old.moe.cn//publicfiles/business/htmlfiles/moe/s271/201406/170903.html,2017-07。

② 杨钋:《地方政府对高等职业教育的财政支持》,载于《北京大学中国教育财政科学研究所简报》2013年第14期,第1~13页。

数"主要依赖职业院校与政府部门的议价能力,经费分配的"基数"总额取决于初始年度的拨款状况,呈现明显的路径依赖,通常变革难度较大。在第二种拨款方式中,编制教师的数量是影响经费总量的重要因素,对于一些扩编困难、但规模扩张较快的院校而言,定额定员的拨款方式已不适应职业教育的快速发展。目前全国范围内多采取第三种拨款方式,即生均综合定额主要满足学校的正常运转,同时以专项补助形式应对学校的项目支出,满足事业发展需要。生均综合定额一般是在考虑学生生均成本的基础上结合大类专业、院校甚至地区差异,主要根据学生规模确定经费拨款公式。

已有的调研发现,目前各职业院校所接受的拨款方式并不一致。从政府视角来看,不同省市针对职业教育采用了不同的财政支持方式;即使是在同一省市,不同隶属关系院校的财政拨款方式也有不同。并且,采用同一拨款方式的职业学校可获得的生均拨款水平,因院校隶属政府的层级不同、是否属于示范校等因素也表现出一定的差异。

2. 建立生均拨款制度

在经费投入方面,中央政府陆续出台一系列政策,旨在全国范围内建立并完善职业教育经费保障制度。教育部等部门印发《现代职业教育体系建设规划(2014~2020年)》明确要求,2015年底前各地依法出台职业院校生均经费标准或公用经费标准。2014年,财政部与教育部联合制定政策,中央财政通过设立"以奖代补"方式,在全国建立以改革和绩效为导向的生均拨款制度,并要求2017年各地高职院校年生均财政拨款水平应当不低于12 000元。这是首次对高职院校的办学经费明确提出的制度规定。[①] 根据高职院校质量年报,2016年有14个省和地区的生均财政拨款中位数超过了12 000元,但还有18个省低于12 000元。各地高职生均财政拨款水平差异悬殊,中位数最高的为北京市(48 888元),最低的是河北省(8 900元),二者相差5.5倍。

(三)财政投入存在的问题与建议

通过对职业教育办学体制、财政体制和拨款机制的梳理,发现职业教育财政投入方面存在着以下问题:

第一,职业教育经费投入与其发展规模不协调。尽管各级各类职业教育经费投入得到持续增长,但这与实际需求相比还是有很大差距,职业教育仍是各类教育中的"短板",与其培养规模和应有地位、作用不匹配。2013年,中等和高等

---

① 练玉春:《国家1.23万亿为职业教育带来哪些变化?》,http://www.jyb.cn/zyjy/zyjyxw/201407/t20140701_588410.html,2017-07-21。

职业学校在校生数分别占高中教育阶段、普通高等教育阶段在校生总数的44%和39%，而与之相对应的，中职和高职教育经费收入分别占到普通高中教育总经费和普通高等教育总经费的38.2%和18.2%；中职学校生均公共财政预算教育支出仅比普通高中学校高出52.4元，地方高职学校生均公共财政预算教育经费仅相当于普通本科学生的53%。

第二，职业教育经费来源渠道比较单一。其主要呈现"两元"主体结构，一是财政投入；二是学费收入。2013年职业教育经费总投入中，财政性经费占比达74%，比2005年提高29个百分点。职业教育多渠道筹资能力不强。2013年高职高专的财政性教育经费与学杂费收入合计占总经费收入的88.7%。民办学校中举办者投入与社会捐赠经费分别占到总经费收入的1.4%和0.3%，比重较低。

第三，不同区域、不同举办主体的院校间投入失衡加剧。在"分级管理、地方为主"管理原则下，职业教育地方为主的办学格局兼之中央层面长期缺乏统一协调的投入机制，导致职业教育明显呈现地域分化。2015年北京市高职院校生均财政性经费投入超过3万元，而中部省份最低仅为2 000元左右。从地区分布来看，东中西部地区间经费投入差异很大，中西部地区生均公共财政预算经费偏低，生均校舍面积等指标大部分未达标，甚至呈现出了严重的"中部塌陷"现象。

职业教育多层、多元的拨款体制在客观上造成了不同举办主体的职业院校在汲取财政资源方面存在着明显的分化。实证研究表明①，在控制地区经济发展水平和财政实力的条件下，不同院校获取财政资源的能力由强到弱依次为：省级非教育部门和省级教育部门办学、地市级政府办学、地方国有企业办学、民办院校。

第四，在财政资金使用方面，存在绩效激励和问责不足等低效率问题。长期以来，职业教育的拨款机制与教师编制数目、学生规模等办学投入要素挂钩，而对真正衡量教育质量的绩效因素考虑不足，财政资金激励扭曲，不利于政策目标的实现。不仅如此，在各种"项目"建设的过程中，多重分配、轻评估、轻问责。大量职业教育财政专项资金的使用效益并未得到足够的重视。

针对以上问题，建议从以下方面进行改进。首先，激励企业和个人加大对职业教育的投入，加强对民办职业院校的引导，拓宽职业教育融资渠道。例如，借鉴国外对企业参与职业教育的税收优惠政策，吸引企业参与职业教育人才培养。其次，在宏观体制、机制上理顺高等职业教育财政投入政策，一方面为行业部

---

① 刘云波、郭建如：《不同举办主体的高职院校的资源汲取差异分析》，载于《教育发展研究》2015年第19期，第53~58页。

门、国有企业投入高职院校、捐赠设备铺平道路,解决"国有资产流失"等问题;另一方面在财力许可的条件下,逐步扩大生均拨款机制的保障范围,打破部门利益的藩篱,促进教育部门与财政、工商税务、人保等及其他部门联合协作,共同制定职业教育政策规章。再次,对于竞争性的财政专项资金,建立公平、公开、透明的竞争机制。在专项资金分配方面,不同举办主体院校的地位是平等的,唯"优"分配,应落实项目资金,避免空有"荣誉称号"、不发资金的现象。最后,逐步建立高职教育绩效评价体系,以此为依据评估财政资金的使用和分配,而非"按身份、按名气、按级别等因素来拨款"①,为不同类型的高职院校提供公平的成长和发展机会。该评估工作可以借鉴英格兰高等教育拨款委员会的做法,由政府和高校之外的第三方非政府公共机构来担任。

二、央地博弈下的高职办学体制演变

高职办学体制是中央、省、地市级政府各方力量相互作用的结果。在制度变迁过程中,第一方面,中央政府(上级政府)基于调动地方政府推进体制改革和发展地方经济的积极性的目的,赋予地方政府越来越多的自主权,地方政府行为选择的自主性空间趋于弹性化、模糊化。第二方面,地方政府认识到自主性对实现地方利益或政绩最大化的意义,千方百计利用信息优势,采用政策选择性或象征性执行等变通策略,扩张自身的自主性空间。第三方面,中央与地方的委托代理关系在很大程度上是一种一揽子政治承包机制。受信息不对称和监督成本的限制,上级政府只能通过下达刚性指标任务的方式来引导和约束下级政府。这种承包机制在给地方政府建构了一种体现中央政府行政意图的压力机制的同时,给地方政府扩张行为自主性提供了极大的弹性空间。第四方面,各级政府之间相互竞争,通过体制创新或巧妙利用政策机遇,加快地方发展,使自己的治理政绩得到体现,从而获取政治激励。② 例如,从1998年以来浙江高等教育发展过程看,中央政府对高职教育举办审批权力的下放,实行中央、省级和地市三级办学管理体制,有效激发了地方政府办学的积极性,这与地方政府获取的弹性空间以及各地方政府之间相互竞争是密不可分的。

中央以项目形式进行转移支付,引导地方政府和学校对高等教育投入更多资源,并且试图引导高等教育的发展方向。地方政府和学校为争取相应的名与利则

---

① 俞仲文:《我国高等职业院校教育财政拨款体制与机制必须动大手术》,引自《2014年中国教育财政高峰论坛会议文集》2014年,第105页。

② 何显明:《市场化进程中的地方政府行为逻辑》,人民出版社2008年版。

展开各种形式的游说和争取工作,甚至对某些经济行为进行调整,如对高校的财政投入做出承诺。或让学校调整相应的办学行为,如对民办高校的投入就要求民办高校规范治理结构。政府以吸附、控制和引导的方式影响高校时,高校则会通过多种渠道和方式争取资金、宽松政策和自主性。如地方通过地方的人大或政协,或通过协会形式施加影响以争取政府的支持。在施加影响的过程中,尤其在争取拨款上,高职院校校长与政府部门的谈判能力和技巧非常重要。

三、地级政府举办高职院校的动力分析

1999 年以来我国高等教育实施了扩招政策,举办高等职业教育的责任划归地方政府,各级地方政府、行业企业以及社会力量纷纷举办高职院校。目前,全国一千多所高职高专院校中,地市级政府所举办的高职院校(以下简称"地属高职")占到总体的 1/4[①],与民办高职数量大体相当,已成为高职教育的重要组成部分。同时,全国部分地区也创建了市县高职院校,如 2013 年温州市提出在"各县市创办一所高职院校"[②]。2016 年广西在《现代职业教育体系建设规划(2015~2020)》提出,"十三五"期间当地每个设区市至少有一所高职院校[③]。

地方政府提供高职教育的驱动力到底是什么?除了服务当地经济发展需要之外,还有哪些因素在发挥作用,尤其是经济欠发达地区举办高职院校的动力?高等职业教育属于地区准公共物品,并在省级统筹治理下运行发展,探讨地级政府提供高职教育的内在逻辑,有助于理解地方政府承担教育类公共物品责任的行为模式,对高等职业教育办学体制改革和总体布局规划具有重要的现实意义。

文献和实地调研发现,总体上,地方政府官员是受到发展经济、追求政绩和民生需要三方面的激励举办高职院校的(见图 5-1)。在经济激励方面,一方面,高等职业教育可以为本地企业、产业发展提供所需的技能人才,为社会提供高素质劳动力,推动经济发展;另一方面,在某些地区,高职院校充当了带动地价上涨和拉动内需的"推手",可以扩充地方财政收入。在政治激励方面,地级政府面临着激烈的政府间竞争,在高职教育供给方面会受到其他地级政府的行为

---

① 刘云波、郭建如:《不同举办主体的高职院校资源汲取差异分析》,载于《教育发展研究》2015 年第 19 期,第 53~58 页。
② 温州市教育局:《温州将有 8 所本科大学,各县(市)将创办一所高职院校》,http://www.wzer.net/view/29692.htm.,2016-04-11。
③ 张莺:《广西:未来五年每个设区市至少有一所高职院校》,http://www.gx.xinhuanet.com/news-center/2016-01/03/c_1117652140.htm,2016-01-03。

影响，存在着"向上"的标尺竞争；在政治锦标赛模式下，一些地方政府会把建设高职院校视为突出的政绩，积极参与办学。并且，相比经济发达地区，经济落后地区更可能受到政绩激励而举办高职院校。此外，高等职业教育满足了人口规模庞大的地区对高等教育的入学需求，满足了人们的民意，保持了社会稳定。

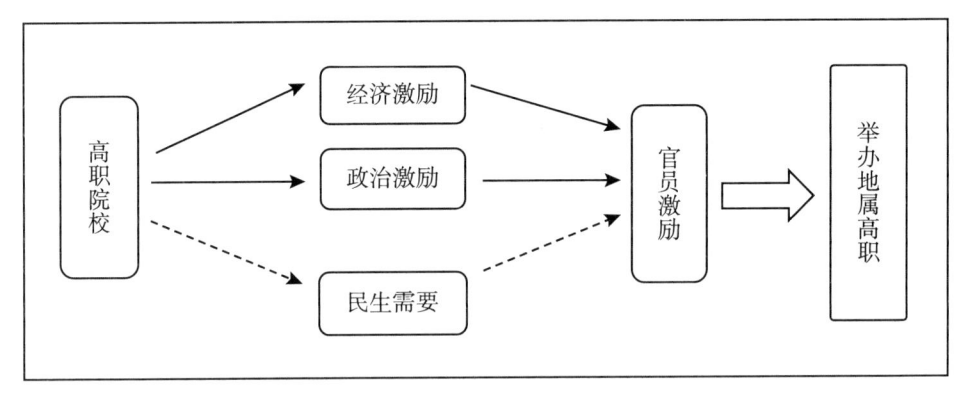

图 5-1 地级政府举办高职院院校的动力分析

按照教育部网站发布的《普通高等学校名单（2004~2013）》，结合《高等职业教育人才培养工作状态数据平台》中院校"主管单位"以及各院校官网的信息介绍，整理出地属高职院校名单并逐年分地区（地级区域）汇总。本研究的被解释变量是计数变量的面板数据，均为非负整数①，需采取面板泊松回归（panel poisson regression）模型（具体模型和统计过程略）分别对全国和子样本进行泊松随机回归，并直接汇报发生率比，得到的结果如表 5-1 所示。

表 5-1 不同地区的泊松随机回归结果

因变量：地市高职数量（前向一期）	全国	欠发达地区	发达地区
解释变量	(1)	(2)	(3)
农村居民可支配收入对数	1.928 *** (0.188)	2.142 *** (0.399)	1.372 * (0.234)
第一产业占比	0.907 (0.471)	1.690 (1.120)	1.436 (1.347)
商品房销售均价对数	0.958 * (0.025)	0.929 ** (0.035)	1.007 (0.053)

---

① 本研究中地属高职院校的数量为 0~6 之间的整数。

续表

因变量：地市高职数量（前向一期）	全国	欠发达地区	发达地区
解释变量	（1）	（2）	（3）
省内其他地属高职个数	1.023*** （0.006）	1.023*** （0.009）	1.017 （0.012）
省内地级政府个数	0.967*** （0.012）	0.963** （0.017）	0.988 （0.024）
本地 FDI 在省内比重	1.188 （0.257）	1.108 （0.358）	1.117 （0.331）
本地有无本科院校	1.094 （0.081）	1.108 （0.074）	0.902 （0.125）
年末人口数对数	1.466*** （0.097）	1.576*** （0.153）	1.488*** （0.155）
财政自给度	1.006 （0.017）	0.960 （0.029）	1.032** （0.016）
年度的虚拟变量	—	—	—
对数似然值	-2 471.9	-1 505.7	-958.5
样本量	2 538	1 690	848

注：（1）***、** 和 * 分别表示在 0.01、0.05 和 0.1 置信水平上显著；（2）括号中为标准误；（3）年度的虚拟变量以 2004 年为参照组，放入了 2005~2012 年的 8 个虚拟变量，系数结果不呈现。（4）对发达地区和落后地区子样本进行了 Hausman 检验，结果均表明应选择随机效应回归。

经统计，2013 年全国 317 所地属高校分布在 226 个地级区域，覆盖全国 67.87% 的地级行政区域，也即全国 2/3 的地级区域至少有 1 所本地政府举办的高职院校。其中，地属高职数量最多的地区是广州市和郑州市，均有 6 所地属高职，济南市、宁波市、泉州市和石家庄市均有 4 所地属高职。全国有 107 个地级区域没有地属高职，其中 44 个地级区域没有高职院校。

经面板泊松回归发现，落后地区举办高职院校的激励机制与全国总体样本所反映的一致，成为全国总体的主导模式，但这与发达地区呈现出一定差异。具体而言，落后地区的地方政府受到更强的经济激励和民生激励，也即为满足本地区经济发展所需要的技能人才和民众对高等教育入学需求而提供高职教育，发达地区同样受到了这两方面因素的影响，但激励作用相对弱一些。

除此之外，在落后地区，商品房销售均价越低，地级政府倾向举办更多数量的高职院校，不难推断出，"土地财政"成为兴办高职院校的一个诱因，建设高职院校成为某些地方政府拉升周边地价的一种手段。更重要的是，在落后地区，省内其他地级政府举办高职院校数量会对本地举办高职院校产生正向激励，反映出一种向上的标尺竞争；并且，省内地级政府个数会对地属高职院校数量产生显著的负向影响，换句话说，落后地区的地级政府会在晋升机会变大时，倾向举办更多的高职院校，反之则不然。明显地，地级政府根据自身所面临的晋升机会大小而做出不同的决策行为。对于那些在经济竞争方面并无多少优势的落后地区政府而言，兴办高职院校可以被视为一项突出政绩，帮助其在激励的晋升竞争中获得加分。总之，落后地区的地方政府在举办高职时受到了较为明显的政治激励，而发达地区则不明显。相比经济发达地区，经济落后地区的高等职业教育被赋予了更多的功能，也即在满足经济发展和民生需求之外，还承担着扩充土地财政收入和增添政绩的功用。

思考这一问题时，有必要重新回到地属高职院校的功能定位上来。2013年，全国85%的地属高职分布在306个地级非省会城市中。相比其他层级和类型的高职院校，地属高职院校与地方经济发展和地方政府的联结最为紧密，具有更多劳动力市场方面的信息，客观上具备服务本地区经济社会发展的有利条件。在这个意义上，应重视并积极发挥地属高职院校推动经济发展和满足民生需求的服务能力。在经济欠发达地区，应抑制地方政府脱离本地实际、盲目上项目兴建高职院校的政绩冲动，使得地方政府在提供高职教育服务时体现出"扶持之手"的作用，而非"掠夺之手"。

四、财政激励与高职院校的竞争和分化

在多层、多元的高职财政体制下，财政工具可以是一种，也可以是多种工具的组合，如财政预算拨款、教育附加费、学费、职工培训费和税收减免等。财政工具又可分为强制形式和诱导形式：强制形式如通过法律、法规或政策，明确要求一定主体提供相应的经费，如政府对公办院校的人员经费、公用经费、生均经费的保障有相应的明确义务；诱导形式如通过税费减免或者给予其他利益补偿的方式引导某些主体为教育机构或教育活动提供资源或资金支持，如对企业捐赠资金配比、捐赠的税前列支等；政府通过项目形式要求下级政府、举办单位或学校给予项目配套都属于此类。

财政体制对教育机构或教育活动的功能表现在保障、引导与激励、约束与控制作用。教育机构运转和教育活动的开展需要一定资源作为支撑，通过财政体制对经费做出安排能为此提供保障，如人员、公用和生均经费的财政拨款，这主要

是保障功能；引导与激励功能表现为政府通过财政投入形式引导和激励教育机构及其举办者将更多的资源和精力集中投入在某些环节或方向上，如加强师资队伍建设、改善硬件设施、加强校企合作或对学生给予资助等；约束与控制功能即通过财政政策，实现政府或国家对某些教育机构或教育活动进行约束与控制的效果，如通过给予民办学校的拨款换取对民办学校某类活动的控制能力。

高职院校的财政体制是某一层级政府设计的围绕实现这些功能通过不同财政工具将相应主体连接起来的制度安排。在不同的高职教育体制下，主体的组合、财政工具的组合、功能的组合有很大差异。健全的财政体制能够通过财政工具组合在更大的范围内征收、吸纳更多资源（尤其是资金）用于教育。但是教育财政体制也会随着国家法律、上级政府的政策、本级政府的财力与理念以及教育事务的不同领域而对财政工具的组合、对不同主体的选择、相应功能的考虑而有变化。

（一）高职办学体制对财政体制的影响

我国高等教育财政施行"谁举办谁出资"的政策，办学体制在一定程度上规定了高职院校的财政体制。

第一，尽管省属行业性公办高职院校多是由省政府相关厅局举办，但各厅局并不负责院校的基建、人员和公用经费。经费，特别是人员和公用经费由省级财政负担，并且通过省级财政直接拨给国库企业口的。受财政体制约束，省政府相关厅局缺乏直接向所属高职院校下拨经费的渠道。这些院校的基建经费大多靠银行贷款、学费偿还和旧校园置换完成。省财政厅和教育厅对地市级所属院校不承担基建、人员和公用经费责任。但是，省级设置的建设专项则可能覆盖地市级高职院校，这些专项往往是通过竞争获取的，如国家或省级示范校、骨干校建设项目或专业建设项目等。

第二，与省属高职院校财政拨款体制相似，地市级教育行政部门对辖区内高职教育发展有规划、统筹责任，但这些高职院校的财政预算并不经由市教育局上报。在地市级财政预算体制中，高职院校的财政预算与地市教育局并列为一级预算。高职教育预算资金主要由两类构成：一类是常规性的，基本按教师人数、学生数量以及相应的专业系数而定；另一类是专项，地市级少有专门针对高职教育某一方面的专项经费，较多的是对国家专项和省级专项配套；但经济发达地市会有一些面向本地高等教育的专项，一些高职院校可能会从中受益。

第三，民办高职院校除因合并公办中专校而有部分拨款外，很难获得省级或地市级别的财政经常性拨款。由企业集团举办的高职院校，现实中也很难得到企业集团稳定的有固定项目来源的拨款。作为举办方的企业集团对学校正常运行方面很少有投入，学校运行的经常性经费主要靠学费。

办学体制确定了高职教育举办方相应的出资责任，这种多层次和多元财政体制有效缓解了省内高职院校向省级财政施加压力的可能性。因为是"分灶吃饭"，地市级高职院校就不会向省级财政施加压力；因为财政体制的问题，省级高职院校也很难向教育主管部门施加增加经费的压力。尽管如此，从不同阶段看，政府财政实力不同，高职教育的经费需求不同，政府的资助理念与面对的压力不同，最终财政的资助方式也是不一样的。

(二) 财政激励对高职竞争、分化的影响

高职院校的创立与发展要有稳定可靠的资金来源。办学体制的多层次和多元性决定了高职教育财政体制的多层次和多元性。尽管办学体制与财政体制并不完全重合，即不是绝对意义上的哪单位举办就由哪单位出资，但省属和地市所属高职、民办高职的财政来源是非常清楚的。在人员经费和公用经费上，省级财政不会补贴地市级高职院校，地市级高职院校也不会寻求省级财政的帮助，社会力量办学的高职院校主要是依赖举办者，甚至主要是依靠学费支持。

办学体制和财政体制结构决定了高职院校能够获得的资源不同。如果民办高职院校的举办者没有足够实力，不能持续投入资源，民办高职的人员经费和公用经费就只能靠学费，资金压力就很大。地市级政府负担本级高职院校的办学经费，但地市级经济发展水平和财政实力差异很大，能够投入高职教育的财政资金差异也很大。长此以往，不同院校教育质量的差异有可能加大，对生源的吸引力、对当地企业的服务能力也会不同。相对来讲，省属高职院校由省级财政负担，其人员和公用经费是有保障的，保障水平也高于一般的地市级高职院校。因此，办学体制、财政保障水平的差异是导致高职院校之间竞争分化的基本因素。

办学体制和财政保障水平的差异也会导致高职院校在争取财政专项资金上的差异。2006年以后，教育部先后启动国家高职示范校和骨干校建设项目，这些项目带有较强的竞争性。在得到这些专项资金的支持后，高职院校在办学实力上与其他较弱院校拉开更大差距。处于竞争优势的院校将有可能在后续的财政专项性竞争中保持优势地位。另外，财政不可能对高职院校的经费需求给予充分的、无限的满足，所以非财政资源的获得对院校的发展也很重要。但要获得非财政性资源的支持，高职院校本身的办学条件和办学实力将是关键。

随着高校生源进一步减少，高职院校已经出现的竞争和分化将会进一步加剧。竞争中的最先失利者会是缺乏生源和吸引力、没有稳定财力保障的民办高校，其生源会流向公办高职院校；其次是经济落后地区办学实力较弱的市属高职院校，其生源有可能大批流向经济发达的地市或省会；最后的竞争会是在省会和

经济发达地市的高职院校之间展开。目前这种竞争已经出现并正在进行中。

第二节　政府规制、扶持与财政投入保障

在职业教育系统中，政府是强有力的规制者。要想使政府的政策取得效果，必须对政策制定、执行、监督和评估等环节进行研究，分析政策工具在职业教育系统中的运行模式。从利益相关者角度，分析政策是否能够调动各方面的积极性，政策的设计、执行和评估中存在什么问题，政府如何在针对不同职业教育问题选择恰当的政策工具等，具有重要的意义。本节选取中等职业教育免学费政策和民办高等职业教育办学模式创新以及财政支持分别进行评估和分析，以点带面，阐释相关政策工具在职业教育发展中发挥的作用。

一、中等职业教育免费政策评估

本节从利益相关者理论出发，分析与职业教育利益相关的重要主体对中职免费政策的应对，总结在此过程中各利益相关主体的行为选择所产生的影响。根据弗里曼（R. E. Freeman）的定义，利益相关者是"能够影响整个组织目标的实现或能够被组织实现目标的过程影响的人"。对于职业教育而言，利益相关者主要以政府、职业院校、学生和家长以及行业企业为代表。在中职免费政策的制定和执行过程中，行业企业的参与程度和影响作用较弱，因此我们主要以前三者作为中职重要的利益相关主体来分析。

（一）中职免费政策的目标和主要内容

21世纪初，国务院两次召开全国职业教育工作会议，出台《关于大力推进职业教育改革与发展的决定》（2002年）和《关于大力发展职业教育的决定》（2005年），其中，中等职业教育是重点发展对象。为促进职业教育发展和教育公平，从2007年开始，政府在中等职业学校建立了国家助学金制度。2009年，财政部、国家发改委、教育部、人社部四部委出台《关于中等职业学校农村家庭经济困难学生和涉农专业学生免学费工作的意见》，对中职学校农村家庭经济困难学生和涉农专业学生采取免学费政策，其政策目标是减轻农民负担、增强中职吸引力和发展农村经济。2010年四部委又联合发文，决定从2010年秋季起，将免学费政策对象扩大到城市家庭经济困难学生。2012年，中职免费政策继续推

进,受惠对象进一步扩大到公办中职学校全日制在校生中所有农村(含县镇)学生、城市涉农专业学生和家庭经济困难学生(艺术表演专业除外)。至此,中职免学费政策全面铺开。同时还进一步完善了中等职业教育的国家助学金制度。

数据显示,2016年全国1 000.53万中职学生享受免学费政策,其中西部地区308.73万人,占享受免学费资助学生总数的30.86%;中部地区323.35万人,占32.32%;东部地区368.45万人,占36.83%。全国各级财政共投入中职免学费补助资金200.11亿元。其中,中央财政资金107.30亿元,占资金总额的53.62%;地方财政资金92.81亿元,占46.38%。[①]

(二) 免学费政策下各利益主体的行为选择

中央政府制定中职免费政策的初衷是达到"增强中职吸引力、优化教育结构、减轻农民负担和促进教育公平"的目标。政策执行过程中,各利益主体与中央政府的利益诉求往往不一致,它们按照自我利益最大化原则,对中央推行的中职免学费政策或遵从、或规避,做出了不同的反应。

1. 地方政府的应对

中职免学费政策是中央政府依靠行政手段,从上到下强力推行实施的。地方政府要按照规定对免收学费产生的经费缺口给予支持,即配套支出免学费补助资金。这是在2007年推行中职助学金政策之后,地方政府在中职领域又增加的一项财政支出责任。对地方政府来说,免学费补助金是在支出结构相对稳定的经费"总盘子"中一笔数量较大的刚性支出任务,这扰乱了原有的经费安排,降低了地方政府经费支出的自主性。许多地方政府的认识没有跟上,并不认同这一政策。该政策也没有设计对地方政府的激励措施,因此地方政府总体上比较消极,倾向于通过不同方式降低自身的支出负担,如降低补助资金标准、限制招收外地生源和民办学校招生以及消极宣传等。财力紧张的地区和基层政府更是如此。

2. 学校的反应

对于职业学校而言,免学费政策产生的一个直接后果是原来向学生收取的学费收入改为政府补贴给学校的免学费补助金收入。政策设计初衷是用财政资金补助取代学生学费,但不影响学校的发展。但由于政策规定的财政补助资金的标准偏低,对多数公办中职学校的办学经费造成很大冲击。

具体而言,大部分地区中职学校在免除学费前的学费水平超出2 000元,因

---

① 根据教育部发布的《2016年中国学生资助发展报告》,中等职业教育共资助学生1 502.66万人次,资助金额332.13亿元,http://edu.lenovo.com.cn/index.php?s=/news/detail/id/194/cate_id/43.html. 2017-02-28。

此即使在免学费补助资金拨款到位的地区，2 000 元补助标准也无法满足免除学费后面临的经费缺口。在政策初期，财政不对第三学年学生被免的学费进行补助，而要求"学校通过校企合作和顶岗实习等方式"自筹。但在现实中，中职学校校企合作或顶岗实习多数是学校求助企业进行合作，基本得不到或只能得到少量报酬，根本无法抵消第三学年的学费缺口。即使 2012 年政策有所修订，但即使政府按照规定上限执行，中职学校仍然面临第三学年学费收入减少一半以上的缺口。同时，免学费政策实施之后，政府加强了对财政资金使用的监管，学校经费使用自主权受限，影响了学校内部的绩效管理。

免学费政策使中职学校总经费收入减少，在确保教师工资支出之外，难免会影响到其他日常性经费支出，一些学校试图采取不同方式来降低办学成本、增加收入以应对这一变化。例如，在政策实施早期监管不严时，个别学校通过另立名目变相向学生收取费用。有研究显示，免学费政策降低了中职学校发展高成本工科专业的意愿。① 总体上看，免学费政策的实施使中职学校不得不压缩办公经费，办学的积极性受挫。

3. 学生和家长的反应

免学费政策客观上降低了学生就读中职学校的成本，但求学经济成本并不是初中毕业生选择上中职还是普通高中的关键因素。调查发现，绝大多数学生就读中职学校不是冲着"经济资助"，而主要是学业基础等其他非经济方面的原因，一是从毕业后就业谋生的实际经济利益，二是学习成绩不理想下继续求学的一种无奈的"次等选择"。② 因此，免学费政策降低了中职教育服务的价格，但并没有有效影响到学生和家庭的就读选择。

可能的情形是，只有小部分家庭可能单纯因为经济因素而选择中职学校就读。免学费政策对于中下及低收入农村家庭而言更为急需，发挥的效用更大。对于多数中职学生而言，免学费政策被普遍视为一种无偿的赠予，甚至由于免学费，反而使一些学生不珍惜就读机会③，较低的辍学成本使学生更容易离开学校辍学打工。

（三）免学费政策的效果

地方政府、中职学校和学生及其家庭基于自身利益追求，对中职免学费政策

---

① 钟昌振、徐晓红：《湖南省执行中职免学费政策的调查研究》，载于《职教论坛》2014 年第 28 期，第 13～17 页。
② 韩阳：《中职助学金和免学费对绵阳地区初中毕业生选择中等职业教育的影响研究》，四川师范大学，2015 年。
③ 潘馨声：《广西中职教育免学费政策执行力研究》，广西大学，2014 年。

做出了不同应对和选择,造成了多重政策效果。下面从政策的有效性、效率和公平,以及连带的外部影响来分析中职免学费政策的实际效果。

1. 政策的有效性

政策的有效性,是指政策实施后实现其预定目标的程度。

首先,免学费政策对于增强中职吸引力的促进作用并不显著。一个对湖南5所中职学校的问卷调研显示,学生选择就读中职与免学费没有关系的占31.2%,只是部分原因的约占60%,是重要原因的约占9%①。另外一份对浙江、江苏、湖南、贵州与辽宁五省3 323名中职学生的调研也得到了类似的结论,42.2%中职生表示免学费与其选择就读中职没有关系。②江西的调查发现,学生就读中职的首要原因是出于就业考虑、学业失败等因素。③由此可见,免费没成为学生就读中职学校的主要动机。同样,学生也不会因免费而选择涉农专业,对涉农专业的认可度很低。④

其次,在优化教育结构方面,中职学校在高中阶段的招生人数占比不升反降。统计显示,中职招生数占高中阶段招生总数的比重从政策实施前的49.2%,下降到2014年的43.8%,普职比未达到政府文件中设定的1∶1的预期目标。王蓉的研究测算,2012年全国中职学校学生的流失率高达13.82%⑤,这是中职吸引力较弱的又一例证。免学费政策在一定程度上推迟甚至阻碍了民办职业学校的结构优化。部分运行不佳甚至濒临停办的民办中职学校由于得到了财政补助,继续维持生存下来,而这些学校发展的动力和效率问题并没有任何改进。⑥

最后,免学费政策确实可以减轻农村学生家庭的经济负担,但只对一小部分家庭而言更为有效。郑茹方在江西的调查显示,对多数家庭(54.7%)来说,免除的资金只是减轻了一部分家庭负担;能极大减少家庭经济支出的只占有效样本总数的13.5%;对9.5%的家庭影响甚微。政策有限的经济激励作用会随着农村家庭收入水平的提高而减弱,只具有短期效应。⑦

---

① 钟昌振、徐晓红:《湖南省执行中职免学费政策的调查研究》,载于《职教论坛》2014年第28期,第13~17页。
② 董仁忠、刘新学、钟昌振:《中职生免学费政策执行的调查报告》,载于《职教论坛》2014年第28期,第23~30页。
③ 郑茹方:《中职免费政策实施效果调查 以江西某中职示范校为样本》,载于《职业技术教育》2012年第12期,第66~69页。
④ 陈胜祥:《农村中职免费政策失灵:表现、成因与对策——基于浙、赣、青三省的调查》,载于《教育科学》2011年第5期,第13~19页。
⑤ 王蓉:《应放缓全面实施中等职业教育免费政策》,载于《教育与经济》2012年第2期,第1~6页。
⑥ 韩凤芹:《中职教育应实现公平与效率融合发展》,载于《中国财政》2017年第1期,第49~51页。
⑦ 陈胜祥、王秋萍:《农村中职免费政策对农村初中毕业生教育偏好的影响——以江西省鄱阳县为例的调查研究》,载于《河北师范大学学报(教育科学版)》2009年第3期,第88~92页。

2. 政策的效率

政策的效率，即相对于其实施所需的全部成本，政策所取得的成果如何。免学费政策增加了地方政府的财政负担。较为突出的问题是补助资金存在拨付延迟和拨款不到位现象，影响了学校的日常运行。山东的调研发现，面对补助资金延迟难题，部分学校通过借款、挪用其他专项资金，甚至个人借贷方式维持运转[①]。另外，受地方财政承受能力的限制，部分欠发达地区在拨付免学费补助资金方面"有心无力"，拨款金额不足比较普遍。从全国范围看，24.3%的市、县没有落实免学费的支出责任，中、西部地区没有完全落实免学支出责任的市、县比例高达36.7%和25.7%。[②] 在政策执行过程中还存在对经济困难学生认定缺乏标准、18岁以上学生被拒绝纳入免费范围以及学籍人数核查时政府部门监督不足等问题。

从学校角度来看，免学费政策直接造成了办学经费紧张和使用僵化，使中职学校仅仅维持较低水平的"正常运转"，不利于学校的进一步发展和质量提升。

从学生角度来看，免学费政策财政资金"投入—产出"效率较低。是否享受免学费政策与学生所选专业、户籍和家庭经济状况有关，但与学生绩效无关，并不能激发学生的学习兴趣与动力。广西的调查显示，生源扩大后的学生素质并未得到提高，资助面广与学生质量未能形成正相关。[③]

3. 政策的公平性

政策的公平性是指政策实施后带来的利益或造成的损害在相关群体中的分配是否是公平。

首先，免学费政策在不同地区的效果存在差异。在中西部地区，在一定程度上增强了中职教育的吸引力，但对东部地区激励有限；由于地方政府对免学费补助资金实行按比例配套，东部地区政府普遍对招收外地生源（中西部地区）持保守态度。该政策在发达地区的负面效应更明显，东部地区招生人数在免费后急剧下滑[④]。

其次，相比于公办学校，民办中职学校在享受财政资金资助方面处于劣势地位。按照规定，民办中职学校经批准的学费标准高于补助的部分，可以按规定继续向学生收取。相比于公办学校全部免学费，收取学费加剧了民办学校在"服务价格"方面的竞争劣势。另外，民办学校免学费补助拨款方式也有问题。同时，

---

① 郑立群、赵丽萍、王福建：《关于山东省全部免除中等职业教育学费政策实施情况的现状与对策研究》，载于《中国成人教育》2015年第14期，第48~51页。
② 韩凤芹：《中职教育应实现公平与效率融合发展》，载于《中国财政》2017年第1期，第49~51页。
③ 潘馨声：《广西中职教育免学费政策执行力研究》，广西大学，2014年。
④ 刘明兴、田志磊、王蓉：《中职教育的中国路径》，载于《光明日报》2014年10月14日第14版。

公办学校内部不同类型学校获得的实际补助金拨款水平存在很大差异，如河南学校所获实际拨款从每年每生 400 元到 2 100 元不等。

最后，免学费政策对不同经济状况农村家庭的激励作用不同。"一刀切"地以农村户籍界定政策覆盖范围，免学费政策对不同家庭经济负担减轻程度存在很大差异，相对富裕的农村家庭享受到的经济益处较为有限，进一步造成不同经济状况家庭在中职教育选择机会上的差异。免学费政策进一步激励家庭收入处于底层的农村学生进入中等职业学校，在某种意义上导致收入不平等的代际传递，固化了原有的社会分层。

4. 政策的外部影响

政策的外部影响，是指一项政策的实施可能会对其他相关领域产生影响，即在政策产生的预定目标之外的积极或消极的影响。

首先，免学费政策抑制了外来人口流入地区招收外地生源的规模。为减轻本地财政支出，东部一些地区从局部利益出发，控制本地中职学校招收外地生源的规模。①

其次，免学费政策扩大了公共财政在中职教育经费中所占比重，原有的"二元"格局变为财政"一头独大"，经费筹措渠道收窄。在财力比较困难的中西部地区，特别是层级较低的县乡，这加剧了中职经费收入的政策风险。经费渠道的"一极化"与倡导的"多元渠道融资"背道而驰，民办学校举办者投入和社会捐赠收入在免费前后不升反降，中职学校形成了"等、靠、要"的依赖心理。

最后，免学费政策影响中职的资助政策以及生均拨款制度的确立。免学费资助和中职助学金相加后农村户籍及城市家庭经济困难学生所获得的资助额度每生每年达到 3 500 元，这使基层政府在负担义务教育经费之余基本上再无力承担。在资金负担之下，许多地方政府设置的中职生均公用经费拨款标准很低，甚至个别地区根本没有生均公用经费，建立中等职业教育的生均经费保障制度困难重重。

（四）偏差分析与对策建议

总之，中职免学费政策的实际效果与政策设计初衷存在一定差距，产生了多重政策效果，如财政补助资金"投入—产出"效率不高，政策效果在不同学校、不同经济区域之间存在较大差异，影响外地生源招生、中职教育经费结构以及中职财政政策的调整等。究其原因，我们认为存在以下偏差：

---

① 刘永新：《浅谈中职教育免学费政策执行中的问题及对策》，载于《中国财政》2013 年第 14 期，第 77 页。

第一,在政策制定过程中,公众参与度、可预测性和程序公正性都有欠缺,呈现一种内部输入机制,即由权力精英代替民众进行利益诉求,通过组织机构层层向上传输,而不是由民众或利益集团直接向决策中枢输入要求,有明显的间接性。免费政策制定过程迅速、快捷,但缺乏问题确认以及方案拟订、细化、咨询、评估、公示、选择、修正等步骤,具有"单方案决策"的特征,而不是多方案的择优。①

第二,对关键的利益相关方——地方政府,政策设计缺乏有效的激励机制。免学费政策的实施是典型的"从上到下"的行政动员过程,其间中央和地方政府的利益诉求并不一致。由于缺乏有效的激励机制和奖惩措施,地方政府往往从局部利益出发,"上有政策,下有对策",在政策落实中发生激励扭曲。

第三,政策制定者与学生和家庭对中等职业教育的认知定位不同。前者立足于整个国家和社会经济发展,把职业教育发展放在"走新型工业化道路,建设社会主义新农村,调整产业结构、促进就业再就业"的高度,把中职免学费视为"促进教育公平和社会公正的有效手段"。而学费高低或求学成本却并非学生和家长选择中职教育的首要因素。可以说,这是社会需求与个人需求不一致产生的矛盾。

第四,中职免学费政策改革对现实的困难估计不足,对学校补助资金标准过低。例如,即使根据不同经济区域区分了中央和地方的分摊比例,但在西部欠发达地区,基层政府对免学费补助资金也无力负担;2 000 元的补助资金标准对多数中职学校而言设置过低,不能弥补学费缺口。

综上,建议一方面在执行过程中加大对学籍的审核与管理,完善对经济困难家庭的认证标准与流程;另一方面加强对免学费补助资金发放结果的督导,可设计奖补机制以激励地方落实财政支出责任。重点关注西部地区、经济较为落后的基层政府举办的中职学校,中央政府可加大财政资金的补助力度。在今后的政策设计时,做好前期的政策需求研究,及时了解不同地区改革涉及的相关利益主体的最新信息,在强调政策效果公平性的同时坚持效率目标,提高财政资金利用效率,不妨把补助资金发放与中职发展的绩效因素挂钩,如流失率等指标,将财政资金与教育质量因素结合在一起,避免资金的无效浪费。在出台政策之前,应做好试点调研工作,总结各方案的优劣,择优选用。由于公共政策涉及范围较为广泛、影响较大,应谨慎出台改革措施,避免朝令夕改而影响政策的公信力。

---

① 王星霞:《中等职业教育免费政策评估研究》,载于《教育发展研究》2012 年第 17 期,第 25 ~ 29 页。

二、民办高职教育发展的财政支持

截至 2013 年,我国有民办高等职业院校 325 所,占全国高职院校总数的 24.6%,民办高等职业院校在校生约 196 万人,约占专科在校生总数的 20%;民办中职学校 2 482 所,占中职学校总数的 23%,在校生约 208 万人,约占中职在校生总数的 11%。① 尽管近年来民办职业教育在职业教育体系中的份额略有降低,但仍然是我国职业教育体系的重要组成部分。2014 年国务院出台的《关于加快发展现代职业教育的决定》引导支持社会力量兴办职业教育,提出"创新民办职业教育办学模式……探索公办和社会力量举办的职业院校相互委托管理和购买服务的机制。"探讨财政政策如何促进民办职业教育发展,从而更有效地发挥政府的引导和激励作用,具有重要的现实意义。

(一)公共财政资助民办职业教育的国际经验

目前世界各国(地区)主要通过减免学费、合同补贴、竞争性专项补贴、税收减免等方式资助私立职业学校,也通过向私营企业购买职业教育和培训服务。

1. 减免学费——中国台湾地区

减免学费的典型例子是中国台湾地区。我国台湾为了实现十二年义务教育的目标,减轻家长经济负担,在高等职业中学(相当于大陆的职业高中)阶段(含五专前三年)实施免学费措施。就读高等职业中学及五专前三年学生家庭年收入在 114 万元新台币以下者,学费由政府补助(学生仍需缴纳杂费和代收费)。这一措施覆盖了私立学校,并且"对于获学费补助私立学校,与公立学校之办学需同受严格监督与评鉴,以确保教学正常与办学品质"。

2. 合同补贴——法国

法国中等教育阶段的职业高中有 1 602 所,其中私立职业高中 660 所,占总数的 41%;私立职业高中学生数占职业高中学生总数的 21.6%(2012 年)。在中等职业教育阶段,法国的私立学校可以收费,政府对收费标准没有规定,但以非营利为原则。私立学校可在法律允许的条件下获得公共经费。如果私立学校与国家签订合同(多数私立学校如此),国家将负责提供教师的薪酬、社会保险以及教师培训费用。作为回报,这些私立学校应实行和公立学校完全相同的课程,按合同招聘和支付教师工资,并同公立学校接受一样的检查。各大区和省也要资助合同制下的私立中学(初中和高中)。

---

① 笔者根据教育部网站统计数据计算所得。

3. 竞争性专项补贴

除上述覆盖全部公、私院校的普惠性拨款和合同制补贴外，部分国家采取竞争性的专项补贴模式，如澳大利亚。在澳大利亚各州/地区的职业教育公共财政经费中，约有 5%~10% 的资金采取竞争性项目方式拨付。此类项目支持的培训内容主要为：产业和政府优先发展的职业教育培训项目，短缺人才培训项目，出于公平考虑而以特殊人群为对象的职业教育项目。在此类拨款中，公、私职业教育机构处于同等地位，通过公开竞标方式争取财政专项。各项目的具体金额根据各州职业教育政策及偏好，以及职业教育机构接受的学生数量、教学质量、培训成本等确定。拨款在确定之后不是一次性拨付，而是根据提供者的办学绩效（如是否完成培训计划、学成率、教学质量等）分期拨付。

此类项目满足了政府对职业教育的特殊要求和优先目标，在资金拨付方面引入了市场运作方式，提高了资金的使用效率。市场分配模式也有力地促进了职业教育机构在竞争中提升自身的质量。

4. 税收减免

为了促进经济增长、鼓励私营部门提供职业教育培训，韩国、马来西亚、新加坡等实施"人力资源发展"或"劳动力发展"等计划，其核心是针对职工培训费用的税收优惠政策。政府规定提取企业的一部分收入（通常为用工成本的某一个百分比）设立职工培训基金，并允许企业通过税收抵扣方式，利用这部分资源培训内部员工。这一税收优惠政策在激励企业培训员工方面发挥了重要作用。但有学者指出，这一模式导致可提供培训的大企业受益，而中、小企业并没有从中得到实惠；并且，政府面临着资金使用监管方面的挑战，需要强力有效的问责体系与之配套，以确保资金会被真正用于职业教育和培训。[①]

5. 政府向私营企业购买服务

政府直接向私营企业购买职业教育和培训服务。如沙特阿拉伯日用消费品和医疗健康企业泰美集团（Tamer Group），与沙特阿拉伯劳工部合作培训物流管理运营人员。按照协议，完成 3 个月的项目培训后，表现最好的前 20% 学员由泰美集团雇用，其次的 30% 由其推荐到其他公司，培训项目由泰美集团与劳工部共同出资。[②] 在政府购买模式下，被培训人员不限于本土。例如，雀巢公司的海外培训项目得到瑞士政府的资金支持，2010 年其共参加了 53 个海外培训项目和

---

① GAO. Almost half of states fund employment placement and training through employer taxes and most coordinate with federally funded programs [R]. Washington, D. C.：Government Accounting Office, 2004.

② OECD. Enhancing Skills through Public Private Partnerships in Education in Ukraine：The Case of Agribusiness [R]. 2012：P. 19.

156 个国内培训项目。①

总之，对于职业教育培训的供给，政府既可以直接提供服务（设立公办职业院校），也可以向私营部分付费并委托其提供职业教育。当政府不再从事直接生产产生的交易成本低于直接生产所产生的官僚制成本时，政府资助私营部门提供职业教育是合理和必要的。依据各国财力水平、职业教育办学体制和政策目标的不同，采取不同财政工具支持民办职业教育的发展，这些都可以属于职业教育公私合作伙伴关系（public private partnerships，PPP）范畴之内。

（二）各地支持民办职业教育发展的实践

我们走访了浙江、广东、重庆和北京等地 12 所民办职业院校及相关教育行政部门，对民办职业院校的经费、生源和师资队伍建设等问题进行调研。② 根据各地实践情况，把财政支持民办职业教育的措施归纳为人、财、物三大类（见表 5-2）。

表 5-2　　财政支持民办职业教育的典型方式（各地实践）

措施	指标	广东	浙江	重庆	北京
人	干部任命		√		
	教师编制		√	√	
财	财政专项	√	√	√	√
	财政经常性拨款			√	
	融资担保			√	
物	实训基地建设	√			

资料来源：根据笔者的调研资料整理所得。

首先是人事制度方面，政府直接选派人员参与民办高职院校的领导和管理，或给予民办高校一定数量的教师编制，"定编不定人"，帮助民办院校稳定教师队伍。这种情况在浙江较为普遍。重庆市教委出台《关于组建民办学校中初级专业技术职务评审组织有关规定的试行通知》，重庆正大软件职业技术学院等 5 所民办高校获得中级职称评审权；同等条件下，对民办高校教师申报高级职称给予过关率保障。

---

① OECD. Enhancing Skills through Public Private Partnerships in Education in Ukraine：The Case of Agri-business [R]. 2012：pp. 55-56.
② 我国中等职业教育普遍实施免学费政策，与高等职业教育的财政政策不一致，不具代表性，此节及下面着重研究民办高等职业教育。

在经费方面，比较普遍的做法是设立民办职业教育扶持和引导专项资金，院校均有机会获得，数额在几十万到几百万之间不等。除学生奖助学金外，民办院校还可以与公办院校一同竞争央财、省财关于实训基地建设、示范校建设等专项，但获得的机会较低。例如，北京市教委针对民办教育设立了民办教育引导资金和扶持资金，各高职院校可以竞争申请获得，如北大方正软件职业技术学院被评为北京市示范院校，2014 年获得民办项目引导资金 400 万元，以及央财实训基地项目 360 万（其中北京市政府财政配套 180 万元）。此外，北京市教委也有一些覆盖民办高职院校的奖助补贴，民政局有退役士兵培训补贴，但这些专项金额通常较小。

值得强调的是，目前国内个别地区已经开始给予民办高职院校生均公用经费拨款。如自 2012 年起，重庆市政府对民办高职院校按照 2 000 元的标准提供生均公用经费补助，补助标准兼顾办学层次、专业类型等因素。为解决民办融资难的问题，重庆市政府创新教育担保机制，同意设立教育担保公司，通过采取学校收费权和办学权质押等方式，为民办教育担保贷款，同时学校可享受 20%～25% 的优惠担保费率。

在基础设施建设方面，地方政府一般通过与民办院校合作共建区域性职业教育实训基地来支持民办职业教育的发展，如广东岭南职业技术学院与广州开发区高技能人才公共实训基地管理服务中心合作共建实训基地等。

（三）民办职业教育面临的问题和挑战

当前我国民办职业院校所面临的主要问题和挑战是：

1. 产权不明晰，在相关政策上难以实现与公办院校"同等待遇"

民办院校的法人属性被界定为民办非企业法人，既非"企业"也非"事业"。在现实中，民办院校要履行企业法人的义务，但又享受不了事业法人的优惠政策。此外，出资者不能转让，且不能随法人财产权的扩大而扩大。法律政策上的矛盾使民办院校无所适从。其次，《民办教育促进法》规定"出资人可以从办学结余中取得合理回报"，但由于"合理回报"无明确说明，因此缺乏操作办法而难以落实。再次，民办院校在税收、土地和融资等方面缺乏政策支持，难以实现与公办院校同等的法律地位，如享受不到与公办学校同等的税费优惠，土地和学校资产不能抵押，缺乏融资担保服务平台等，这些问题影响了民营资本进入职业教育的积极性。

2. 教师流动性高，整体素质偏低

师资队伍的稳定性已经成为困扰民办职业院校发展的主要难题。在走访的民办院校中，普遍反映师资队伍学历、职称不高，年龄结构不合理，且师资队伍流动性很大,尤其是评上高级职称的骨干教师纷纷离职,其重要原因是教师退休后待遇无法保障。民办院校未纳入事业单位保险体系,养老金按企业职工标准发放,远低于公办院校教职工(前者约为后者的25%~45%)。此外,政府部门组织的培训、科研项目和各种评比中,资助民办院校教师的机会很少,往往"有名无实"(有称号无资金),这也是影响民办院校师资队伍建设的重要因素。

3. 生源危机

在当前高中毕业生数量下降的趋势下,相比公办院校,民办院校无论是在招生名额的分配,还是在招生录取批次等方面都处于劣势地位,受到公办院校的挤压。民办院校的名额尤其受到省级教育部门、地市级政府举办的高职院校的挤压,处于最底层,且与两者之间的差距在不断拉大。民办院校生源危机的直接后果是招生市场竞争加剧,"买卖生源"、虚假宣传乱象丛生。未来随着学龄人口进一步下降,民办院校生源萎缩将进一步加剧,届时预计将有一批民办职业院校将因招生不足而关门。应审慎思考并完善民办职业院校的各项退出机制,以保障教师、学生、投资者各方利益主体的权益,维护社会稳定,未雨绸缪。

4. PPP 模式下对政府监管、项目问责的压力

在政府资助民办职业教育发展(PPP)的背景下,已有越来越多的地区(部分)采用了绩效拨款方式,以项目产出表现为经费拨付标准。在各种模式的财政资助项目中,人们逐步意识到项目的监管管理、资金使用效益及建设问责机制的重要性,并期望对这些项目进行专业评价,以论证财政资助项目的安全性和合理性,并应对人大预算的审核压力。

(四)政策建议

结合国内民办职业教育发展的实际情况和问题,提出以下建议:

第一,健全相关政策法规,将民办院校按照营利与非营利实行分类管理。对非营利性民办院校,依法给予同等公办院校所享有的待遇,尤其是在税收优惠方面,免交营业税和企业所得税。此外,非营利性民办院校以行政划拨方式征用教育用地,减免土地税费,在土地、校舍等资产过户时减免有关税费。对于营利性民办院校应明晰产权,可以参照企业法人来运作,并制定一系列投入、退出机制的法规政策来具体实施。具体而言,学校存续期间所有资产归学校支配和使用;学校终止时,在清偿债务后,按市场价格由政府和出资人共同分担资产的增值(或贬值)部分。

第二,通过政府购买服务方式,向民办院校提供生均公用经费支持。首先,根据民办职业院校的年检和职业教育质量评估(由相关部门、专家和行业等组成的第三方评估组织)结果,为一定比例数量的民办职业院校提供生均公用经费支持，同时明确要求民办高校原有公用经费不退出、不减少。补助标准由各地政府自行制定。对政府的财政性投入建立专门账户，实行专项管理，保证财政经费安全使用。受资助对象按考评结果每1~2年实行动态调整。

第三，对于各级政府的专项资金安排，扩大竞争性资金比例，以绩效为导向分配资金，给予民办院校同等的竞争机会。专项资金投入可考虑向师资培训、课程建设等"软性投入"倾斜。利用中央专项资金鼓励民办院校开展现代服务业、文化创意产业等国家未来重点扶持、发展的产业的职业教育。

第四，利用民办教育办学模式的灵活性，鼓励和引导办学质量较好的民办院校开展中外合作办学项目，引入国际先进的职业教育理念和课程，培养具有国际竞争力的技术技能人才。建议政府为这类院校提供教育担保服务、低息贷款或者贷款补贴等。

第五，通过中央财政资金以奖代补方式，鼓励地方政府为把民办高校教职工纳入事业单位保险体系提供财政补助（按一定比例分担）。把民办院校的骨干教师培训、干部培训纳入各级政府为职业院校提供的师资培训项目中，并定期组织民办高校的管理者、举办者培训。鼓励教师在民办院校与公办院校之间进行轮岗交换。

第六，在招生方式上，允许符合一定条件的民办职业院校开展单独招生。对于招生不足的院校，鼓励其转型开展非学历的职业教育培训。

第三节 地方职业教育的案例研究——"浙江模式"

我国职业教育的发展既受到国家政策的影响，也受到地区经济发展、产业结构以及地方政府政策的影响，特别是省级地方政府对本行政辖区的职业教育具有较强的统筹能力和权力，因此全国职业教育系统实际上是由以省为单位的地区性职业教育子系统构成的。而省级职业教育子系统也是由其他更多的亚系统构成的。从现实看，职业教育在我国不同省份发展很不均衡，要探讨职业教育良好的运行机制，就有必要对以省为单位的区域性职业教育运行子系统进行分析。本节我们选取职业教育发达、发展特色鲜明的浙江省为典型案例，剖析职业教育"浙江模式"的运行机制及财政投入保障体系。

一、浙江高职教育办学体制的制度分析

浙江省的经济在改革开放后发展很快，但要在高等教育大众化背景下发展高

等教育，仅靠省政府的财力和省教育行政部门的努力还是不够的。浙江省经济发达、企业效益好、地方财力雄厚、民间资金充足等外部环境的变化以及由此带来的压力，为浙江在较快时间内发展高职教育提供了难得的条件。在浙江，办学体制有效地激发了各方参与办学的积极性，高等职业教育办学权力与办学资源得到了较好的统一，即谁有资格办学，谁能批准办学和谁有意愿和资源办学等问题统一在一起。

（一）路径依赖与办学体制的内生性

浙江高等职业教育是伴随着高等教育大众化进程快速发展起来的，这得益于政府、学费和社会力量的投入，学费和社会力量的比重增长明显，即靠吸附其他来源渠道的资源获得发展。浙江高等职业教育体制发生的系列变化，既有路径依赖因素，但更多是相关方围绕高等教育责任分担发生的博弈。在计划体制下，高等教育的发展在中央集权体制下统筹安排，高等教育布局打下了外部强加的印痕。改革开放以来，特别是1999年高教扩招之后的高等教育发展则给了省级政府更大权力和更多自主性，不同举办者对高职院校投入的差异在很大程度上是内生的，这可以用浙江省经济结构、财政规模与财力分布以及群众的经济收入与思想观念等因素的差异来加以解释。

1. 税收为主的混合型财政结构更多回应社会的需求

浙江在改革开放过程中，民营经济成为推动地方经济发展和区域制度创新的主要力量。作为新中国成立以来国家投资最少的省份，浙江目前已是中国市场经济最成熟的省份。浙江财政收入中来自民营经济和家庭的税收所占的比例很高，具有税收性财政的特点，即"私人部门缴纳的税收在财政收入中的比重越高，国家对社会的依赖就越大，民主化的社会要求就越强烈"[①]。从财政社会学的角度看，浙江是一个税收为主的混合型的财政地区。

混合型财政收入使政府与社会之间的关系具有双重性。一方面政府积极回应社会的需求，鼓励多方力量参与办学，保证合作方的利益；另一方面政府又有很强的自主性，能持续对高等教育进行投入。这两方面相互促进使浙江高等职业教育多元投入体制得到快速发展，从而使高等职业教育在短时间内发生了巨变。

2. 集权与分权程度是影响省级办学体制的重要因素

国家于2000年将高等职业教育的批准设置权力由国家下放到省级政府。浙江经济和民营经济发达，使有意愿办学和有资源办学的主体很好结合在一起。省级行政体制的集权与分权程度是影响省级办学体制的重要因素。整体而言，我国

---

① 马骏：《治国与理财——公共预算与国家建设》，三联书店2011年版。

是一个集权式国家,各省也呈现出集权式管理体制,但集权程度差异很大。浙江的分权化程度较高,实行省管县的财政体制,市县级财力占省级财力比重较高。在财政收入中,第三产业和民营企业收入比例较高。从教育管理程度看,浙江对有意愿、有办学资源,同时又具有办学资格的主体在信贷、土地和办学形式方面扶持力度较大,如给予更多主体以办学资格,保持原来行业办学,将行业所办中专大多被升格为高职。同时,鼓励地市级政府办高职院校,要求每个地市要有一所高职。同时鼓励民间,包括国有、民营企业和个人出资办学。这种体制能在较短时间内、在有限财力下快速发展高职教育,并形成多样化的办学体制。

(二) 以行业和地方为主的办学体制

浙江高职教育办学体制鲜明,高职院校举办者主要是行业(行业厅局、由行业厅局转制而成的企业集团、行业内国有大企业)和地方政府(地市级政府,个别有区县政府);省级教育行政部门主要承担业务指导和协调服务的职能。

地市级政府举办的高职院校的预算不归属教育局,而是与当地教育局并列为一级预算单位,教育局不直接掌握高职院校的"钱袋子",很难直接管理和支配这些院校。通过公私立体制灵活转变,私立高职积极吸纳国有或公办因素,或国有或公办因素积极渗入私立高职教育发展中,为这些学校获得政府支持提供条件。政府在此过程中起到催化和扶持作用,鼓励各种力量结合将高职教育盘子做大:公办的采取民办机制,民办发展得好也可以吸收公办。公办与民办只是发展高职教育的不同手段,在选择上较少有意识形态的因素。公办部分(多是办学实力较弱的中专)愿意融入民办,部分原因在于政府对公办部分有保持原体制待遇的承诺。

浙江高职教育办学体制回应多方面环境因素变化与需求,能够较好地协调各级政府、企业、学生和学校以及社会力量等教育需求方、教育方、举办者、投资者、办学协助者的责任与利益,在这一系列环境因素的压力下,经过复杂的演化后解决了财政问题,为高职发展筹措到稳定的资源和较大空间,有效地激发了高校在资金筹措方面的自主性。

二、职业院校资源投入差异与院校分化

(一) 财政支持方式

政府对高职院校财政支持方式多种多样,有预算内财政拨款、也有专项经

费。政府还通过一定的政策支持高职院校发展。

1. 经常性财政拨款

经常性财政拨款主要根据政府主管部门制定的不同层次、类型、地区学生生均经费定额标准和高职院校在校生数核定下达，主要由省政府财政和地市级政府财政分别给予各自举办的高职院校拨款。其中，教育与事业费拨款主要通过生均拨款方式下拨给各院校预算内事业性教育经费，其他经费通过人头费形式下拨，基建和科研拨款则根据立项情况下拨。离退休经费从学校正常经费中单列，根据实有人数按定额补助。学生人数指全日制在校学生（不包括民办生、成教生），以本科院校理科类学生为基数，按不同专业、不同层次相对应的系数折算成与定额挂钩的学生数。学生按层次分为博士、硕士、本专科生、高职生和中专生五类，折算系数分别为3、2、1、0.7、0.5；按专业分为理科、文科、农林（含师范、警察）、工科、医学、艺术，折算系数分别为1、0.9、1.15、1.2、1.25、1.25（专业系数以理科为1），学校按层次分设浮动比例。

2. 专项经费拨款

调控性专项拨款是指除经常性财政拨款外有指定用途的专门项目拨款，专项补助作为对经常性财政拨款的补充，由财政、教育主管部门根据国家政策导向和学校特殊需要单独核定。其主要分为三类：一是政府给予高校的特别补助金，如国家助学金专项补助、家庭困难学生临时伙食补贴等；二是政府对专业、课程、基地建设的专项资金，如精品课程建设、高职示范校建设资金等；三是政府给予高校基建、维修方面的专项拨款。专项经费分配主要采用各校申报项目，专家评审后下拨。专项经费拨款起到了重要作用。

3. 通过制定政策为高职院校发展提供支持

制定政策鼓励院校多渠道筹措资源，改制部分公办高职院校允其按民办高职院校的学费标准高额收取学费。政府采用新的运行机制和管理模式，在建校、专业设置、招生、收费、助学贷款、新校园建设等方面给予政策支持，鼓励社会力量与高校以多种形式联合办学，也可创造条件单独办学。吸引省外、境外高校特别是名校合作办学。现有本科院校可利用社会力量和银行贷款，组建具有独立法人资格、经济独立核算的二级学院或职业技术学院，并建立科学评价制度，促进民办高等教育健康发展。

政府出面与银行签署协议支持高校发展。在高教园区建设中，银行对大学城建设给予大力支持。政府发挥宏观调控作用，将部分教育基本建设拨款改为贷款贴息，以小搏大，带动更多的教育投入。如宁波市政府采取"政府投、学校筹、社会助"的经费筹措模式，在发挥财政主要渠道作用同时，调动学校和社会的积极性，消解了融资压力，形成了合理的资金筹措结构，较好地解决了园区建设资金难题,在总投入58亿元巨资中,政府、学校和社会各占三分之一。多元投资体制既减轻了政府的财政压力,又避免了政府管得过多的弊端。省政府还通过政策优惠,推动高校开展土地置换,鼓励高校对位于老城区有置换价值的存量土地,通过招标、拍卖、挂牌等形式进行转让,最大限度地变现土地价值。

(二) 不同时期财政工具的选择与组合

财政政策体现出政府的导向,对参与高职教育活动的相关利益方有着强有力的引导、激励、约束与控制,这些作用的发挥还同财政工具的选择结合在一起。不同时期,高职院校面临的挑战以及政府财力不同,财政工具的组合和使用方式也有很大差异。

在高职教育创办时期,财政政策的作用在于诱导更多有资源、有能力和有意愿的相关方进入高职教育领域,如省政府厅局、由厅局改制成的企业集团、大型国有企业等,包括一些个人或民营企业。典型案例如宁波大学城建设中的三个"一点"(政府拨一点、社会筹一点、学校凑一点)的政策,以及高职院校的"国有民办"政策。在高职教育建设时期,财政政策以直接投入带动配套投入的"钓鱼"方式,从举办者、学校和社会筹集更多资金。专项投入方式具有"点穴式"特点,将资金投入到高职院校的薄弱和重要环节上。这一时期,随着地方政府财力增强,生均经费拨款制度的实施,使高职院校获得了更多的稳定性经费,增强了院校的自主性。在高职教育成熟期,院校发展需要增强特色,提升实力,向校企结合、校地结合发展,"点穴式"专项项目资助方式体现的是政府的意图,不利于高职院校的特色发展。因此,高职院校专项财政政策将发生变化,即一般性经费增多。为了鼓励院校办出特点,增加竞争性,甚至淘汰办学实力较弱的院校,省级部门在设立拨款公式时可能会加入绩效因素,专项项目强化竞争性。

(三) 非财政拨款资源的获取

高职院校人才培养方式决定了其运行必须依赖行业和企业,校企结合水平的高低在很大程度上决定了办学水平。实地调研发现,行业和企业的支持从资金规模看并不大,特别是捐赠部分。影响企业捐赠的因素很多,捐赠行为既同企业的发展阶段有关,也同捐赠文化有关,还与政府的相关财政政策有关。捐赠款在税前列支以及财政对捐赠进行配比的制度可对吸引企业捐赠有一定作用,但作用有多大并不确定。

行业和企业对高职院校的支持不仅限于捐赠,甚至不在于简单的资金支持,而是为高职院校发展提供平台和机会。一些行业主管厅局无法通过财政拨款或捐赠方式支持高职院校,但可以把行业系统的技术培训设在高职院校,行业厅局改制而成的企业集团可制定内部政策，要求所辖企业在学生实习、就业、兼职教师提供、专职教师培训等提供资源。为鼓励企业与高职院校合作，地方政府可采用相关财政政策，如职工的培训费用、高新技术企业认定政策等。在微观上，把来自政府、企业和行业的不同资源融合在一起，与产业和政府相伴而生，共同发展，这是浙江高职院校发展的关键所在。

（四）财政激励与高职院校的竞争、分化

教育发展需要持续不断地投入资源。资源从何而来？如何去争取？这是发展高职教育必须考虑的问题。浙江省高职教育办学体制呈现出多层次、多元的特点，避免了完全或主要由省级政府或省级教育行政部门办学，激发了各厅局、行业和国有企业、民营企业和地市级政府的积极性。

办学体制的多层次和多元化，决定了高职教育的财政体制也有多层次和多元化的特点。办学体制与财政体制重合，哪级政府举办就由哪级政府来保障，即谁举办、谁出资，如省属高职院校的人员和公用经费主要是来自省级财政。省属、地市所属高职、民办高职的财政来源清楚。在人员和公用经费上，省级财政不会补贴地市级高职院校，地市级高职院校也不会寻求省级财政的帮助。

办学体制决定了高职院校在体系中的位置，其结构决定了高职院校能够获得资源的不同。这主要体现在：一是在经常办学经费上，省属高职院校由省级财政负担，其人员和公用经费有保障，保障水平高于一般的地市级院校。地市级政府负责本级政府举办的高职院校办学经费，经济发展水平不同，投入本市高职教育的财政资金差异也很大。民办高职院校的人员和公用经费主要靠学费，资金压力大。因此，办学体制差异引起的财政保障水平差异是导致高职院校竞争分化的基本因素。二是不同办学体制获得的专项资金不平衡。如教育部启动的国家高职示范校等建设项目带有较强的竞争性。示范校得到专项资金支持后，在办学实力上与其他较弱院校拉开更大差距。他们在后续的财政专项竞争中更有可能保持优势地位。

三、不同隶属关系高职院校的办学行为差异

（一）支出结构

高职院校的支出主要有基础设施建设、设备采购、日常教学经费、教学改革及研究等方面的项目，支出结构是反映高职院校办学行为的重要方面。

1. 从不同办学体制院校支出结构看高职院校办学行为

公办高职院校校均总支出明显高于民办院校，前者是后者的近两倍，生均支出差异达 2 倍以上，经过均值差异比较显示两者有显著差异；在教学投入方面，公办院校投入经费明显高于民办院校，其差异有扩大趋势。日常教学经费占总支出比例显示，民办院校日常教学经费投入占总支出的比例高于公办院校，均值比较显示两者具有显著差异。可见，民办院校在人才培养方面投入的经费比例比公办院校高，但在总经费投入上公办院校日常教学经费投入更多。在师资建设、设备采购等方面的投入，公办院校高于民办院校，特别是设备采购方面的投入，两者具有显著差异，这体现了公办高职在软硬件方面提升的能力。在基础设施建设支出方面，公办院校逐年下降，民办院校校均支出表现出增长趋势，支出占比略有提升，说明近年来民办高职院校支出的增长主要是基础设施建设方面的投入。

公办高职院校在教师工资、离退休工资方面的支出是民办院校的近 3 倍，且两者具有极其显著的差异，这体现出了民办院校人员更加精简的办学行为。因公办院校其他项支出占比较大，因此日常教学、师资建设等经费虽然高于民办院校，但是占比并不比民办院校高，在教学经费方面反而占比低于民办院校。但设备采购项支出占比，公办院校则高于民办院校。

2. 从不同隶属关系院校支出结构看高职院校办学行为

不同隶属关系高职院校之间各支出项目中的均值比较虽然不显著，但还是有一定差异。这主要表现为：在生均支出方面省属院校高于市属院校。在基础设施建设方面市属院校高于省属院校，且在支出结构的占比重也高于省属院校，这可能是由于省属高校大部分建校比较早，其基础设施建设已完成；市属院校一般占地面积比省属院校大，随着地市级政府对地方院校投入的加大，体现出了近年来市属院校改善基础设施建设的办学行为。在设备采购和日常教学经费项中，省属院校支出要大于市属院校，且在支出结构占比中也高于市属院校，这体现出省属院校更加重视提高教学质量。在师资建设中市属院校相比省属院校而言投入更大，在支出中的占比也更高，这体现出了市属高职院校在改善师资力量方面的办学行为。

（二）校企合作

1. 不同办学体制高职院校校企合作行为比较

公办与民办高职院校在校企合作方面表现出较大的差异，在合作企业数、订单培养数、共同开发课程数、共同开发教材数、支持学校兼职教师数、接受顶岗实习学生数、对学校（准）捐赠设备总值、接受毕业生就业数、学校为企业技术服务年收入、学校为企业年培训员工数等反映校企合作水平的所有指标上，公办院校都超过民办院校。通过均值比较发现,在合作企业数等、对学校(准)捐赠设备总值、接受毕业生就业数、为企业技术服务年收入等方面都有显著性差异,且在订单培养数、接受顶岗实习学生数方面的差距在拉大,但在共同开发课程和教材数的差距则在不断缩小。这可能是由于公办院校与政府关系较近,借助政府的影响力主动向企业开展合作,也可能是企业由于公办高职的政府背景而有意接近的行为。

2. 不同隶属关系高职院校校企合作行为比较

省属与市属高职院校在校企合作各项指标的均值差异比较中不显著,但市属院校在与企业共同开发课程数、支持学校兼职教师数、接受学生定岗实习数、对学校(准)捐赠设备总值等方面多于省属院校,省属院校则在合作企业数、接受毕业生就业数、学校为企业技术服务年收入等方面多于市属院校。在订单培养学生数等方面,市属院校保持了较高增长速度。这可能是由于浙江分级的高职办学体制,政府积极促进企业与高职院校合作,不但出台地方性法规,还在财政政策方面给予激励。随着地市级经济发展对人才的需要,市属高职办学行为主要体现在为当地经济社会发展服务,服务地方经济发展的能力逐步提高。而省属院校多为行业办学,其主要服务对象为行业的企业与部门。许多省属院校所隶属的行业有大量员工需要培训,且这些院校已成为行业部门的培训机构,因此在培训企业员工和培训收入方面高于市属院校。

(三) 专业及课程建设

专业及课程建设是高职院校办学行为体现出的办学绩效,是反映高职院校办学行为的重要方面。

1. 不同办学体制高职院校专业及课程建设情况比较

公办高职院校在设置专业数、重点(国家/省)专业数、特色专业数、精品课程数等方面明显多于民办院校,特别是在国家精品课程建设方面民办院校为零。通过进一步均值差异比较发现,在重点(国家/省)专业数、特色专业数、精品课程数方面两者差异极其显著。这可能是由于专业设置和重点(国家/省)专业、特色专业、精品课程的评选都是政府行为,由于公办高校相比民办高校与政府的关系更近,因此在评选中公办院校更容易得到政府的倾斜。

2. 不同隶属关系高职院校专业及课程建设情况比较

虽然不同隶属关系高职院校专业及课程建设情况的均值差异比较中省属院校和市属院校差异并不显著,但是市属院校的专业多于省属院校,这体现出市属院校更大的办学规模和更多的师资投入。重点(国家/省)专业数、特色专业数、精品课程数等方面的指标,省属院校要多于市属院校,这可能是由于重点(国家

/省）专业、特色专业、精品课程等评选都在省级以上政府，而相比市属而言，省属院校具有和省级政府更近的距离，因此在各方面的评选中得到更有利的政策倾斜。

（四）招生与就业情况

招生录取率和新生报到率反映了一所院校的社会声誉和办学影响力，而学生的就业率则综合反映了院校办学质量。

1. 不同办学体制高职院校招生、就业情况比较

公办和民办高职院校在招生录取率、新生报到率、毕业生就业率三个方面的差异比较明显，公办院校在这三个方面都高于民办院校，且新生报到率两者距离在拉大，且经过均值比较发现两者差异极其显著，这体现了两者在社会声誉、办学影响力方面的进一步分化。

2. 不同隶属关系高职院校招生、就业情况比较

在招生实际录取率方面，省属院校略高于市属院校，在新生报到率方面则差异不明显；在学生就业率方面省属院校略高于市属院校。

总而言之，不同办学体制的高职院校，由于资源获取差异导致的办学行为的差异非常明显。与民办院校相比，公办院校由于收入更加多元、支出更加均衡、校企合作更加广泛，导致两者在专业课程建设、学生报到率、就业率等一系列反映办学水平的指标上的差异。不同隶属关系的高职院校在这几方面虽然体现出了一定差异，但是并不明显。可见，高职院校之间不同的办学行为差异是由于不同办学体制院校资源获取的差异导致的。

四、政校企结合、利益共同体与三重螺旋

（一）政校企之间互赖共生的利益共同团体连接机制

浙江省办学和财政体制为高职教育提供了基本的创建与发展框架。与许多省份将行业性院校归并教育行政部门统管不同，浙江有效地保留、发挥和调动了行业厅局、由厅局转制而成的企业集团、国有大企业等原办学者的积极性，同时发挥地市级政府和社会力量参与办学的积极性，这种多层、多元财政体制有效调动了举办者的财力资源。但举办者受到财政制度的约束，地方政府投入也受到财力和政策的影响，这需要高职院校主动争取，在机制上吸纳整合与运作这些资源。因此，面向行业、企业和不同层级政府争取非财政资源成为高职教育发展的关

键,这在很大程度上决定着高职院校的命运。

从现实看,政府、行业、企业形成利益共同体,高职院校融汇各种资源是浙江发展较好院校的共同特点。有的院校甚至将学校精神概括为"融",并刻石记之。浙江的利益共同体的连接方式是多样的。

高职院校利益共同体最初级形式是与企业共建校内实训或研发基地,高级形式是与地区性行业主导型大企业合作建立二级学院。利益共同体校外初级形式是高职院校与企业合作建立校外实习基地,中级形式是与行业协会合作成立联盟,高级形式是与地方政府共同建立产学研科技园区。在高职院校向县域扩张过程中,高职院校同设在县域的中专技校结合起来,或县政府成立校县合作机构,如浙江工商职业技术学院的宁海学院。在平台和机制建立中突破了许多限制,如为激励科研队伍,温州职业技术学院给予创新平台处级干部待遇;一些学校把合作企业主要常驻人员转化为学校的事业编制。

政校企利益共同体发展到一定程度甚至会对高职院校的治理形式和组织形态产生影响。如宁波职业技术学院理事会由经济技术开发区管委会、教育局、经济和信息化委员会、企业代表等组成。高职院校融合机制能发挥作用的基础是企业看到或实际得到值得寻求的利益,这要求高职院校具有服务企业的能力。服务能力是多元的,发挥能力的途径也是多样的。高职院校能力培养和平台设立同当地政府的支持密不可分。如宁波职业技术学院所在的北仑区将政府一些职能放权给学校主导的科技园区,让学校根据产学研合作情况决定企业是否享受政府的优惠政策。政府有意识地培养高职院校的能力,院校在政府支持下加强服务企业能力建设,吸引企业与院校更深结合,更好地促进经济发展,在政府、高职院校、企业和产业与经济发展之间形成了良性的循环互动关系。

(二)利益共同体形成因素分析

校企业之间、政校企之间利益共同体的形成除了存在利益连接机制外,还得益于如下三个方面的因素:

首先,高职院校拥有强有力的领导者。在高职院校与举办者、不同层级政府、行业或企业的互动中,院校最初是以资源寻求者角色出现的,天然地处于弱势地位,这要求院校领导者有足够的能力、广泛的人脉和影响力。在浙江公认发展较好的高职院校校长都有敢想、能说、会写、勤跑(跑动关系)的能力。这些优秀院校领导是名副其实的"企业家",他们在积极寻找和扩大高职教育的发展空间,努力影响企业和当地政府官员的态度、观念和思维,影响着有利政策的生产。

其次,高职院校具有融通政府、行业和企业资源的能力得益于在政府、行业和学校之间存在着经常性、制度化的干部流动机制。这一机制同办学体制有关,也与当地的人事制度有关。浙江省由行业厅局或由厅局改制而成的国有企业集团举办的高职院校，其校长和书记人选由行业厅局或企业集团决定并报省委组织部同意，大型国有企业举办的高职院校校长书记人选也由企业选定。这样的人事关系，密切了高职院校与企业集团间的联系。随着管理人员在政府、行业和高职院校之间流动，某些有形或无形的壁垒被打破，资源的流动、吸纳与整合更为便捷。

最后，当地产业结构与组织形式有利于互赖共生利益共同体的形成与发展。浙江省经济有两个鲜明特点：中小规模民营企业发达，产业在县域形成集群，部分地市行业协会活跃，如温州。中小规模民营企业对人才和技术的要求同国有大企业不同，常常需要上手就用的人才和成熟而应用性强的技术，这恰恰是高职院校所擅长的。同时，产业形成集群，行业协会组织起来后，高职院校与产业界打交道的成本会大大降低。高职院校了解产业需求或求得产业支持可直接与行业协会建立联系，而不是与一个个具体企业打交道。

整体上，政校企间利益共同体的形成既依赖于彼此间的资源和利益互补，还依赖于将这些资源和利益连接起来并能妥善处理的平台和机制，依赖于高职院校、地方政府的领导以及企业管理者的"企业家精神"，这种"企业家精神"激励着他们寻找积极途径并减少合作成本。

（三）政校企间的三重螺旋与高职教育的发展

高职院校、政府与企业利益共同体是高职教育稳定发展的基础。在我国，地方政府把发展经济作为头等大事，不遗余力地进行着"锦标赛式"的竞争。浙江的经济发展很大程度上依靠中小企业和民营企业。而高职教育的快速发展很大程度上适应了这一需求。政府通过培植高职院校，使其具有服务当地产业的能力，客观上促进了高职院校与企业的合作；另外，高职院校的发展离不开企业支持，政府也积极促进校企合作，不但出台地方性法规，还在财政政策方面给予激励。可以说，政府从两个方面积极协调和促成高职院校与企业合作，但两者能否真正合作，形成什么样的合作取决于双方利益的结合程度。

从历史发展进程看，政府、高职院校与企业间的利益共同体处在发展变动中，彼此对各方能力、利益的认知随时间和所在环境的变化而变化，三方利益也会有调整与变化。高职院校与企业的合作开始时集中在学生的实习与就业，少见深度的合作。当时企业规模不大，与高职院校合作的积极性也不是很高。但随着高职院校的能力增强，对传统办学方式进行反思，在实践中发展出自己的人才培养理念。高职院校能力增长可能要求更高层次的校企合作。企业也是如此，产业升级后，企业面临着转型，客观上要求高职院校提升服务的层次与能力。地方政府官员也会按照经济发展阶段和形势判断高职教育的定位，提出自己的要求。如宁波市从产业价值链的角度思考政府、高职院校与企业的关系。高职院校、企业和地方政府各自的发展与对合作的反思推动着政校企合作体制的升级变化。从这个意义上讲，政校企间的合作协同不仅形成了互赖共生的利益共同体，而且还形成了具有活力和反思能力的三重螺旋体制。

五、总结："浙江模式"的特点、形成条件及启示

（一）高职教育发展的"浙江模式"

浙江省高职教育发展从创办、成长到成熟，展示了其特有的发展方式和轨迹，形成了高职教育的"浙江模式"。概括起来，这种模式的基本内涵包括：

第一，在办学体制上，主要依靠行业和地方办学，行业性高职院校覆盖全省，地市级高职主要为地方发展服务，形成了行业和地方办学的基本格局；公私间以公为主，但体制间转换灵活，不少民办院校有许多公办或国有成分或元素；这种多层次、多元办学体制充分将社会上有资源、有能力、有意愿和有资格的办学主体结合在一起，对促成浙江省高职院校数量上的快速发展起到了重要作用。

第二，在维持与运行资金上，强调发挥举办者的保障作用，"分灶吃饭"；国家重大专项项目通常要求举办者和院校给予相关资金配套，但所有的举办者掌握的财力以及受各自所在财政体制与制度的限制，都不可能对高职院校的经费需求给予无限的满足。高职院校通过提供服务获得行业和企业的非财政性资源，政府积极培育院校的服务能力，并协助解决校企合作的障碍，政府、企业和高职院校之间结成互赖共生的利益共同体，形成了具有反思性的三重螺旋体制，最终使高职院校获得发展所需要的资源，推动校企结合不断发展和升级。这种财政体制促使高职院校的资源来源多元化，减少了高职院校对政府或举办者的依赖；政府通过相关措施促进院校和企业的合作积极性，使高职院校能够多渠道吸纳社会资源。

第三，在管理定位上，举办、管理与办学分离。举办者对高职院校管理很有限，举办者与院校之间并非简单的直接上下级隶属关系，院校享有相对很高的自主权；教育行政部门，无论是省教育厅，还是地市级教育局，对高职院校主要负责整体的业务指导、协调和相关的服务工作，给予高职院校自我发展的充分空间；办学体制的多层次性以及教育财政的预算拨款体制在很大程度上限制了教育行政部门的权力，但教育行政部门会通过相关的招生政策、财政拨款政策等引导院校的办学行为，促成高职院校的分化分类，从而提升教育资源效益，满足不同

的社会需求。总体而言，举办者、管理者和办学者都保持了各自的独立性与自主性，即便是高职教育发展过程中形成的政校企利益共同体或三重螺旋的体制也是建立在彼此之间的独立和自主的基础上。

（二）"浙江模式"形成的制度条件

教育体制是社会体制的集中体现，浙江高职教育发展形成的办学体制、财政体制、管理体制以及政校企的结合体制深嵌在浙江省的制度结构之中，是浙江省特有的制度结构在教育领域中的体现。

首先，经济资源分布的多元化与财政分权是多层次、多元办学体制与财政体制的基础。浙江省地县市经济发达、财力雄厚，企业和民间经济发展、人民群众较为富裕，资源分散于相对独立的个体之间，这为多层次和多元办学提供了得天独厚的条件。

21世纪初，高职教育作为一类新型教育出现，当时的发展路径多种多样，或者依托原来行业厅局或国有企业举办的中专升格；或者由省级财政支撑由省级教育部门统一兴办新的高职院校；或者由地市级政府举办或依靠社会力量举办高职院校。不同省份在这方面的选择和考虑不一样，浙江省最终选择延续原来的行业厅局办学的基础，支持原厅局举办的中专升格为高职；同时大力鼓励地市办学；在以公办为主的同时，鼓励社会力量举办高职院校。不同层级举办的高职院校施行"分灶吃饭"，极大地减轻了省级政府的财政压力。

不同地市县财力不同，举办高职院校的积极性和能力也有差异。如宁波属副省级城市，因此所办的高职院校数量在浙江仅次于杭州。浙江大部分地区实施"省管县"体制。温州市财政比宁波市弱，所办职业院校数量相应较少。金华县域经济较发达，县级市义乌财政甚至比金华市本级财政还要强，因此举办了义乌工商职业技术学院，同样在金华，东阳市拥有两所民办高职院校。

其次，政府定位与行政思维方式对高职教育发展有重要影响。举办、管理与办学适当分离，举办者对所办高职院校资金投入限于维持院校正常运转，不包揽经费上的无限责任，教育行政部门对院校强调业务指导和协调服务，给予院校自主权。政府部门擅于借用各种力量和资源协同推动高职发展，扮演协调与指导作用。高职院校体制转换灵活，政府部门以服务为主，积极推动各种资源之间的协作。这种政府定位与行政思维方式不是教育部门所特有，而是浙江省政府部门的总体特点，是浙江省在发展经济，特别是民营经济的过程中形成的。

政府的这种定位与行政思维方式同政府掌握的资源有关。在高职教育发展初期，各级政府的财力并不雄厚，对高职教育的投入有限，而且当时，高职教育发展被认为是拉动社会资金的有效工具。因为没有更多财力，因此政府，特别是教育行政部门无法对高职院校实行更多管理和约束。另外，预算拨款并不经由教育行政部门下拨和统筹，在地市级，高职院校被作为与教育局并列的一级预算单位，因此教育行政部门对高职院校的约束力是有限的。再者，许多专项经费由中央或省级财政直接下达，更多是由高职院校争取而来的，与地方教育行政部门的关系并不大。可以说，这些资金的管理也在相当大程度上约束了教育行政部门的能力、作为空间与作为方式（政策工具的选择）。

最后，体制的灵活性与民间的公私立观念。浙江省高职教育在公私立之间，在政校企合作体制中体现出高度的灵活性，出现了许多公中有私、私中有公，介于公私之间的多种混合形态。这种混合性形态照顾到了各相关方的切实利益，调动了各方的积极性。混合制的做法得到认可，同浙江省民间的公私立观念较为模糊有关，同浙江人讲求实用和实效的观念有关。这点同样是浙江人经济发展观念的体现。在教育领域，浙江公办院校普遍举办独立学院也是此种观念的典型反映。

（三）"浙江模式"对高职财政体制建设的启示

"浙江模式"有效地解决了高职教育的资源来源问题，对其他省份高职教育的发展，乃至厘清各级政府在发展高职教育方面的财政责任、探讨政府如何运用教育政策和财政政策调控高职教育发展都有重要的借鉴意义。目前，在高职教育投入方面，对中央、省级和地市级政府的责任如何划定存在着争论，对高职教育拨款是采取普惠式，还是专项的竞争式存在着争论。尤其在义务教育和本科教育经费保障机制确立与完善后，高职教育的经费保障成为热点。围绕高职教育经费保障的争论还同高职教育的定位有着密切关系。这里面临的问题有两个：一是高职教育服务的范围如何界定？二是高职教育是技能型应用型教育，还是大众化和终身性的教育？

浙江省高职院校由三个部分构成，即由省财政出资的行业性公办省属院校，由地市（县）级财政出资的地方性公办高职院校，以及由社会力量出资的民办高职院校。这三个种院校覆盖的范围、发挥的功能以及未来的演变趋势不同。省属行业性公办高职主要培养全省范围内行业性人才，以技能型和应用型为主；地市县所属地方性高职目前主要培养服务本地发展的技能应用型人才，将来随着生源竞争加剧及群众需求的变化，部分地方高职将转型为社区学院，为当地群众提供大众性或终身性教育服务。民办高职有的位于省城，试图辐射全省，有的位于地市、立足于地市发展，也获得所在地市的财政补助，在竞争中定位和功能也会发生一定的变化。

高职教育财政保障机制设计需要考虑三个方面：一是保证基本运转；二是激发多元举办者的积极性；三是要考虑高职特点，考虑到如何激励高职院校通过与企业相结合来培养人才、服务产业。高职院校的数量与发展规模更多是由省级政府决定，主要招收本省学生。因此，中央和省级政府的财政责任划分上，仍要坚持以省级为主，中央政府可以以专项项目，或以相应的教育政策、财政政策加以引导。在省级范围，则要区分高职教育的不同类型、功能和定位，对此浙江省的经验值得学习，即覆盖全省的行业性人才培养由省级财政负担，主要面向地市级甚至县级需求的高职院校由所在地市级或县级承担。这样可以更好实现"谁举办谁出资""谁出资谁受益"的原则，既有效地调动各方积极性，使高职院校的服务功能更加明晰；同时也可以有效约束各地政府，尤其是地市级甚至县区级政府盲目举办高职院校的冲动。目前，地方政府作为高职院校举办者的责任除了保障学院人员经费、公用经费外，还需要承担保障生均经费的责任。生均最低经费标准应由省级制定，对不能达到生均经费标准的财政困难地市则由省级政府给予补贴，中央政府不应承担此方面责任。但是上一级政府在专项项目设置上应面向管辖范围内所有院校进行竞争，或给予辖区内所有院校公平待遇。专项项目的设置特别需要考虑引导、激励和绩效功能，尤其要引导高职院校面向社会吸纳资源，扩大发展空间；使院校之间通过竞争实现资源的优化配置和培养质量的提升。

第六章

职业教育人才培养质量标准

进入 21 世纪，我国职业教育进入了内涵发展的新时期，确定职业教育事业发展的质量标准，成为职业教育质量保障体系建设的一项基础性工作。职业教育质量标准是职业教育良性发展应当或必须达到的最低质量要求，在此，代表职业教育的产出（output）和成果（outcome）的人才培养标准具有重要的意义，包括与之有关的职业能力标准、专业标准、课程或教学标准。

第一节 确定职业教育人才培养标准的技术基础：资格研究

国务院《关于加快发展现代职业教育的决定》等文件的颁布实施，有力推动了现代职业教育体系的建设，各地开展了多种形式的中高职衔接以及课程和教学改革。然而谨慎审视实践我们发现，目前职业教育人才培养质量仍然存在很多问题，一些阶段性推崇或流行的改革模式甚至"运动"并没有从根本上提高职业教育的人才培养质量。这里有一个重要因素就是缺乏科学而现实的人才培养标准，我们有必要对职业教育人才培养质量保证的技术基础进行系统化的反思。

时至今日，我国有关职业院校专业建设和课程开发技术标准的研究仍然薄弱，这体现在"专业建设制度不规范、不系统，无章可循"[1] 等方面。各级教育

---

[1] 周建松：《高等职业教育专业建设理论与探索》，浙江大学出版社 2010 年版，第 10 页。

主管部门制定的教学标准开发（包括人才培养方案和课程标准开发等）方案和规定流程，包括教育部最新启动的新一轮高职专业教学标准修（制）订流程，一般只规定了教学标准开发的工作原则和步骤，并没有提供标准开发的方法论和具体方法。是否能够开发出高质量的教学标准，取决于各行业和专业教学指导委员会的具体的实施情况。资格研究是教学标准开发的重要技术基础，对资格研究基本内容、流程和复杂性进行准确的把握，对制定高质量的人才培养标准具有重要的意义。

一、职业资格与资格研究的内涵

资格（qualification）是从事某种活动所应具备的条件和身份；职业资格是"对从事某一职业所必备的学识、技术和能力的基本要求"，它是"人们学到的能力与职业任务的系统化结合，是从事一种职业活动（有时也包括其他重要的生活实践活动）时能够应用和通过学习获得的能力或潜力，包括知识、技能和技巧。"[①] 职业资格通常通过对某一领域的职业活动、学习内容以及与人相联系的能力说明来表示。实践中，一般通过对某一工作岗位能力要求的总和来表示职业资格。

职业资格（以下简称"资格"）是教育与劳动就业的结合和交汇点。这一重要特性，使得资格研究同时成为教育科学和其他相关社会科学重要的跨学科研究领域，如社会学和心理学等。资格研究又是一个机构化程度很低的研究领域，目前世界还没有专门进行资格研究的研究机构或大学学科。

资格研究的任务是明确"教育与工作"间的关系，并在"工作""工作对职业行动的要求""学习内容和学习过程"之间建立起合理的联系。由于这种联系在多数情况下都十分复杂和隐晦，因此资格研究需要极强的方法论指导。科学而可信的资格研究是一件复杂的工作。在现代社会水平分工逐渐弱化的发展趋势下，对工作行为进行准确的分析、评价、测量和总结变得越来越困难，用传统工作分析得出的结果的信度也越来越低。由于缺乏科学的方法指导，我国相关文献中充斥着很多缺乏实证依据的臆断，典型的如"科学技术日新月异，对劳动者的素质要求越来越高"。事实上，在现代资格研究中，这种在机械唯物主义和技术决定论指导下的研究方式，即按照"技术"的物质性要求确定资格要求，早已经被多角度认识社会发展与资格关系的新模式所取代。科学的方法是资格研究和课程开发质量的保证，因此，开展对资格研究方法的研究具有重要的理论和现实意义。

---

① Hartung, D. & Nuthmann, R. & Teichler, U. *Bildung und Beschäftigung* [M]. München, 1981.

二、资格研究的主要任务和基本脉络

资格研究的主要内容是分析工作任务、工作过程、能力要求和学习过程之间的关系。在当代史上,每过一段时间,在资格研究中就会出现一些对社会发展具有重大影响的综合性和基本性问题。资格研究的成果在整个学术界和公共生活中常常很引人注目,如德国社会学家梅腾斯(D. Mertens)针对自动化技术发展和人们对无人工厂的恐惧提出的"关键能力"方案,① 就是至今具有重要影响的资格研究成果。

西方大规模的资格研究兴盛于 20 世纪 60~70 年代。那时资格研究不仅是教育科学,同时也是许多其他社会科学的研究重点。由于意识到人力资源对经济发展的重要作用,许多人甚至把资格研究看成教育学研究的一个重要转折点,希望能在此基础上制定出合适而又理性的教育政策,从根本上解决那些影响社会稳定和发展的重要问题,如失业等。

从历史发展轨迹看,在教育学和心理学开展的资格研究,在不同社会发展阶段有不同的重点。过去人们比较重视认知领域的能力,对心智技能关注不足。20 世纪后期以来,资格研究逐渐开始重视起情感领域和社会能力的研究,这就出现了些常用、但看似自相矛盾的概念,如"跨功能的资格"(extra functional qualification),以及作为资格重要组成部分的"关键资格"(即关键能力,德语 Schlüsselqualifikation)和"核心技能"(core skills)等。尽管它们与具体的职业没有直接关系,但却对整个职业发展起着举足轻重的促进作用。目前以方法能力和社会能力为代表的个性特征在职业资格中具有重要的意义,对此人们已经基本达成共识。目前资格研究的重要任务是:如何把职业资格中所必需的个性特征等与传统的、正规教育的教学内容区别开来。由于传统教育只能为学生将来的社会化过程提供帮助,而本身并不是社会化过程的环节,因此教育学资格研究需要解决的问题是:如何通过整体化的社会化措施,将那些对职业发展有重要作用的能力(如关键能力)纳入正规学校教育中。

资格研究的主要任务是明确"教育与工作"和"职业教育与就业"之间的关系,并在"工作""工作对职业活动的要求""对职业有重要影响的个性特征""学习内容和学习过程"之间建立起联系,这种联系随着工作任务综合化和复杂化进程变得越来越难以把握。

---

① Mertens, D. Schlüsselqualifikationen – Thesen zur Schulung für eine moderne Gesellschaft [J]. *Mitteilungen aus der Arbeitsmarkt – und Berufsforschung*, Nürnberg, 1974 (7): pp. 36 – 43.

经分析文献发现,国际资格研究的主题集中在两个方面:一是社会发展与职业资格内容之间的关系;二是职业资格的结构问题,这与各国的社会政治制度和经济发展水平有着密切的关系,这两方面的研究成果可以概括为:

(一) 社会发展与职业资格的关系

直到 20 世纪末,受机械唯物主义思维方式的影响,在世界范围内技术决定论(autonomous technology)一直都是资格研究的主要指导思想,即人们按照"技术"的物质特性要求确定资格要求。但是,目前人们已经学会了从更多的角度看待社会发展与资格的关系,实现这一历史性突破的转折点是美国麻省理工学院的研究报告《改变世界的机器》。[①]

进入 20 世纪后期,现代生产技术、特别是计算机和自动化技术的推广,使企业劳动组织方式发生了以"精益生产"(lean production)为代表的巨大变化,这对专业人员的资格要求和人力资源开发策略产生了深刻的影响。水平岗位分工被灵活、整体性的、以解决问题为导向的综合工作所代替,这要求员工具有一定的安排计划、判断决策、分析复杂系统的能力以及不断学习新技术的积极性和相互合作的品质等。但是尽管如此,确定资格要求变化的灵感仍然首先是来自对技术发展的感悟。探讨信息技术应用后果一直是资格研究的热门课题,如美国思想家布莱恩约弗森(E. Brynjolfsson)的《第二次机器革命》[②],无疑对未来工作世界的塑造具有重要的启发。

然而实践中也有反面例子。马克斯 - 普朗克(Marks - Plank)研究所的研究发现,"教育体系"和"就业体系"之间并没有功能上的从属关系,各国劳动大军中都吸纳了大量资格不能满足要求的从业人员,但他们的能力也得到了有效的利用。研究还分析,现代企业在制定发展规划时,不仅要考虑员工现有的资格水平,而且关注他们的资格结构和潜能。[③] 另外,社会和文化因素对职业资格的确定和相应的工作评价也有重要影响。如我国儒家传统思想沉积深厚,官本位职业观念比较严重,在职业资格实践中,行政官员的作用常常高于职业资格研究的意义,这当然是不正常的。

---

① Womack, J. P., Jones, D. T. & Ros, D. *The Machine that Changed the World* [M]. New York: MIT Rawson Associates, 1990.

② [美] 埃里克·布莱恩约弗森、安德鲁·麦卡菲:《第二次机器革命》,蒋永军译,中信出版集团 2016 年版。

③ Staudter, E., Kroell, M. & von Hören, M. *Personalentwicklung und Qualifizierung als Strategische Ressoure Betrieblicher Innovationen* [A]. Dybowski, G. Haase, P. & Rauner, F. (Eds.) *Berufliche Bildung und betriebliche Organisationsentwicklung* [C]. Bremen: Donat, 1993: pp. 34 - 67.

（二）职业资格结构的发展趋势

资格研究的第二项任务是对职业资格的结构变化和发展趋势做出预测，特别是中期预测。在过去的三四十年里，人们曾做出过三种截然不同的预测：

第一，资格水平降低。由于复杂工作被分解成多个简单工作，人们不再需要高的能力和资格，这是按照泰勒（F. W. Taylor）"科学管理原则"进行生产管理的必然结果。生产过程被划分成按照简单程序重复进行的操作，劳动分工详细，内容简单，工作内容智能含量低。工人被分为多个工种的熟练工、半熟练工和非熟练工人，甚至工程师也分为设计、工艺、生产和设备工程师。① 企业仅需要"部分技术工人"或"部分工程师"就够了，即资格需求呈现出水平降低的趋势。20世纪后期美国和英国的"去工业化"发展就是很好的证明。

第二，资格水平两极分化。即社会职业活动中中等难度的任务减少，对具有高水平、高资格和低水平、低资格劳动者的需求人数增加。德国哥庭根（Göttingen）社会学研究院对欧洲制造业的研究发现，资格发展存在着两极分化趋势，包括在技术工人层次。米克勒（O. Mickler）进而将专业工作和技术工人分为"初级"（primary）和"次级"（secondary）两个领域，并揭示了其对现代生产和社会发展的不同意义。② 至今这一模式在资格研究中都有十分重要的指导意义。

第三，职业资格水平提高。随着职业工作任务复杂化程度的提高，需要更高的能力和资格。人们普遍认为，社会对高等院校毕业生将有更大的需求。

不管是教育、劳动主管部门还是企业，要想培养符合经济社会发展和企业需要的高素质员工并对劳动者进行有效的管理，必须进行科学和可信的资格分析，但这绝不是一件简单的事情。在水平岗位分工逐渐弱化的趋势下，要想对职业工作行为进行准确的分析和描述越来越难，用传统的岗位分析方法，如教学计划开发法（developing a curriculum, DACUM）得出结果的信度越来越低，这就产生了的一种极端的意见：在现代社会，职业和职业教育失去了与技术、经济和劳动组织发展的直接联系，出现了"去职业化"发展倾向。有教育学家甚至认为很难再对职业专业资格做出明确的预测，按照职业（换专业）形式组织的教育无法满足劳动市场发展的需要，而只能通过提高学习者的综合素质实现这一目标。这一观点在我国特别是一些发达地区有很大的市场。

---

① ［美］F. W. 泰勒：《科学管理原理》，韩放译，团结出版社1999年版。
② Mickler, O. *Facharbeit im Wandel*: Rationalisierung in industriellen Produktionsprozess [M]. Frankfurt/Main: Campus - Verlag, 1981.

三、传统学科开展的职业资格研究

职业资格研究的对象是工作和职业的发展变化,对资格变化的早期识别,典型工作任务、工作过程的分析和系统化处理,工作与学习的关系设计等。① 传统的职业教育学、心理学和社会科学从不同的角度研究职业资格。

(一) 职业教育学的资格研究

职业教育学的资格研究的任务是揭示职业教育的内容和形式之间的联系,并由此确定教学内容。教育家对职业教育的学习内容有不同的认识,如罗宾逊提出"教育需要能够提供胜任生活的技能"②;杜威认为职业教育不纯粹是经济发展的工具,强调学习者应当学习一门值得终身从事的职业,而不仅仅是为了工资才去做的工作,职业教育要"使工人了解他们职业的科学和社会的基础,以及他们职业的意义"③;黄炎培则强调职业教育应当"求工作效能的增进与工作者天性、天才的认识与浚发"④,这些思想对职业教育学习内容的选择具有重大的影响。

在不同职业教育体系下,职业教育机构承担的任务不同,资格研究关心的重点也不同。如在德国双元制职业教育中,职业学校的任务是在理论方面弥补企业培训的不足,即只是部分职业教育任务,⑤ 因此职业资格研究并不是职业教育学研究的重点。但是从 20 世纪末开始,随着工作过程导向理念和学习领域课程的推广,资格研究逐渐成为职业教学论研究的一个重点,甚至在此基础上发展出了新的学科——"职业学"(vocational disciplines)。⑥ 近年来在教学标准制定和课程开发过程中,我国职业院校开展了范围和深度不同的职业资格研究,资格研究与课程开发成为一个整体,但是由于缺乏相关的方法论和技术指导,开发成果的质量存在很大问题。

---

① Spöttl G. & Lewis, M. The Development of Occupations [A]. Rauner, F. & Maclean, R. (Eds.) Handbook of Technical and Vocational Education and Training [C]. Dordrecht: Springer, 2008: 159 – 161.
② Robinsohn, S. B. *Bildungsreform als Revision des Curriculums und ein Strukturkonzept für Curriculumentwicklung* [M]. Neuwied: Luchterhand, 1981.
③ [美] 约翰·杜威:《民主主义与教育》,王承绪译,人民教育出版社 2001 年版,第 333 页。
④ 成思危:《黄炎培职业教育思想文萃》,红旗出版社 2006 年版,第 221 页。
⑤ Lipsmeier, A. Didaktik gewerblich-technischer Berufsausbildung [A]. Arnold, R. & Lipsmeier, A. (Eds.) Handbuch der Berufsbildung [C]. Opladen: Leske + Budrich, 1995: pp. 230 – 244.
⑥ 德国高校根据职业领域建立的培养中等职业教育教师硕士层次的学业门类,不同高校有不同称谓,如职业科学或职业领域科学等,英文的解释性翻译是"职业的和与工作有关的技术科学"(occupational and work-related science of technology)。2004 年联合国教科文组织颁布的"国际职业教育师资硕士课程框架"(international framework curriculum for a master degree for TVET teachers and lectures)采纳了职业学的说法。

（二）心理学的资格研究

心理学职业资格研究的核心是工作分析，包括职务分析和作业分析，主要关注资格要求的主观内容。舒尔茨区分了职务分析和作业分析，认为前者是用专门术语对工作者执行的任务成分性质进行描述，后者是对某种任务和技术研究，从而保证工作者从一个工作迁调至另一个工作。工作分析的方法主要是访谈、问卷、直接观察、系统活动日志和关键事件等。[①] 目前该领域的研究成果主要体现在工作分析、评价和测评工具的系统化发展方面。这些工具主要有三类，即针对工作行为的分析工具，针对工作行为的评价工具，针对工作岗位的设计工具。

总的来看，对工作的心理学行为分析的成果对职业教育的贡献并不大，因为它对工作内容的专业性关注不够。按照标准化分析程序得出的结论过于抽象，或者有较大的个性化差异，无法用来确定具体的工作内容，因此很难为课程开发提供有效的支持。[②]

（三）社会学的资格研究

在工业社会学和劳动社会学领域开展的资格研究，将工作作为一种社会现象进行分析。社会学的资格研究与课程开发研究有密切的联系，因为它们有相同的研究对象，即工作内容、资格要求和劳动分工，分析结果也都是对工作的详细描述。但是这两种研究的目的不同：前者的目的是工作过程的设计和组织，为职业和组织发展奠定基础；而后者是为了确定课程内容，为教学提供基础。尽管社会学的资格研究无法为课程开发提供足够的实证基础，但还是为课程开发提供了重要的启发，特别是方法上的启发。

四、职业学的资格研究

在职业教育课程开发过程中，通过资格研究确定一个专业的"职业工作内容"是一个要求很高的跨学科、综合性研究领域，需要解决很多难题，如确定职业的具体要求并对其进行解释和归类，确定、分析和描述典型工作任务并将其转化为符合职业学习规律的课程，等等。20世纪后期，随着职业学研究的建立和

---

① [美] D. P. 舒尔茨、S. E. 舒尔茨：《工业与组织心理学——心理学与现代社会的工作》，时勘等译，中国轻工业出版社2004年版，第53页。

② Frieling, E. Arbeit [A]. von Kardoff, E., Keupp, H., von Rosenstiel, L. et al. (Eds.) Handbuch Qualitative Sozialforschung [A]. Weinheim: Beltz, 1995: pp. 285–288.

发展，① 资格研究正式成为职业学的重要研究内容。

自从 20 世纪末以来，职业学研究在职业教学论和工业社会学研究基础上开发了一系列资格研究的工具，它们综合了量化研究（如概率分析、技能点量化评估）和质性研究（如实践专家访谈会、情景预测）方法，还特别考虑了人的主观特性的影响。② 贝克（W. Beck）等按照四个层次将职业学的资格研究方法进行归类：（1）行业分析：通常采用文献分析法在整个行业对某职业的典型工作岗位、工具和任务进行分析，确定选择案例的标准；（2）案例分析：选择代表性企业，观察生产过程并记录，通过访谈发现针对工作过程设计的最佳设想；（3）工作分析：常采用相关领域的研究方法，特别是专家智能研究、人类学研究方法；（4）实践专家访谈会：以典型工作任务的形式描述职业工作，并为课程设计划分其难度等级。③ 资格研究是对工作世界的实证分析，其研究结果是有关资格要求、专业设置、课程开发和学习评价的基本数据。研究人员的能力结构对资格研究结果有很大影响。对不同背景研究人员（如工业心理学家、工程师和教师等）对同一职业的资格研究成果的比较研究发现，只有当研究者熟悉技术工人语言、能从专业角度解释所观察的专业行为，即成为该职业实践共同体成员时，才能保证成果的正确性和准确性。④

现代社会水平分工逐渐弱化，对工作行为进行准确的分析、评价、测量和总结变得越来越困难，因此，科学的研究方法和工具对资格研究的质量保障显得更为重要。目前，在职业教育课程开发领域的职业资格研究方法的研究中，研究和实践的重点主要有两类：一是政府机构组织进行的权威的资格研究程序的制定和实践；二是具体的职业和工作分析方法的探索和研究。

（一）由政府机构组织的权威的资格研究程序

科学的职业资格研究流程应当能对课程开发（或教学标准开发，见下文）的各环节的工作方法和质量进行控制，这对课程开发方法提出了两个要求：一是职

---

① Pahl, J. - P. & Volkmar, H., Handbuch Berufliche Fachrichtungen [C]. Bielerfeld: Bertelsmann, 2010.

② Neuweg, G. H. & Putz, P., Methodological Aspects [A]. Rauner, F. & Maclean, R. (Eds.) Handbook of Technical and Vocational Education and Training Research [C]. Dordrecht: Springer, 2008: pp. 669 - 703.

③ Becker, W. & Meifort, B., *Ordnungsbezogene Qualifikationsforschung als Grundlage für die Entwicklung beruflicher Bildungsgänge* [A]. Rauner, F. (Ed.). *Qualifikationsfor-schung und Curriculum* [C]. Bielerfeld: Bertelsmann, 2004: pp. 45 - 59.

④ Rauner F., Zur Untersuchung von Arbeitsprozesswissen [A]. Eicker, F. & Petersen, W. (Eds.) "Mensch - Maschine - Intersktion [C]. Baden - Baden: Nomos, 2004: pp. 249 - 267.

业分析要关注技术、职业活动和职业教育间的复杂关系,关注整体化的工作情境;二是采用开放性的技术标准,以满足经济、技术和社会发展不断发展变化的要求。

我国过去职业院校的专业设置和课程开发工作并没有系统化的方法。2003年,教育部在"职业院校技能型紧缺人才培养培训工程"框架内最先开始探索开发职业教育课程体系的技术程序,一些地方政府也开始建立地方性的课程开发流程。[①] 教育部以此为基础,在职业院校专业教学标准开发工作中探索建立了相关的流程。例如,"中等职业学校专业教学标准"开发工作的基本流程包括:(1)确定组织架构:教育管理部门负责政策指导,职教科研机构组织专家组制定标准开发工作的思路、要求及框架,行业职业教育教学指导委员会承担具体开发工作;(2)确定专业教学标准开发的人员,包括专业技术人员、教学研究专家、专业骨干教师和行业技术专家;(3)开展专业调研,包括行业企业调研和学校调研;(4)开展职业、岗位和能力分析;(5)进行课程结构分析和制定专业课程标准;(6)专业教学标准审定和颁布。当前教育部门的专业教学标准研发是一项开拓性的工作,在理论和实践上还存在一些问题需要解决,既包括教学标准内容界定及诠释等理论问题,也包括组织流程等实践性问题。

2013年人力资源部《国家技能人才培养标准》的编制工作中,通过《国家技能人才培养标准编制指南(试行)》的制定,对职业教育课程开发流程制定进行了系统化的尝试。该指南文本正文包括四个部分:(1)总则(包括目的、适用范围、术语和编制原则);(2)结构;(3)内容及编制要求(包括培养目标及编制要求、培养要求及编制要求、培养模式及编制要求、培养条件及编制要求、培养质量及编制要求);(4)编制流程。该指南不但采用了如典型工作任务分析等现代化的整体化职业分析方法,而且对整个教育过程的多个要素如教学环境、教学人员和教学评价等制定了专门的、满足一定开放性要求的规定。相关技术标准还包括《一体化课程开发技术规程(试行)》。

在国外,德国可以说是相关标准化工作做得最早和最好的国家之一。从20世纪70年代开始,联邦职业教育研究所(BIBB)就按照《联邦职业教育法》的规定建立了类似的"权威性国家资格研究程序",主要包括四个步骤:(1)问题概述:收集技术、经济和社会发展的相关数据,对工作和职业教育状况进行观察,提交工作假设;(2)案例分析:研究所选择的工作岗位,确定工作内容和要求的深度和广度;(3)活动分析(广泛性调查):对职业活动的要求进行广泛性调查,获得有关培训内容和结构的基本数据;(4)进行评估和开发课程:选择培

[①] 上海市中等职业教育课程教材改革办公室:《专业教学标准开发指导手册》,上海,2011年。

训内容并对其进行时间和内容上的划分,确定课程草案供审批,包括职业名称、结构、内容、培训期限和专业名称等。① 直到如今,这一程序一直在不断得到完善。澳大利亚的培训包开发也建立了系统化的程序,限于篇幅不再赘述。

(二) 职业与工作分析的工具

有关工作分析方法的研究可以追溯到吉尔布莱特(F. B. Gilbreth,1868 – 1924)等的研究。21 世纪初,泰勒(F. W. Taylor)的"科学管理原则"的推广使这类方法得到了广泛的应用。鲍比特(F. Bobbitt)最早在课程开发中应用此类方法,他将人的活动分成若干领域并对其进行分析,由此决定课程目标和内容。② 在北美职业教育课程开发中最有影响的工作分析方法是 DACUM,即一个对实践专家的主观判断进行客观化的处理。③ DACUM 将能力理解为完成工作任务的可观察、确定和描述的技能、知识和态度,即职业的"初级因素",认为这些因素之和就是职业的整体。这种行为主义研究方式忽视了各因素的内部联系,即人类工作的整体性特征和经验成分,也很难关注到受教育者的可持续发展和全面职业素养的提高。④ 目前,社会发展对技术工人的综合素质提出了更高的要求,工作分析应当针对包含技术、社会和环境等各种要素的综合性工作任务和灵活劳动市场进行,而 DACUM 很难满足这一要求。DACUM 也没有提供将工作分析结果(如 skill 和 competency)进行系统化处理的理论基础和工具。

20 世纪 90 年代开始,随着工作过程系统化课程讨论的开展,人们开始寻找更加科学的、能对现代职业工作特征做出恰当描述,并能反映职业学习规律的工作分析方法。德国不来梅大学开发的"典型工作任务分析法"(berufliche arbeitsaufgaben,BAG)延续并发展了 DACUM 的专家研讨会方法,⑤ 通过引入发展性课程结构理论⑥等现代职业教育理论,实现了从学科范式向以发展理论为基础的范式转变,并把对实践性知识的认识提高到了一个新的水平⑦。典型工作任务分

---

① Benner, H. *Ordnung der staatlich anerkannten Ausbildungsberufe* [M]. Bielerfeld: Bertelsmann, 1996: P. 59.
② Bobbitt, F. *The Curriculum* [M]. Boston: Houghton Mifflin, 1918.
③ Norton B. *The DACUM Handbook* [M]. Columbus: The Ohio State University, 1997.
④ Buch, M. & Frieling, E. Die Reichweite von Tätigkeits-und Arbeitsanalysen für die Qualifikations – und Curriculumsforschung [A]. Rauner, F. (Ed.) *Qualifikationsfor-schung und Curriculum* [C]. Bielefeld: Bertelsmann, 2004: pp. 135 – 149.
⑤ Kleiner, M., Rauner, F., Reinhold, M. et al. *Curriculum – Design I* [M]. Konstanz: Christiani, 2002.
⑥ Rauner, F. Entwicklungslogisch strukturierte berufliche Curricula [J]. *ZBW*, 1999 (3): pp. 424 – 446.
⑦ Boreham, N. C., Samurcay, R. & Fischer, M. *Work Process Knowledge* [M]. London/New York: Routledge, 2002.

析与 DACUM 的座谈会不同，前者将"工作"作为一个整体来看待，对工作任务进行筛选、分析和区分，并按照职业发展规律进行分类，关注工作过程的整体性和关联性，其分析结果不是简单的能力列表（如 DACUM 表），而是一系列综合性的典型工作任务，它帮助人们较为容易地确定和描述学习目标和教学内容，使工作过程完整的职业教育成为可能。在美国，本耐（P. Benner）等采用类似方案确定了对护士教育的范例工作情境，并对其进行描述。她的"实践知识理论"为典型工作任务分析提供了重要的理论依据。[①] 由于对职业生涯发展和工作环境等职业的"次级因素"进行系统化的处理，BAG 能对职业工作进行深层次和整体化的定位，即：（1）知识和技能的资格组合；（2）由工作对象、工作条件和工作要求确定的系列典型工作任务组合；（3）由资格和任务确定的"自由行动空间"；（4）社会分工和评价的结构性特征。[②] 这使得这一方法能够更好地满足对现代职业进行科学描述的要求。

（三）总结

职业教育课程开发方法研究是一个较新的领域，不同国家课程研究的起源不同，研究关注重点也不同。例如，在美国，至少有三个对职业教育课程研究产生过重要影响的研究领域：一是普通（学校教育）课程理论研究；二是起源于人力资源管理的、以 DACUM 为核心的课程开发研究和实践；三是建立在专家智能研究基础上的研究和实践。有趣的是，这三者之间的相互影响并不显著。例如，丰富的课程理论在职业教育中并没有引发深入的讨论，DACUM 没有寻找教育理论的支持，而高水平的专家智能研究成果对课程开发实践的影响也很有限。在英国和澳大利亚，由于对能力本位的追求和特殊理解，课程研究主要是在实践层面的，还没有建立在教育学理论基础之上的方法论。然而，由于英语的世界性影响，这些国家的课程实践对其他国家特别是发展中国家产生着巨大的影响。在德国，相关研究主要在专业教学论框架内进行。但是由于语言限制，很多高水平的成果对其他国家的影响还很有限。在专业教学论研究中，课程是一个下位概念，并没有特别重要的地位。只是随着近年来资格研究的发展和国际职业教育合作的扩大，课程研究才逐渐成为一个显学。

我们从发达国家学习课程理论并指导实践。从实际效果看，与发达国家的交

---

① Benner, P. The role of articulation in understanding practice and experience as sources of knowledge in clinical nursing [A]. James T. (Ed.) *Philosophy in an age of pluralism* [C]. New York：Cambridge University，1994；pp. 136 – 155.

② Dostal, W. Occupational Research [A]. Rauner, F. & Maclean, R. (Eds.). *Handbook of Technical and Vocational Education and Training* [C]. Dordrecht：Springer，2008；pp. 162 – 169.

流有"双刃剑"的作用：一方面，研究人员获得了很多启发和工具，可在短时间内取得成果；另一方面，如英语和德语文化对"能力"有迥然不同的理解，建立在其基础之上的课程理念也有很大不同，这对我们目前缺乏扎实理论基础的课程建设实践会带来不利的影响。总体上看，目前我国职业教育教学标准开发工作仍然是一个简单的"数据收集和加工"过程，特别是在职业资格研究部分，还没有关注到社会实证研究方法的重要性。

要想开发出高质量的教学标准或课程，除了主管机构的意愿之外，还需要建立在科学理论和充分实证基础之上的职业资格分析、课程开发及考核鉴定的"技术标准"，由此对教学标准开发各环节的工作方式方法和质量控制过程（包括质的和量的）进行规范，包括行业分析、职业和工作任务分析、课程设计和考核评估等。

第二节 职业教育专业建设质量标准体系的发展

按照国际标准化组织（ISO）的定义，标准是由公认的机构制定和批准的文件，它对活动或活动的结果规定了规则、导则或特殊值，供共同使用和反复使用，以实现在预定领域内最佳秩序的效果。专业、课程与教学是职业院校教育的基本载体，是职业教育制度形成的实践基础，也是职业教育制度运行成效的体现。有关职业院校的专业、课程和教学建设标准是职业教育质量保障体系的重要组成部分，这包括专业建设与管理，教学计划、教学大纲制定与管理，教学理念与教学原则，培养目标与学制，课程结构与课程体系，教材建设与发展等方面的内容和规制方式。

一、职业院校的专业建设与管理

（一）专业与专业名称

职业院校的专业是按照社会职业分工、技术和服务活动、文化发展状况及经济建设与社会发展的需要，将教学内容划分而成的学业门类。专业设置工作包括专业的设立和调整：前者是指专业的新建与开设，后者指专业的变更或取消。专业设置是职业教育实现培养目标和实施教学活动的基础，也是职业教育主动服务、适应经济社会发展的关键环节。专业设置合理与否，直接关系着职业院校办学水平和办学效益的高低，影响着职业院校的生存与发展。

目前我国职业院校的专业主要依据经济活动同质性原则，按照职业类别（职业中类和细类）和岗位群对专门人才的同一性要求而设置，强调职业性和综合职业能力培养，同时也注意基础性和就业的适应性。影响职业院校专业设置的因素有很多，如产业结构、劳动就业结构对人才的需求，现实社会职业的发展状况，受教育者的身心发展水平，教育资源供给、国家职业资格制度以及一些类别的科学技术。

目前，职业院校的专业设置大约对应于《中华人民共和国职业分类大典》中的职业小类层级，少数窄口径专业对应单个职业。专业分类关注国民经济的行业划分，在很大程度上考虑了不同层次职业教育培养目标的要求，并兼顾中职与高职教育的专业衔接。表6-1是国民经济行业分类与中职、高职院校教育专业设置的比较，在一定程度上说明了三者间存在的相关性。

表6-1　国民经济行业分类与中职、高职教育专业设置的比较

国民经济行业分类（2002）	高职高专教育指导性专业目录（试行）（2004）	中等职业学校专业目录（2000）
20个门类，95个大类，396个中类，913个小类	19个大类，下设78个二级类，共532个专业	13个大类，270个专业及其专门化方向
A. 农、林、牧、渔业（5个大类，39个小类）	1. 农林牧渔（5个二级类，38个专业）	1. 农林类（19个专业）
B. 采矿业（6，33） M. 科学研究、技术服务和地质勘查业（4，23）	4. 资源开发与测绘（6，45） 10. 环保气象与安全（3，15）	2. 资源与环境类（25）
D. 电力、燃气及水的生产和供应业（3，10）	5. 材料与能源（3，21）	3. 能源类（20）
E. 建筑业（4，11）	6. 土建（7，27） 7. 水利（4，19）	4. 土木水利工程类（19）
C. 制造业（30，493）	8. 制造（4，32） 11. 轻纺食品（4，25）	5. 加工制造类（62）
F. 交通运输、仓储和邮政业（9，37）	2. 交通运输（7，51）	6. 交通运输类（17）

续表

国民经济行业分类（2002）	高职高专教育指导性专业目录（试行）（2004）	中等职业学校专业目录（2000）
G. 信息传输、计算机服务和软件业（3，14）	9. 电子信息（3，29）	7. 信息技术类（16）
	3. 生化与药品（4，23） 13. 医药卫生（5，27）	8. 医药卫生类（22）
H. 批发和零售业（2，92），K. 房地产业（1，8），I. 住宿和餐饮业（2，7），L. 租赁和商务服务业（2，27）	14. 旅游（2，8）	9. 商贸旅游类（16）
J. 金融业（4，16）	12. 财经（5，36）	10. 财经类（8）
R. 文化、体育和娱乐业（5，29）	16. 文化教育（3，39） 17. 艺术设计传媒（3，30）	11. 文化艺术与体育类（无教育类）（24）
N. 水利、环境和公共设施管理业（3，18），O. 居民服务和其他服务业（2，16），Q. 卫生、社会保障和社会福利业（3，17）	15. 公共事业（3，24） 18. 公安（4，29） 19. 法律（3，13）	12. 社会公共事务类（22）
P. 教育（1，13）		13. 其他类
S. 公共管理和社会组织（5，23）		
T. 国际组织（1，1）		

职业院校专业的名称和内涵与职业教育培养目标有直接联系。从国际上看，确定职教专业名称的方式有两种：一种是以德国"教育职业"（ausbildungsberuf，也译为"培训职业"）为代表的职业头衔称谓，如车工、面包师和牙医助理等，其职业类型和层次明确，名称信息量大；另一种是以日本为代表的技术领域称谓，如电气技术、海洋捕捞技术等，特点是职业类型和层次宽泛，通用性强但针对性较弱。

我国职业院校专业名称介于两者之间，有以下表现形式：（1）按照某一职业或岗位群，或针对跨行业的通用技术领域，前者如"房地产经营与管理"，后者如"机械加工技术"等；（2）按照所覆盖的职业或岗位、就业范围、职业资格证书以及个别约定俗成确定；（3）按照职业教育层次在大学本科、专科和中职采用有差别的名称，如本科的"采矿工程专业"、高职的"煤炭开采技术专业"和中职的"矿山机电设备安装与运行"等。一般高职院校的专业名称比较关注技术领域，突出专业能力的系统性；中职学校专业名称多针对职业头衔或称谓。高职院校的专业与专业方向大体一致，而中职学校的专业既有专业大类的宽口径特点，又通过专业化方向体现就业岗位的对应性特征。专业设置还为区域发展、地方特色留有余地。

（二）职业院校专业建设与管理的发展进程

根据经济和社会发展需求设置相应专业培养所需要的技术技能人才，是职业教育实现"为己谋生，为群服务"主旨的基础。新中国成立后，我国职业教育专业建设与管理的发展大致分为以下三个阶段：（1）新中国成立后开展的大规模经济建设，促进了职业教育专业建设发展；（2）党的十一届三中全会后至90年代，职业教育快速发展促进了专业建设与管理的规范化；（3）21世纪以来经济社会快速发展，促进了专业建设的创新与突破。

新中国成立初期，国家通过制定统一的专业目录进行专业设置的规范化管理。当时的职业教育专业设置基本上参照苏联模式，以工业建设主导，强调针对性。1963年教育部颁布的《中等专业学校专业目录》确定全国统一的中专专业为8科348个专业，其中工科占242个专业。

20世纪70年代试行改革开放政策以后出现了大量的新兴专业，如文秘和旅游服务等，专业总数不断增加，1991年中专专业数已达1 500多个。但是在实践中也出现了专业设置混乱、内涵界定不清等问题。1993年，当时的国家教委对中专专业目录进行修订，颁布了《普通中等专业学校专业目录》并制定了专业设置管理办法，共设518个专业；劳动部也于1995年颁布了新的《技工学校专业（工种）目录》，下设450个专业。当时高等职业教育和职业高中专业尚未有统一的专业目录。

专业目录管理区别对待、分工管理的方式尽管符合当时中国的国情，但是对学生的专业选择、毕业生就业和学校的教学组织带来了很多不便。2000年，教育部制定了统一的《中等职业学校专业目录》和《中等职业学校专业设置管理的原则意见》，以中等职业教育层次为起点，兼顾了原中专、技校和职业高中的专业设置需求，解决了原有各类中职学校专业设置混乱的问题。①

实践中，教育主管部门不断对职业院校的专业目录进行修订。2010年对原有《中等职业学校专业目录》进行的修订，结合普通高等学校本科专业与高职专业目录，对目录的内容体系进行了重大调整，规定了"专业名称""专业（技

---

① 参见杨金土：《90年代中国教育改革大潮丛书——职业教育卷》，北京师范大学出版社2002年版。

能）方向""对应职业（岗位）""职业资格证书举例""继续学习专业举例"等项内容。目录设 19 大类 321 个专业 927 个专业（技能）方向，并提出了"专业与产业、企业、岗位对接，专业课程内容与职业标准对接，教学过程与生产过程对接，学历证书与职业资格证书对接，职业教育与终身学习对接"的指导思想。同年 9 月，教育部印发《中等职业学校专业设置管理办法（试行）》，规定了中等职业学校专业设置的条件与程序，确立了国家、地方、行业主管部门、学校在专业设置中的职责与权限。

与中职教育相比，高职院校的发展历史较短，目前新版《高职教育专业目录专业大类专业类一览表（2015 版）》的框架分为三级，即专业大类、专业类和专业。与产业的对应关系分别为：专业大类对应产业，专业类对应行业，专业对应职业岗位类别或技术领域。所有高职专业对接《国家职业分类大典》全部 434 个职业小类的 67%，基本覆盖了适合高职院校毕业生就业的职业类别。

高职专业分类与职业大典分类有一定的对接关系。人社部编撰的《中华人民共和国职业分类大典》和《职业与院校专业对应目录指引》（2017 年）为高职院校专业与职业对应提供了参考。国家统计局发布的《中华人民共和国国民经济行业分类》也是目前高职专业分类与国民经济行业分类的依据。

专业建设属于教育教学管理中观层面的工作，具有宏观管理与教学指导的双重职能。专业建设对政府管理和学校发展两个层面产生影响：政府管理机构按照经济社会发展对人才培养的需求调控职业教育发展，实现职业教育布局结构优化，这要求稳定和规范；对职业院校而言，专业设置是开展教育教学活动的前提条件，是保证人才培养质量的基础。专业设置合理与否，关系到学校的建设与发展、招生与就业、教育投入与办学效益等重大问题，决定了学校的服务方向，反映了学校满足社会经济发展需要的程度。

（三）专业设置的管理

职业院校的专业设置管理涉及新增专业、撤销专业、合并或拆分专业，其论证和管理方式不尽相同。

职业院校新增专业时需完成的工作任务包括：（1）开展相关职业领域人才需求状况分析，指明相关职业群及职业岗位；（2）分析各省市新增、试办专业或作为专门化开设的情况，可参考各省市提交或收集到的新增专业资料；（3）论证专业名称、培养目标、主要职业能力要求和主要学习内容；（4）征求相关行业组织、学会和协会等团体的意见。

在撤销专业时，需要厘清不同性质的问题。例如，该专业是与所在职业教育层次不相符（如行业企业录用标准发生变化）？还是与原有专业对应的职业岗位消失或人才需求明显减少，没有就业需求？目前，教育管理部门一般会跟踪连续3年没有招生的专业，或连续3年招生数量少且逐年显著减少的专业。地方教育部门、行业、学会和协会团体的意见在此扮演着重要角色。

在合并或拆分专业时需要澄清以下问题：（1）根据工作世界变化阐述相关专业须合并或拆分的理由，在此应参考国民经济行业分类、职业分类大典以及人才市场岗位供求信息数据；（2）专业开设现状分析，阐述合并与拆分的缘由，在此参考中职和高职现有专业目录，此专业的学校数、招生数和在校生数等数据；（3）拆分后保留原专业名称的需对专业内涵重新界定，拆分出的新增专业须论证专业名称、培养目标、主要职业能力要求和学习内容；（4）合并专业须论证专业名称、培养目标、主要职业能力要求和专业学习内容。地方教育部门、行业、学会和协会团体的意见在此也很重要。

（四）专业目录

职业院校的《专业目录》是国家对职业教育专业进行管理的基础指导性文件，是职业院校设置与调整专业、实施人才培养、组织招生、指导就业，以及行政管理部门规划专业布局、进行教育统计和人才预测工作的主要依据，也是学生选择就读专业、社会用人单位选用毕业生的重要参考。教育部公布的《专业目录》及"专业设置管理意见"共同构成专业规范化管理的重要文件。

《专业目录》的功能体现在两个方面：一是内部功能，它是教育事业统计的重要内容，是教育行政部门进行专业设置管理和学校开设专业的依据；二是外部功能，它是劳动市场和招生的信息统计工具，同时服务于用人单位、学生和家长等教育服务对象。专业目录具有动态性和基础指导性双重特征。所谓动态性，是指根据社会经济发展需求进行专业的调整与更新；基础指导性是指职业院校可在国家目录下，根据地方特点增设特色专业和紧缺专业，作为国家级目录的补充。

职业院校的《专业目录》需要及时得到修订，修订工作涉及以下内容：

第一，专业目录的结构：专业目录由专业类别划分、专业名称和内容简介组成。随着社会的发展变化，目录的基本结构有可能改变。如2010年版《中等职业学校专业目录》（以下简称《中职专业目录》）将旧版结构"专业类—专业名称—专门化举例—建议修业年限"，修订为"专业类—专业名称—专业（技能）方向—对应职业（岗位）—职业资格证书举例—基本学制—继续学习专业举例"。

第二，调整专业类别：主要是专业大类结构，对专业大类中部分专业以及新增专业进行重新归类。如新版《中职专业目录》将专业类由原来的13个增加到19个，新增了"休闲保健"和"教育"2个专业类，对其他专业类进行了更名、合并或拆分等调整。①

第三，规范专业设置：包括规范专业名称，如对旧版中的专业进行保留、更名、拆分和合并工作，同时增加新设专业和撤销实际消失的专业。

目前，高职院校《专业目录》已经建立了随产业发展的动态调整机制，每5年修订一次，每年增补一次专业。职业院校可通过省级教育行政部门、国家行业主管部门、行业组织每年向教育部提交增补专业建议，教育部组织专家讨论确定年度增补专业并向社会公布。高职院校可在《专业目录》范围内自主选择开设专业，但须遵照新增补专业评议标准，即符合国家和区域经济发展和产业结构调整对高素质技术技能型人才的需求，专业本身发展相对成熟，具备稳定、持续的就业面向，学校具备开设专业的办学条件，如师资、经费、仪器设备等。

二、职业院校教学管理的基本文件

职业院校通过教学计划等一系列教学管理文件对教育教学工作进行规范和管理，这些文件经历了名称、结构体例和内涵的不断演变过程，其功能不断得到发展和优化。

"教学"和"课程"是我国学校教育广泛使用的两个概念体系，反映了"教学论"与"课程论"学科在学校教育教学实践中的应用。新中国成立初期从苏联引入的基于教学论的教学管理，和改革开放后引入的基于课程论的美式教学管理，尽管没有根本性的矛盾，但还是给教学管理实践带来一些疑惑甚至混乱。②一般普通中小学多采用课程论概念体系，如课程方案和课程标准等，在此，教学被理解为课程的实施过程；过去职业院校多使用教学论概念体系，如教学计划和教学大纲等，在此，课程被理解为教学内容的组织方式。目前在职业教育领域存在着课程论概念体系逐渐取代教学论概念体系的趋势。

（一）教学计划与教学大纲

"教学计划"指"教学内容的纲要"，是由教育主管机构发布的管理学校一个专业的教学工作基本文件，是学校专业建设和开展教学工作的主要依据；"教

---

① 中华人民共和国教育部：《中等职业学校专业目录》，高等教育出版社2010年版。
② 课程与教学论都是关于教与学的科学，研究课程和教学的一般性规律。教学论研究（didactics）流行于中北欧国家，J. F. 赫尔巴特于1806年出版《普通教育学》标志着该学科的正式诞生。didactics 一词在英语中有"既教条又乏味死板的教育行为"的意思，即强调说教不强调互动，这有悖于现代教育理念，因此盎格鲁文化国家很少开展教学论研究，而更多进行 pedagogy（教育学）和 curriculum（课程）研究。"二战"后，随着美国和英语影响的扩大，诞生于美国的课程理论逐渐成为国际教学研究的主要理论。

学大纲"是与教学计划相配套的指导性教学文件，根据专业教学计划规定各门课程的目的和任务，以纲要形式具体规定每门课程的学习内容的范围、深度及其体系结构、各教学环节的任务，教学进度和对教学法的基本要求。教学大纲是主管部门对各门课程的教学提出的具体标准，也是衡量教学效果的原则性标准和依据，既包括国家管理部门制定的"指令性或指导性教学大纲"，也包括地方管理部门和职业院校以此为据结合实际情况制定的"实施性教学大纲"。"教学大纲"文本一般包括使用对象、课程教学目标、教学内容与要求、成绩考核评价方式、教学组织与教学方法等内容。

教学计划和教学大纲的理论基础是教学论（didactics），"教学论是为解决教学问题而研究一般教学规律；以研究一般教学规律来帮助解决教学问题"①。我国通过教学计划和教学大纲管理规范职业院校的教育教学工作，是一个历史发展过程。20世纪50年代至90年代初，国家对中职教育三类学校的教学计划规定包括教学原则、培养目标、时间安排、教学计划的制订和审批等内容，规定了不同专业的培养目标、课程设置和教学要求。但三类学校的具体要求有所不同，如中专强调德育、美育等综合性教育，加强技术基础课教学；职业高中关注职业技术训练，主张"适当"的文化基础教育；技工学校则明确坚持以生产实习教学为主的原则。②进入21世纪，国家对中职学校教育教学管理进行重大调整，制订了统一的中等职业学校教学计划要求，改变了原来三类学校教学工作各自为政的局面；根据社会经济发展变化提高了教学管理的灵活性和针对性，如将教学计划制订和审批调整为教学计划管理，突出职业教育的就业导向和能力本位。中等职业教育的教学大纲也由指令性文件转变为指导性文件。

（二）课程标准与人才培养方案

"课程"在汉语中有两个意思：一是指具体的教学科目，如语文、数学等；二是指课程体系，即一个专业所有课程的组合。在职业教育中，"课程开发"常指一个专业的课程体系建设工作。

"课程标准"是确定一定学段的课程水平及课程结构的纲领性文件，③在我国最先应用于基础教育的课程改革中。2001年义务教育阶段18个课程标准以及2002年小学品德与生活等课程标准的建立，标志着我国义务教育课程标准制定工作的初步完成并进入实验阶段。按照《基础教育课程改革纲要（试

---

① 王策三：《教学论稿》，人民教育出版社2005年版，第54页。
② 参见孟广平：《当代中国职业技术教育》，高等教育出版社1993年版。
③ 顾明远：《教育大辞典》第一卷，上海教育出版社1990年版。

行)》的定义，国家课程标准是教材编写、教学、评估和考试命题的依据，是管理和评价课程的基础。"课程标准"文本的主要内容包括课程目标、内容标准和实施建议。

从20世纪90年代开始，职业教育界开始引进课程标准的概念，上海、北京和江苏等省市先后开展了制定和实施职业教育课程标准的探索，首先在文化课领域，后来逐渐推广到专业课程中。这一方面由于盎格鲁—萨克逊文化的巨大影响；另一方面也与对课程认识的变化有关。课程标准与传统的教学大纲对应，教学大纲是教学目标与教学内容的纲要，一般不讨论课程设置的缘由和课程开发理念等基础性问题，而这恰恰是课程标准的基本要素。课程标准从课程建立的基本问题出发，最终落实到具体的知识及其学习标准。①

"人才培养方案"是课程体系（专业）层面的概念，是职业院校落实党和国家人才培养有关总体要求，依据职业教育国家教学标准，结合自身办学定位和实际需求，对专业人才培养要求和过程的总体设计，是实施人才培养和质量评价的基本依据。职业院校专业人才培养方案一般包括专业名称及代码、入学要求、修业年限、职业面向、培养目标与培养规格、课程设置、学时安排、教学进程总体安排、实施保障、毕业要求等内容，并附教学进程安排表。学校可根据区域经济和产业发展实际、学校办学定位和专业特色等适当扩充管理机构制定的人才培养方案要素。②

"专业人才培养方案"与传统的教学计划有一定的可比性，其在理念和内容上的区别表现在：教学计划是围绕专业教学进行的课程安排，主要呈现形式为教学进程表，内容相对单一，缺少国家标准层面的制定依据；专业人才培养方案是对人才培养目标与培养规格、课程体系、教学实施的总体设计，涉及人才培养的各个要素和环节，较全面地体现全员、全方位、全过程育人，教学进程表仅仅是其内容之一。③ 一个专业的人才培养方案包含了该专业所有课程的课程标准。

"教学"与"课程"两个概念体系的差别主要是由于不同的教育传统造成的，反映在指导思想、目标、框架结构设计方面的区别，但是并没有绝对的孰优孰劣之分。两套体系主要内容的对应关系如表6-2所示。

---

① 徐国庆：《课程标准与教学大纲》，载于《职教论坛》2017年第13期，第1页。
②③ 教育部：《教育部关于职业院校专业人才培养方案制订工作的指导意见（征求意见稿）》，http://www.moe.gov.cn/s78/A07/A07_gggs/A07_s#/201712/t20171207_320877.html，2018-06-28。

表6-2　　　　　　　教学论与课程论体系的简单对应

教学论		课程论	
名称	框架内容	名称	框架内容
教学计划 （又称专业教学计划、专业教学指导方案）	专业名称 招生对象与学制 培养目标与人才规格 教学内容与教学要求 教学活动时间分配表 课程设置与教学时间安排表	人才培养方案 （又称课程方案）	入学要求 学习年限 职业范围 人才规格 工作任务与职业能力标准 课程结构 课程计划 实施条件
教学大纲	课程性质和任务 课程教学目标 教学内容结构 教学内容与要求 课程实施 考核与评价	课程标准	前言 课程目标 课程内容与要求 实施建议

这里的"对应"只是从工作逻辑角度对其功能和地位等方面的简单比较。例如，课程标准与教学大纲都是教材编写、教学和评估的依据，但是在形式上还是有所区别：教学大纲是对教学工作的指导性纲领，主要针对教师的教；而课程标准是对学生的基本要求，主要针对学生的学。传统的教学大纲侧重于学生的认知发展，强调知识和技能，而课程标准同时还关注学生学习的过程以及方法、情感、态度和价值观的培养。

（三）专业教学标准

1. 专业教学标准的概念

直到20世纪90年代初，我国对职业学校的教学管理主要是通过教学计划进行的。进入21世纪以后，为了强化教学管理的指导性和灵活性，很多职业院校用"专业教学指导方案"或"人才培养方案"取代了原来的"教学计划"。最早在国家层面制定的教学指导方案是2000年教育部制定的中等职业教育82个重点建设专业的教学指导方案。

进入21世纪，又出现了职业教育"专业教学标准"的概念，它最早出现在

《上海市中等职业教育深化课程教材改革行动计划（2004~2007）》中。当时开发专业教学标准的目的只是规范职业学校专业课程的设置及其教学，改变职业学校课程设置混乱、教学随意的现象。该项目通过专业教学标准规范职业学校的专业建设和专业教学管理，强调教育、劳动、行业等多部门合作和专业发展状况调研。"专业教学标准"内容涵盖面比传统的教学计划更为广泛，人们试图以此为教学管理提供更多的要求和支持，但其主体内容与专业教学指导方案没有明显区别。① 在教育实践中，此类学校的"专业教学标准"与"人才培养方案"基本上被作为同义词使用。

目前教育部使用的"专业教学标准"概念与上海市当时的专业教学标准有完全不同的含义，它意味着"国家层面的专业教学标准"，被认为是职业院校制订人才培养方案的依据。② 按照《国家教育规划纲要（2010~2020）》的要求，"专业教学标准"是教育质量的国家标准，《国务院关于加快发展现代职业教育的决定》更是明确提出了建立专业教学标准和职业标准联动开发机制；《国家教育事业发展"十三五"规划》提出加快完善国家教育标准体系，完善各级各类学校教育教学标准，建立健全对接产业发展中高端水平的职业教育教学标准。至此，与职业标准联动、与产业对接成为职业教育教学标准研制的重要政策方向。

从术语范畴角度看，专业教学标准涉及的术语分为三类：一类是职业教育教学的基本概念；二是专业教学标准的核心概念；三是专业教学标准的内涵。其主要条目、功能、来源和适用范围如表6-3所示。

表6-3 中等职业学校专业教学标准专业术语分类

项目	基本概念	核心概念	内涵概念
主要条目	教育；职业教育；教学；课程；人才培养模式；教学模式；课程模式；行动导向教学；技能型人才；学习能力；学历证书制度	教学计划；专业教学计划；专业教学指导方案；专业教学标准；教学大纲；课程方案；课程结构；课程标准；职业能力；职业资格证书	专业名称；基本学制；培养目标；专业教学；专业（技能）方向；对应职业（岗位）；继续学习专业；综合实训；课程设置及教学要求；实施性专业教学标准；教学形式及时间分配；公共课；专业课程；专业平台课程；专业拓展课程

---

① 徐国庆：《国家专业教学标准与学校人才培养方案》，载于《职教论坛》2017年第30期，第1页。
② 中华人民共和国教育部：《中等职业学校教学标准（试行）》，高等教育出版社2014年版。

续表

项目	基本概念	核心概念	内涵概念
功能	基础性与权威性及规范性，提供全面的教育与职业教育基本概念及内涵的解释	专门性与区别功能，区别与其他教育教学相关的概念	专用性，主要服务于专业教学标准框架内容，并与技术规范相结合，为专业教学标准制定者完成框架内容提供概念分界点
来源	《中国大百科全书·教育》《教育大辞典》等	教育权威辞典；教学课题研究成果；地方应用性成果；多种解释的综合自拟	教育权威辞典；教学课题研究成果；地方应用性成果；多种解释的综合自拟
适用范围	普遍可应用于所有的职业教育领域	一些概念具有普适性，一些属专门开发用于此项工作，待成熟后可推广使用	主要用于专业教学标准工作

专业教学标准开发实践涉及多组概念，它们的含义相近但又有很大不同。从历史发展逻辑、概念的选择范围等方面区分这些概念具有重要的意义，这几组概念包括：教学与课程；专业教学计划与专业教学指导方案、专业教学标准；教学大纲与课程标准；职业标准、职业能力与专业教学标准。

专业教学标准与职业标准有一定的联系。"职业标准"是政府等有关部门在职业分类的基础上，根据职业（工种）的活动内容，对从业人员工作能力水平的规范性要求，它是从业人员从事职业活动，接受职业教育培训和职业技能鉴定以及用人单位录用、使用人员的基本依据。国家的职业标准由人力资源和社会保障部组织编制并颁发。国家职业标准的内容包括职业概况、基本要求、工作要求和比重表，其中工作要求为国家职业标准的主体部分。国家职业标准是专业教学标准制定的主要依据。根据职业标准中工作要求所提出的职业功能、工作内容、技能要求和知识点，可以确定职业教育专业课程设置、教学内容和职业技能考核要求。职业教育培养企业需要的人才，课程设置和教学内容要符合职业岗位的要求和学生发展的需求，涵盖国家和行业职业标准的要求，与职业资格（等级）证书接轨。

2. 专业教学标准开发的基本原则

教学计划、专业教学指导方案、专业教学标准都是由教育行政部门发布的管理学校教学工作的基本文件，也是学校专业建设和教学工作的主要依据。三个概念反映了不同历史阶段职业学校教学管理的指导方针与发展思路。"专业教学标准"概念的提出，反映了我国职业教育在课程与教学领域治理范式的转变，即：专业教学标准是国家事权；人才培养方案是职业院校根据人才市场需求，依据国家教学标准，结合学校办学实际，对人才培养目标与规格、课程体系与实施方案的整体设计。专业教学标准的开发应当遵循以下原则：

第一，科学性原则。专业教学标准开发首先要遵循先进的教育教学理念，遵循职业发展与教育发展规律，符合职业人才培养与成长规律，符合学生的认知特点。其次，专业教学标准开发应注重吸收已有职业教育教学改革成果，包括行业、地方标准制定工作的有效做法，以及国外的先进经验。最后，专业教学标准应符合职业院校的教学环境与实际条件，并兼顾行业发展实际和未来需求。

第二，规范性原则。专业教学标准规定的专业教学的基本要求，是开展专业教学的必要条件，一个地区专业教学标准的内容要求应当统一，标准开发操作程序一致，技术要求和专业术语应符合国家有关标准和技术规范。

第三，实用性原则。专业教学标准的内容应紧密联系企业实际，培养目标和人才规格符合职业工作需求，职业道德规范、专业学习内容反映职业岗位的能力要求，符合职业标准与规范，具有较强的指导性和操作性。专业教学标准的实施可统一性与灵活性相结合，在国家有关专业教学标准规定基础上，地方和院校可根据具体情况在课程设置、教学安排、教学手段和方法上采取一定的灵活性。

第四，发展性原则。专业教学标准关注学生个人发展及职业需求，坚持终身教育理念，为学生就业和可持续发展提供基础保障。专业教学标准要有前瞻性，反映科学技术进步和社会经济发展趋势，体现职业与职业教育的发展趋势。

3. 专业教学标准开发的流程

我国专业设置和教学标准开发的系统化研究和探索起始于 21 世纪初。21 世纪初开始，教育部和一些地方政府开始建立国家或地方性的课程开发流程，[①] 教育部在《中等职业学校专业教学标准》开发工作中建立的流程包括以下内容：

（1）组织架构。教育管理部门负责政策指导，筹备开发经费，组织专业审定并颁布实施；职教科研机构组织专家组制定标准开发工作的思路、要求及框架；行业教学指导委员会组织开发工作组，按照专业教学标准制定工作的统一要求，承担相关专业教学标准的具体开发工作。

（2）专业教学标准开发的人员。标准开发者由行业组织聘请专业人员组成，他们在开发过程中承担不同的职责。教学专家设计项目总体方案，负责职业和教学分析，撰写专业教学标准，把握标准开发全过程；专业骨干教师根据职业分析

---

① 上海市中等职业教育课程教材改革办公室：《专业教学标准开发指导手册》，上海，2011 年。

结果确定专业课程和教学内容；行业技术专家参与职业分析；职业技能鉴定专家根据职业标准要求确定考核要求。

（3）专业教学标准开发工作的主要内容。

第一，专业调研，包括行业企业调研和学校调研。通过行业企业调研，厘清所在行业的人才结构现状、人才需求状况，了解企业岗位设置和职业的典型工作任务；通过学校调研，了解专业教学和目前试行的专业教学标准使用情况、学生就业现状和毕业生跟踪调查反映出的教学方面问题，听取院校对专业教学标准研制工作的意见建议。调研结束后提交《专业调研报告》。对涉及新兴产业或新职业的专业以及尚未列入专业目录中的专业须做特别深入、详细的调研分析。

第二，职业范围、职业、岗位和能力分析。根据调研情况，结合专业培养目标进行分析，确定专业所对应的职业（岗位）、职业资格（等级）证书和专业（技能）方向。职业和工作分析结果是确定专业课程设置、教学内容和职业技能鉴定考核的主要依据。由于指导思想不一致，目前不同专业采用的职业分析方法不尽相同。

第三，课程结构分析。该内容主要是把职业和工作分析的结果转化为专业课程设置。目前中等职业教育专业课程包括专业技能方向课程和专业核心课程，涵盖国家（行业）颁布的相应职业标准的考核要求；高等职业教育专业课程包括专业基础课程、专业核心课程、专业拓展课程，并涵盖有关实践性教学环节。公共基础课程设置和教学内容要符合教育部的规定要求。

第四，制定专业课程标准。专业课程标准是专业教学标准的下位标准文体，需在专业教学标准完成的基础上开发。课程标准，为教学内容和教学活动设计提供基础。课程标准体现对学生在知识与技能、过程与方法、情感态度与价值观等方面的基本要求，但不是最高要求。

第五，专业教学标准的审定，包括内部审定与专家组审定两个环节。内部审定由行指委组织进行，重点把握教学标准开发的组织环节是否符合程序要求，文本文件、专业教学标准框架是否符合要求，培养目标是否反映行业发展的人才需要。国家专业教学标准专家组对教学标准进行全面审定。专业教学标准经教育部相关管理部门审批后统一发布实施。

4. 高职教学标准的开发

2017 年，教育部组织开发新版的《高等职业学校专业教学标准（2017 年版）》。按照计划，新版教学标准应当满足以下要求：（1）培养规格内涵更全面，凸显时代性。全面落实高校思政会议精神：重点强调思想政治素质，社会主义核心价值观；增加创新创业教育、工匠精神、质量意识、安全意识、环保意识等内容；对人文素质和身心素质提出相应要求。（2）继承前期研究和实践成果，体现延续性。吸收 2012 年版本高职专业教学标准合理内核，参照 2015 年版高职专业目录和专业简介，与教育部已颁布的顶岗实习标准衔接，并参考 2017 年即将颁布的本科专业类教学质量标准的内容。(3) 在保证学校办学自主权基础上，强调规范性。规范素质、知识、能力的内涵；对课程类型分类进行规范；对国家规定的教育教学内容提出明确要求；对教学标准的格式提出统一要求。(4) 给行指委和学校更多空间，体现开放性。教学标准模板是基本框架，为各行指委制定本类专业的要求留有调控空间；各行指委在制定要求时也给学校留有发展的空间。鼓励学校办出特色，如删除 2012 年版教学标准中的"教学建议"；职业证书不再作为毕业的必备要求；以举例形式列举课程名称，其他课程不做硬性规定；只规定总学时数和学时分布比例，不规定某课程学时数。(5) 追踪国际高等教育发展趋势，强调引领性。强调培养规格（毕业要求）在课程设置中的引领作用，强调主要教学环节质量标准及监控机制、强调持续改进。

目前这项工作正在进行过程中。该项工作目标明确，但尚没有详细的方法指南，最终能够在多大程度上开发出既满足要求又有较大可行性的教学标准，还有待进一步观察。

5. 总结与展望

职业教育教学标准体系的建立，意味着职业教育教学管理规范的逐渐成熟，标志着以"专业目录"为基础，专业教学标准和公共基础课程标准为核心，顶岗实习标准、专业仪器设备装备标准为保障的职业教育教学管理体系基本形成。职业院校依据国家专业教学标准和相关文件要求制订实施性的人才培养方案，这对确立职业院校面向人才市场自主办学的地位，提升人才培养的针对性，促进专业建设的主动性具有重要意义。

教学标准和人才培养方案开发的技术规范具有重要的意义，科学的教学标准开发技术规范可以帮助职业院校设置符合社会和经济技术发展需求的专业，并与国家职业标准相对应；开发符合学习者职业发展逻辑规律的课程体系，并构建有利于技术技能型人才成长的工作过程完整的学习情境。管理部门能够借此对职业院校课程实施质量和学业成果进行简便而有效的控制。

职业教育专业教学标准开发的核心工作是对职业岗位的任务与能力进行分析，确立能力标准，建构学习内容，而且这个标准还要考虑中职、高职、学徒制之间在学习水平上的衔接关系，不仅其分析工作很复杂，科学性很强，而且涉及职业教育体系构建问题，因而更需要在国家层面完成。

（四）专业教学标准与人才培养方案

应注意国家层面的专业教学标准与学校层面人才培养方案制订的区别。按照教育部颁布的关于职业院校专业人才培养方案制订工作的指导意见,人才培养方案是专业教学标准在学校层面的进一步延伸。专业教学标准是国家层面的,在全国范围通用的,关于人才培养的基本要求;人才培养方案是学校层面的,具有个性化内容的,高于基本要求的。人才培养方案是对学生全面发展,知识、能力、素质全面培养过程的统筹安排,包括课内、课外;人才培养方案不仅包括教学计划,还包括师资队伍、教学条件、教学实施建议和教学管理制度等各种因素;人才培养方案除了计划性外,更侧重系统性和实施措施;人才培养方案更重视质量保障体系和学习产出效果。①

(五) 教学理念与教学原则

教学理念和教学原则是教学计划文件编写的指导原则,它规定了教学的指导思想和实施方向,不同的教学理念、教学原则决定着不同的教学内容和组织形式。我国古代就有"因材施教,教学相长"的原则,职业教育最耳熟能详的是黄炎培先生提出的职业教育教学四原则:手脑并用、做学合一、理论与实际并行、知识与技能并重。②

新中国成立后,职业教育教学理念和教学原则也经历了一个曲折的发展过程,如 20 世纪 50 年代强调实践和生产教学,但在 80 年代开始突出奠定扎实的专业基础教育。1980 年国务院批转《全国中等专业教育工作会议纪要》指出,"使他们的基础知识厚一些,专业面宽一些,实际技能好一些,适应性强一些",提出"在相当高中文化程度基础上进行专业技术教育"的理念。当时的技工学校也强调文化课和技术理论知识的教学。在这一理念指导下,中专和技工学校加强了理论知识性课程,减弱了实际操作训练。

21 世纪初,受国际能力本位职业教育思想的影响,我国职业教育逐渐接受了"专业设置、课程开发以社会和经济需要为导向,从劳动力市场分析和职业岗位分析入手"的观点,"理论与实践相结合,教育与生产劳动相结合"成为公认的指导原则。2000 年教育部印发《关于全面推进素质教育深化中等职业教育教学改革的意见》,提出"贯彻以全面素质为基础,以能力为本位"的教学指导思想,"职业学校要实行产教结合,密切与企业的联系,鼓励学生深入生产实际,开展技术推广和技术革新等创新和实践活动,把教学活动与技术开发、推广、应用和社会服务紧密结合起来"。

从此以后,与职业能力培养教学理念、产教结合教学原则相契合,以就业为

---

① 徐国庆:《国家专业教学标准与学校人才培养方案》,载于《职教论坛》2017 年第 30 期,第 1 页。
② 李秉德:《教学论》,人民教育出版社 1991 年版。

导向的办学指导思想进一步确立，形成了围绕就业需求的职业能力培养教学改革理念。2005年《国务院关于大力发展职业教育的决定》强调"坚持以就业导向，深化职业教育教学改革"，把现代职业教育和"以升学为导向""以知识为本位"为主要特征的传统教育区别开来，这是职业教育观念的重大转变，对教学质量的提高具有重要的指导作用。直到如今，以服务为宗旨、以就业为导向，全面培养学生的综合素质和职业能力，始终是我国职业教育的教学指导思想和基本原则，这在党的十九大报告强调的"深化产教融合、校企合作"职业教育方针中得到了确认。

（六）培养目标和学制规定

培养目标和学制规定是教学文件的重要组成部分，它确定了学校的教学目标和教学安排；教育管理部门以此作为规范管理的指导，管理评估学校教育教学工作的实施与安排。在我国近代教育发展中，职业教育培养目标经历了"忠君、尊孔、尚公、尚武、尚实"，到"道德教育、实利主义教育、军国民教育、美感教育"，再到黄炎培提倡的"个性之发展，谋生之准备，社会之准备"。培养目标的发展变化，反映了社会发展和大众对职业教育认识深化的互动。[①]

1. 职业教育的培养目标

20世纪后期中等职业教育培养目标是：中专培养中级技术人员或管理人员，技工学校培养中、初级技术工人，职业中学比较灵活，既培养初中级技术和管理人员，也培养技术工人和从业者。1985年《中共中央关于教育体制改革的决定》确定职业教育要培养"中、初级技术人员，管理人员，技工和其他城乡劳动者"，三类学校的培养目标逐渐统一。[②] 2009年《教育部关于制定中等职业学校教学计划的原则意见》中对培养目标做出了全面具体的规定，即中等职业学校培养与我国社会主义现代化建设要求相适应，德、智、体、美全面发展，具有综合职业能力，在生产、服务一线工作的高素质劳动者和技能型人才。目前高等职业教育的培养目标是培养发展型、复合型和创新型技术技能人才。培养目标的发展变化，反映了社会、产业和就业结构变化对人才需求的变化，这对课程结构和教学过程设计提出了相应的变革要求。

2. 职业教育的学制规定

学制与教育制度紧密相连，学制长短取决于人才培养的规格和要求。20世纪50～90年代，我国职业教育的学制不统一，一般中专学校招收初中毕业生，

---

① 参见任平：《晚清民国时期职业教育课程史论》，暨南大学出版社2009年版。
② 参见孟广平：《当代中国职业技术教育》，高等教育出版社1993年版。

学制 3~4 年；技工学校招收初中毕业生，学制 2~3 年；职业高中招收初中毕业生，学制 3 年为主。1996 年《中华人民共和国职业教育法》颁布实施后，学制逐渐趋于统一。目前全日制中职学校学历教育招收初中毕业生或具有同等学力者，基本学制为 3 年，同时学校可根据需要与可能探索学分制等弹性学习制度，允许成年学员和有实际需要的学生工学交替，适当延长学习期限或分阶段完成学业。目前，我国专科层次高等职业教育的基本学制是 3 年，国家允许通过灵活学习制度（如半工半读、工学交替等方式）完成职业教育，建立推广灵活多样、满足学生需求的学习制度是未来努力的方向。

三、课程与教材建设

（一）课程结构

课程结构是课程各部分的配合和组织，规定组成课程体系的科目门类以及科目内容的比例关系、必修课与选修课、分科课程与综合课程的搭配。课程结构以及由课程组成的体系在职业教育教学中具有重要的意义，它决定了学生按照什么顺序来学习，以及通过学习将获得怎样的知识、技能和行为态度。

1. 传统职业教育课程结构

从新中国成立到 20 世纪 80 年代末，我国职业教育课程设置的特点是技工学校注重技能训练、职业高中突出文化课教学、中专则强调专业课程，三类学校课程结构都采用"三段式"结构，即分为文化课、专业基础课和专业课。2002 年《国务院关于大力推进职业教育发展与改革的决定》提出统一中等职业学校、淡化中职学校类型的要求，中职课程结构进行了调整，课程分文化基础课和专业课程两类，课时比一般为 4:6，专业课程中实践教学占 50%。新的专业课程按照职业岗位（群）的知识和能力结构设置，提高了实践性要求。

2. 技能型紧缺人才培养的专业课程结构

重理论轻实践的顽疾始终伴随着我国职业教育的发展。2003 年底，针对劳动市场技能型人才紧缺影响产业发展的状况，教育部、原劳动和社会保障部等六部联合实施"职业院校制造业和现代服务业技能型紧缺人才培养培训工程"，制订了多个专业的新型人才培养培训方案，从课程设置、教学内容等方面进行了较大调整，这是职业教育针对社会的迫切需求进行的一次重要探索，其课程设置的特点是：（1）强化文化课的专业服务功能，防止盲目加大文化基础课程比重和片面追求对口升学考试；（2）紧扣技能型人才培养目标，以工作过程完整的"核心教学与训练项目"形式呈现核心课程，为后来的工作过程系统化和项目课程改革提供了重要参考。然而这种做法没有在中职教育中保留下来，仅在高职教育中得到一定程度的推广。

3. 2009 年以后的中等职业学校课程结构

目前中等职业教育课程是 2009 年课程建设工作的成果，基本保留了"三段式"的特征，即：（1）课程分为公共基础课程和专业技能课程两类。文化基础课由基础模块、职业模块和拓展模块构成；专业技能课采用基础平台加专门化方向的课程结构，设置专业技能课程；实习实训是专业技能课的内容；积极探索专业理论与专业实践一体化教学。（2）专业技能课程实习累计学时为一学年。（3）加强公共基础课改革力度，强调学生的全面发展与全面素质培养，增加了安全教育、环境保护等教学内容。高等职业教育课程标准与行业职业标准具有一定的包容性，即将职业标准纳入课程标准中，教学方式对应生产活动。

4. 当前高等职业教育的课程建设

2006 年以后，高等职业教育的工作重心由规模扩张转到内涵建设上来，国家相继实施了示范性和骨干高职院校建设项目以及课程建设项目，促进高职教育人才培养模式的创新。2014 年，国务院《关于加快发展现代职业教育的决定》提出建成一批世界一流的职业院校和骨干专业，启动高等职业教育优质院校建设工程，标志着高等职业教育进入了一个更高层次的内涵建设阶段。

（二）职业教育教材建设

传统的教材是根据教学计划和教学大纲的要求编写而成的，它对教学活动起着规定和制约作用，是完成专业培养目标、完成规定的教学内容，教师开展教学活动的主要工具。

我国实行国家教材与地方教材相结合的二级编写体制度，即德育课、文化基础课等必修课教材由国家规划并统一组织编写，部分大类专业的基础课程和重点建设专业核心课程教材由统一组织编写，专业技能课程教材实行国家与地方（区域）规划相结合。经过教育部组织实施的"职业教育课程改革和教材建设规划"等多项工程建设，职业教育已初步建立起品种齐全的教材体系。全国多数中等职业学校采用国家规划教材和教育部推荐教材，这对稳定教学秩序、保证教学质量起到了重要的作用。

目前教材建设仍然是职业教育教学工作的一个重点，并逐渐向综合性整体化的教学资源建设发展，即教材开发与课程开发结合，教材呈现形式多元化与多选择性，地方教材、实训教材、仿真、多媒体课件等数字化教学资源得到广泛应用。加强精品课程和教材开发，开发实训课程与实际操作指导教材，推动仿真和网络课程等数字化教学资源开发是工作的重点。

综上所述可以看出，随着职业教育事业的发展，我国职业教育的教学指导思想愈来愈明确，人才培养层次与定位逐步清晰，逐渐建立起适应社会发展需求的专业设置机制，这为今后发展奠定了良好的基础。同时也还存在很多问题还没有清晰的思路，例如，在专业建设与管理上，如何解决专业设置规范标准建设与动态灵活管理问题；在教学标准制定与管理上，如何处理好不同层次教育课程标准的衔接，以及处理课程标准的规范化和灵活性问题；在教学理念与教学原则确立上，如何在符合职业学习规律基础上，兼顾学生可持续发展以及企业的需要。在课程体系建设中，课程结构比例一直在调整，但始终缺乏有说服力的实证依据，在实施过程中也存在很多问题。此外，教材建设与发展速度很快，但是靠行政命令形成的教材体系缺乏足够的实证依据和实验过程，等等。这些涉及职业教育教学质量的基本问题不解决，未来将仍然桎梏职业教育的发展和创新。

第三节　职业院校专业目录的制定与修订

一、高职院校《专业目录》的修订

2004年教育部颁布了我国首个《普通高等学校高职高专教育指导性专业目录》。随着经济社会的快速发展，特别是高等职业教育实现的历史性跨越发展，这一《专业目录》很快就无法满足产业发展、新职业（群）变化以及现代职业教育体系构建的新要求。2013年教育部启动了《专业目录》的修订工作。修订工作参考了《国民经济行业分类（2011）》《三次产业划分规定（2012）》《中华人民共和国职业分类大典（2015年版）》《中等职业学校专业目录（2010年修订）》等文件进行，历时两年完成。新版《专业目录》成为指导高职教育改革发展的新的基础性和纲领性文件。

（一）新版《专业目录》试图解决的问题

进入21世纪以来，我国新兴产业大量涌现并快速兴起，新产品、新业态和新商业模式导致新的职业工作大量出现，原有专业分类和专业设置已无法适应这一要求。此外，实现构建相互衔接和沟通的现代职业教育体系的发展目标，也需要通过修订原《专业目录》解决高职与中职、本科沟通和衔接等方面存在的问题。通过修订，可以改正旧版《专业目录》部分专业存在的名称不规范、内涵不清晰、专业口径过宽或过窄、专业交叉重复或老旧等问题。

(二) 《专业目录》修订的理念和方法

第一，继承与创新相结合。参照《国民经济行业分类》的门类划分，同时兼顾学科门类和专业类划分，新版《专业目录》维持原有三级专业目录结构，原则上专业大类对应产业、专业类对应行业、专业对应职业岗位群或技术领域，保留符合社会经济发展需求、成熟稳定的既有专业。新《专业目录》体例中增加了专业方向和对应的职业岗位群等内容，列出每个高职专业衔接中职的专业和接续本科的专业，建立专业衔接体系，为构建现代职业教育体系奠定基础。

第二，规范与灵活相结合。针对专业名称不规范、专业内涵不清晰、交叉重叠等问题，新版《专业目录》对专业进行重新梳理、调整、修改和归类，使其更加规范。在同一专业下设置不同专业方向，以适应区域和行业经济发展需求，增强学生就业能力和适应职业变化的能力。如"工程造价"专业设置了"铁路工程造价""公路工程造价"等多个方向，学校可自主在毕业证书上注明所设置专业方向。

第三，普适与针对相结合。高等职业教育遵循教育的普遍规律，强调学生的全面发展和可持续发展，修订《专业目录》强调专业口径宽窄并存，多数专业以宽为主，以增强学生的适应性。为主动适应经济社会发展需求，适应战略新兴产业、区域支柱产业、特色产业等的发展，优化《专业目录》结构和设置专业方向，可以推动职业教育与产业、行业发展实际更加吻合。例如，原《专业目录》的"电子商务"和"物流管理"专业在新版中调整为专业类，并增设了"物联网应用技术""互联网金融"新专业。

(三) 新版《专业目录》的特点

第一，反映产业新发展。新版《专业目录》围绕产业发展战略新要求，重点调整、增设了面向产业价值链中的中高端新专业与新方向。如针对现代农业发展要求设置了"家庭农场经营管理"和"休闲农业"等新专业，针对技术发展要求设置了"新能源汽车技术"和"光伏工程技术"等新专业及"3D打印"等新专业方向；针对现代服务业发展要求设置了"健康管理与促进"等新专业类，并设置"医学营养"和"老年服务与管理"等新专业。

第二，增强职业性。新版《专业目录》以产业、行业、职业和技术领域的分类为主要依据（兼顾学科分类），对高职目录的专业大类和专业类进行划分。这与本科、研究生目录中按学科体系进行分类的方法不同。在新版《专业目录》结构中增加了对应《国家职业分类大典》的"职业类别"栏目；在专业简介中强调职业资格证书举例等内容。这些都强化了职业教育的职业特色。

第三，提高灵活性。按照新版《专业目录》的规定，除国家控制专业以外，高校可根据专业培养实际自行设置专业方向，无须备案或审批；针对不同区域和行业经济发展的特点，允许在同一专业下设置不同专业方向。专业方向可以体现在学生的毕业文凭中，这与本科是不同的。

第四，完善专业设置的动态调整机制。针对原《专业目录》使用与管理中存在的问题，新《专业目录》设计了动态调整机制，即每5年修订一次，每年增补一次专业。院校可通过省级教育行政部门、国家行业主管部门、行业组织每年定期向教育部提交增补专业建议，教育部组织专家研究确定年度增补专业。

第五，建立衔接体系。高职《专业目录》与本科《专业目录》和中职《专业目录》衔接，促进现代职业教育体系建设，打通技术技能人才成长通道。高职新版《专业目录》增设了"衔接中职专业举例"和"接续本科专业举例"两个栏目。例如，"物联网应用技术"专业可以衔接中职的"网络安防系统安装与维护""电子与信息技术""电子技术应用"三个专业，可以接续本科的"物联网工程"和"电子信息工程"两个专业。[①]

二、中等职业学校《专业目录》的修订

《中等职业学校专业目录》是中等职业教育行政管理和学校教学工作的基础性的指导文件。进入21世纪，经济和社会发展对职业教育人才培养提出新的要求，迫切需要对原有《专业目录》进行调整。2008年，教育部进行了为期一年的《中等职业学校专业目录》修订工作，梳理专业类别、规范专业设置，对专业简介的框架和内涵进行更新与调整。

（一）专业目录调整的结果

1. 专业大类调整

参照《国民经济行业分类与代码》，按照通行的经济活动同质性原则划归专业大类，按照行业分类和职业分类，进一步改变原来的学科分类方式。修订后的《专业目录》专业类别从原来的13大类调整为19大类。

2. 专业调整

新版《专业目录》收录专业321个，比旧版增加了51个。其中，属于保留

---

① 江小明、王国川、李志宏：《优化高职专业目录，服务现代职教体系建设》，载于《中国职业技术教育》2016年第4期，第24~28页。

专业的 140 个，原目录专业通过更名、合并或拆分衍生出的专业 93 个，新增专业 88 个。衍生专业和新增专业比例分别达到 30% 和 27%，这是在继承原有《专业目录》的基础上，对社会发展需求的适应性变化。

3. 专业技能方向调整

修订后的《专业目录》共有专业技能方向 927 个，增加了 48%。专业技能方向调整的思路是：（1）选择面大、量广、典型的主要专门方向进行列举；（2）原有招生量小但确有社会需要的特殊专业合并到相关大专业中作为专业技能方向，如把"铀矿开采"专业作为"采矿技术"专业的一个专业技能方向。在较宽的专业下设置针对性更强的技能方向，有利于满足企业需求和学生就业的双重要求。

（二）专业目录结构调整

《专业目录》由专业类别、专业名称和专业简介组成，本次修订对专业目录结构进行了适当调整：

第一，新《专业目录》采用新的结构，即"专业类—专业名称—专业（技能）方向—对应职业（岗位）—职业资格证书举例—基本学制—继续学习专业举例"，如将原《专业目录》中的"专门化方向"修改为"专业（技能）方向"，新增了"对应职业（岗位）""职业资格证书举例""继续学习专业举例"等三项内容，明确专业与职业岗位、职业标准和继续学习方向的关系。同时根据行业变化适当进行了专业归类调整，突出行业技术的完整性。

第二，根据类别与行业特点，按照调整与保留兼顾原则，在稳定和继承基础上调整专业大类。例如二产类很多专业稳定，且量大面广，仅进行了部分名称修订，如将"焊接"专业修订为"焊接技术应用"；根据新兴文化产业发展需求增加了动漫游戏等新专业。

第三，大类调整打破传统的条块分割行业界线，整合产业间教育资源。如将分属机械、材料和电子等行业的"热工基础"和"粉体工程技术"专业予以整合。

第四，调整"专业简介"编写结构，体现中职教育特色。如将原《专业目录》中的业务范围细化为培养目标与从业范围两个层次，同时增加职业能力要求与职业资格证书内容。此外还规范了"专业简介"描述方式，强化为家长、学生和用人单位的服务功能。[①]

---

① 中华人民共和国教育部：《中等职业学校专业目录》，高等教育出版社 2010 年版。

三、结果与建议

（一）成果与存在问题

职业院校《专业目录》制定和修订工作取得的成果主要体现在：

第一，建立了相互衔接的专业体系。高职专业目录与本科专业目录和中职专业目录衔接，针对每一个职业教育人才培养层次，更好地体现就业准入状况。如新版《中职专业目录》按照"培养在生产、服务一线工作的高素质劳动者和技能型人才"的培养目标要求，对原目录中不适合中职教育层次的专业进行修订，撤销了由于行业用人标准提高（如公务员），中职学校毕业生不具备从业准入条件的专业，如财政事务和统计专业，并更改了部分专业名称，如"通信运营管理"改为"通信运营服务"，使专业设置与中职培养目标更好适应。

第二，以学生发展为本，专业设置宽窄结合，通过细化专业技能方向解决学生就业岗位针对性与全面发展的矛盾，在丰富专业内涵、增强毕业生就业能力的同时，为学生的可持续发展奠定基础。

第三，适应市场，面向就业，根据产业结构调整的实际，发展面向新兴和战略产业、现代服务业和就业前景良好的专业；适应社会主义新农村建设新型农民的需要、开发现代农业相关专业等。

第四，为各省市确定重点专业提供了参考，如可以参照以下标准确定重点专业：职业学校开设量大、面广的专业；就业前景良好的专业；经济发展、社会建设紧缺专业；工作环境较艰苦的专业；利于环境保护、可持续发展等专业；国家重点扶持或保护的专业。

在专业目录的制定修订工作还有一些问题需要进一步解决：

第一，职业资格（等级）证书确定问题。新《专业目录》提出"参考性证书举例"，在实际操作过程中主要以人社部职业资格（等级）证书为主，这对一些专业来说实施起来有困难。职业资格（等级）证书如何体现前瞻性和指导性也需要考虑，如在一些新兴行业，《职业分类大典》和国家职业资格（技能）证书中并没有相关职业或证书。

第二，专业的动态更新问题。国家层面专业目录修订是涉及面广、专业性强的基础性工作。没有全国或省（自治区直辖市）级层面的专业机构，无法将专业目录修订工作作为经常性的工作，很难适应国家社会经济快速发展的需要。

第三，专业管理问题。如何建立分级管理的专业设置与审批制度，既体现国家专业目录的指导性和规范性，又允许根据地方经济发展和产业群特点设置省级专门化专业目录。这既是对国家级专业目录的补充完善，也能使教育部门的相关统计更为精确、方便。

第四，新版《专业目录》采用的一些新概念如"专业（技能）方向"等，与国际职业教育主流发展并不完全吻合，理论界还存在很多争论，需要得到进一步的实践检验。

（二）关于构建中国自己的《国家资历框架》的建议

合理的职业教育体系应满足三方面要求：一是适应经济发展；二是实现中、高职协调发展；三是体现终身学习理念。目前有两个因素制约了现代（职业）教育体系的建设：一是劳动制度与教育制度分离，劳动市场需求与职业教育供给结构性脱节；二是学历证书与职业资历证书分离，学历证书与职业资历证书之间没有对应关系，在确定中、高职学生在毕业时应获取哪一级职业资历证书没有依据。为了突破职业教育现有两套管理体制定界的束缚，建议借鉴发达国家成熟经验，构建中国自己的《国家资历框架》（或"资格框架"，我国文献中有两种译法，内容相同）。[①]

不同类型、不同层次教育间衔接的本质，是"资历要求"间的认可、衔接与融通。明确各级各类（职业）教育的定位和资历标准，是实现整个教育体系衔接与融通的逻辑基础。在此，建立中国的《国家资历框架》（即具有可比性的各级各类人才培养的"出口标准"）具有重要的战略意义，它是各级各类教育质量保障的基础。通过确定《国家资历框架》，可以建立全国统一的学历教育和（职业）资格认证体系，实现学习成果和工作技能的可比性。只有实现了具有可比性的质量保障，才能从根本上提高职业教育的社会地位和吸引力。

例如，欧盟建立的《欧洲资格框架》（European Qualification Framework，EQF），实现了职业资历与高等教育学历的衔接和融通，即"职业资格"与"高等教育资格框架"（QF-EHEA）的等值。[②] 这对我们的启发有：

第一，对证书、（学历）文凭与资历的全面认识。"资历"是得到承认的所有资格证书、学校文凭和职业经历。为获得资历证书而进行的学习和考评，可以通过学校教育进行，也可以通过工作经验获得。

第二，资历的内涵。每一级资历都包含知识、技能和能力三个维度，是与该级

[①] 在国际语境中，针对人和教育时一般不用"标准"（standards）一词，而用"框架"。

[②] 如《欧洲资格框架》中的5级资格等同于《欧洲高等教育资格框架》的"短期高等教育"，6级资格等同于"学士"，7级为"硕士"，8级为"博士"。按照欧盟波罗尼亚进程，《欧洲资格框架》是欧盟各国建立各自《国家资格框架》的基础平台，是各国间学历证书和职业资格证书评估、比较和相互认定的依据。

资历水平相对应的"学习成果"。"资历证书"是对一个学习成果单元的说明，强调学习的最终结果而非学习时间长短、教育机构和学习方式等投入方面的因素。

第三，资历的获取。通过承认、转化和累积非正规或非正式学习获得的学习成果，同样可以获得相应的资历证书。《欧洲资格框架》在正规教育、非正规教育和非正式教育之间架设了一座衔接和贯通的桥梁。它不仅将各国的国家资历体系纳入其中，而且也包含了各类各级教育文凭与培训资历证书，使不同国家资历框架和教育体系之间的认可变得简单可行。①

职业教育"以就业为导向、以服务为宗旨"的定位表明，职业教育不只是一种教育活动，而是与经济发展、社会建构紧密相关的综合性社会和经济活动，是经济发展的助推器，和谐社会建设的润滑剂，以及个性发展的动力源。现代职业教育体系远比职业学校体系的内涵丰富得多。

建立现代职业教育体系，需要一个制度性的国家资历框架予以支撑，从而把促进认知发展的学历资格证书与促进职业发展的职业资历证书进行整合，实现职业教育与普通教育的等值，不同层次和类型教育培训的纵向衔接与横向沟通。在此，建立《国家资历框架》具有重要的意义。建议借鉴欧盟8级《欧洲资格框架》的经验和联合国教科文组织的8级《国际教育分类标准》，建立中国的《国家资历框架》，它也由8级资历组成，如表6-4所示。

表6-4 《国家资历框架》建议

国家资历等级	对应的职业资历等级	对应的学历证书或学位
1级	非技术工种	
2级	五级，初级工	初中，初级中等职业教育，短期培训
3级	四级，中级工	高级中等职业教育（类型Ⅰ）②，综合高中
4级	三级，高级工	高级中等职业教育（类型Ⅱ），或高中后非高等教育与培训
5级	二级，技师	专科（目前教育部门有建立"工士"的讨论）
6级	一级，高级技师	本科，学士
7级		硕士
8级		博士

---

① 很多发达国家有类似的制度。如英国2004年建立的《国家资格框架》体系是国家层面的包含所有资格和证书的大系统，涵盖职业资格证书和教育文凭，涉及中等教育、继续教育、职业养成（如学徒制）以及职业和专业高等教育，并与高等教育资格框架建立了广泛的联系。瑞士参照《欧洲资格框架》制定的《国家资格框架》于2014年生效，为瑞士职业教育的国际化发展奠定了基础。

② 我国很多中等职业学校事实上已成为具有"综合高中"性质的学校。两种类型的职业中学，一种偏升学，专业要求较低，另一种偏就业，专业要求高，这也是国际的通行做法。

作为一种国家制度，《国家资历框架》制度涉及通过正规教育、非正规教育和非正式教育所获得、所确定或认可的各种资历。每一级资历都与一定的学历层次相对应（等值性），都有可能构成完整的职业资格，达到者可根据自己的需要就业或者升学（需求性）。资历证书的获得可以在（职业）院校进行，或者通过非正规和非正式学习获得职业晋升和学历晋升（开放性）。以上，满足了现代教育体系的大部分要求。

《国家资历框架》制度的建立，有利于规范各级各类教育和培训的内容和标准，有利于鼓励公民通过正规教育、非正规教育和非正式教育获得个人职业生涯发展需要的资格，使技能人才、工程技术人才和科学研究人才的资格统一到权威的国家资格标准下，实现不同类型教育证书和可比性，有利于提高职业教育的吸引力，实现教育公平、社会公平，实现"人人皆可成才，人人尽展其才"的战略发展目标。建立《国家资历框架》制度也有利于人力资源与教育方面的国际交流与合作。

第四节　职业教育课程模式的演变与发展

课程开发是使课程的功能适应社会、经济和技术发展需求的、持续决定和改进课程的过程。20世纪后期以来，国际职业教育课程呈现出一些共同的发展趋势，如将职业能力培养作为课程发展方向，关注学习者的生涯发展而不仅仅是当前岗位工作需求，强调"基于工作的学习"（work-based learning，WBL）等。我国职业教育的传统学习内容是从学科知识中简化出来的，尽管也关注知识的方法性和工具性要求，但是无法从根本上满足职业教育"学会工作"的培养目标要求。

从20世纪80年代后期开始，强调实践教学的教学模式成为共识，我国通过中外合作项目引进了基于工作分析的课程开发方法并进行了大量实践，特别是"基于能力的教育"（CBE）理念、DACUM课程开发方法以及德国双元制职业教育采用的课程。回顾历史发现，这些改革始终是围绕着如何处理和优化理论学习与实践学习的关系展开的，而且职教课程模式与工业生产模式有密切的联系。对照有关"工业4.0"的讨论发现，这里存在着惊人的相关性，即存在着职业教育"课程1.0"到"课程4.0"模式。① 厘清这一发展过程，对把握未来课程发展方

---

① 正如我国经济发展模式的复杂性一样，职业教育课程的多种模式也同时并列存在。

向,特别是开展"课程4.0"的探讨具有重要意义。

一、理论与实践并行的课程:课程1.0

我国悠久的手工业传统并没有导致制度化的职业教育诞生。职业学校从建立伊始就有很强的精英教育痕迹,其课程主要围绕理论学习和技能训练两个中心建立。理论教学与技能训练相对独立,不追求(或无法追求)其在内容和时间上的协调,这就形成了"理论与实践并行的课程",即课程1.0模式,它体现了教育家福谢依(W. Foshay)的"并行课程"(parallel curriculum)理念,即期望学生在进行系统知识学习的同时,探索解决工作现实中的实际问题。① 这与"工业1.0"(机械化生产取代手工劳动)对教育体系产生的影响,即由教育培训机构取代传统学徒制并产生了学校式课程,是一致的。

在"理论与实践并行课程"中,教学目的是理解知识并借此去解决工作中的问题,强调知识的完整性和系统性,课程开发过程是一个对工作所涉及学科理论知识进行"选择和简化的过程",即所谓的"教学简化"(didactical reduction),② 使复杂的知识能够被职业院校学生所接受。例如,教育部《中职机电技术应用专业教学标准(机电设备安装与调试方向)》规定的专业课包括机械制图、机械基础、气动与液压传动等,辅之以技能培训课程如钳工、电工等。实践与理论教学在内容上没有直接对应关系,仅有一门具有一体化特征的课程机床电气线路安装与维修。③ 人们之所以广泛采用"教学简化"方法开发课程有两个原因:一是职业教育的组织者和实施者多数都是由传统学科教育体系培养出来的;二是当前职业院校的课程体系多数是在学科理念下建立的,并没有特别关注工作世界的要求。

理论与实践并行课程忽视了工作世界的整体性,学生难以获得针对复杂工作的经验。由于过分关注知识学习,或者由于设备设施和组织条件所限无法进行深入的实践活动,常常忽视针对实践的体验,也很难实现并行课程的理念。此外,目前职业院校学生不擅长抽象的思维和演绎式学习,在脱离具体情境的理论学习中困难很大,更无法实现知识的迁移。由于学科系统化课程与职业实践之间的巨大差距,"课程1.0"无法满足职业教育实践的要求。

---

① Foshay, A. Shaping curriculum [A]. Unruh, G & Leeper. R. Influence in curriculum change [C]. Washington, DC: Association for Supervision and Curriculum Development, 1968.

② Nölker, H. & Schoenfeldt, E. Glossar: Internationale Berufspädagogik [M]. Sindelfingen: expert, 1985: P. 72.

③ 教育部:《中等职业学校专业教学标准·加工制造类》,高等教育出版社2014年版,第67页。

二、理论服务于实践的课程：课程2.0

19世纪后期，流水生产线的诞生开创了零部件生产与产品装配相分离的大批量生产模式，人类进入了工业2.0时代。由于职业教育满足经济发展需求的功利性使然，人们开始在岗位任务分析基础上开发课程。泰勒（F. W. Taylor）的"科学管理原则"的推广使这类方法得到了广泛应用。我国大量采用岗位分析方法与"以能力为基础教育"（CBE/CBT）模式的学习引进有关。

CBE中广泛采用的DACUM课程开发方法是由加拿大人20世纪60年代开发，由诺顿（R. Norton）进行系统化发展的一个对实践专家的主观判断进行客观化处理的方法，因为"专家工人比其他人可以更准确地描述和定义自己的工作和职业"。① DACUM把具体职业或岗位的工作分解成相对独立的职责，每项职责看作是从事该工作应具备的一项能力，再将其分解成若干任务，并对应一项专项能力（技能），通过岗位能力归类建立课程框架并组织课程内容。这种课程从岗位需求出发，将知识学习作为习得技能的支持手段和能力发展的基础，强调通过知识技能积累实现能力提升，对知识没有系统性和量的要求，构成了以"理论服务于实践"为典型特征的课程类型，即"课程2.0"。广泛流传的口号"理论知识必须够用为度"就是对追求这种课程理想的真实写照。

"理论为实践服务课程"的"能力本位"理念在很大程度上取代了我国传统的"知识本位"理念，这对我国当时政府工作重点转移到经济建设上来提供了重要支持，几乎引发了职教课程理念的一场革命。

CBE/DACUM把学习理解为"投入"和"产出"之间的线性关系，把能力理解为完成岗位任务可观察、确定和描述的技能、知识和态度，认为这些因素之和就是职业的整体，能力发展是按照教育者意愿自上而下进行的传递，这体现了行为主义理论对学习的理解。它较少关注职业认知能力发展等教育性目标，忽略隐性知识的影响，不关注复杂工作要素的内部联系，即人类工作的整体性特征和经验成分。② 在DACUM课程开发实践中，目前也没有将工作分析结果（能力点）进行系统化处理的基本理论和工具，更多是套用现有学科课程框架，导致所建立的课程体系在很大程度上仍然是学科系统化的。邓秉华曾将此类课程与同类本科专业课程体系对比后发现：高职通信技术专业16门专业课中有8门课程与本科

---

① Norton, B. *The DACUM Handbook* [M]. Columbus：The Ohio State University, 1997.
② Hager, P. Competency Standards [J]. *The Vocational Aspect of Education*, 1995, 47 (2), pp. 141 - 151.

完全相同,6 门基本相同,课程相同率达到 87.5%;高职电子商务专业 17 门专业课中有 16 门与本科完全相同,课程相同率达到 94%。[①] 我们的调查发现,很多以此类方法开发课程的过程,事实上是在凭主观经验确定出课程之后,为"证明"该课程与能力分析的因果关系而"硬性"补充出来的。

三、理论与实践一体化的课程:课程 3.0

随着信息技术和自动化技术的普及,工业生产进入了 3.0 时代,这对应用型技能型人才的职业素质提出了更高要求,劳动者的全面发展具有越来越重要的意义。有效的学习是学生在真实工作情境中对工作的任务、过程和环境进行的整体化的感悟和反思,必须进行整体化的课程设计,让学生不但学习专业知识技能,而且能够在工作过程中获得职业认知,并最终形成对工作和技术的"设计"(gestaltung)能力,[②] 这需要手脑并用的做中学和行动导向的学习,需要在更高层面建构理论与实践的关系。从 20 世纪末开始,人们在"理论实践一体化课程"即"课程 3.0"方面做了大量尝试。德国从 1996 年开始实施建立在工作过程系统化理论基础之上的学习领域(learnfield)课程,并很快传入到我国。在中国,项目教学作为一种课程模式也得到了较为广泛的实践。

高素质应用型和技术技能型人才需要在专业能力、方法能力和社会能力方面满足更高要求,"理论实践一体化课程"以培养这种综合素质为目标,其基本特点是"工作过程系统化"(或称"工作过程导向"),即:课程目标是发展综合职业能力;学习内容是职业的典型工作任务,学习过程具有工作过程的整体性,学生在综合的行动中思考和学习。一体化课程从整体化的工作世界出发认识知识与工作的联系,由此获得背景意识和"工作过程知识",[③] 这符合建构主义和情境学习等当代主流学习理论的基本原则。在实践中,一体化课程分为两个发展阶段:低级的是"理论实践一体化课程",高级的为"工学结合一体化课程",后者强调学习内容包含技术、社会和环境等与工作有关的全部要素。工学结合一体化课程开发的核心是"把职业工作作为一个在主观和客观上一体化的行为进行分析",这需要对课程开发的各个环节进行质量控制,包括行业和职业分析、任务分析、课程设计以及考核评估等,这对课程开发方法提出了两个要求:一是职业分析要关注"技术发展""职业活动""职业教育"间的相互关系,关注整体化

---

① 邓秉华:《关于高等职业教育教学管理的实证研究》,北京理工大学,2004 年,第 31~32 页。
② Heidegger, G. Gestaltungsorientierte Forschung und Interdisziplität [C]. Ranuer, F. (Ed.) Handbuch Berufsbildungsforschung. Bielerfeld: W. Bertelsmann, 2005: pp. 575–581.
③ 赵志群:《职业教育工学结合一体化课程开发指南》,清华大学出版社 2009 年版,第 1~3 页。

的工作情境；二是保证课程的内容有一定的开放性，以满足经济、技术和社会发展不断变化的要求。

随着有关工作过程系统化课程讨论的开展，人们开始寻找更加科学的方法对现代职业工作的特征进行描述，并反映职业学习的规律。在 DACUM 基础上发展起来的"典型工作任务分析法"（BAG），[1] 通过引入发展性任务[2]、发展性结构课程[3]、"从初学者到专家"发展范式[4]等理论，实现了职教课程从学科范式向以能力发展逻辑范式的转变，把对实践性知识的认识提高到了一个新的水平。

典型工作任务分析中采用的"实践专家研讨会"与 DACUM 专家座谈会不同，它把"工作"作为一个整体来对工作任务进行筛选、分析和区分，并按照职业发展规律进行排序，关注工作的整体性和关联性，其结果是一系列综合化的职业的典型工作任务，使工作过程完整的职业教育成为可能。由于对职业生涯和工作环境等职业的"次级因素"进行了系统化处理，实践专家研讨会能对职业工作进行深层次和整体化的定位，可以满足对现代职业进行科学描述的要求，即确定"由工作对象、工作条件和工作要求所决定的典型工作任务以及相应的行动空间"。[5]

实践证明，真正按照工作过程导向课程理念进行的改革实践取得了积极的成果。四川的一项实证研究发现，在随机挑选学生和教学场地设备没有显著差别的情况下，课程改革实验班学生的职业能力优于普通班。COMET 职业能力测评结果表明，在"过程性能力"的二级指标"企业生产流程和工作过程导向"，以及"设计能力"的二级指标"解决方案的创造性"上，实验班学生优于普通班，说明工作过程导向课程较好地实现了当初设定的促进学生综合职业能力和"双创"能力发展的目标。[6]

理论实践一体化课程改革是一项系统性工程，它在传统的学校教学管理制度（如班级制度、理论实训教学各自独立管理等）下无法实现，对教学管理提出了很大挑战，例如，（1）教学、管理和服务理念发生变化，参与人员需要在理念和行动上达成一致，这在实践中会遇到很多困难；（2）新课程开发增加了开发成

---

[1] Kleiner, M., Rauner, F. et al. *Curriculum – Design I* [M]. Konstanz: Christiani, 2002.

[2] Havighurst, R. J. *Developmental Task and Education* [M]. New York: Longmans & Green, 1972.

[3] Rauner, F. Entwicklungslogisch Strukturierte Berufliche Curricula: Varn Neuling Zur Reflektierten Meisterschaft [J]. *ZBW*, 1999 (3): pp. 424 – 446.

[4] Dreyfus, H. L & Dreyfus, S. E. *Mind over Machine* [M]. Oxford: Blackwell, 1986.

[5] Dostal, W. Occupational Research [C]. Rauner, F. & Maclean, R. (Eds.) *Handbook of Technical and Vocational Education and Training Research*. Dordrecht: Springer, 2008: pp. 162 – 169.

[6] 赵志群、林来寿、张志新：《高等职业教育课程改革学习效果评价》，载于《国家教育行政学院学报》2014 年第 7 期，第 74～79 页。

本，小班教学的教学运行和管理成本也会增加；(3) 新课程对教师的要求超越了当前教师的实际水平，多数院校缺乏具有足够实践经验的教师；(4) 面对来自教师（特别是文化课教师和基础课教师）、管理者、学生甚至学生家长的不理解，需要做很多解释性工作。

从更大范围内看，目前的课程改革还存在很多问题，有明显的"形式化、表面化、概念化的倾向"。受 CBE 理念影响，很多院校把职业能力简单理解为单项技能输出（output），使"工作过程导向"课程改革失去了理论的合法性。课程实施过程缺乏职业工作情境，加上受到"微课"理念影响，教学呈现出知识技能的微型化、碎片化和程序化倾向，学生无法获得对工作过程要素（工作对象、工作方式方法、工具和工作要求等）的整体化理解，这直接影响了过程性能力和设计性能力的提高。很多学校把教学项目理解为一个简单事项，项目教学被简化成为知识点或技能点学习，发现性学习和合作学习的质量不高。此外，传统的职业技能和教学评价规则等制度性因素，与工作过程导向课程的要求存在冲突，也影响了新课程的实施效果。[①]

四、教学资源建设与现代教育技术：对课程 4.0 的启发

互联网时代的工作世界和教育发生着巨大的变化。一方面，信息技术和现代生产组织方式对企业员工的关键能力（如流程优化、质量控制和创新等）提出了更高的要求，这些关键能力只能在工作过程中学习和获得；另一方面，基于信息物理系统（cyber-physical system，CPS）的智能化扩展到整个工作过程和工作环境中，促进了高度灵活、个性化和数字化学习模式的诞生，工作岗位重新成为重要的学习场所。信息技术发展以及与后福特主义复杂工作结构相对应的学习结构和学习文化，是否预示了"课程 4.0"的基本特征？尽管我们对互联网时代职业教育课程的特点还没有准确的把握，但可以肯定的是：基于工作的学习（work-based learning，WBL）变得与传统的课堂学习同等重要，都是职业教育课程不可或缺的组成部分。

未来的职业教育课程建设需要特别考虑两方面的因素：一是信息化发展的要求和挑战；二是基于工作学习自身的特点和规律。

与多数国家甚至发达国家相比，我国职业教育建立了内容广泛的开放性公共教学资源平台和学习资源库，优秀教师和学习资源提供商共同参与知识的加工和交流过程，并分享教学实践经验。然而，目前教育信息化建设的重点是通过开发

---

① 何兴国：《职业院校工作过程导向课程实施研究》，北京师范大学，2015 年。

精品课程和优秀 PPT 课件等"最佳"教学媒体，帮助学生理解复杂的教学内容，这体现的是仍然是建立在"认知论"基础上的传统的教育技术观，即学习资源设计强调个体认知过程及其对学习者认知结构变化的支持。事实上，人们不可能简单地"通过去情境化、合理化和标准化技术手段使复杂学习内容变得容易理解"，因为"学习所特有的规律限制了教育技术这一作用的发挥"。由于"学生在线上活动中获取的经验与课程主题传递的思想难以结合"，以及"无法提供真实的学习机会"等原因，① 目前数字化资源的使用效率不高，结果也不令人满意。按照情境学习理论，学习只能"在人际互动中通过社会性的协商进行知识的社会建构"，② 理论和实践技能的获取是学习者在真实性的工作任务中的主观的知识建构过程。尽管教育技术可以在一定程度上支持这一过程的实现，但学习永远都不是教师自上而下的强制过程，而是一个学习者"自我调节式学习"（self-regulated learning）的知识建构过程。

与岗位学习在现代职业教育中的重要性还不符合的是，我们对岗位学习的规律（如范围、特点及其对个人能力发展中的促进作用等）知之甚少，这里有两个原因：一是岗位学习本身的局限，即岗位学习严重依赖于具体的工作任务和工作条件，学习过程较为随意且成本高昂，一些工作岗位根本无法实现真正的学习（如流水生产线）；二是相关研究分散，职业教育学、工业心理学和人机工程学等对岗位学习都有研究，但是其基本理念有所差别，对学习过程和学习环境设计理解不同，这既体现在不同的岗位学习方法设计上（如教练法、学习岛等），也表现在不同的工作组织形式上（如团队工作和岗位轮换等）。创设具有"学习潜力"的（模拟）工作岗位，是未来职业教育课程开发需要解决的关键问题。

在职业教育信息化方面，我们目前关注的是信息技术的知识传递功能，即对学习内容进行"科学"的教学设计并建立相应学习环境，如传递信息（如讲解知识）、体验过程（如模拟实验）、激励学习或降低学习难度（如呈现复杂的操作过程），或者作为模拟的工作设备（如模拟驾驶操作软件），③ 而发达国家信息化教学多是在情境主义学习理念下指导的实践。创设学习情境的基础是真实的工作任务和结构完整的工作或经营过程（work and business process），这需要根据具体情况对工作流程进行优化，为教与学的涉及者之间的沟通交流提供更好的支持，从而促进学习者的综合职业行动能力（holistic professional action competence）的发展。所谓的"课程 4.0"，应当是开放性的综合学习系统，不倡导仅仅用于展

---

① 北京师范大学智慧学习研究院：《新媒体联盟中国基础教育技术展望：地平线项目区域报告》，奥斯汀：新媒体联盟，2016 年，第 5 页。

② [美] J. 莱夫、E. 温格：《情境学习：合法的边缘性参与》，高文等译，华东师范大学出版社 2014 年版，第 3 页。

③ Dehnbostel, P. Lernumgebung gestalten [A]. Rauner, F. (Ed.) Handbuch Berufsbildungsforschung [C]. Bielefeld：W. Bertelsmann, 2005：pp. 378 – 383.

示"事实性"知识的教学软件或作为一个成品的"信息化教学设计",而是努力为学生和教师提供在教与学的过程中自我建构知识的机会和空间。这启发我们应当:

第一,探索信息技术条件下的职业学习"新范式"。应当建立职业教育信息化教学的新"范式",即通过设计在现代教育技术(包括互联网+)支持下的跨职业、多学习场所的学习性工作任务,确保学习者成为教学过程的主体。在此,需要适时采用多种情境教学的模式和方法,如在考虑实际问题的复杂性时建立接近学习者的个体学习环境(即抛锚式教学),[①] 按照"从初学者到专家"的能力发展逻辑设计系列化的学习任务,从而保证初学者能够顺利发展成为"领域专家"(认知学徒模式),或者对思想进行可视化的鹰架式整合,等等。

第二,关注职业教育学习内容"工作世界"的要求。现代信息化教学系统更加强调通过信息技术实现"针对工作对象"的学习,从而满足"工作世界"的要求。学习者不仅通过信息化系统学习知识,更重要的是在其支持下完成实实在在的专业化的工作任务,在此,学习系统设计的"用户友好性"、"工作指导性"和"专业的可对话性"非常重要。"专业的可对话性"是学习系统开发工作中人机交流和互动方式设计的核心,人类功效学理论在此具有重要的指导作用。国际标准 ISO 9241《关于办公室环境下交互式计算机系统的人类工效学国际标准》针对学习系统设计的"对话特性"提出了一系列基本原则,如任务的适当性、可控制性、可个性化和可促进学习等。这里的"可促进学习"意味着,只有当人机对话能够支持和指导使用者学习操控整个系统时,才能促进学习,[②] 这也是现代交互式职业学习系统设计的基本原则,我们对此还没有关注到。

第三,建立职业教育的信息化教学理念。今后在教学资源开发时应更加深入思考这些资源在教学和工作实践中的实际应用,这在方法上不仅是将教育技术和教学内容进行简单的整合,这还意味着必须推动教学理念的改变。信息化教学的目标不仅是找到"最佳"的教学媒体,使复杂的教学内容变得让学生易于理解(即达到效率标准),更重要的是要在信息技术帮助下,把复杂工作现实转变为一种学习者可以驾驭的学习情境。这里需要研究,信息技术必须具备哪些结构特性和物理特征,才能为学习者在完整的行动过程中进行的知识建构提供支持?特别需要反思的是:按照何种教学范式去定义学习平台,并确定该平台所提供的学习内容和交流方式,才能更有效地实现真正意义上的职业学习?

---

① Collins, A., Brown, J. S. & Newman, S. E. Cognitive Apprenticeship: Teaching the Crafts of Reading, writing and Mathematics [A]. Lauren B. R. *Knowing, Learning and Instruction* [C]. Hillsdale, N. J.: Erlbaum, 1989: pp. 453 – 494.

② Becker, M. Learning with Tutorial Working Systems [A]. Rauner, F. & Maclean, R. (Eds.) *Handbook of Technical and Vocational Education and Training Research* [C]. Dordrecht: Springer, 2008: pp. 475 – 481.

第四，研究信息技术化教学在职业教育中的实现方式。纵观日益复杂的技术世界，教育技术是一种有限的自动化技术，它只能改变人的交流方式，而"人"才是信息化学习的中心。信息化学习系统不是一个顾客可以按照说明书简单操作使用的系统或设备，而是现代信息技术支持下的一系列教与学的活动，它始终与新的学习理念和方法相关。职业教育的教学信息化有三种表现类型：一是作为现有教学过程附加物的教学软件；二是专门开发信息技术支持下的综合性学习环境；三是对职业学习的机构、组织和文化架构进行整体设计。① 信息化技术要与以学习者为中心的学习方法灵活组合，在此还要特别关注经验性和自主性学习策略，即在提供专业解决方案的同时，促进学习者提高对工作和生活的设计能力。未来，如果能通过大数据和人工智能技术实现信息化教学的可跟踪性，以及对自主学习过程的再利用，那将是我国教育技术的重大突破。

信息化教学不仅通过信息技术促进个体的知识积累和智力发展，而且也是促进组织（如企业、学校或机关）实现组织学习和组织发展的过程。在职业教育中，这涉及职业院校和企业两个学习场所以及大量的相关咨询和服务机构，其核心是为人的学习提供信息化服务。信息化技术和混合式学习方式为基于工作的职业学习和终身生涯发展提供了新途径，它改变了传统的职业学习方式，重构了职业教育机构提供教育服务的形态。因此，职业教育课程改革改变的不仅仅是课程的形态以及课程开发和实施过程，而且还需要从教育管理部门的专业建设与管理，以及职业院校的课程制度建设、流程再造等多个方面进行系统化的设计。

---

① Eeler, D. Virtuelles Lernen in Schule und Beruf [C]. Achthagen, F. & John, E. J. *Meilensteine der beruflichen Bildung*. Bielefeld：W. Bertelsmann, 2003；pp. 297 – 322.

第七章

基于授权评价的职业院校内部质量诊断

目前职业教育的评价活动多数仍然是自上而下的,这反映在从评价目的、信息采集、信息解释到评价结果运用等各个环节中。实施此类评价的假设有:(1)事先已经知道了什么东西是正确的;(2)评价者根据评价结果与事先确立的"正确标准"进行比较,进而做出判断;(3)评价的功能是按照"正确标准"检查被评价对象的表现,并将结论告知下属;(4)一旦被评价对象获知评价结论,他们就会自觉努力改进工作;(5)做到了前四项工作,教育质量就会改进和提高。实际上这个假设是有问题的,它反映了传统教育评价的强制性(忽视评价主体多元化)、僵硬性(忽视发展活力)、片面性(忽视全面发展)和分离性(忽视评价与发展的统合)特征(或弊端)。

实践证明,职业教育管理者也已经意识到,要想使评价真正有效地服务于职业教育发展,必须尊重利益相关者的愿望和需求,让他们积极主动地参加到评价活动中来。教育部2015年在《关于深入推进教育管办评分离促进政府职能转变的若干意见》中要求"健全多元化评价标准,积极采用现代化评价方法和技术",强调"推动学校积极开展自我评价",这是职业教育质量评价价值取向的实然表达,即秉承持续改进理念,采用先进评价理论和技术,关注利益相关者的参与和自我评价机制建设,这反映了授权评价的基本理念。本章探索授权评价是否适合我国职业教育质量保障体系建设的需要,其操作与实施需要怎样的条件,以及怎样的运行机制才能保证评价的有效性。

第一节 授权评价的设计与实施

本章研究授权评价是否适合我国职业教育质量保障体系建设的需要,其操作与实施需要怎样的条件,以及怎样的运行机制才能保证评价的有效性。

一、研究目的与数据收集流程

本研究分析授权评价在职业教育内部质量保障中的实施效果,依据"评价内容—评价指标—评价人员—评价过程—评价效果"的思路,将评价方案具体化为以下实施过程:

(一) 制订评价方案

在正式评价开始前,制订适合被评院校的具体评价方案,与院校负责人就评价的内容、时间、人员和指标等进行协商。编制"授权评价会议手册",明确评价思想、评价人员、评价指标和流程等准备工作。

(二) 准备评价工作

评价参与者选择是影响评价效果的关键因素。利益相关者从不同层面共同对质量保障发挥作用。教师是教学诊断最重要的利益相关者,教学管理者和学生也有发言权;外部评价者根据个人经验发挥指导作用,帮助界定质量监控与评价指标;高级管理层为组织发展的总体工作负责[①]。

利益相关者的参与程度为选择参评人员提供标准。评价前,样本学校确定评价利益相关者8~12人,一般学生2人、教师3~4人、学校管理人员1~2人、毕业生就业企业代表2~3人,以及视具体情况个别家长和行业代表。对利益相关者的要求是:在其群体内有代表性,个人综合素质较高,岗位业务能力强,善于表达与沟通,对被评项目较熟悉。

(三) 实施准备

在正式评价前,请案例学校提供评价场地、设备、人员及材料等。

---

① Cedefop. Handbook for VET Providers: Supporting Internal Quality Management and Quality Culture [R]. Luxembourg: Publications Office of the European Union, Cedefop Reference Series 99, 2015: P. 27.

(四) 数据收集和分析方法

数据收集和分析采用戴特莫（L. Deitmer）基于授权评价理论的统计工具（EE‐TOOL）。它可根据评价小组成员独立给出的权重赋值，自动计算其最高值、最低值、标准差和平均值，并根据每位评分小组评定的分数自动生成对应的雷达图和柱形图。评价参与者依据评价指标进行评分，现场评分、统计和分析。①

(五) 评价效果反馈

为检验授权评价效果及所在院校对授权评价的满意度，通过问卷调查参与者对授权评价的反馈情况。

二、授权评价指标

与传统评价的指标不同，授权评价指标是过程性的、开放性的，由职业院校利益相关者经过协商讨论、自下而上生成。授权评价指标设定的基本原则是，围绕被评价的内容设计，为参与者共同诊断问题提供参照点和依据。

评价指标开发采用专家效度法，以专家评定问卷方式进行。选取校企合作、专业建设、课程开发、学习任务设计和实施四个层面的内容，开发相应的评价指标体系。指标本身不是研究重点，我们更需关注的是如何依据不同指标体系考察参与者在开放、民主的环境下形成协商、对话机制，并有效开展诊断式评价。

评价指标需要满足一定的理论和实践要求，现以"校企合作"指标体系为例说明开发过程。

1. 评价指标设计的理论依据

设计测量指标的原则是：以一定的理论假设为指导，能够反映理论假设和研究变量的主要维度，且简明可行。② 指标评价的不可测定的建构体（konstrukt）之间的关系必须明确，即指标能够诊断应被说明的事情（有效性原则）。为达到这一要求，评价指标应具备直观可测、相互独立、高区分度和整体完备性等特点。

2. 评价指标设计的方法

授权评价指标开发是一个利益相关群体参与的社会过程，这需要评价方法专

---

① 参见 Deitmer, L. *Management Regionaler Innovationsnetzwerke* [M]. Baden‐Baden：Nomos，2004.
② 董奇：《心理与教育研究方法》（第三版），北京师范大学出版社 2008 年版，第 125～126 页。

家和熟悉项目的实践专家,从方法、专业知识和实践经验方面共同保证指标的合理性。① 由于时间和成本问题,初设指标采用专家效度法开发。采用参与者检验法确定最终指标,即在评价开始的第一个环节,由参与评价的所有利益相关者根据自身经验对指标进行修正,形成最终的校企合作评价指标体系。

3. 确定评价指标及权重

授权评价开始后,由评价组成员根据指标名称与所评项目的适切性进行讨论和修订。之后,评价成员根据自己所理解的每一项指标的重要性,对一级指标权重进行赋值。

三、授权评价的实施

(一) 评价过程

评价分为四个阶段,每一阶段的名称和主要工作内容如图 7-1 所示。

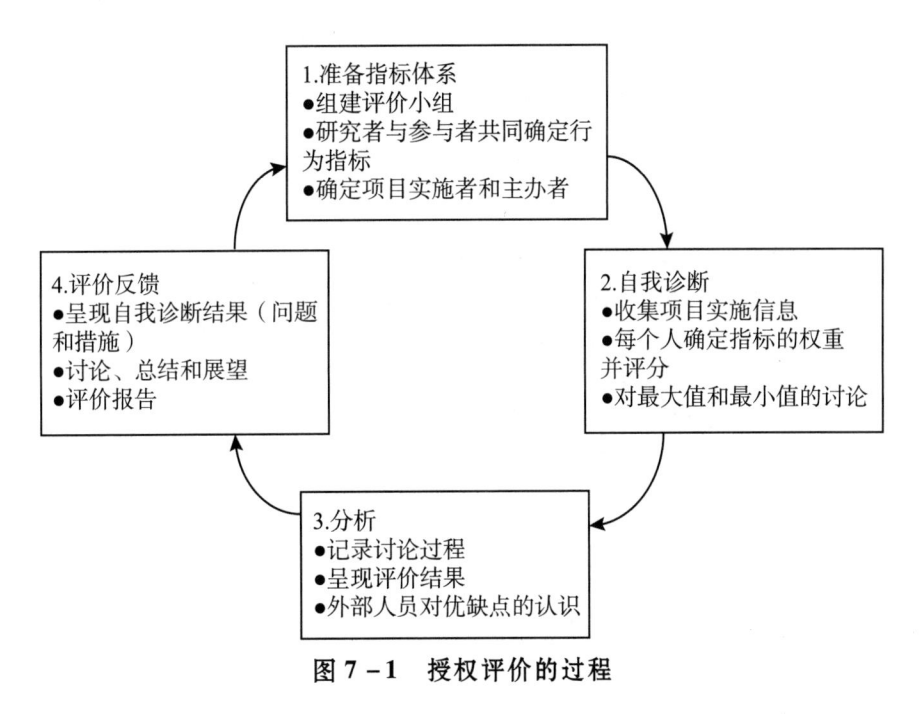

```
1.准备指标体系
●组建评价小组
●研究者与参与者共同确定行为指标
●确定项目实施者和主办者

2.自我诊断
●收集项目实施信息
●每个人确定指标的权重并评分
●对最大值和最小值的讨论

3.分析
●记录讨论过程
●呈现评价结果
●外部人员对优缺点的认识

4.评价反馈
●呈现自我诊断结果(问题和措施)
●讨论、总结和展望
●评价报告
```

图 7-1 授权评价的过程

---

① [德] 赖因哈德·施拖克曼:《非盈利机构的评估与质量改进》,唐以志、景艳燕译,中国社会科学出版社 2008 年版,第 234~238 页。

(二) 抽样

1. 抽样原则

关注点在于评价参与者通过协商达到结果认同的过程,采取非概率性抽样方法,即根据研究目的,寻找具有某种特征的小样本群体进行研究,抽样原则基于目的导向和信息导向,而非随机。① 选择目的性抽样方式,② 根据专家意见,分别选取发达地区、中部地区和西部地区职业院校进行试验。

2. 样本分布

为保证样本的代表性,分别选取东、中、西部的北京(学习任务)、重庆和新疆(课程评价)、广东(专业评价和校企合作评价)、河北(专业评价)五个省(自治区、直辖市)样本院校进行试验(见表7-1)。研究对象选择的理由:一是城市的地区分布、整体发展水平和文化差异;二是按照宏观、中观、微观结构;三是教育层次涵盖中职、高职和研究生教育(职业教育研究人员角度)。

表7-1　各地区参与者、专业、学校层次样本分布　　单位:人

地区	编码	学校层次	评价内容	专业类别	教学管理人员	企业/行业人员	教学实施人员	外部专家	学生代表	校企合作人员	参与人数总计
重庆	评价试验1	中职	课程	汽修	3	1	6	1	2	1	14
重庆	评价试验2	中职	课程	护理	7	1	2	1	2	2	15
新疆	评价试验3	中职	课程	学前	2	3	6	0	1	3	15
新疆	评价试验4	中职	课程	音乐	6	2	6	0	1	0	15
广东	评价试验5	高职	专业	物联网	1	4	1	0	3	0	10
广东	评价试验6	高职	校企合作	物联网	1	4	3	0	2	0	10
北京	评价试验7	研究生院	学习任务	教育技术	0	0	3	0	9	0	12
河北	评价试验8	高职	专业	旅游	1	3	2	1	2	0	9

---

① Richie. J. & Spencer, L. Qalitativedata Analysis for Appliedied Policy Research [A]. Bryman, A. and Burgess, R. G. (Eds.). *Analysing Qualitattve Data* [C]. London: Routledge, 1994: P. 173.

② Boyatzis, R. E. *Transfoming Qualltative Information:Thematic Analysis and Code Development* [M]. London: Sagel Publications Ltd, 1998.

为保障授权评价工作顺利实施,研究者将评价准备要求提前半个月发至相关院校,委托其负责所需场地、设备设施和材料的准备,并召集相关人员。参与者的参与程度与个人满足感紧密关联,随着参与者规模的扩大,受益递减开始显现,成员之间互动的概率会相应减少①,因此我们要求每场授权评价会规模控制在 8~12 人。个别院校参与者热情高,参会人数稍微超出最佳规模。

(三) 评分

权重确定后,评价小组成员根据评分标准,对一级、二级指标进行评分,评分量值从 1 分到 5 分五个等级,评价成员根据自己所了解的被评价项目情况,对每项指标进行独立赋值。

第二节 授权评价数据分析与结果

数据分析采取"个案取向分析策略"(case-oriented strategies)②进行,即按照前面提出的"授权评价的工作机制"作为分析框架,深入研究一个案例,再探究一系列案例,分析授权评价的理论要素在案例中是否呈现。之后,采用"论辩性综合方法"(lines-of-argument syntheses),在各自独立的研究结论中建立一个普遍诠释。最后,故对各案例评价结论进行比较。言语沟通是授权评价最重要的"传递变量",根据影响授权评价的关键要素,我们从关注差异、意义协商、应答模式、心理建构、知识转化和结果认同六个方面进行分析。

一、差异关注

第四代评估采用响应式聚焦(responsive focusing)评价过程,即"在利益相关者参与的基础上决定要解决什么问题和收集什么信息",评价的首要任务是识别利益相关者及其主张、争议和焦虑③。在职业教育评价中,应从类利益相关群体的价值差异出发,根据每项指标确定不同参与者对同一指标的认识差异,并给

---

① [美] 斯蒂芬·A. 毕比、约翰·T. 马斯特森:《小团队沟通:原则与实践》,陈薇薇译,电子工业出版社 2015 年版,第 156 页。
② 张芬芬、卢晖临:《质性资料的分析:方法与实践》,重庆大学出版社 2008 年版,第 239 页。
③ [美] 埃贡·G. 古贝、冯伊娜·S. 林肯:《第四代评估》,秦霖、蒋燕玲译,中国人民大学出版社 2008 年版,第 5 页。

予解释机会。本部分重点考察授权评价过程是否关注、尊重不同参与者的观点，并使其充分表达。差异关注分三个层面进行分析，分别是没有关注差异（效果最差）、个体差异关注（效果一般）、个体和群体差异关注（效果最优）。

（一）没有差异关注情况

差异关注是授权评价的基本特点，也是开展授权评价的最低要求。如果关注到了个体和群体的观点差异，说明授权评价实现了基本要求。授权评价试验中，主持人均根据评价参与者赋值高低寻找不同观点的差异，引导参与者展开观点交流、对话协商，这与主持人的主持能力有很大关系。授权评价试验中均实现了关注差异的最低要求。

（二）个体差异关注情况

主持人在组织参与者交流讨论过程中，能发现不同参与者个体间的观点异同，但对不同群体间（如企业与学校人员之间、管理者与教师之间等）的观点关注度还不够，授权评价试验2和试验4仅实现了个体差异关注。

授权评价试验2是对重庆某校护理专业进行的专业评价。研究者依据参与者对指标的赋值结果绘制了雷达图，寻找赋值较高和较低的参与者，并由其阐述赋值理由，进而探究其观点差异。指标6"专业发展环境"的权重赋值结果如图7-2所示。

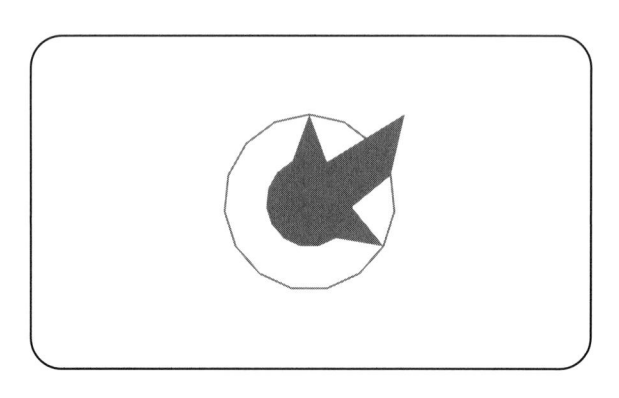

图7-2 授权评价试验2专业发展环境权重赋值分布

参与者总体对"专业发展环境"的赋值较低且差异较大。教学管理人员M3赋值15%，认为"专业发展环境"在专业建设中非常重要；校企合作人员CS6和教学管理人员M2赋值较低，认为"专业发展环境"不太重要。针对这样的差异，赋值者的理由为：

M3（15%）：对任何一个专业，专业发展环境都应该是评价中职学校的基本条件，硬件条件少的话，不是很妥当……

CS6（5%）：专业发展环境取决于行政要素。在我国现实情况下，行政是做事很重要的因素。有法不依的情况太严重，只要领导一句话，你的专业发展环境就可以很好或者很不好……

M2（5%）：属于不可控的因素，作为学校来说很难掌控。

教学管理人员（M3 与 M2）赋值出现较大差异，参与者的解释是：第一，专业发展环境很重要，是学校专业建设的基础性保障。第二，专业发展环境受外部因素影响大，超出学校可控范围。第三，专业发展环境与行政决策紧密相关。对此，参与者表示认同，这为后续协商权重值奠定了基础。对二级指标评价方法类似。根据问题导向原则，授权评价 2 基本满足了关注差异这一要求。

（三）个体和群体差异关注情况

个体和群体差异关注是指在授权评价过程中不仅关注不同个体之间的观点异同，也要注意不同群体之间的观点差异，这是实现差异关注的高级阶段。本研究中多数学校的授权评价均能实现这一要求，效果较好。

授权评价试验 1 是对重庆某校汽修专业课程质量进行的诊断评价。诊断过程中对 31 项评价指标进行了逐个剖析，不同评价者对自己的观点进行了解释。确定一级指标权重需要关注不同参与者的赋值。一级指标"人才培养目标"赋值情况如图 7-3 所示。

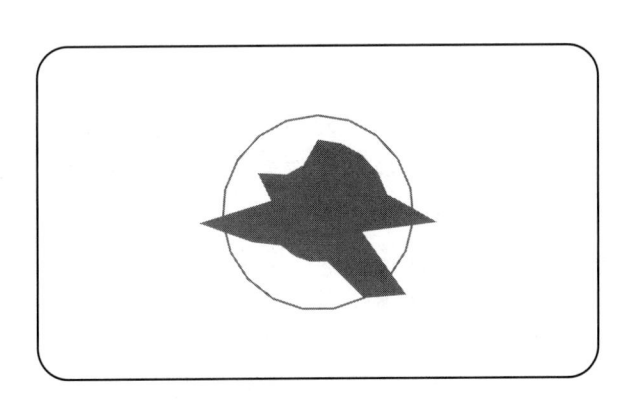

图 7-3 授权评价试验 1 人才培养目标权重赋值分布

企业人员 C5、C6，教学实施人员 T13 对指标评价最高，即认为人才培养目标非常重要；而教学实施人员 T16、T17 给出了较低分数，不同参与群体和同一群体之间打分出现了较大差异，几位评分者对个人赋值理由进行了解释：

教学实施人员T13（25%）：我认为"人才培养目标"和"人才培养效果"最重要……

教学实施人员T16（10%）：在我们重庆地区，中职生毕业不仅是为了就业，还有其他选择，比如升学、当兵等，所以这个目标就没那么重要了。

企业人员C6（25%）：企业的需求就是学校的培养目标，二者紧密联系，非常重要。

从最高分和最低分寻找差异，能发现不同评价者的价值诉求。教师群体内部，以及教师与企业人员之间存在较大观点分歧，形成了两类认知，体现了教育目标多元化的趋势。参与者仅表达和分享了各自的观点，还未就争议形成共识。评价中，对6个一级指标和31个二级指标的赋值形成了37个雷达图，主持人在引导交流的过程中，不仅关注到不同个体之间的观点差异，同时兼顾参与者不同的角色和群体的差异，实现了个体和群体差异关注。

（四）小结

关注差异是开展授权评价最基本的要求，主持人是这一要求能否实现的关键因素。在所有授权评价试验中，主持人根据每个指标的标准差大小，追溯不同参与者的赋值异同，找到赋值高和赋值低的参与者，并引导其阐释赋值理由；参与者在各自赋值基础上展开讨论，关注差异，不仅关注个体间的观点差异，也应关注群体之间的区别。

二、意义协商

"意义协商"（negotiation of meaning）指主体间通过讨论和协商，形成对事物间联系的深刻理解。意义协商最早被称为"话语调整"（conversation adjustment），指为了克服在交流中遇到的障碍，会话双方对话语进行调整，以改变人们作为行动基础的偏好。[①] 社会建构主义理论认为，意义协商的本质是社会性对话的过程，是知识生成的本质追求解，能够提高决策质量。没有触及价值观改变的协商只是浅层次的"问题讨论"，难以形成反思和"行动策略"；而深度汇谈是达成意义协商的前提条件，此时参与者对自己个人的心智模式、原有认知结构以及他人的认知之间达到了深刻或独特的理解。我们将意义协商分三个层面来分析，即问题讨论、同理心探寻和深度汇谈，三个层次的区别如表7-2所示。

---

① 牟宜武：《国外意义协商研究三十年评述》，载于《西华师范大学学报》（哲学社会科学版）2010年第6期，第83~89页。

表7-2 讨论、同理心探寻与深度汇谈

项目	问题讨论	同理心探寻	深度汇谈
系统性	把问题割裂	深究原因	在部分中看到整体
过程	关注任务本身	站在对方立场思考	关注他人和任务
信息	中性的，有时消极的	不确定的	积极有效的
假设	评判假设	悬挂并评判假设	探寻假设
结果	获得对某个意义的认同	获得认同，了解本质	在多样性中创造共享的意义

资料来源：改编自彼得·圣吉：《第五项修炼：实践篇》，东方出版社2006年版，第304~305页。

"问题讨论"是意义协商的初级阶段，解决"是什么"的问题，局限于分析、衡量和简单的信息共享[1]。处于这一阶段的参与者会把问题割裂，只关注任务本身，参与者获取的信息是中性的、不重要的甚至是消极的，能对他人的假设进行评判，经过讨论获得一致或不一致的认同。

"同理心探寻"是意义协商的第二阶段，进一步追问"为什么"的问题。"同理心"即同感、共感，是能够从他人角度考虑问题的方式[2]。在此阶段，参与者能站在对方立场思考问题，但获得的信息尚待考量；对已有信息能够暂时悬挂再判断。最后参与者对被评项目获得认同，并深入理解本质。

"深度汇谈"是意义协商的高级阶段，解决"怎么办"的问题。它是一种持续的集体性和合作式的反思与探询。参与者通过对话深入检视自己的观点，并形成对事物更深入、广泛的理解。他们能够联系整体，获取的信息是积极有效的，在悬置、评判假设的基础上深入探寻，在多样化的观点中达成意义共享[3]。

（一）"问题讨论"层次

授权评价试验4是在新疆的第二个课程评价试验，体现了"问题讨论"的特点。在授权评价过程中，参与教师有2/3是维吾尔族人，1/3为汉族。评价组织了两次评分，一是针对原有人才培养方案的实施情况，二是针对新的培养方案。参与者对指标"课程之间逻辑顺序合理"赋值情况解释如下：

> 教学人员T8（维吾尔）2分：我认为，对于音乐学、音乐教育，应该先学习理论知识，而现在对乐理知识与视唱的进度调节得不好……

---

[1] [美]埃尔斯特主编：《协商民主：挑战与反思》，周艳译，中央编译出版社2009年版，第141页。
[2] 瞿卫华：《培育智慧型读者：阅读教学的应然追求》，载于《江苏教育》2011年第1期，第36~38页。
[3] [美]彼得·圣吉：《第五项修炼（实践篇·上）》，张兴译，东方出版社2006年版，第304~305页。

主持人：好的，我们再看看其他老师的意见……

教学人员T9（汉）3分：相比之下，原来课程之间的逻辑顺序确实是存在问题，但是目前得到了很大改进……

教学人员T10（维吾尔）5分：我认为比较合理，课程内容循序渐进，在课前复习之前所学过的知识，再学习新知识。

企业人员E2（维吾尔）5分：准确讲我们不是企业人员，而是对口升学单位的负责人，从升学的角度来讲，我们认为课程设置合理。

学生代表（维吾尔）5分：我们也认为比较合理……

从这个交叉对话中的争议看，讨论集中在"课程之间逻辑顺序是否合理"上，总体意见是：原有方案实施效果不理想（见图7-4），现有方案得到了较高认可（见图7-5）。诊断过程以表达对目前评价方案存在的问题为主。这个授权评价处于"浅层沟通"状态，因此影响了意义协商过程，原因如下：一是语言困难造成沟通障碍；二是文化传统差异导致沟通无法深入；三是认知差异。调查发现，授权评价试验4的参与者将评价研讨会主持人视为其工作中困难的"解决者"，曲解了授权评价的真正目的，在诊断过程中难以为了"共同目标"而集中力量。这些原因导致本次诊断更像一次"问题讨论"大会，没有形成深度汇谈。

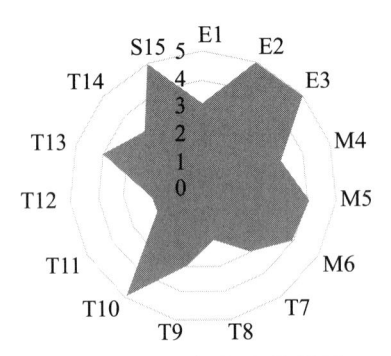

图7-4 旧方案实施效果

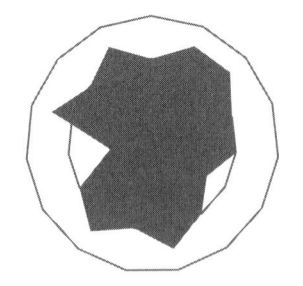

图7-5 新方案实施效果

(二) 同理心探寻层次

重庆试验 1 课程评价中出现高于"问题讨论"但低于"深度汇谈"的效果，可称为"同理心探寻"[①]。以指标"课程目标设计符合学生的学习能力"诊断为例，基于赋值的参与者解释如下：

主持人：企业老师给这个指标的打分不是特别高，有几个老师、外部专家的分打得都比较低，请解释一下？

教学实施人员 T7（1 分）：我自己是个本科生，我上学时就直接学理论课。在没有接触实物之前先学理论，本科生都很难理解，更不要说中职生了。因此，这个目标设定肯定是有问题的。

主持人：这就是我们最大的问题，没见过实物你怎么理解理论……

教学实施人员 T9（3 分）：我也这样认为，学生学习能力本来就低……

教学实施人员 T8（5 分）：我认为学生基础差别太大了，教师只能面向大部分学生，应该采取分层教学或分组教学方式。

主持人：老师一致认为学生学习基础差，目标设定高，我们听听企业人员的意见如何？

企业人员 C4（3 分）：我不太认同老师们的想法，你们都认为课程理论部分太难，学生能力不足，其实根本不是那么回事。在我看来，企业中最常用的东西都没有在课程中体现出来，你们可以调查一下，企业干这一行的 70% 都是高中没毕业的人，甚至都没有经过正规培训，能用多少理论？……

主持人：好，现在出现了一个有意思的局面，老师和企业专家的观点不同，我们听听学生怎么说？现在问一下同学，你们认为最难的是文化课还是专业课？

学生代表 S14：我认为，当然……我只代表我自己，不代表其他同学，目标比较符合我们，专业课太简单了，大部分都能听懂，但文化课较难。

主持人：好，其实这也是我们能力测评的结果，学生学习的难点在文化课而不是专业课。学生认为专业课不难，企业对专业课要求很高，但学校反而认为课程目标定得太高了，学生学习能力不足，这个矛盾怎么解决？

协商要体现会议的合理性，应坚持"合理的讨论规则"，这可以避免参与方相互指责和偏见。在以上对话中，三类参与者都悬挂了自己的假设，抛出了自己

[①] 彼得·圣吉在《第五项修炼》一书中将同理心倾听（探寻）作为对话交流的一种形式，比其高一阶段的对话形式是生成性对话，即深度汇谈。

的观点：教学实施人员的假设是"学生学习能力弱，基础差，学习理论知识有困难"；企业专家的假设与之截然不同，认为"不是学生学习能力问题，而是课程内容设置问题"；学生表示"学习专业课没有困难，但文化课有困难"。

不同群体出现严重分歧的原因是不了解其他利益相关者的价值诉求。作为一个"实践团队"，不了解共同的目标追求而仅关注自身的需求，自然会影响工作质量。通过深度汇谈进行进一步反思，是解决问题的有效办法。本次评价因时间和（试验性）评价目的所限，仅限于讨论和信息共享，没有形成生成性对话，未形成真正意义上的"意义协商"，仅为"同理心探寻"。

（三）深度汇谈层次

河北授权评价 8 专业评价初步体现了"深度汇谈"的特点。诊断初始阶段，参与者根据教育部专业评价指标体系讨论其对本校旅游专业的适用性。指标合理性协商的焦点是：外部专家认为该指标体系缺少过程性指标，如"教育教学管理"方面的内容，经协商后参与者均表示认同外部专家意见，增加 1 个一级指标"教育教学管理"和 5 个二级指标。参与者之间体现了"问题讨论"特点，对此没有深究为什么，解答与讨论也是单维度的。原因在于：外部评价专家有一定权威性，导致参与者不假思索地听取其建议，这方面以外部专家意见为主。

权重值协商阶段，参与者在对 7 个一级指标独立赋值后形成一级指标的平均值。外部专家认为指标 3"教育教学管理"最重要，应在平均值基础上提高权重，但学校管理者对此反对。企业专家认为应在平均值基础上提高指标 4"学生综合职业能力的权重"，对此外部专家持否定意见，讨论最终没有达成统一意见。分析原因：第一，参与者共同参与权重协商，每个人表达了个人观点（发散思维），但收敛（寻求意见趋同）效果欠佳，最终没有使发散和收敛的反馈循环达到平衡。第二，参与者原有的假设和信仰固化，根据塞加拉—纳瓦罗的理论，信仰固化的人难以遗忘（unlearning）原有的知识和经验，这阻碍其新思维和行动模式的开发引进，影响了意义协商效果。[①]

综上，虽然在部分问题的诊断中，参与者之间没有达成完全统一的观点，但参与者能够关注他人观点并积极进行有效的应答，从一个问题表象挖掘原因，试图探索解决机制，因此，本次试验介于"同理心探寻"与"深度汇谈"之间。

---

① ［美］迈克尔·马奎特：《行动学习实务操作：设计、实施与评估》，郝君帅、唐长君、曹慧青译，中国人民大学出版社 2013 年版，第 25 页。

三、应答模式

"应答模式"(responsive evaluation,又被称为"反应模式")是授权评价的基本模式,它通过对话体现人与人之间在价值平等、意义平等意识之间的相互作用。[①] 在授权评价中,参与者不仅要表达自己的观点,还要认真思考来自他人的信息输入,特别是与自己观点相冲突的地方,并做出回应。倾听者对自己的建构进行有效的修正,或发现证据说明他人的命题不被接受。如果只有解释和倾听,而没有应答和建构,诊断过程的反思性和批判性不足,难以形成知识的传递和共享。应答模式表现为对信息接收和反馈的不同方式,分三种情况,即消极应答、积极应答和无应答。[②]

(一)消极应答

消极应答指当说话人提出建议、发表观点或期待认同时,受话人不赞同或不积极应答。在重庆授权评价试验1课程评价中,教师与企业人员之间倾向于消极应答,如对指标2"核心课程设计"的权重问题进行讨论时:

  企业人员C3(2分):与企业工作相比,课程设计工作量不大,所以觉得没那么重要。

  教学实施人员T8(5分):刚才C3的观点我不赞同,您说课程设计工作量不大,那是因为是学科课程,而我们现在是行动导向的课程……

教学实施人员T8对企业人员的观点进行了否定,随后进行了理由诠释。

在针对31项指标的评价中,明确的消极应答话语有6处。消极应答主要表现在教学人员和企业人员之间,两类群体观点争锋较为明显,这些与参与者的性格、心智模式及"防卫"心理有关。消极应答模式持续时间较长,说明参与者对该问题有较深入和独特的理解,有利于深入剖析问题。相比而言,学生表现的"积极应答"态度较为明显。

(二)积极应答

新疆评价试验3课程评价的学生代表对31项指标赋值中,有12项为3分

---

① [美]山姆·肯纳、雷尼·林德、凯瑟琳·陶蒂等:《结构化研讨——参与式决策操作手册》,闾永俊、王洪君译,中国工信出版集团2016年版,第106页。
② [美]埃贡·G. 古贝、冯伊娜·S. 林肯:《第四代评估》,秦霖、蒋燕玲译,中国人民大学出版社2008年版,第14页。

(最低分)以下,19项在4分以上。3分以下说明该指标没有达到要求,学生以积极的应答模式表达了自己的不满,教师与企业人员间交流则表现为消极应答,说明学生在教师等参与者面前可能惧怕直接说明问题,试图利用积极的、肯定的语言使沟通氛围更为和谐。

积极的应答模式说明授权评价过程的"公开性"不足。"公开性"似乎不符合国人习惯的交往方式,参与者可能并不是刻意隐藏某个评价信息,而仅仅是出于维护自己或对方"面子"的考虑[①]。研究发现,多数参与者都可以秉承"开放性"态度,检验、审视自己的观点并及时改正,但很难做到"公开性",即不愿意当面向对方真实袒露自己的不满或怀疑。但"公开性"不足,却在一定程度上增加了和谐的氛围,促进了参与者的互动。

(三)无应答

重庆授权评价试验2课程评价中,参与者对个人赋值理由进行了阐述,但对他人的信息鲜有应答。以指标"2.2课程目标的设计符合学生学习能力"的评价为例:

  学生代表S15(3分):不清楚。
  课程开发人员P10(2分):我们的目标与学生能力相比,有点偏高了。
  教学管理人员M1(5分):核心课程都符合课程标准,这都是按照教育部要求设定的。
  企业人员C4(4分):我不了解课程目标,但根据我们医院毕业生的表现来看,应比较符合。

参与者对来自他人的信息没有积极或消极应答,仅按照经验解读个人观点。他们只注意指标内涵的某一层面,没有吸收他人意见调整自己的原有假设,对个人不感兴趣或不理解的信息未做出应答。

(四)多种应答模式并存

提问与应答构成言语交际关系。从逻辑上讲,应答是一对相互依存的概念;从效果上说,无论是积极应答还是消极应答,都能起到"应答"的互动效果。北京授权评价试验7学习任务评价的应答主要表现为主持人与参与者之间、学生与教师之间的互动。以指标"解决方案的多样性"讨论为例:

  主持人:我发现老师对这个指标打分很高,学生打分很低,说明老师对

[①] 陈向明:《教育质性研究概念框架的本土探索》,载于《教育学术月刊》2014年第4期,第3~10页。

学生设计的学习任务还是比较满意的，是这样吗？请解释一下。

教师 T1（5分）：这个任务本身就是开放性的……

学生 S9（2分）：问答提到选择两个方案，后面的并没有体现出多样性。

学生 S12（2分）：学习方式设计方面缺少多样性，所以我打分低。

学生 S6（4）：虽然学习任务的步骤写得比较明确，但学生自己练习的时候肯定还会有多样性，前后有点矛盾……

主持人：老师本来设计了一个很好的学习任务，但在教学时又把小任务拿出来，每个小任务又成了封闭性任务。这样就没有多样性了，这是教学设计的一个问题。

教师 T1（5分）：可是知识点是固定的，基础的东西没有掌握的话，具体到以后的应用，问题不是更多了吗？

主持人：这个设计不太好，学习不是有了理论知识再学习。

应答模式的特点是关注实践者的实际问题，通过参与者之间持续、深入的信息交流诊断实践问题，特别关注参与者的心理意愿和主张建议[1]。在以上讨论中，教师和学生有较大分歧，讨论内容已超越单纯的学习任务是否多样性问题，上升到教学实际问题，例如，学习任务应设计为很开放还是半开放？理论知识是实际应用的前提条件吗？学生与教师在聆听对方观点的同时，对彼此的应答都表达了个人的心理意愿和主张，意识到个人思想中的偏见和局限，形成了持续有效的交流，体现了反思性学习过程。

四、心理建构

授权评价理论认为，"诊断是一种共识的构建"，它不是独立于建构者之外的"客观"世界，而是由利益相关者心理的观点和信息组成，通过相互建构，形成整合的、系统化的"合理"模式，其形成过程根植于建构者先前的经验、价值观、偏见、畏惧、期望及成就。诊断是通过对话过程体现出来的心理建构[2]。

按照建构主义理论，评价的目的不是认识客观的知识，而是赋予某一事物特有的意义建构，在建构过程中生成知识。知识由心理建构而来，分为如图7-6所示的两个层次。

---

[1] 罗华玲：《西方主要教育评价模式之新解》，载于《昆明学院学报》2011年第1期，第108~110页。

[2] 陈向明：《教育质性研究概念框架的本土探索》，载于《教育学术月刊》2014年第4期，第3~10页。

```
┌─────────────────┐
│   新知识的生成   │ ┐
└────────▲────────┘ │
         │          │ 深层心理建构
┌────────┴────────┐ │
│    探究式建构    │ ┘
└────────▲────────┘
    ┌────┴────┐
┌───┴───┐ ┌───┴───┐
│知识习得│ │知识理解│ ┐
└───▲───┘ └───▲───┘ │
    └────┬────┘     │ 表层心理建构
┌────────┴────────┐ │
│    接受式建构    │ ┘
└────────▲────────┘
         │
┌────────┴────────┐
│    客观知识      │ ──→ 基础
└─────────────────┘
```

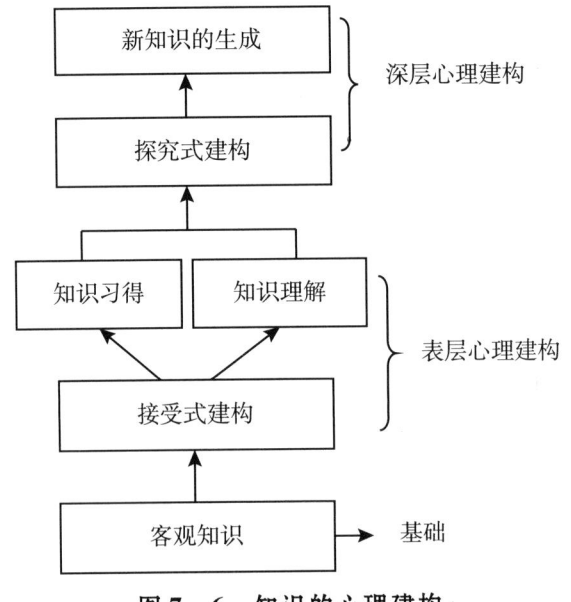

图 7-6 知识的心理建构

资料来源：李素敏、纪德奎、成莉霞：《知识的意义建构与基本条件》，载于《课程·教材·教法》2015 年第 3 期，第 40~47 页。

第一，知识的表层心理建构。这是指在他人指导与帮助下认识和习得客观知识，并使其赋有个体意义。这是学习的初级阶段，以传统的知识观为基础。从主客体关系看，表层心理建构是"接受式建构"，学习者的地位是被动的。

第二，知识的深层心理建构。这是指在理解和掌握客观知识基础上，通过个体间的协商合作创作生成新知，具有高度的个体性和异质性。从主客体关系来看，这一层的意义建构是学习者之间的"探究式建构"，学习者通过交流进行视域融合，在个体和群体的互动中生成知识。

（一）表层心理建构

心理建构的基础是相互作用，参与者在相互作用中习得知识、理解知识并生成知识。对新疆授权评价试验 3 课程评价中的"课程实施组织合理、过程监控便利的评价（以下简称'课程组织与监控'）"的分析，可以了解心理建构情况：

专业管理人员 M2（2 分）：在示范校建设之前，我们与校外实训基地的联系很少，特别是学生到幼儿园见习观摩的机会更少。学生实践缺乏，导致在半年实习过程中出现了众多问题。此外，学生在实习过程中没有建立监控体制，实习较为分散，地域性太大，教师难以监管。

企业人员 C5（3 分）：师范学校的实习生我们是非常欢迎的，但问题在于这些学生的实践能力较差，高不成低不就……

对"课程组织与监控"的诊断分值普遍偏低，说明该项工作有很大改进空间。15个人中有2人表达了个人观点，2人没有对对方观点进行回应，仅是"说明现状"。发言人以赋值最高者和最低者为主，本次评价没有形成深层心理建构，主要原因是：第一，对一个指标的评价参与人数较少，参与者之间难以开展有效的互动，对他人的信息输入只达到"知识习得与理解"层面。第二，跨领域的矩阵结构产生更密集和有效的知识共享①，本次评价满足了这一条件，即发言人之间角色不同，有不同知识背景，关注点不同。如M2关注的是"监控体制不完善、监督困难"，C5关注的是"学生实践能力差"，对话没有产生"共有焦点"，没有关注任务本身，依然是各方根据自身兴趣进行"选择性关注"。这削弱了参与者之间相互依赖、相互建构和相互强化关系。

（二）深层心理建构

心理建构模式肯定了多元价值存在，不同建构会用不同方式来解释同一个"事实"，是不同利益相关方的利益协调过程，对话成为激发和生成不断"流淌"的意义生成的"心理工具"，环境（氛围）、互动、基础（知识）构成了心理建构效果的基本条件。② 下面以北京授权评价试验7学习任务评价对指标"对学习过程的记录、展示和时间安排设计合理"的讨论为例分析心理建构情况：

学生S9（5分）：对整体任务的分解和课时安排比较合理，文字动画有学生互评，展示了学习成果，比较好。

教师T1（5分）：学习任务设计的每一步骤都很具体，具体做多久可能很难按照预定计划去做。

学生S5（2分）：可能是我理解有问题，我把学习任务看成步骤了，没有看到步骤上的时间安排。

任务设计者S8（2分）：我比较注重学习过程，当时觉得学生的主动性没有那么高……

主持人：S8你对自己打分比较低，说明你开始反思了……（在此，主持人介绍了一些关于学习任务设计的专业知识）

任务设计者S8（2分）：对，我确实没有考虑学生的主体性……

---

① 姜道奎：《团队知识共享机制研究》，经济科学出版社2015年版，第79页。
② 李素敏、纪德奎、成莉霞：《知识的意义建构与基本条件》，载于《课程·教材·教法》2015年第3期，第46页。

以上对话表明，从环境（氛围）看，参与者能表达个人观点，形成链状交互循环过程。从反思效果看，学习任务设计者 S8 对自己的赋值较低（2 分），在三名参与者解释个人赋值理由后，设计者意识到自己设计的任务步骤太过"规范"，忽视了学生主体性的发挥，说明它对别人传输的知识进行了吸收和理解，开始反思自己原有知识建构的局限性。从知识建构看，在主持人讲解任务设计的要点后，设计者表示认同，认识到教与学的过程没有体现"开放性"特点，说明他开始内化自己的主观知识，对原有心智模式形成了冲击，正在进行反思与心理建构。设计者表示"我确实没有考虑学生的主体性"，说明参与者之间的对话不仅具有单义（univocal）功能（充分地传达意义），而且在学习过程中产生了高级别的心智过程。整个过程在环境、知识、互动等方面均实现了"心理建构"的效果。

（三）没有心理建构

在一些学校的授权评价试验中，参与者对不关心或不了解的指标，难以展开讨论，很难形成心理建构效应。以专业诊断为例，对专业评价指标体系中的"专业社会贡献度""国际化教育""学生创新创业"等，参与者认为指标"空、大、虚"，难以诊断，对这些指标没有建构或仅限于表层建构。另外，校企合作评价指标体系中的外部管理类指标，如"外部保障机制""政府的服务功能"等，也超过了企业、学校把握的范围，参与者仅表达个人的理解，并未形成的深层建构。

（四）小结

心理建构分为"深层心理建构""浅层心理建构""没有建构"三个层面。重庆授权评价 1 对部分不了解指标的诊断存在浅层心理建构，对共同关注度高的指标存在深层心理建构，这与参与者的知识背景、参与程度、兴趣高低有关。重庆授权评价 2 由于诊断时间较短，参与者之间表现为浅层心理建构。在新疆授权评价 3 和评价 4 中，虽然被诊断专业不同，但由于对一个指标的发言人数较少，以及参与者关注点不一致等因素，没有形成深层心理建构。广州授权评价 5 和评价 6 的"深层心理建构"与"表层心理建构"并存。北京授权评价 7 参与者知识基础较高，对被评价项目较为熟悉，因此心理建构效果较好。河北授权评价 8 参与者参与热情较高，基本实现了深层心理建构。

五、知识转化

（一）知识转化

授权评价过程是组织内学习者互相学习、知识传递与共享的过程，是通过信息处理，更好地了解和理解知识，改进其潜在行为范围的活动。① 信息与知识的传播、共享和转化是影响组织学习效果的重要因素。组织学习效果中知识转化模式如图 7-7 所示②。

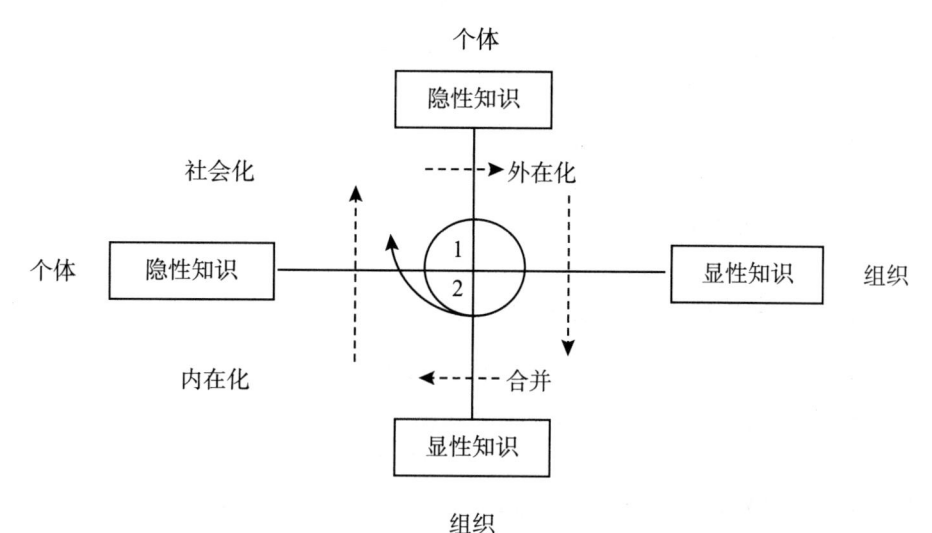

图 7-7 知识转化模式

知识经过社会化、外在化、合并和内化四个阶段，实现知识在个体之间、个体与组织之间、组织内部之间、组织与个体之间的转化③。对授权评价的知识转化情况进行分析很难，因为授权评价过程是开放性的，涉及很多不确定性因素。④我们从参与者的范围、参与方式、知识传递层面、知识变化以及实现程度等方面考察授权评价的知识转化情况。知识转化的四种学习方式表达、反馈、反思和建

---

① ［美］阿肖克·贾夏帕拉：《知识管理》，安小米译，中国人民大学出版社 2013 年版，第 131 页。
② 改编自 Nonaka. The Knowledge - Creating Company [J]. *Harvard Budiness Review*, 1991 (69): pp. 94-104.
③ 常燕燕：《国防特色高校科技创新中的知识管理研究》，载于《合作经济与管理》2014 年第 17 期，第 82~83 页。
④ ［美］阿肖克·贾夏帕拉：《知识管理》，安小米译，中国人民大学出版社 2013 年版，第 131 页。

构对应四种组织学习效果，即低、中低、中高、高。每场授权评价的指标在17~31个不等，我们节选代表知识不同实现程度的指标，分析不同地区授权评价知识转化程度的特点。

（二）知识的社会化：组织学习效果"低"

学习效果"低"说明知识转化情况不理想。对组织学习效果"低"的指标分析发现一些共性，如对某一内容（指标）诊断涉及的参与者人数较少，人数在1~4人；学习方式主要是表达问题，参与者没有或没有机会对他人观点进行反馈、建构；个人隐性知识在发言者中进行传递，但未被显性化；评价过程没有产生或产生少量新知识，知识转化在组织内发挥的作用有限。

对授权评价试验1、试验2、试验5和试验8评价过程的分析发现：（1）学生代表难以给出实质性意见，对大部分内容不熟悉；（2）部分评价指标内容超越了参与者的掌控范围，如"国际化教育""外部保障"等；（3）对某一指标诊断的赋值普遍较高，说明参与者对该项工作满意度高，无须深入讨论。虽然授权评价试验5的参与者较多，但并未形成深度汇谈，评价知识仅限于浅层传递。

（三）知识的外在化：组织学习效果"中低"

组织学习效果为"中低"，说明授权评价的效果一般。对组织学习效果为"中低"的指标分析发现，知识转化实现了外在化层次，即个体隐性知识通过表达传达给其他个体，但他人倾听后并未对其进行反思和建构。原因如下：一是每项指标的参与者发言人数较少，均为3人左右。根据建构主义理论，最佳学习发生于与环境的互动中，人数过少难以形成多元化的价值观，参与者的角色只是倾听者、陈述者。二是民族差异和语言差异对沟通造成了障碍。三是与参与者的目标倾向有关。四是存在认知复杂性（个体同时解读多种信号的能力）和认知差异。对于新疆地区部分参与者来讲，文化和语言存在障碍，其认知复杂性程度较低，认知差异也会造成知识转化不畅。

（四）知识的合并：组织学习效果"中高"

学习效果为"中高"说明知识转化效果较好。对组织学习效果为"中高"的指标分析发现，学习方式分别为表达、反馈和建构。个人隐性知识不仅在参与者之间得到传播，并且由于对他人观点进行了反思，个人能从合并后的显性知识中反观自己，对原有假设进行反思，实现了显性知识在组织间的共享。

以授权评价试验5的知识转化效果为例，授权评价的特点为：（1）对该指标的评价参与者发言人数较多，能给出不同观点；（2）参与者对这些指标较熟悉，为深入交流提供了条件；（3）评价会参与企业代表人数较多，拓展了学校人员的单一思维模式。

（五）知识的内化：组织学习效果"高"

对组织学习效果为"高"的指标分析发现，对指标评价涉及的参与者人数较多，在 3~11 人之间，学习方式为表达、反馈、反思和建构，即个人通过对他人观点的反馈，能从组织的显性知识进行反思，重新构建自己的观点，将组织的显性知识重新内化为个人的隐性知识。

从北京地区授权评价案例中，涉及参与者发言人数分别为 6 人和 11 人，基本包括所有参与者群体，观点多样化，能产生深入交流。参与者对他人观点能给予反馈并反思，将个人的隐性知识进行合并后，个体重新建构个人假设，实现了从组织的显性知识到个体的隐性知识的变化，完成了知识内化。组织学习效果为"中高"和"高"。

（六）小结

授权评价的知识转化主要依据集体互动和个体反思两种媒介产生作用。影响知识转化程度的因素很多，如参与者的知识背景、经验以及所处环境等。本部分主要考察对话和多重对话引起的反思和持续思考，进而考察组织学习效果。研究发现：

第一，参与者人数在 5~8 人，学习方式达到建构层次，知识较易实现个体的内化。重庆和北京两地学校的授权评价体现了这一特点。

第二，受文化、民族和语言差异的影响，以及参与者对授权评价目的的认知差异，新疆学校授权评价知识转化效果不理想。

第三，北京学校授权评价实现了知识的合并与内化，可能与参与者的专业知识、对学习任务的熟悉度以及参与者之间的熟知度有关。

第四，知识差距影响参与者之间的信息交流和知识转化效果。

第五，参与者代表性不足容易引发同质化思考，导致资讯分析不足或解读错误，从而影响到获取信息的质量。授权评价试验 6 和试验 8 均存在这一问题。

第六，知识转化主要与集体意识相联系，而集体意识是通过在工作团队和实践团体中互动而产生的，知识转化效果受很多方面的影响，包括个人关系、认知观念及语言含义的动态构建，反思是知识转化的关键。

六、结果共识

第四代评价理论认为,授权评价希望通过相互作用缩小差异,或者达到对个体差异的理解与尊重,而不一定要达成一致意见。达成共识需要经历三个阶段:一是承认主体间各自建构的差异;二是主体间进行反复对话,对话过程伴随更加深层的心理建构;三是主体针对不同的心理建构进行理性分析,权衡利弊,合理取舍。其中,理性选择是达成共识的最重要的因素。授权评价的共识达成过程,从表达个体偏好开始,到与他人偏好进行整合形成群体偏好,个体与群体通过对话和交流,共同协商决定这一"群体偏好"是否可以达成共识。能够达成则形成决策,不能达成共识需要再次协商,直至形成主体间不同观点的相互综合。结果共识模型如图7-8所示。

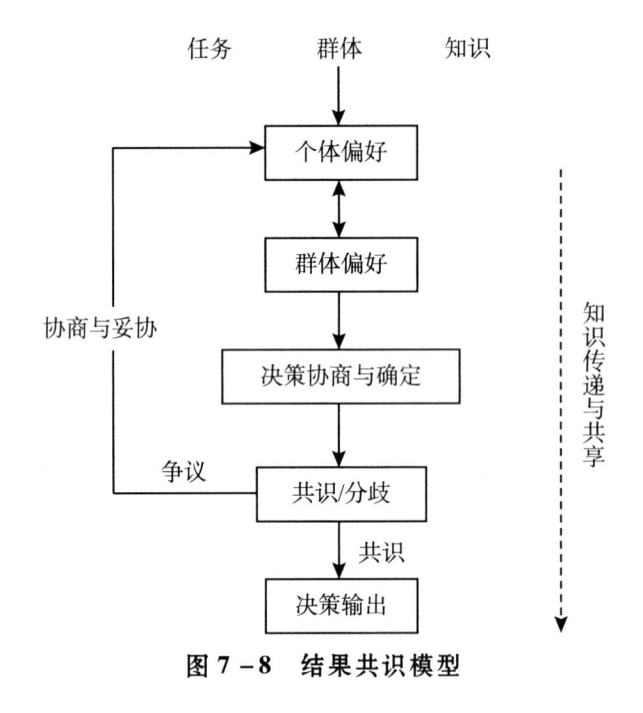

图7-8 结果共识模型

授权评价希望参与者保持开放心态,建立共生关系和共同承诺,并非一定求得一致同意的结果。当共识无法达成时,妥协性和权宜性决定就成为次优的选择。下面从"达成共识"和"悬置分歧"两方面进行分析。

（一） 达成共识

1. 授权评价试验 1 和试验 2

达成共识是对某一事项达成一致意见。在重庆授权评价 1 和评价 2 中，达成共识主要表现在对一级指标权重的确定上，经过赋值、讨论、协商等过程形成了一致意见。有时分歧表现在对部分问题没有形成统一意见。对二级指标内容上争议较多，但随着参与者的反思和吸收他人信息的输入，许多焦虑和争议（CC&I）已经解决，但有一些争议仍待解决。比较重庆授权评价试验 1 和试验 2 的结果可知，二者经过差异分歧、反复对话和理性选择过程，在权重值上达成了共识。参与者反思了个体偏好与群体偏好后，能够对共同的目标形成一致意见。

2. 授权评价试验 3 和试验 4

新疆地区授权评价较为特殊，两所学校形成的指标"共识/争议项目"如表 7-3 所示。

表 7-3　　　　授权评价 3 和评价 4 的结果共识/争议（节选）

案例	共识指标	争议
授权评价试验 3	六个一级指标权重	参与者作为"陈述者"阐述观点，没有达到争议层次
授权评价试验 4	六个一级指标权重	

参与者对一级指标权重能达成共识，对二级指标的评价多以"提出问题"为主。为了实现真实的交流，不同种族、文化的人以共同认可和理解的方式进行对话。文化价值观会影响成员间的反馈，维吾尔族与汉族教师之间交流不畅不仅是语言差异所致，也与文化差异引起的不同认知有关。这种差异会阻碍有效倾听与深入交流，[1] 虽然能承认多样性的差异观点，但没有形成多重对话。

3. 授权评价试验 7 的结果共识

北京授权评价试验 7 进行的时间较短（3 个小时），被评指标只有一级指标和三个二级指标。以"学习任务"授权评价为例，所有指标均出现了争论焦点，且在诊断后观点达成认同。相比其他指标，参与者认为"学习任务评价"的重要性略低，赋值普遍较低。

解决个人之间的解释、观点的差异，现实的方法是达成一种妥协，[2] 即以满意取代最优，只要关键变量达到满意水平即是共识。实践证明，教师和学生之间

---

[1]　［英］艾斯特：《第三代协商民主（上）》，载于《国外理论动态》2011 年第 3 期，第 38～42 页。
[2]　［英］罗伯特·路易斯·弗勒地：《反思第五项修炼》，赵恒译，中信出版社 2004 年版，第 136 页。

能够"共同洞悉"(shared insight)学习任务的内涵及设计质量要求。当置身于同一个系统(组织)中时,不管人们的原有基础差距有多大,思想会向同一个方向靠拢,最终产生相近的行为结果,①这些都成为促成结果共识的重要因素。

(二) 悬置分歧

从分歧点来看,重庆授权评价试验2∶1的争议点数量少,这可能与前者相比诊断时间相对较短有关。对存在分歧的指标,需要排列优先顺序,以探求可能采用的行动机制。本次评价试验没有开展这些工作,完成这些工作机制需要参与者花费较多的时间和精力共同完成。

河北授权评价试验8(专业评价)对一级指标权重没有形成共识,原因分析:第一,参与者工作性质和岗位之间的依存度比较小,相互之间合作欠佳;评价者对他人的工作缺乏了解,在意见不相同的情况下,较易坚持自己的观点。第二,个人或工作目标的差异。在某个问题上各方工作目的不一致,难以形成共识,这表面上看可能是群体内部成员之间的观点差异,也可能是专业建设本身的问题,即院校与企业之间的合作出现了问题。第三,在解读过往经验时依据不充分,对不了解学校实际情况的参与者来讲,可能出现了偏差学习(superstitious learning),②即理解的与实际情况不符。

(三) 小结

在授权评价过程中,如果关注到以下方面的因素时,则有利于达成共识:(1)当群体成员依据事实而非个人观念,专注于共同目标时,更有可能达成共识;(2)关注目标本身和共有的利益,而非实现目标的具体策略;(3)通过批判性思考和消除歧义的方式,更易定位共识领域;(4)应倾听他人,避免某一人独断整个或部分被评内容;(5)认同不同的见解,尊重并倾听少数派观点,这有助于其他成员从全新的角度看待问题,有利于以多种方式达成一致意见。③

七、授权评价试验小结

从以上分析可知,不同授权评价试验的特点和共性如下:

---

① [美]彼得·圣吉:《第五项修炼(实践篇·上)》,张成林译,中信出版社2009年版,第47页。
② [美]杨国安、大卫·欧瑞奇:《学习力》,华夏出版社2005年版,第70~71页。
③ [美]斯蒂芬·A.毕比、约翰·T.马斯特森:《小团队沟通:原则与实践》,陈薇薇译,电子工业出版社2015年版,第250~257页。

（一）不同授权评价试验的特点及原因

由于篇幅所限，我们仅对 4 个有代表性的授权评价进行总结：

1. 重庆授权评价试验 1 课程评价

在重庆授权评价试验 1 中，参与者的应答模式表现为积极应答与消极应答模式并存，诊断过程出现浅层心理建构和深层心理建构并存，参与者对诊断观点能够形成基本共识。此次评价总体效果较好，其可能原因是：

第一，管理者较为重视，准备充分。本次评价由重庆教育评估院牵头组织，管理者希望能够通过新的评价模式诊断出学校课程改革中存在的问题。良好的心理和物质准备，为评价工作顺利进行奠定了基础。

第二，评价时间比较充裕。本次评价试验时长 7 个小时，对汽修专业的课程建设情况进行了深入的剖析，较全面地反映了问题及原因。

第三，参与者代表性较强。评价会参与者代表包括外部评价专家、教师、企业人员、学校管理者和学生代表，基本涵盖组织中的所有层次，能从不同角度为诊断提供多样性信息。

第四，主持人专业能力较强。本次评价会主持人由职教权威专家主持，具备深厚的评价理论和实践经验，能够有效引导参与者在相关理论基础上讨论。

第五，参与者之间、参与者与主持人之间较为熟悉，评价氛围民主、宽松，容易产生"自己人"效应[①]，无形中产生信任感，信息流通传递更快。

2. 广州授权评价试验 5 专业评价和试验 6 校企合作

广州授权评价试验 5 和试验 6 是对同一所高职学校物联网专业进行的两场评价试验，一是针对专业建设，二是对校企合作的诊断。两个诊断效果差异不大，主要因为多数参与者为同一人群，只是改变了学生参与代表。试验 5 和试验 6 实现了差异关注和同理心探寻，对部分指标的诊断形成深度汇谈。学生在诊断过程中表现较为被动、沉默少言。参与者心理建构方面表现为"深层心理建构"与"表层心理建构"并存，知识转化方面，四个层次的效果皆有体现，对不同指标的诊断，组织学习效果不同。诊断的结果共识与争议特点不明显。其他特点还有：

第一，参与者代表扩大到了行业组织，企业行业参与人员占 1/2，拓宽了信息来源渠道，增加了诊断信息的多样性。

第二，差距悬殊的多元化。尽管主持人竭力创造平等的言论氛围，但学校管理者与一线教师之间仍然没有完全平等对话，管理者在声望、权力方面高于一线教师，教师的观点、声音、参与度以及信息共享一定程度上被抑制。

[①] 赵升奎：《沟通学思想引论》，上海三联书店 2005 年版，第 122 页。

第三，学生代表性不强。针对校企合作的诊断要求学生参与者至少有一段时间的企业实习（工作）经历。由于组织安排的问题，本次评估由二年级参与，影响了诊断信息的获取。

3. 北京授权评价试验 7

参与者形成了有意识的集体关注力（collective mindfulness），体现了深度汇谈的特点。参与者相互尊重、对他人的观点均做出积极或消极应答，没有出现"无应答"现象。参与者根据他人意见调整自己的观点，最后形成了不同的意见模式。在心理建构方面，在互动中产生了高级别的心智过程，实现了深层的"心理建构"。在知识转化方面，参与者之间的学习方式表现为倾听、表达、反馈和建构，转化程度达到了合并和内化层次。结果共识方面，参与者对指标权重都达成了共识。总体效果较好，分析原因是：

第一，参与者为研究人员。北京案例是研究生院的职业教育研究人员，参与者学历层次较高，接受过职业教育评价理论知识，对评价理念和操作流程具备一定的认识基础，是评价试验开展的有利条件。

第二，参与者之间没有等级关系。参与者均为在校研究生和部分访问学者（职业院校教师），两类群体没有上下级的等级关系，评价氛围较为民主、和谐。

第三，主持人引导有力。主持人经验丰富、专业知识深厚，对参与者的多样化观点能够合并总结，分类引导，对授权评价试验成功提供了支持。

4. 河北授权评价试验 8

河北授权评价试验 8 初步体现了"深度汇谈"的特点，对提出的问题能进一步反思原因并探索改进机制。外部专家在评价过程中存在"无应答"情况，主要原因是不清楚和不了解。从参与热情和评价态度来讲，评价实现了深层心理建构。授权评价的知识转化实现"合并"与"内化"层次的指标较多，组织学习效果为"中高"和"高"。分析原因是因为该校领导和参与者的内驱力较强。当时该校正在开展教学"诊断与改进"工作，迫切希望获得具有可操作性的内部评价工具。

一些不足之处影响了诊断效果，特别是参与者的代表性不够。一是学生代表。学生代表为已经毕业 7 年的学生（目前创办旅游公司），对学校现行的课程、管理等了解不多，难以给出相关的反馈，其观点主要基于企业角度进行诊断。二是外部专家。外部专家为教育咨询公司人员，对该校的旅游专业了解也不多，难以给出有价值的诊断信息。

（二）不同授权评价试验的共性

所有的授权评价试验还表现出一些共有的特性，主要有：

第一，所有授权评价参与者间均缺少"冲突"。冲突是一种特殊的沟通方式，一定限度的冲突有助于形成更深层次的情感融合，缺少冲突意味着没有"有原则的协商"（principled negotiation），即冲突当事人寻求符合各方需要，且不会损害各方关系的一般策略。这可能与我国特有的文化有关。在"我们"高于"我"的集体主义文化中，团体成员的互动更倾向于"和而不同"甚至"互愉调适"（cozy adjustment）[①] 现象。

第二，主持人知识与能力对授权评价质量具有重要影响。评价主持人的专业主持是引领授权评价过程的核心。如采用不同的提问方式：反思性提问可使参与者更好分享其心智模式，而封闭性提问则会限制参与者的思考和应答。

第三，在所有评价试验中，参与者对同一指标会出现"关注程度不一"的现象。有些指标能引起参与者的共同关注，这时较易激发共鸣和深度汇谈，特别是涉及学生的指标。对于参与者不熟悉的指标，则容易出现忽略或浅层讨论现象。对诊断内容的不同解释，说明评价很大程度上依赖于个人的理解力和原有知识基础。

第四，评价规模普遍较大。有研究认为，当评价会议成员数量超过12人时，沟通效果未必出现"1+1+1=3"，反而会导致群体的过程损失和机会失衡（有人发言机会较多，有人发言机会较少或没有）。若规模低于4人，会导致观点有限，反馈减少，挑战个人假设的机会减少等。[②] 本研究中，除广州、河北外，其他地区评价试验的参与者人数适中。参与者人数偏多，容易存在社会惰化（social loafing）效应，即个体在群体中工作时不如单独工作时那么努力。[③] 为防止这一现象产生，建议参与者规模保持最小程度（least-sized group），即人力资源在具备了完成任务所需的专业技能后，参与者人数应该越小越好。[④]

第五，评价过程受到参与者的职位、声望以及文化、语言影响。在我国这样的高情境文化（high-context cultures）里，口头协议比笔头契约往往有更强的承诺。尽管明确了评价的原则及要求，但评价过程和效果仍然会受到参与者的职位、地位等方面的影响。地位低的成员参与集体讨论的积极性低。

第六，学生代表与教师或企业人员之间的年龄、心理、水平不同，难以激发

---

① "互愉调适"是戴维·伯姆在《论对话》中提出来的，即人们表现得比较客气和礼貌，对可能引起争议或敏感话题都采取委婉或避而不谈的态度。
② ［美］迈克尔·马奎特：《行动学习实务操作：设计、实施与评估》，郝君帅、唐长君、曹慧青译，中国人民大学出版社2013年版，第45页。
③ ［美］斯蒂芬·P.罗宾斯、蒂莫西·A.贾奇：《组织行为学》，关培兰译，中国人民大学出版社2015年版，第247页。
④ ［美］格洛丽亚·格莱勒斯、凯瑟琳·亚当斯：《高效小团体沟通：理论与实践》，刘海虹、任晓涛、黄琳译，复旦大学出版社2013年版，第79页。

学生的内在学习机制，加之学生对学校各方面工作了解较少，影响了评价过程的流畅性。

（三）影响授权评价质量的因素

分析不同地区的授权评价实践，可以把影响授权评价质量的因素归纳为三个方面，即个体因素、团队因素和组织因素，如图7-9所示。

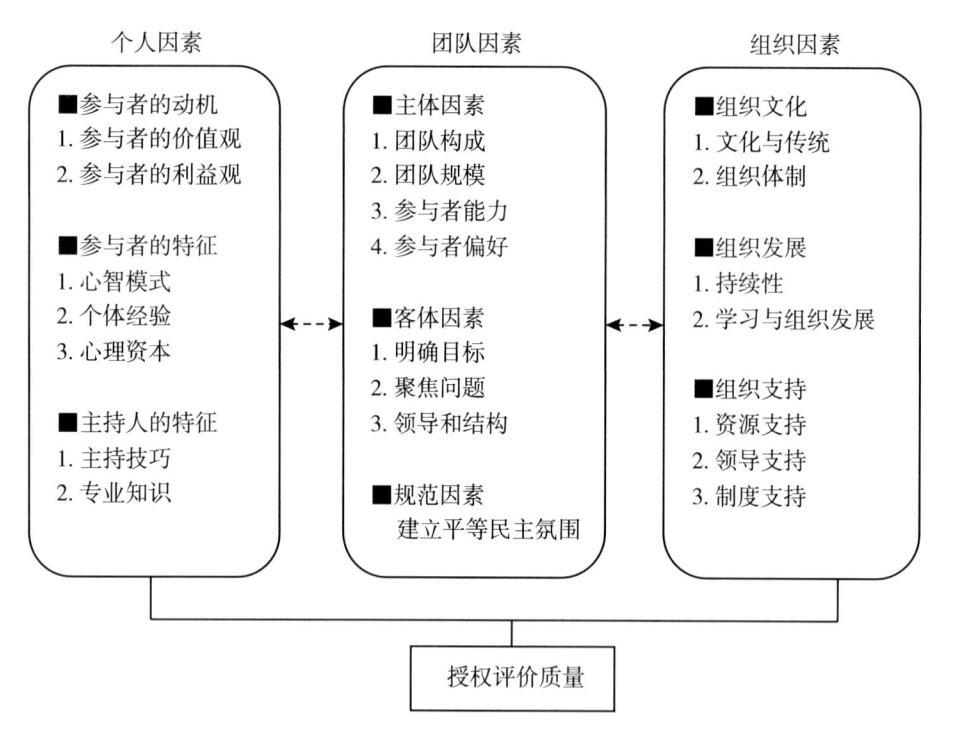

```
个人因素                团队因素                组织因素

■参与者的动机           ■主体因素               ■组织文化
1.参与者的价值观         1.团队构成              1.文化与传统
2.参与者的利益观         2.团队规模              2.组织体制
                        3.参与者能力
■参与者的特征           4.参与者偏好            ■组织发展
1.心智模式                                      1.持续性
2.个体经验              ■客体因素               2.学习与组织发展
3.心理资本              1.明确目标
                        2.聚焦问题              ■组织支持
■主持人的特征           3.领导和结构            1.资源支持
1.主持技巧                                      2.领导支持
2.专业知识              ■规范因素               3.制度支持
                        建立平等民主氛围

                        授权评价质量
```

图7-9 影响授权评价质量的因素

"个体因素"包含"参与者的动机""参与者的特征""主持人的特征"，这些都与团队因素中的主体因素、客体因素和规范因素相关。参与者的心智模式、个体经验涉及参与者的习惯、工作和生活经验以及参与态度和自信心等。[①] 主持人为整个授权评价的进程与效果起到引导、规制作用。

"团队因素"包含的主体因素与个体因素紧密相关，规范因素则提供了"指引"。[②] 我们的研究结果支持了这一论断：在会议开始前，对授权评价的规范做

---

① 吴刚：《工作场所学习与学习变革——基于项目行动学习的理论研究》，华东师范大学，2013年。
② [美]斯蒂芬·A.毕比、约翰·T.马斯特森：《小团队沟通：原则与实践》，陈薇薇译，电子工业出版社2015年版，第314页。

出明确说明,并被参与者理解和接受时,有利于达成令人满意的效果。

"组织文化"是指组织成员共享的一套能够将本组织与其他组织区分开来的意义体系[①],包括精神层面和物质层面。组织文化直接影响组织成员的认知与行为,其本质是鼓励员工持续地不断学习。资源支持、领导支持和制度支持对授权评价的结果运用具有重要影响。

第三节 授权评价的效果评价

通过调查问卷和访谈,考察参与者对授权评价的效果反馈,即对评价活动进行"元评价"。[②] 元评价是整个授权评价实施体系的最后一个环节,属于事后分析的总结性评价,旨在检验授权评价的实施效果,促进授权评价过程优化和质量改进。

一、评价方案设计

(一) 元评价工具

元评价为围绕元评价指标进行的调查问卷和访谈。

1. 元评价指标、内涵及评价等级

为保证其科学性,我们设计了评价目标适切性、评价方案的可行性、评价过程的合理性、评价结果的有效性四个维度(一级指标),共同组成元评价指标编制框架。每个一级指标下设若干二级指标和三级指标,对一级指标的达成度需要转化为标准分(详见评分说明和计算方法)。最终对四个一级指标的达成度结果进行分析。元评价指标、内涵及评定等级如表7-4所示。

---

① [美]斯蒂芬·P.罗宾斯、蒂莫西·A.贾奇:《组织行为学》,关培兰译,中国人民大学出版社2015年版,第444页。

② Scriven, M. S. An Introduction to Meta - Evaluation [A]. Taylor, P. A. & Cowley, D. M. (Eds.). Readings in Curriculum Evaluation [C]. Chicago: University of Chicago, 1972: pp. 84 - 86.

表 7-4　元评价指标、内涵、评价等级

一级指标	二级指标	三级指标	指标内涵	评价等级
A1 评价目标适切性	B1 评价目标明确	C1 目标界定与表述	明确了评价目标，且具体、可实现，聚焦要解决的问题	
	B2 评价目标的规范性	C2 评价说明	明确了各方的责、权、利，报告信息和结果的使用，评价对象的隐私权等事宜	
		C3 评价规划	依据评价目标，明确评价依据、对象、内容、方法、结论等	
A2 评价方案可行性	B3 评价内容与方法	C4 评价指标设计	职业教育评价指标设计科学合理、内涵明晰、内容效度高；指标内容符合实际，能涵盖所评价项目的情况	
		C5 评价方法和工具	评价方法和工具具有科学性，方法易操作	
	B4 评价过程	C6 评价程序	评价方案清楚说明评价操作程序，操作性强	
		C7 评价模式	评价模式的选择适合自我评价，符合评价目标和评价对象的特点	
A3 实施过程合理性	B5 评价氛围、时间	C8 评价氛围	评价氛围民主、平等、透明	
		C9 评价时间	评价时间充裕，合理	
	B6 评价人员	C10 评价主持人	主持人具备评价专业知识，在评价过程中能够引导参与者民主发言、倾听每个人的解释；遵守评价规范与要求，能够做到客观、公正，没有个人偏见	
		C11 评价参与者代表性和资质	参与者的知识背景能够胜任工作，能够成为本领域的代表	
		C12 评价参与人数	不同背景的评价人员比例适当，人数合理	

续表

一级指标	二级指标	三级指标	指标内涵	评价等级
A3 实施过程合理性	B7 评价过程组织与管理	C13 评价过程组织	组织者具备组织协调能力；能够全程记录、监控活动实施情况，并根据情况及时做出调整；过程管理规范	
		C14 评价者参与度	在主持人的引导下，参与者能够平等、透明的参与整个项目评价，每个人有充分表达的机会并得到公平对待，利益相关者之间沟通良好	
		C15 评价信息	评价信息真实反映了评价对象的实际状况、客观全面	
A4 评价结果有效性	B8 评价结果完成	C16 评价报告撰写	报告完整记录了评价背景、目的、内容、过程和结果，真实表达了存在的问题及原因，下一步的改进措施	
		C17 评价结果完成及时性和可用性	评价报告完成的及时、公开。参与者参与并修改了评价报告的完成，清楚评价报告的内容，并对其中的观点较为认可	
	B9 评价结果利用	C18 评价结果价值	评价结果合目的性，为使用者提供了有效信息，对下一步的工作改进具有促进作用	
		C19 评价结果利用和反馈	评价结果反馈给了所有利益相关者，可共同制定下一步改进措施。评价专业性强，可持续进行下去	

注：评价等级：9~10分，达成度非常高（a）；7~8分，达成度较高（b）；6分，达成度一般（c）；4~5分，达成度较低（d）；0~3分，达成度很低（e）。

2. 评分说明及计算方法

第一，效标设定。效标是衡量评价有效性的外在标准。利用问卷调查获取相关数据，分析授权评价实施的效果。根据10分值计分方式，设计不同分数段的五级量表评定法，即对三级指标进行五等级评价。

第二，计算方法。引入百分位数概念①，按百分位数进行等级划分，划分点为93%、68%、50%、25%。再将四个一级指标的原始分转化为标准分，进而求平均数，即为最终标准分，将标准分对照百分位数即可知达成度等级，标准正态分布如图7-10所示。

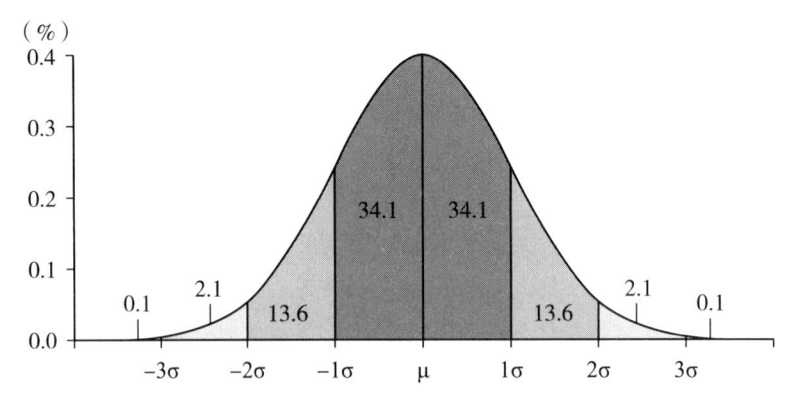

(%)
0.4
0.3
0.2 34.1 34.1
0.1
0.1 2.1 13.6   13.6 2.1 0.1
0.0
-3σ -2σ -1σ   μ   1σ   2σ   3σ

深灰色区域是距平均值小于一个标准差之内的数值范围，在正态分布中，此范围所占比率为全部数值之68%，根据正态分布，两个标准差之内的比率合起来为95%，三个标准差之内的比率合起来为99%。

图7-10 标准正态分布

由于每项一级指标所包含的二级指标和三级指标数量不同，需将一级指标的达成度转化为标准分。计算方法为对三级指标的等级进行量化赋值，评定为"a"计4分；"b"计3分；"c"计2分，"d"计1分，"e"计0分。

（二）元评价的内容与方式

选择授权评价的原有参与者进行元评价，采取问卷调查和访谈，对校企合作、课程评价、专业评价、学习任务的评价效果进行检验，元评价的内容与方式情况如表7-5所示。问卷数据为有序变量，题目均值大小代表参评人员对该项指标的认同度高低。

在授权评价试验中，已提前告知了被调查者相关元评价情况。元评价由各校负责人统一组织。选择每个被评专业的代表性人员进行访谈，并分析原因。

---

① 参考斯塔弗尔比姆（D. L Stufflebeam）在1999年编制的元评价检核表（program evaluations meta evaluation cheeklist）的统计方法，50%是中间值，68%是正态分布中正负1个标准差之间的范围，可用于表示与中间值存在一定程度的显著差异，即达成度较高。93%（68% +25%）表示与中间值存在非常显著的差异，即达成度非常高；25%（50% -25%）表示达成度非常低。

表7-5　　　　　　　　　　元评价样本概况

地区	样本	评价层面	人数	方式	时间
重庆	授权评价1	课程	19	问卷调查、访谈	2016.06
重庆	授权评价2	课程	15	问卷调查、访谈	2016.09
新疆	授权评价3	课程	10	问卷调查、访谈	2016.10
新疆	授权评价4	课程	26	问卷调查、访谈	2016.10
广州	授权评价5、授权评价6	专业、校企合作	12	问卷调查、访谈	2017.03
北京	授权评价7	学习任务	10	问卷调查、访谈	2017.01
河北	授权评价8	专业	11	问卷调查、访谈	2017.03

(三) 信度分析

采用经典测验理论的信度分析方法，检验问卷内部各项目之间的一致性程度。同质性信度也称内部一致性信度，以考验问卷内部各项目之间的一致性程度。采用 SPSS 统计软件包进行数据分析，信度系数为 0.794，表明该问卷可以使用。

二、元评价结果分析

元评价调查问卷涉及了评价目标、方案、过程、结果四个方面，共设置 19 个题目。采用五等级评定法。问卷所得数据为有序变量，可通过分析各题目得分均值大小，比较不同调查内容的认同度，各题目的标准差越大表示受调查者对该题目内容的认同度差异越大。本报告仅给出重庆和广东的具体数据。

(一) 重庆授权评价的试验效果

1. 描述性统计结果

根据平均分的分值确定评价等级标准：4.50~5.00 分评定为 a，3.50~4.49 分评定为 b，2.50~3.49 分评定为 c，1.50~2.49 分评定为 d，1.49 分以下评定为 e。总体来看，重庆评价试验1和试验2的各项指标均值较高，评定等级最高为 a，最低为 b。说明参与者对授权评价非常认可。相比而言评价结果均值较低，最高分为 5 分，最低分为 3 分。访谈得知，参与者认为授权评价很有价值，评价结果也比较符合实际，但很难将其运用在质量改进工作中，因为学校没有有效的监督与反馈机制，结果利用就很难实现。在 19 项指标中，标准差最大的为 0.73，分别是"评价说明""评价结果利用和反馈"。

2. 分项达成度

(1) 重庆授权评价试验1的分项达成度。根据分值等级评价标准，得出授权评价试验1的三级指标的达成度评定等级，进而可以统计出A1、A2、A3、A4的达成度和标准分。从结果可知，重庆授权评价试验1的一级指标"评价目标适切性"的达成度较高，标准分为83分；"评价方案的可行性"的达成度非常高，标准分为94分；"评价过程的合理性"达成度较高，标准分为81分；"评价结果的有效性"达成度较高，标准分为75分。比较四项一级指标发现，"评价方案的可行性"达成度最高，得到了参与者的一致认同，其次是评价过程的组织氛围、沟通效果较好。相比之下，"评价目标的适切性"与"评价结果的有效性"得分较低，说明这两项还有较大改进空间。

在此基础上，就分项达成度情况访谈了部分评价参与者。访谈发现，参与者对授权评价给予高度肯定，但也认为尚有不足：一是授权评价目标不够明确。评价开展之前，研究者与负责人进行了沟通，而负责人与参与者，以及研究者与参与者之间的沟通有限。二是评价结果的运用需要学校制定相关促进机制，将其内化为学校日常管理工作。

（2）重庆授权评价2的分项达成度（略）。

3. 总达成度和标准分

根据分项指标达成度，可统计重庆两所学校授权评价的计算方法和结果为：

重庆授权评价试验1：（A1 + A2 + A3 + A4）÷ 4 = 83（标准分）；

重庆授权评价试验2：（A1 + A2 + A3 + A4）÷ 4 = 69（标准分）；

授权评价试验1的总体达成度的标准分为83分，达成度较高；授权评价2总体达成度的标准分为69分，达成度较高。

（二）广州授权评价的试验效果

1. 描述性统计结果

学校授权评价试验5和试验6都是对"物联网专业"进行的评价，两场评价会参与者基本相同（除学生代表），对两场评价会参与者的问卷结果共同统计，其描述性统计结果表此处略。

从评价等级看，各项指标的评价等级均为b，均值较高。相比而言，"评价指标设计"与"评价参与人数"均值最低为3.50，说明参与者对于"评价指标的内容效度""评价参与人数"两项满意度有待提升。参与者表示："评价的参与者没有邀请同类院校代表""会前应花费更多的时间研讨评价指标"。标准差最大的为"评价主持人具备专业评价知识"（0.93），最高分为5分，最低分为3分。总体而言，广州授权评价效果较好。

2. 分项达成度

根据分值等级评价标准，得出三级指标的达成度评定等级，进而可以统计出

A1、A2、A3、A4 的达成度和标准分。四个一级指标"评价目标的适切性""评价方案的可行性""评价过程的合理性""评价结果的有效性"达成度较高,标准分均为 75 分。

3. 总项达成度

根据分项指标达成度,可统计出广州授权评价的总达成度,结果表明达成度较高,其计算方法和结果为:

$$(A1 + A2 + A3 + A4) \div 4 = 75（标准分）$$

三、授权评价的效果分析

（一）授权评价的分项达成度

对不同院校的授权评价效果进行分析比较,其分项达成度如图 7-11 所示。

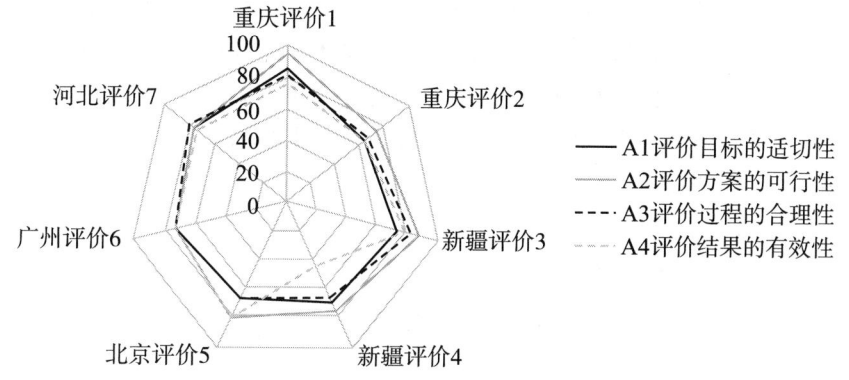

图 7-11 各学校授权评价的分项达成度

从图 7-11 可见,"评价目标的适切性"与"评价过程的合理性"得分几乎没有差异,"评价方案的可行性"标准分最高,"评价结果的有效性"标准分最低,这涉及评价结果的有效利用问题,即是否能够及时、有效地用于工作改进。分值较低的可能原因是,评价结果的运用需要学校层面的组织变革,而组织变革需要结构、资源重组来支持。在我国现有体制下,来自个体和组织的双重压力可能会为评价结果的运用带来一定困难,主要表现在:

第一,个体层面因素。首先,传统的思想和行为反应可能会抵制变革。通常个人依赖于习惯或程序化的行为,在面临组织变革时,需要所有教职员工解放现有的行为方式和原有心智模式,而他们的惯常反应通常会成为一种阻力来源。其次,经济因素也很重要。工作任务和工作流程的变革可能会引发薪酬方面的担忧，从而影响工作的积极性。最后，对具有高安全感的个体来说，变革会威胁自身的心理安全感。

第二，组织层面因素。评价结果的运用需要职业院校从多部门、多方面进行支持，如资源、人员、财物等。来自组织的阻力有多方面的。一是结构惰性。组织拥有稳定性的内在机制，如工作规程和规章制度等。当需要某一方面改变时，这种结构惰性就会充当反作用力，以维持原有的稳定状态。二是群体惰性。当某些个体企图改变自身的行为和工作方式时，如果认为其他成员没有尽到应有的职责，就会降低自己的努力程度。三是有限的变革通常会被更大的系统抵消。如想要对于某一门课程进行改革，通常在自己的系里很难完成，学校大系统的规制（如教务处）很容易抵消子系统（如专业系部）的有限变革。四是对专业知识的威胁。若评价结果没有得到所有人的认可，特别是权威人士的认可，会为后续工作带来很大困难。

第三，其他因素。还有其他影响评价结果有效性的因素，这首先是参与者的学习力不足。访谈发现，参与者通常认为评价结束，即为完成了任务，对后续的工作改进并没有参与和学习的动力，这与参与者个体的学习愿望有关，也与院校缺少激励机制有关。其次是群体决策的弊端。授权评价是典型的群体决策模式，群体决策一方面为评价过程提供了多样化的信息，但缺点是责任分散且不明确，导致对评价结果的利用无法归因到某个具体成员身上，从而有可能导致评价结果利用效果不佳，削弱了总体绩效。

（二）授权评价的总达成度

不同地区和学校授权评价的总达成度如图 7 – 12 所示。

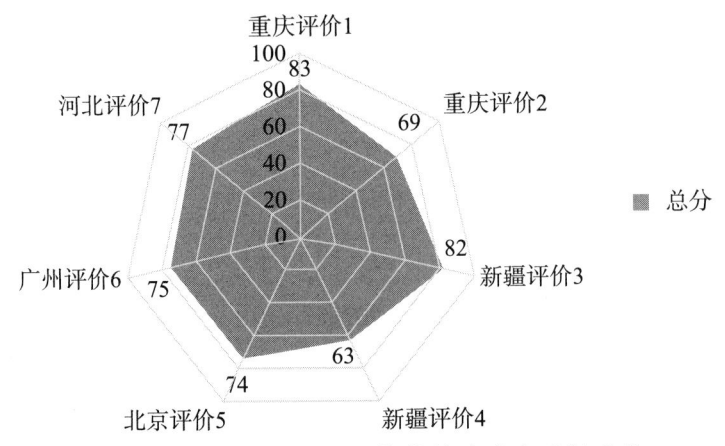

图 7 – 12　各学校授权评价的总达成度及标准分

由图 7-12 可见，按照 Stufflebeam 元评价检核表的统计，河北、广州、北京三所学校的授权评价效果差异不大，标准分分别为 77、75、74，符合"68（68%）~92 分"范围，达成度较高。总体而言，除新疆授权评价 4 达成效果一般以外，其他学校授权评价效果较好。

分析授权评价总体效果发现，同一地区不同学校开展授权评价试验，效果也有明显差异，如重庆评价试验 1 效果明显优于评价试验 2，新疆评价试验 3 效果明显优于评价试验 4。这与评价时间、语言文化等多方面的因素有关。

授权评价总达成度说明，同一地区不同学校同时开展授权评价，可能会有不同效果；不同层次学校开展的授权评价未见明显差异。不同专业开展的授权评价，没有发现共性特征和规律可循。这说明，在职业院校内部质量保障框架内开展的授权评价试验，其效果与被评院校所在地区、所评专业、院校类型与层次关系不大，而与管理者的意识与行为、参与人员比例、参与者资质及个性特征、参与程度、会前准备程度、评价时间、语言、主持人能力、组织结构、决策机制、院校文化等的方面关联很大。任何一个因素的不同，都会使授权评价出现不同的效果。

第四节 结论与建议

一、结论

随着质量保障理念的转变，从外部管理向内部质量监控与评价转变已经成为大家的共识，而内部质量评价需要全体员工共同参与评价活动，并坚持长期的持续学习。长期以来，我国职业教育质量保障习惯于外部管理和评价，建立一种自下而上的内部质量评价范式面临着什么样的挑战？这与我国传统文化是否有冲突？以授权评价理论为基础进行的校内质量诊断研究实践发现：

第一，各职业院校的授权评价能做到关注不同参与者的观点差异。

第二，意义协商分不同的程度，即问题讨论、同理心探寻和深度汇谈三个层次。重庆两个授权评价试验处于"同理心探寻"层次，即参与者能对问题探究原因、站在对方立场思考问题、能够悬挂个人假设并倾听他人意见，但还不能探寻假设本质。新疆的两场评价试验中，参与者对评价内容没有进行反思和总结，均呈现"集体讨论"的特点。北京授权评价试验参与者为研究生及职业院校教师，对授权评价相关知识和被评项目较为了解，其意义协商具备了深度汇谈效果。广量，授权评价要求组织把决策权下放给最接近实际行动的管理者。

第六，建立内部质量评价机制。以专业、课程和教学质量监控与评价体系（M&ES）建设为核心，加强院校内部"相关记录进步"数据库建设和信息化资源库建设，形成能够随时向管理人员连续反馈机构运行状况的信息系统，以及尽早发现问题并能保证及时调整的动态机制。在此需要加强对内部人员的基础培训，开展内部评估活动，并将评估工作制度化。

第七，授权评价属于学校内部自我诊断范畴，对内部问责贡献很大。研究表明，如果内部评价结果缺少外部评价的认可，则会降低其可信性和问责度。因此，应提高诊断结果的可行性和可接受度，加强外部评价指导与监督机制，以及内、外部评估对话机制。

第八章

职业教育教师职业能力测评

很多研究表明，在学校教育的诸多要素中，教师是影响学生发展的最重要因素。① 管理部门和学术界都认为教师（较低）的职业能力影响了教学质量，但并不知道怎样影响、影响的程度如何。国内外学生职业能力测评发现，同一班级学生职业能力差别可能很大，这与教师的工作能力有什么联系？在此，开展教师职业能力评价研究具有重要的意义。

教师从事的是智力性工作，能力评价的目的是促进职业能力发展，而不是简单的工作绩效评价。能力测评内容只能是职业"认知能力"，而不是行动能力，更不能是操作性的"职业技能"，传统的绩效评价方式也不适用，开发满足职业认知发展规律和教师教育工作实践双重要求的职业能力评价工具具有重要的意义。本章以 COMET 职业能力测评方案为基础，构建职教教师（特指专业课教师）的职业能力模型并开展相应的职业能力测评研究。

第一节 研究的基础与方法

一、研究的基础

职业能力测评的基础是科学的职业能力模型和测评工具。在我国，宁波职

---

① 蒯超英：《教学研究的三种主要范式》，载于《上海教育科研》1995 年第 4 期，第 36 页。

业技术学院最早开始对教师教学能力进行测评，采用的评价标准有三条，即"合格的能力目标""合格的实训项目""真实的实训过程"。① 这些尝试具有积极意义，但仅从三方面判定教师的教学能力过于简单，测评方案隐含的方法论也有问题。胡建波等设计的教学能力测评方案，让教师完成一门课的整体教学设计和单元设计、提供教材目录、介绍教学设计并进行答辩。② 该方案有一定的可行性，但依靠观察法考察职业行动能力（教学技能），不但测评信度保证是个大问题，并且成本高昂，因此仅有可能用于教师的自我诊断。目前国内很多行业组织、学会和职业院校组织的教师教学设计和说课等比赛与此方案类似，多是群众性教研活动，距离科学的能力评价标准差距较大。这里最大的问题就是没有建立能够满足教育与心理测量学技术要求（如信度和效度）的职业能力模型。

COMET 职业能力测评研究发现，"名师出高徒"在很大程度上是合理的。研究发现，除学习环境和学生基本素质外，教师的职业能力和行为态度对学生的职业能力发展有重要的影响；教师缺乏某一方面的职业能力，其学生基本也会缺乏该种能力，即学生和其教师的"职业能力轮廓"（profile）有较大的相关性。③ 这个结论为我们提供了方法上的启示，同时也对教师职业能力测评的精细程度提出了要求。

欧洲职业培训发展中心（CEDEFOP）颁布《欧盟职业教育教师能力结构标准》，确定的职教教师能力包括管理、培训、发展与质量保证、工作关系网构建 4 个领域。由于该标准适用范围太广（包括教师、培训师和校长），限制了其对专业课教师职业发展的指导作用。④ 德国各州文教部部长联席会议（KMK）曾确定了职教教师的 4 个 "行动领域"，即"职业学习过程的计划实施和评价""课程开发""学习环境的设计与开发""参与学校发展"，确定了一种"与背景相关"的职业能力概念。⑤ 诺顿（B. Norton）利用 DACUM 工作分析法确定了职教教师的 14 项职责，如教学设计、专业设计开发与评估、学校—社区关系维护等。⑥ 职业能力是一种心理特征，人们总是可以按照自己的理解对其进行分类。

---

① 苏志刚：《开展教师职教教学能力测评，提高课堂教学质量》，载于《中国大学教学》2007 年第 11 期，第 79~80 页。
② 胡建波：《高职院校教师职业能力研究》，电子科技大学出版社 2012 年版，第 56~80 页。
③ ［德］费利克斯·劳耐尔、赵志群、吉利：《职业能力与职业能力测评》，清华大学出版社 2010 年版，第 46~91 页。
④ 刘其晴：《欧盟职业教育教师能力结构标准及其启示》，载于《中国职业技术教育》2011 年第 15 期，第 72~77 页。
⑤ Rauner, F. Messen beruflicher Kompetenz von Berufschullehrern [J]. A + B Forschungsberichte, 2013, (11): P. 14.
⑥ Norton, B. *The DACUM Connection* [R]. Ohio: The Ohio State University, 1997.

尽管这些划分方式没有什么不妥，对教师培训工作也能起到积极作用，但是由于缺乏实证基础，无法在此基础上开展严谨的量化测评研究。

2013 年，教育部颁布了《中等职业学校教师专业标准（试行）》，从专业理念与师德等三个维度、15 个领域提出对合格中职教师专业素质的基本要求，对教师开展的教育教学活动进行基本规范。该标准反映出一些《欧盟教师结构标准》的影响，但在形式上采用了行为主义表达方式，表述的资格要求内容抽象化程度很高，这在实践中不但需要大量解释工作，也需要以实证研究特别是以量化研究为基础的技术支持。

COMET 职业能力测评方案是一个建立在当代主流教育理论基础上的工具包，其包括内容、要求和行动三个维度的职业能力模型在多国不同大规模能力诊断（large-scale diagnostics）中得到了验证，也证明了 COMET 能力测评对学生职业能力发展起到了引导和促进作用。[1] 由于各职业的职业能力发展规律相同，因此该项目可为职教教师职业能力测评研究提供理论基础。以此为基础描述和分析职教教师的职业能力现状，分析影响其职业能力发展的因素，不但可以为教师管理提供实证数据，也可为教师的教育培训提供启发和建议。

参照 COMET 经验开发职教教师职业能力模型与测验需要攻克几个难关：一是检验方法的选择；二是教师能力测评结果与其教学质量之间的关系分析。能力测评必须简化成对专业领域认知能力的评价才有实际意义和可行性，能力特征可用相应的测评指标表示，对内容效度的评价要通过针对教师行动领域的测试任务来保证，为此需要通过"背景问卷"获得相关信息。

本书中的职教教师特指专业课教师，含专业课教师和专业基础课教师，测评内容是职教教师处理典型工作任务时所需要的主观认知潜力。由于职业认知能力难以被直接观察和精确测量，所以测评方法采用大规模（大样本）职业能力诊断，它有别于技能大赛和资格考试，对其是一种补充。

二、研究方法

研究采用文献资料法、问卷法、访谈法和测验法等多种方法。定性分析法有比较分析法和因果分析法，定量分析法有数学建模法，[2] 特别采用了心理测量与教育统计学领域的方法如相关分析法、方差分析法、多元回归分析法、因素分析

---

[1] Rauner, F. et al. *Messen beruflicher Kompetenzen*. Bd. 3 [M]. Münster: LIT, 2011.
[2] 杨小微：《教育研究的原理与方法》，华东师范大学出版社 2002 年版，第 33～37 页。

法（含探索性和验证性）和结构方程模型法。①② 此外，采用实践专家研讨会（EXWOWO）确定职教教师的典型工作任务，在修改和验证测验评分指标时采用内容效度专家评定法。

第二节 职教教师职业能力模型的构建

一、模型构建的背景、过程与结果

教师职业能力测评的前提是构建职业能力模型、开发出测验，并实证检验测验的有效性，目前尚未见到符合科学标准的能力模型和测试工具。COMET 职业能力测评项目建立的职业能力模型和测评模型经过了信、效度检验。③ 职教教师是一个典型的职业，其职业发展与其他职业有着相似的规律，因此教师职业能力测评可以采用 COMET 职业能力测评的基本理论和技术。

（一）模型构建过程

职教教师职业能力模型是对职教教师职业能力的内容和结构的系统化表述，它说明教师具备什么样的认知条件才能（在策略上）完成教师的典型工作任务。COMET 项目组在学生职业能力测评基础上提出了职教教师职业能力模型的构想模型，但由于文化原因，无法在德国完成基于大样本数据的验证，也缺乏应用环境。本项目对该模型的内容效度进行验证，对评分指标和测试任务进行再开发，并检验测验的构想效度和校标关联效度。

对模型和评分指标内容效度检验方法和过程如下：(1) 编制"教师职业能力模型与评分指标内容效度调查问卷"和"教师职业能力模型与评分指标内容效度访谈提纲"；(2) 征求专家修改意见；(3) 对专家意见进行归纳整理并修改评分指标，形成新的内容效度调查问卷；(4) 专家进行确认或再一次修改；(5) 统计

---

① 李文玲、张厚粲、舒华：《教育与心理定量研究方法与统计分析——SPSS 实用指导》，北京师范大学出版社 2008 年版，第 85~86 页。

② 张厚粲、徐建平：《现代心理与教育统计学》（第 3 版），北京师范大学出版社 2009 年版，第 7~10 页。

③ Rauner, F., Heinemann, L., Piening, D. et al. *Messen beruflicher Kompetenze. Band II* [M]. Berlin: LIT, 2009: pp. 21-22.

每位专家前后两次对模型和评分指标（含评分点和因素）的修改率。在研究中，采用同行推荐法选取本领域高水平专家16人，对职业能力模型和评分指标进行了两轮修改。评分指标平均修改率为25.6%和14.3%。最终形成了"职业教育教师职业能力模型"和"职业教育教师职业能力测评评分表"。

（二）模型构建结果

职教教师职业能力模型包含三个维度，即内容维度、要求维度和行动维度（见图8-1）。内容维度是教师职业能力发展过程中需要学习的内容范围，要求维度从低到高的四个能力级别同时是职业能力的四个二级指标，行动维度是教师工作应遵循的完整的工作逻辑过程。

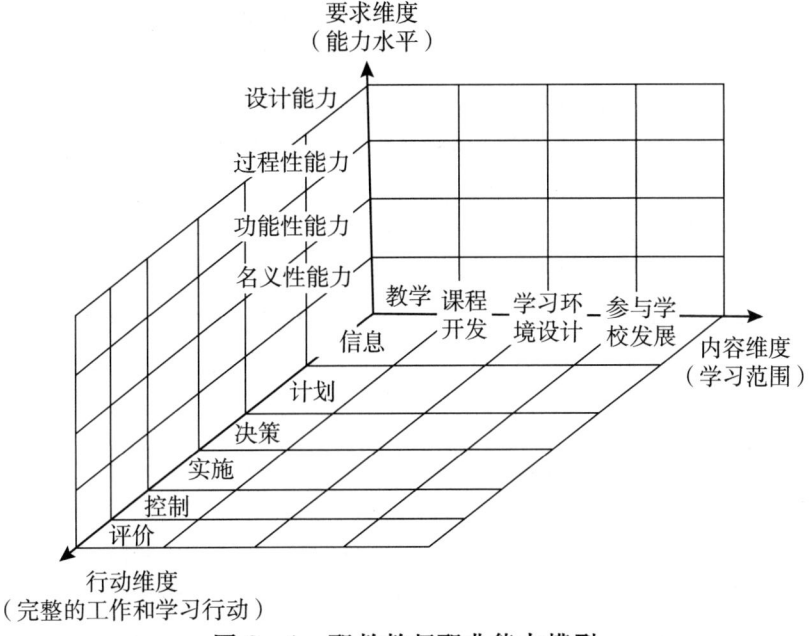

图 8-1 职教教师职业能力模型

1. 内容维度

内容维度包括四项内容：教学设计、实施与评价，课程开发，学习环境设计和参与学校发展。这四个部分最先由德国各州文教部长联席会议（KMK）提出。[①] 国内采用实践专家研讨会获取的职教教师的典型工作任务结果验证了德国

---

① KMK. Handreichung für die Erarbeitung von Rahmenlehrplänen der KMK für den berufsbezogenen Unterricht in der Berufsschule und ihre Abstimmung mit Ausbildungsordnungen des Bundes für anerkannte Ausbildungsberufe [Z]. Bonn, 1996.

四个领域划分的正确性。例如,教育部教师培训项目提炼出的典型工作任务有"教学设计与实施、教学质量控制与评价、教学与学习材料的开发、课程开发与设计、实训场所的规划与设计、培训计划的制订与实施、学生管理、公共关系、职业指导"。① 人力资源和社会保障部采用同样分析技工院校"一体化教师"的职业成长路径,得出"一体化教师"在从"初学者到专家"的成长过程中需要完成的16个典型工作任务是"常规课程教学、班级管理、单一课程教学设计与实施、实训室规划建设、校企合作项目开发与实施"。② 这些任务具有综合性、开放性和情境化的特点。

2. 要求维度

要求维度包括四个能力级别,从低到高依次为名义性能力、功能性能力、过程性能力和整体设计能力。"名义性能力"指虽然在名义上学习过教师职业的知识,但还不具备教师的基本能力;"功能性能力"指能满足教师岗位需要的基本能力,如专业能力和教学设计能力;"过程性能力"指能满足教师所在单位工作过程需要的能力,即在教学实施和评价工作过程中体现的能力;"整体设计能力"指教师在工作中体现出来的、能满足社会和文化发展需要的、具有可持续职业发展的能力,如工作中的创新能力等。

3. 行动维度

职教教师的实际工作过程和学生的行动学习过程都遵循获取信息、制定计划、做出决策、实施、检查控制和评价反馈的基本行动逻辑,按照这个规律有利于师生职业能力的发展。

二、模型构建的理论基础

职教教师的职业能力模型(包括测试任务开发)的理论基础包括设计导向的职业教育思想、行动导向教学理论、教师职业成长的逻辑发展规律和发展性任务理论、工作过程知识观和教师实践性知识观等。模型构建与各理论的大致对应关系如图8-2所示。

---

① 赵志群、庄榕霞:《中等职业学校教师资格课程标准的开发》,载于《教育与职业》2012年第5期,第12~15页。
② 参见北京市工业技师学院2011年实践专家研讨会成果报告《技工院校一体化教师职业成长路径分析》。

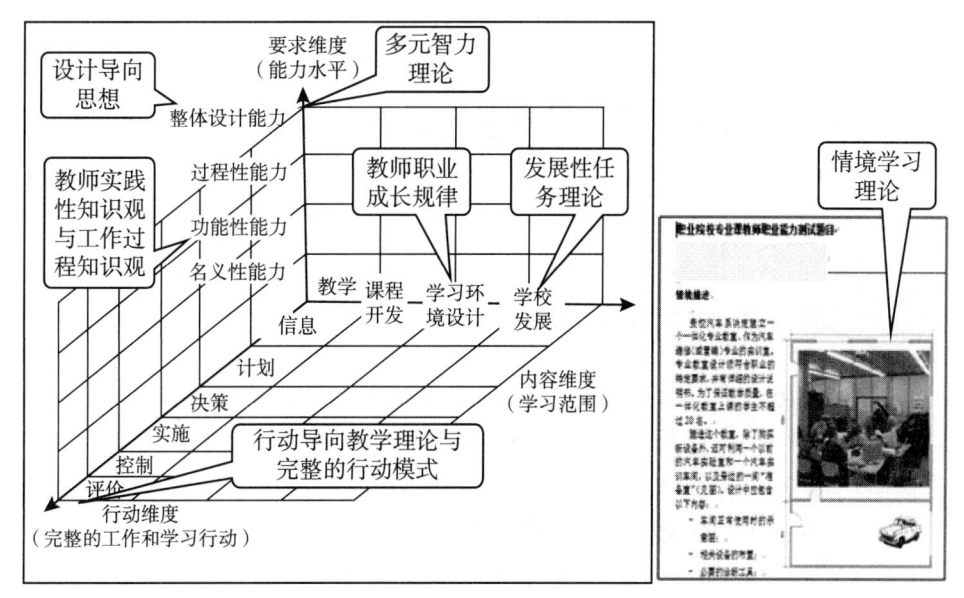

图 8-2　COMET 职教教师职业能力模型构建的理论基础

要求维度的四个能力级别及排序与设计导向的职业教育思想[①]、工作过程知识观[②]、教师实践性知识观和多元智力理论[③]有关；内容维度中四个工作领域与教师职业发展规律及其发展性任务理论有关；行动维度的六步程序与行动导向教学理论与完整的行动模式理论有关；根据模型开发的测试任务反映了情境学习理论[④]的要求。

独立制订工作和学习计划、实施计划并进行评价，有利于工作过程知识的获得和综合职业能力的发展。[⑤] 所有职业的职业行动过程都是按照"完整的行动模式"进行的，这是职教教师职业能力模型设置行动维度的主要原因。职业能力测评虽然无法完整地考察实际行动过程，但可通过测评方案考察其行动思维。

[①]　Heidegger, G. Gestaltungsorientierte Berufsbildung [A]. Fischer M. et al. (Ed.) *Gestalten Statt Anpassen in Arbeit, Technik und Beruf* [C]. Bielefeld: Bertelsmann, 2001: pp. 142–158.

[②]　Fischer, M. *Von der Arbeitserfahrung zum Arbeitsprozesswissen. Rechnergestützte Facharbeit im Kontext beruflichen Lernens* [M]. Opladen: Leske + Budrich, 2000: P. 121.

[③]　[美]加德纳：《多元智能新视野》，沈致隆译，中国人民大学出版社 2008 年版，第 8~19 页。

[④]　应方淦、高志敏：《情境学习理论视野中的成人学习》，载于《开放教育研究》2007 年第 3 期，第 13 页。

[⑤]　姜大源：《当代德国职业教育主流教学思想研究——理论、实践与创新》，清华大学出版社 2007 年版，第 54 页。

第三节 职业能力测验的编制

一、测验编制的理论基础

采用经典测量理论和结构方程模型法进行教师职业能力测验的有效性检验，以及能力发展影响因素问卷开发。测量理论主要有三种：经典测验理论（classical test theory，CTT）是以真分数为核心假设的测量理论及其方法体系；概化理论（generalizability theory，GT）扩大了经典测量理论的信度观；项目反映理论（item response theory，IRT）比经典测量理论更精细，但模型复杂，[①]主要针对二级评分试题，即只有正确和错误两种答案，这不符合职业工作世界的现实。

尽管经典测验理论有测量误差较大、信度估计不精确等缺点，[②]但仍然是一种测验编制的简便实用方法。其基本理念是：先进行项目分析（计算难度和区分度），在此基础上筛选项目（item），然后计算测验的信度和效度指标。当两项指标都符合要求时，便可确定编制了一个质量较高的测验。检验测验有效性从以下三个方面寻找证据：

第一，内容效度：反映测量工具本身内容范围与广度的适切程度。测验内容效度的常用方法是专家评定法，即通过多位领域专家对测验内容和形式进行反复检查与核定，在理论上和形式上保证测验的有效性。

第二，结构效度：也称为构想效度，指测量工具能够测得一个抽象概念或特质的程度。[③]与结构效度有直接关系的是因素效度，即一个测验背后因素结构的有效性。检验结构效度的常用方法是结构方程模型法（structural equation modeling，SEM），它整合了"因素分析"和"路径分析"两种多变量统计方法，对各种因果模型进行辨识、估计和验证。[④]结构方程模型的验证性因素分析（confirmatory factor analysis）部分，整体考察观测变量与潜变量以及潜变量之间的

[①] 罗照盛：《项目反应理论基础》，北京师范大学出版社2012年版，第1页。
[②] 郑日昌、孙大强：《心理测量与测验》，中国人民大学出版社2008年版，第51页。
[③] 邱浩政：《量化研究与统计分析——SPSS中文视窗版数据分析范例解析》，重庆大学出版社2009年版，第289页。
[④] 吴明隆：《结构方程模型——AMOS的操作与应用》，重庆大学出版社2009年版，第1页。

结构关系，检验事先设定的项目因素关系是否正确，尤其适合验证测验的结构效度。①

第三，校标关联效度：也称为实证效度，以测验分数和特定校标之间的相关系数表示测量工具有效性的高低，效标效度检验的核心是"校标"的选择，即"必须反映测量分数内核与特质的独立测量，同时也是为社会大众或一般研究者所接受的、能具体反映某项特定内涵的指标"。②

二、测验初稿编制与试测

（一）能力模型向能力测验的转化

从职业能力模型向测验转化是一个复杂的过程。在此需考虑，是建立反应能力等级，还是反映一个或几个认知性能力维度的测评模型，抑或与能力级别相关的反映问题解决方式的测评模型。另外，还要协调心理测评建模技术一般性条件与职业教育特殊性间的关系，特别是：（1）如果采用他评方式评分，保证评分者信度；（2）如何控制能力模型复杂程度以及确定检验和测量的被试人数；（3）在采用综合测试任务时如何确保评分点的独立性。COMET能力测评项目建立了既反应能力等级也能反映认知能力维度的测量模型和检验，③我们在此基础上构建职教教师职业能力模型、测评模型和测验。

1. 测试任务来源

职业能力模型横轴描述从"新手"成长为"专家"教师的职业发展过程中需完成的典型工作任务，这是测试任务的来源。职教教师典型工作任务可归纳为"教学设计、实施和评价""（理论与实践）课程开发""学习环境设计""参与学校发展"四个领域。从"教学设计、实施和评价"和"学习环境设计"领域中各选一项典型工作任务开发测试任务，在测试任务的基础性、重要性、难度和覆盖范围之间取得平衡。

2. 评分指标来源

能力水平分为四个等级，分别根据"专业水平""教学的目标与内容""教学的方式与方法""教学过程的组织""教学质量控制""教学的效率与效

---

① 郭庆科：《情感能力测验的编制与项目反应理论的应用》，北京师范大学2003年版，第37~38页。
② 邱浩政：《量化研究与统计分析——SPSS中文视窗版数据分析范例解析》，重庆大学出版社2009年版，第288~289页。
③ Rauner, F., Heinemann, L., Piening, D. et al. *Messen beruflicher Kompetenze. Band II* [M]. Berlin：LIT, 2009：pp. 21–89.

果""可接受度""社会文化背景""创造性"等9个指标得分累计划分,每个能力指标得分根据5个评分点平均分得出,"专业能力"的指标如表8-1所述。

表8-1　　"专业水平"指标对应的5个"评分点"

1. 解决方案是否体现了职业活动的要素及其相关性?
2. 解决方案的专业技术水平是否体现了"先进性"?
3. 是否全面考虑了(显性和隐性)工作过程知识?
4. 是否在专业方面充分利用了测试任务所提供的设计空间?
5. 所设计的专业学习过程是否考虑了学生知识技能的获得和整理?

4个能力级别也可以看作4个能力维度:(1)处于"名义性能力"级别的教师不具备教师的基本能力,不再设具体指标;(2)如果教师具备一定专业能力又能开展教学,他就有成为一名合格教师的潜力,即具备了"功能性能力";(3)若教师具备在整个学校组织运行过程中顺利完成教学工作的能力,即满足"教学过程的组织""教学质量控制""教学的效率与效果"三个子能力指标的要求,就具备了"过程性能力";(4)若教师在工作中体现出满足社会和文化发展需要的能力,就具备了"整体设计能力",包括"可接受度""社会文化背景""创造性"三个能力指标。

行动维度是教师实际工作过程遵循的行动逻辑,即获取信息、制定计划、做出决策、实施、检查控制和评价反馈。采取纸笔形式虽然无法完整考察教师的实际行动过程,但可以考察测评对象在问题解决方案中体现的行动思维。

3. 评分量尺选择

教师职业能力测验采用4点量表,即针对45个评分点中的每一条,评分者按照"完全不符合""基本不符合""基本符合""完全符合"四种符合程度打分。

(二) 评分者信度保证

1. 问题解决空间

能力测评采用开放性综合任务,答案没有"正确"与"错误"之分,不存在"标准答案",只为测试任务设计一个"问题解决空间",描述测试任务可能的解决方案,提示评分者评分时应重点考虑哪些方面。

2. 评分者培训及评分程序

采用多人"他评"方式对职业能力测试进行评分，其结果的可靠性取决于每位评分者对被试答案评分结果的一致性（评分者间信度），这通过在评分开始前对评分者进行相应的培训实现。在培训班上，全部评分者的评分者信度系数（$Finn_{just}$）连续保持在 0.7 以上，方可进行正式评分。[1]

（三）评分指标的制定与测试任务的开发

1. 评分指标的制定

对评分指标的修改和验证，需选择对职业能力测评有深入理解的教学专家和测评专家 8~12 位进行多轮修改，采用调查问卷和访谈两种形式。第一轮内容效度专家评定调查分三次进行，专家对指标的平均修改率为 25.6%，对模型的三个维度表示完全赞同。第一轮内容效度调查后，根据专家意见修改了评分指标，请上述专家再次予以修改，同时又邀请职业能力测评专家对评分指标进行第三轮修改，平均修改率为 14.3%。

2. 测试任务开发

借鉴项目组德国专家设计的机械制造等三个专业大类的测试任务，邀请国内行业专家、教师和测试专家根据中国国情进行修改。本书测试任务的基础是教师职业的典型工作任务，有足够的复杂性和综合性，能够体现职业的工作和学习内容。

三、预测试方案设计与实施

预测试是保证测试任务效度的重要程序，主要作用是根据实测数据鉴别题目的质量并加以修改。本书选取了北京、江苏、浙江和四川 4 所职业院校对"机械制造"和"汽车机电维修"专业的测试任务进行预测试。预测试有效样本 140 人，其中机械专业 90 人，汽车机电维修专业 50 人。

聘请评分专家 6 人，举行了为期一天的评分者培训。经过一道测试任务的评分和讨论，各专业评分者的评分一致性很快增强，评分者间信度（$Finn_{just}$ 系数）达到并稳定在"良好"水平（两个专业的 $Finn_{just}$ 系数分别是 0.637、0.801、0.843 和 0.717、0.756、0.738）。

---

[1] Asendorpf, J. & Wallbott, H. G. Maße der Beobachterübereinstimmung: Ein systematischer Vergleich [J]. *Zeitschrift für Sozialpsychologie*, 1979 (10): pp. 243-252.

四、测验初稿的质量分析与改进

(一) 测验难度与区分度

难度和区分度是评价试题质量的基本指标。本测验有两道综合测试任务,每道用 45 个评分点评判,题目难度包括 45 个评分点(即"题项")的难度、测试任务难度以及整个测验的难度。本测验基于综合任务测试,类似认知测验,题目难度采用得分率方法计算。区分度分析采用极端组比较法。预测试的目的是修改测试任务本身,因此不再对 45 个题项做探索性和验证性因素分析。

1. 题目难度

在认知性测验中,客观题的题目难度是答对该题的人数除以总人数;主观题的题目难度是所有考生得分平均分除以这一题的总分,在教育统计测量中用"得分率"这一概念描述。得分率在 0.5 时说明题目难度适中,得分率低于 0.3 说明题目难度较大;得分率高于 0.9 说明题目难度较小;[①] 题目难度太小或太大,其区分度都不高,会出现"天花板效应"或"地板效应"。本测验采用 0、1、2、3 等级评定方式打分,题项得分均值可作为题目难度的参考指标。

首先对整个测验和四道测试任务做项目难度分析。根据测试方案,每位被试每个评分点的最终得分,是两道测试任务在该评分点上得分的平均数。以两个专业总人数(140 人)为样本计算每个评分点的平均值和得分率,然后对这 45 个评分点的平均值和得分率做平均。统计结果显示,45 个评分点的平均值为 0.9078,小于评分点等级全距的一半(1.5);得分率为 0.3026,显示题目难度"可以接受"(0.3),但题目难度还有降低的必要。为详细了解两个专业每一道测试任务的难度,以每专业人数为样本(机械制造 90 人、汽车维修 50 人),分别计算每一道测试任务中每个评分点的平均值和得分率,再对 45 个评分点的平均值和得分率做平均。统计结果显示,机械制造专业项目教学设计任务 45 个评分点的均值为 1.2612,接近 1.5,平均得分率为 0.4204 接近于 0.5,说明该测试任务难度适中,质量很好;但机械制造专业学习环境设计测试任务的评分点均值(0.7675、0.8173、0.6191)均小于 1.5,平均得分率(0.2558、0.2724、0.2064)低于 0.3,说明题目偏难。

由于这四道测试任务采用的评分点相同,可借用四项测试任务及测验整体的数据来考察 45 个评分点的难度。评分点 36 在所有测试任务及测验整体上的得分

[①] 罗汀:《基于难度和区分度的试卷分析》,载于《考试周刊》2011 年第 57 期,第 2 页。

平均值都接近于 0，得分率接近于 0，评分点 13、17、18、41 在所有测试任务及测验整体上的得分平均值都小于 0.4，得分率小于 0.1，说明不适合预测试样本人群，应考虑予以删除；评分点 27、33 在所有测试任务及测验整体的得分平均值都在 0.7 以下，小于 1.5，得分率在 0.3 以下，应考虑予以修改；评分点 38、40 在汽车测试任务上的得分率小于在机械测试任务上的得分率，体现了专业类别的差异。

2. 区分度

区分度是试题能够将不同能力水平的被试区分开的程度，反映试题对被试能力水平差异的鉴别能力。区分度分析可采用"极端组比较法"进行检验，① 其基本程序是：在样本数据中，对各调查对象所填答题项的得分求和，并进行由高至低排序。以被调查对象总数自上而下和自下而上的 27% 的分数作为临界值，将被调查对象分为高分组和低分组。采用独立样本 t 检验法求出高低两组被调查对象在各题项平均数上的差异。将临界比值的 t 统计量的标准值设为 3.00，t 统计量小于 3.00，则表示题项的鉴别度较差。② 我们采用更为严格的标准，将 t 统计量的值设为 4.00。

在全体受测者 140 人中，取全量表总分最高与最低的各 27%（各 40 人）为极端组，进行独立样本 t 检验。统计结果显示，t 值小于 3.00 的有评分点 36 [$t(74) = -1.968$，$p = 0.057 > 0.05$]，表明此评分点无法鉴别高低分者；t 值小于 4.00 的有评分点 18 [$t(74) = -3.115$，$p = 0.003 < 0.05$] 和评分点 41 [$t(74) = -2.773$，$p = 0.003 < 0.05$]，表明这两个评分点的鉴别度稍差。

综合预测试数据的难度和区分度指标，根据教育统计与测量学的一般判别标准，第 36 个评分点由于难度大、区分度低可以考虑从评分点中删除；评分点 13、17、18、41 难度大、区分度较低，可以根据其在后续测验中的表现决定是否予以删除。评分点 27、33、38、40 等在不同专业和样本上的难度和区分度表现不稳定，是否保留，也需根据后续测验进一步观察。

（二）测试任务、评分点和问题解决空间的修改

通过预测试，再次对测试任务、评分点和问题解决空间进行了修改。

第二道测试任务（学习环境设计）难度偏高，需要适当降低难度。主要办法是减少测试任务中的"障碍"设置，增加答题提示。考虑到这两项任务的通用

---

① 邱浩政：《量化研究与统计分析——SPSS 中文视窗版数据分析范例解析》，重庆大学出版社 2009 年版，第 297~298 页。
② 吴明隆：《问卷统计分析实务——SPSS 操作与应用》，重庆大学出版社 2010 年版，第 160~178 页。

性,改变了测试任务的表现形式,各专业"测试任务相同,专业性自选"。这样就保证了测试任务难度的稳定性,增加了各专业测评结果对比的可能性。

在评分点方面,第36、第13、第17、第18和第41等评分点难度大、区分度较低,表现为被试教师群体缺乏环保意识等,因此考虑删除或修改。然而难度只是相对而言的。45个评分点(指标)是建立在多轮内容效度验证基础之上的,作为一种"引领性"指标,它符合职业能力测评项目"以评促教"的理念,我们仍旧保留下来,但是进行了表示方式的修改,其难度将在后续大样本测验中继续考察。对相应的问题解决空间也进行了部分修改。

五、正式测验的施测与质量检验

(一) 正式测试方案与实施

正式测试程序与预测试基本相同,但由于规模大,在具体实施过程方面有所调整。

1. 样本选取

按照分层抽样原则,选择东中西部地区、一二三线城市不同层次、类型和办学质量的职业院校,包括北京、长春、重庆、广州、台州和无锡6个地区35所职业院校(4所综合类职业院校、7所技师学院和24所中等职业学校)的"机械制造类"和"汽车维修"专业专业课教师进行了测评,共得到321份有效样本。

2. 测试实施方案

为保证测试样本的有效性,编制了详细的测评实施方案,包括《职业教育教师职业能力测评指导手册》《测试组织注意事项》和《监考手册》等,还针对每个地区制定了不同的测试方案。如重庆地区人员分散,为此采用了"集中讲解、分散答题、过程监控、远程提交"的形式,这为更大规模测试方案制定提供了有益经验。

3. 评分方案

根据不同专业试卷份数和工作量要求,正式测试共聘请评分专家13人,他们是专业带头人或多项教学成果奖获得者,了解职业教育改革思想。在为期一天的评分者培训中,评分者间信度($Finn_{just}$系数)在0.716和0.756之间,达到"良好"水平(大于0.70)。

(二) 测验的难度与区分度

1. 难度

在正式测试中,"项目教学设计"和"学习环境设计"两道测试任务在机械制造类和汽车维修专业样本人群中的得分率（0.4816、0.4557、0.4389、0.4147）都在 0.4 和 0.5 之间，说明题目难度"适中"，测试任务质量达到了"优良"水平。相对于预测试的题目难度，正式测试任务难度适度降低，测验质量提高。以 321 人为样本的整体测验数据也与上述结论符合。

2. 区分度

关于 45 个评分点在整个测验全体样本中的区分度，在全体被试取全量表总分最高与最低的各 27%（各约 90 人）为极端组，进行独立样本 t 检验。数据显示，45 个评分点的 t 值均大于 $3.00(p<0.001)$，全部题项区分度优良。若以每个专业的人数为样本分别计算每一道测试任务中每个评分点的区分度，仅有评分点 36 在机械制造专业样本中的 t 值小于 $3.00(p>0.05$ 或 $0.001 \leqslant p \leqslant 0.05)$，其他指标的 t 值都大于 $3.00(p<0.001)$。这表明测验区分度很高，题目质量很好。

（三）测验的信度

信度是指测量结果的一致性或稳定性，用多次或多题测验分数的相关系数的高低来估计。以测验题目内部之间的一致性作为测验的信度指标时，称为内部一致性系数，即 Cronbach's α 系数表示[①]。用 SPSS 18.0 软件进行统计分析，本测验的折半信度为 0.974，内部一致性信度为 0.983，说明测验信度非常高。

（四）测验的构想效度

用 AMOS 7.0 软件的"验证性因素分析"功能和 SPSS 18.0 软件的相关分析功能检验《职业教育教师职业能力测验》的构想效度。

1. 基本模型与备择模型的比较

（1）基本模型。参照职教教师职业能力模型、测评模型及其职业能力操作性定义，测验的基本因素模型是一个由 9 个指标和 45 个评分点组成的一阶 9 因素模型，如图 8-3 所示。

（2）备择模型。在教师职业能力模型中，"功能性能力""过程性能力""设计能力"是能力的三个等级，也可以看作能力的三个维度，可以认为该测验是一个由 3 个维度 9 个指标构成的二阶三因素模型，以这个模型作为备择模型，如图 8-4 所示。

[①] 邱浩政：《量化研究与统计分析——SPSS 中文视窗版数据分析范例解析》，重庆大学出版社 2009 年版，第 283~284 页。

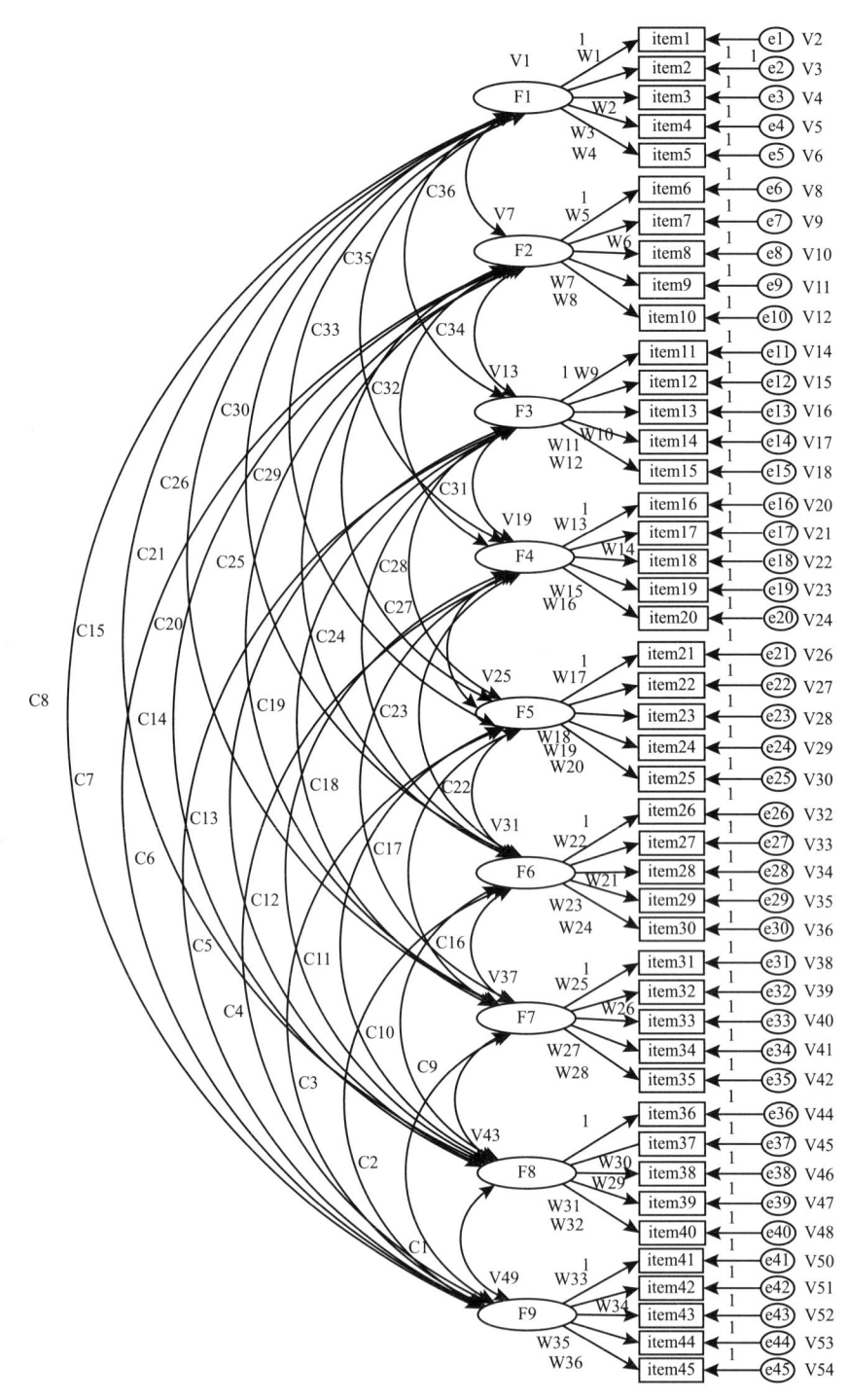

图 8-3 职教教师职业能力基本数据模型（9-45）（综合数据）

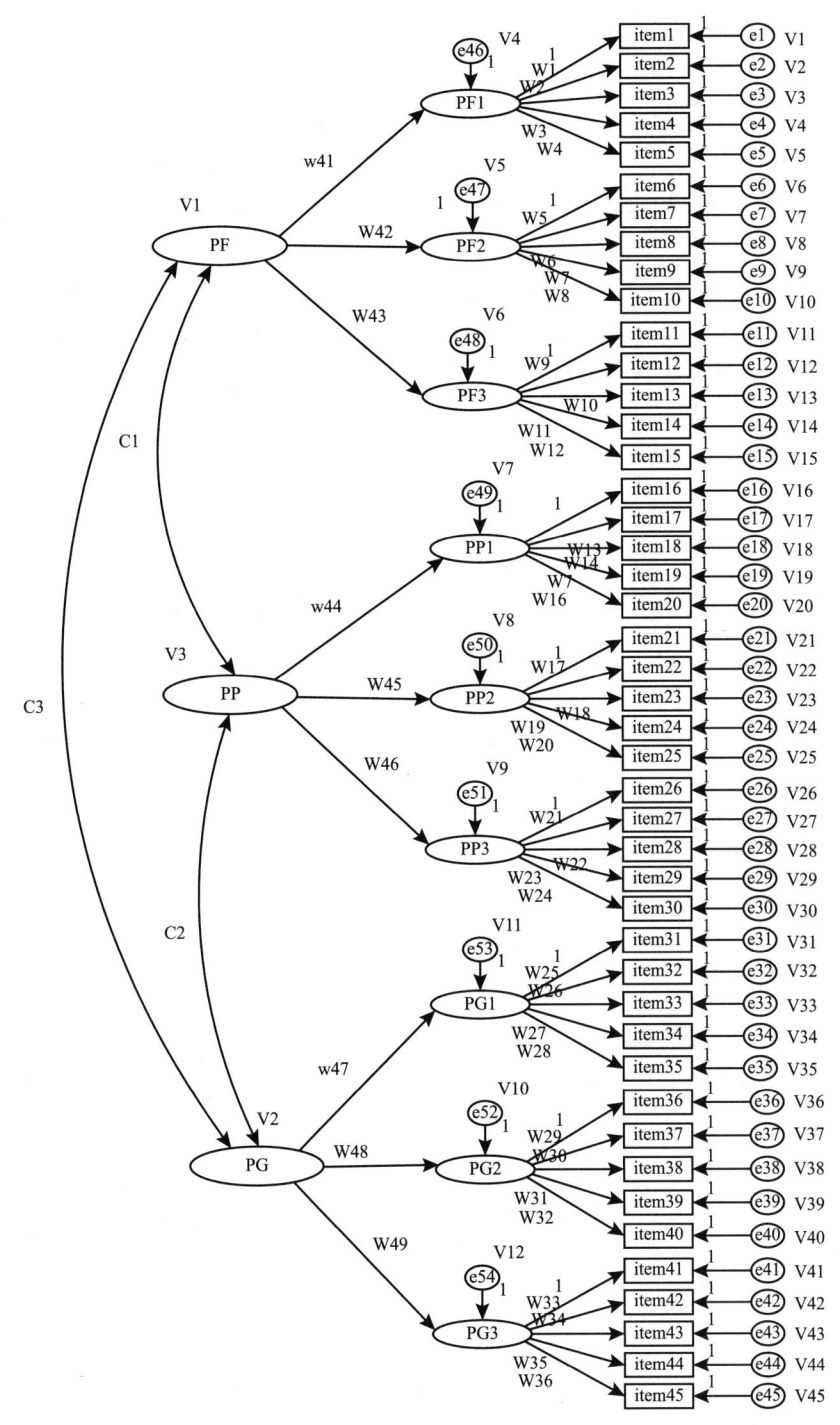

图 8-4 职教教师职业能力备择数据模型（3-9-45）（综合数据）

（3）模型比较。在验证性因素分析中，判断模型优劣的指数包括：绝对适配指数卡方（χ^2）、RMR、RMSEA（渐进残差均方和平方根）、GFI 和 AGFI，增值适配度指数 NFI、CFI 和 IFI，以及简约适配度指数卡方自由度比（χ^2/df），判别标准如下：

χ^2/df 值在 5.0 以内模型可以接受；RMSEA 值小于 0.05 表示模型与数据接近拟合，在 0.05 到 0.08 之间表示相当拟合，在 0.08 到 0.10 之间表示一般拟合；RMR 值小于 0.08 表示模型可以接受，小于 0.05 表示模型与数据有非常好的拟合；GFI、AGFI、NFI、CFI 和 IFI 值大于 0.90 表示模型与数据有较好拟合。[1] 在采用验证性因素分析检验模型时，须参照多个拟合指数而不能仅依赖其中某一个指数。[2]

为选择出品质更优良的模型，需参照上述 9 项指数对教师职业能力测验的基本模型和备择模型进行比较。数据如表 8-2 所示。

表 8-2　　　　　　　模型比较一（综合数据）

模型分类	χ^2	df	χ^2/df	RMSEA	RMR	GFI	AGFI	NFI	CFI	IFI
基本模型	4 315.348	909	4.747	0.108	0.023	0.459	0.384	0.749	0.789	0.790
备择模型	5 783.893	943	6.134	0.127	0.033	0.411	0.353	0.663	0.701	0.702

数据显示，备择模型在 9 项模型拟合度指数中有 8 项都低于基本模型，基本模型比备择模型品质优良，更接近于测验的真实因素构念。在基本模型和备择模型的验证性因素分析路径示意图中，各维度之间的路径相关系数都在 0.85 以上，说明可能有更高阶的因素存在，因此进一步构建两个高阶模型，如图 8-5 和图 8-6 所示。

参照上述 9 项指数对基本模型的一阶与模型二阶、备择模型的二阶模型与三阶模型分别进行比较。数据如表 8-3 所示。

---

[1] 陈亮、段兴民：《组织中层管理者绩效结构的探索性与验证性因素分析》，载于《预测》2008 年第 1 期，第 60～66 页。

[2] 孟庆茂、刘红云等：《心理与教育研究方法、设计及统计分析》，高等教育出版社 2006 年版，第 507 页。

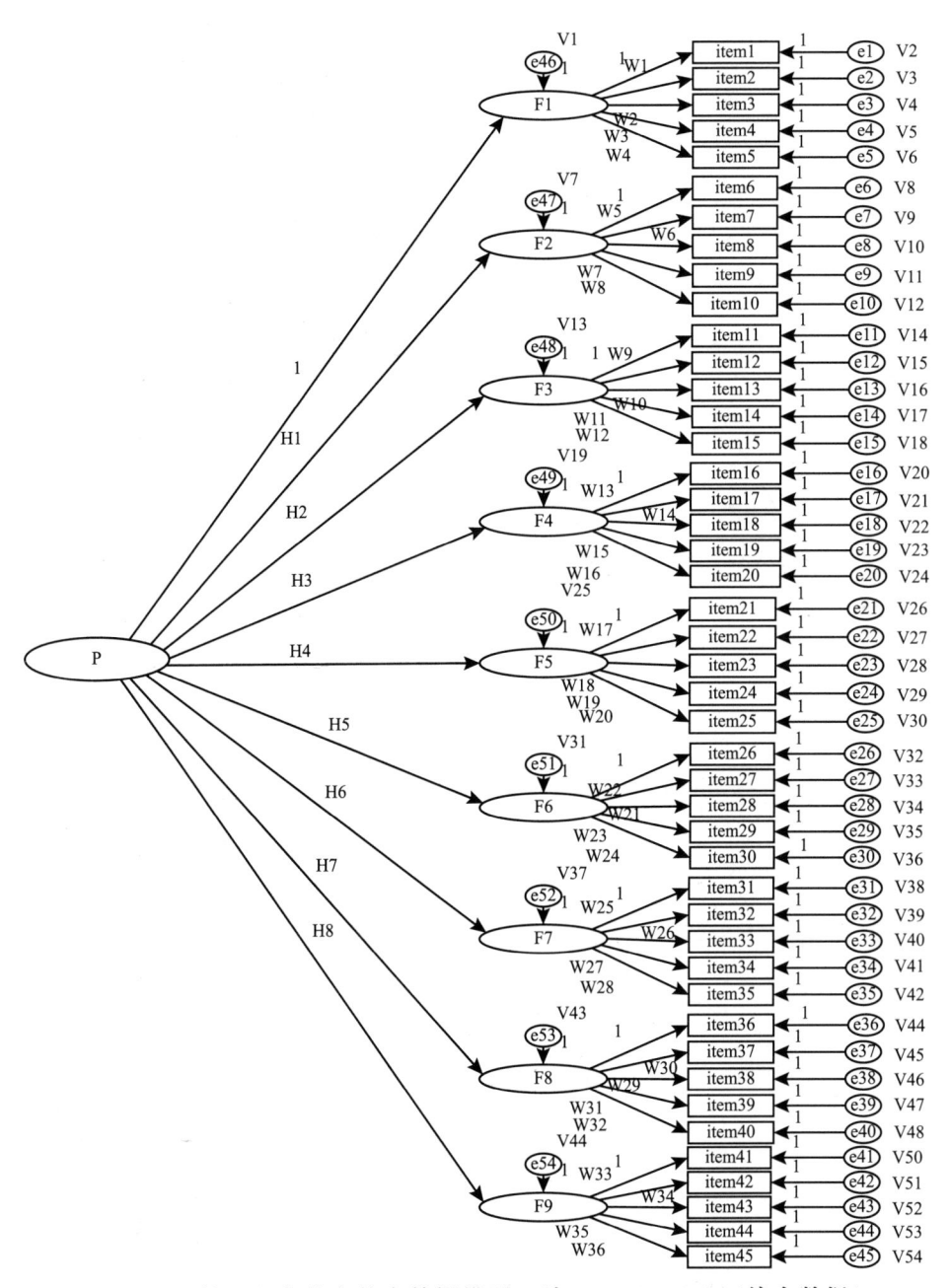

图 8-5　教师职业能力基本数据模型二阶（1-9-45）（综合数据）

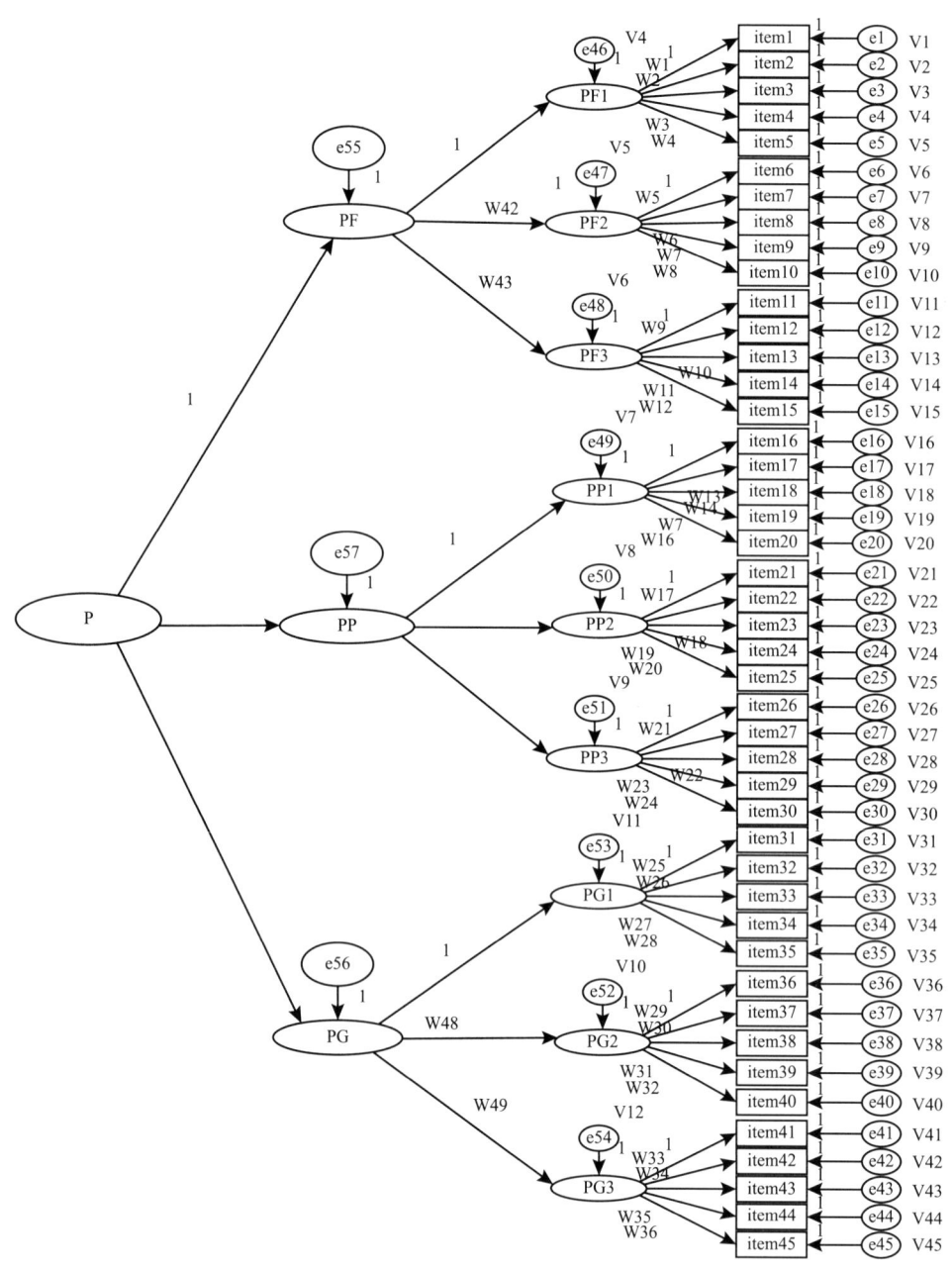

图 8-6 教师职业能力备择数据模型三阶（1-3-9-45）（综合数据）

表8-3　　　　　　　　　　模型比较二（综合数据）

模型分类	χ^2	Df	χ^2/df	RMSEA	RMR	GFI	AGFI	NFI	CFI	IFI
基本模型	4 315.348	909	4.747	0.108	0.023	0.459	0.384	0.749	0.789	0.790
备择模型	5 783.893	943	6.134	0.127	0.033	0.411	0.353	0.663	0.701	0.702
基本模型二阶	4 779.520	937	5.101	0.113	0.027	0.429	0.369	0.722	0.762	0.763
备择模型三阶	5 783.893	943	6.134	0.127	0.033	0.411	0.353	0.663	0.701	0.702

数据显示，基本模型的二阶新模型和备择模型的三阶新模型在9项模型拟合度指数中都低于或等同于原模型。相比较而言，原模型拟合度更好，也更为简洁。因此在四个模型中，基本模型是最优模型。

2. 基于单任务测试数据的模型比较

经过上述模型比较，虽然得出基本模型是最优模型，但其拟合度指数与理想指数差距较大。造成拟合度指数不理想的原因可能是由于使用的得分数据为两个测试任务的平均数据。根据统计学理论，若每个评分点上取两个任务的平均分时会产生"回归效应"，降低每个评分点得分的变异性，从而降低统计效力；若以一项测试任务的数据进行统计分析，那么模型验证的指数应该会有所提高。为此，以第一项测试任务"项目教学设计"得分数据为例，重新对基本模型和备择模型进行数据拟合。统计结果显示，9项拟合度指数大幅提高，更加接近理想标准。

（五）测验的实证效度

技能作为职业能力的基础和外化形式，与职业能力有着紧密的联系。实践中经常通过各种类型的"技能竞赛"考察教师的专业技能。我们通过被试教师群体的技能竞赛成绩与职业能力测验成绩的关系来检验本测验的实证效度，也即校标关联效度。

将有技能竞赛获奖与无技能竞赛获奖的两个样本群体的职业能力总分（score）做独立样本 t 检验，结果显示：两个样本的平均数分别为38.21和44.05，方差齐性检验Levene检验，达到显著水平（$F=7.902$，$p=0.005<0.01$），表示两个样本的离散情况有明显差别。由假设方差相等的 t 值与显著性 $[t(183.273)=-4.352$，$p=<0.001]$，发现检验结果达到"极其显著"，表示有技能竞赛获奖的与无技能竞赛获奖的两个样本群体的职业能力有显著差异（见表8-4）。

表8-4 有、无技能竞赛获奖组别在职业能力得分上的独立样本 t 检验

检验项目		均值	标准差	t 值	自由度	显著性（双侧）
Score	假设方差相等	38.2050	11.37835	-3.933	233	0.000
	假设方差不相等	44.0541	8.61334	-4.352	183.273	0.000

同理，两个样本教师群体在职业能力测验的功能性（PF）、过程性（PP）和设计能力（PG）维度方面的得分也有"极其显著"的差异 [$t(188.392) = -4.341, p<0.001; t(180.040) = -4.419, p<0.001; t(175.612) = -3.911, p<0.001$]。分析表明，"职业教育教师职业能力测验"能有效区分技能水平优秀者与技能水平普通者，其实证效度优良。

六、小结与讨论

（一）关于测验的总体质量

总的来说，职教教师职业能力测验的质量较高，具体来说：(1) 测验难度在合理范围内，两道测试任务的得分率都在 0.4 和 0.5 之间，说明题目难度适中，质量达到优良水平。(2) 测验的区分度优良，45 个评分点的 t 值均大于 3.00（$p<0.001$），全部题项区分度优良。(3) 测验信度很高，本测验的内部一致性信度 0.983、折半信度 0.974 大于 0.90。(4) 测验的构想效度满足教育测量的基本要求，职业能力的一阶九因素基本模型与实测数据的拟合指数达到教育统计测量的一般标准。(5) 测验的实证效度良好，以教师技能竞赛成绩为效标的实证效度优良。

（二）关于测验的构想效度

由职业能力基本模型和备择模型的比较发现：教师职业能力测验的因素结构更倾向于一阶九因素；从理论意义上讲，可以看作二阶三因素用以引导教师专业发展，但这种结构不够明晰，得不到实证数据的有力支持。因此，"功能性能力""过程性能力""设计能力"在首要意义上应该看作等级，次要意义上才是维度。

教师职业能力测验是一个包含 9 个因素的测验，结构比较清晰，指标之间相对独立是建模的基本要求，像"学生有机会展示和评价自己的学习成果"和"有（助于）相应的学习成果的反馈"这样的指标之间存在着固有联系，因此测

验结构还有改进空间。但在改进时要考虑普遍性和职业教育特殊性之间的矛盾问题。教师职业能力是"解决一个完整的综合性专业任务的认知潜力",对于一个完整的项目教学设计方案来说,教学目标决定教学内容与方法,因此各因素之间必然存在较高的相关性;此外,测评的重要理念之一是"以评促教",部分评分点相对于当前我国教师职业能力的现实水平来说是"引领性的"、超前的,这些评分点的难度和区分度必然比较低,这是多重实践目标要求引起的困境,既需要调和也需要忍受。

第四节　职教教师职业能力发展的特点及影响因素

本节分析职教教师职业能力发展水平和特点,探寻影响教师职业能力发展的主要因素。

一、调查问卷的开发

(一) 方法和步骤

开发"职业教育教师职业能力发展影响因素问卷"(以下简称"影响因素问卷")和"职业教育教师职业能力测评背景问卷"(以下简称"背景问卷"),是分析职业能力发展水平与特点的基础。

1. 问卷初稿的确定

通过相关研究文献整理,[1][2][3][4] 将影响教师职业能力发展的因素概括为四个类别,如表 8-5 所示。

---

[1] 史枫、白滨:《职业教育教师队伍能力发展中的问题与影响因素分析》,载于《教育与职业》2010 年第 17 期,第 22~24 页。

[2] 李长城、刘克俭、刘晓利等:《高等医学院校教师职业倦怠与职业能力的关系》,载于《职业与健康》2012 年第 17 期,第 2049~2051 页。

[3] 和震:《中等职业学校教师素质状况与提高策略》,载于《教育研究》2010 年第 2 期,第 87 页。

[4] Michel, G. & Peter, G. Factors Influencing Teachers' Professional Competence Development [J]. *Journal of Vocational Education and Training*, 2007, 59 (4): pp. 485–501.

表8-5　　　　　　　　　　影响因素文献归纳

层次	影响因素
教师层面	教师来源、教师成长动力、教师职业认同、教师职业倦怠、教师和学校合作伙伴之间的交流
学校层面	教师聘用、教师岗位配置、教师定岗训练、教师激励、教师评价、教师压力
社会层面	行业企业的介入、教师地位、教师流动机制
政策层面	教师资格、教师专业职务评聘、教师培训和教师企业实践

在此基础上，对专家型教师进行访谈，利用关键事件访谈法"深描"影响职业生涯发展的关键事件。访谈结果为问卷开发提供了重要的参考。以此为基础开发"影响因素问卷（初稿）"，并参照COMET能力测评编写"背景问卷（初稿）"。

2. 问卷初稿的预测试

对问卷进行了大规模预测试，样本为北京、苏州、杭州、重庆的4所职业院校140位专业课教师。问卷允许填答时间为25分钟，平均作答时间在15分钟左右，作答时间充分。

3. 问卷正式测试

正式测试对北京、长春、重庆、广州、台州和无锡6地35所职业院校机械制造和汽车维修专业321位专业课教师进行了调查。调查问卷与教师职业能力测验样本为一一对应关系。问卷平均作答时间15分钟，作答时间充分。

4. 资料的统计与处理

采用SPSS 18.0软件对预测试数据进行探索性因素分析（EFA）和独立样本t检验，用Excel 2007进行作图。

（二）研究结果

1. 问卷初稿形成

"影响因素问卷"共有97道题，涉及人口统计学、职业认同感、组织认同感、工作动机、学习策略、家庭经济地位、家庭精神支持、学校支持、企业支持等9个方面，其中部分为经实证检验的成熟量表，[1][2] 部分为在已有文献基础上

---

[1] 朱伏平：《中国国高校教师职业认同与组织认同研究》，西南财经大学，2012年，第57、83页。
[2] 辛朋涛：《教师工作动机研究》，西北师范大学，2007年，第150页。

的自编量表，剩余选择题为深入探究原因之用。① "背景问卷"的内容主要为被试教师的基本信息、所教学生素质状况、新课程改革理念和项目教学改革中出现的问题等。

2. 项目分析与问卷正式稿的形成

项目分析的目的是对题目进行适切性评估，确认量表题目的可用程度。利用题目总分相关法、因素负荷量判断法和探索性因素分析法检视各量表的质量，最终形成包括 14 道填空题、73 道量表题、12 道单项选择题和 3 道多项选择题在内的正式问卷。

3. 正式测试各量表信度

在正式调查中，职校教师职业认同感、组织认同感、学习策略、成就动机、学校支持、企业支持、家庭精神支持 7 个量表的内部一致性信度分别为 0.770、0.851、0.867、0.802、0.878、0.868、0.865，均在 0.70 以上，并且职业认同感、组织认同感、学习策略、成就动机 4 个量表的信度与原量表的信度也非常接近（0.788、0.831、0.880、0.750），②③④ 这说明量表可靠，信度优良。

二、职业教育教师职业能力水平与特点的案例调查

对北京等 6 城市 35 所职业院校机械制造和汽车维修专业的专业课教师进行了能力测评，共得到 321 份有效样本。

（一）被试教师的人口学因素与能力特点

1. 性别结构和能力水平特点

321 名专业课教师有男性 238 人，女性 80 名（3 人未填写性别），男女比例为 3∶1。对两个群体的职业能力得分进行独立样本 t 检验，两个样本平均数分别为 39.54 和 41.40，方差齐性检验 Levene 检验未达显著（$F = 3.409$，$p = 0.066 > 0.05$），表示两个样本的离散情况无明显差别。由假设方差相等的 t 值与显著性（$t_{(316)}$ 值为 1.353，$p = 0.177 > 0.05$）发现检验结果未达到显著，表示男女教师群体之间的职业能力无显著差异。

---

① 德维利斯：《量表编制：理论与应用（第 2 版）》，重庆大学出版社 2010 年版，第 57~102 页。
② 朱伏平：《中国国高校教师职业认同与组织认同研究》，西南财经大学，2012 年，第 57~84 页。
③ 张敏：《教师自主学习调节模式及其机制研究》，浙江大学，2008 年，第 206~209 页。
④ 叶仁敏、Kunt A. Hagtvet：《成就动机的测量与分析》，载于《心理发展与教育》1992 年第 2 期，第 14~16 页。

2. 教师的年龄结构和能力水平特点

中职学校、技师学院和综合类高职院校教师的平均年龄有一定差异，平均值分别为30岁、35岁和41岁。将教师样本的年龄划分为22~30岁、31~40岁、41~60岁三个阶段，用Dunnett's T3方法进行多重比较的结果显示，三个年龄阶段教师职业能力水平存在显著差异 [$F(2, 317) = 8.874$，$p < 0.001$]，其中22~30岁年龄段教师职业能力水平最低，31~40岁年龄段教师职业能力水平最高，40~60岁年龄阶段教师的职业能力水平居中（见图8-7）。

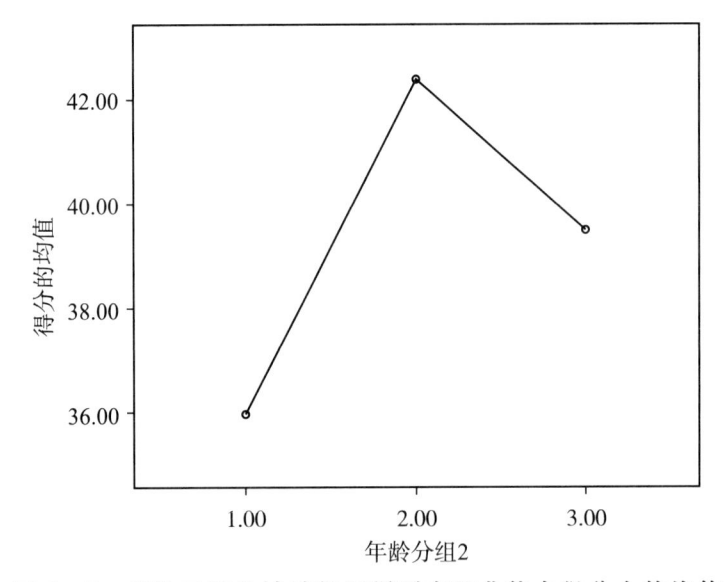

图8-7 年龄不同的被试教师组别在职业能力得分上的均值

3. 教龄结构和能力水平特点

在被试教师中，已知教龄的有315人。其中，有3年以下教学经验的54人占16.8%，4~6年的74人占23.05%，7~15年的134人占41.74%，16年以上的59人占18.38%。将全体被试教师教龄分为"3年以下""4~6年""7~15年""16年以上"四组，然后进行方差分析。方差齐性检验结果显示，Levene统计量达到显著水平（Levene = 5.970，p = 0.001），违反了齐性假设，故采用适合于违反齐性假设的Dunnett's T3方法进行多重比较。结果显示，教师职业能力水平除第一阶段（"3年以下"）和其他三阶段存在显著差异 [$F(3, 317) = 17.177$，$p < 0.001$] 外，其余各阶段之间不存在显著差异。可以推断，任教前6年是教师职业能力迅速发展的关键期，6年后职业能力的增长或下降幅度会很小（见图8-8）。

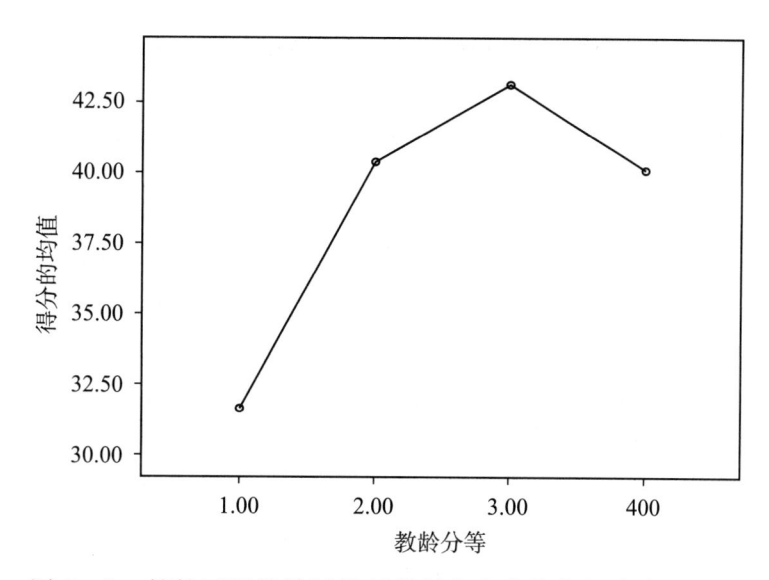

图 8-8　教龄不同的被试教师组别在职业能力得分上的均值

4. 学历结构和能力水平特点

参与本次测评教师的最高学历以本科、硕士为主，约占 87.85%；博士学历占 1.87%；大专学历占 9.66%；还有极少数高中学历的，占 0.62%。将全体被试教师按从低到高顺序分为"大专及以下""本科""硕士及以上"三组进行方差分析。结果显示，第一组（"大专及以下"）和二、三两组（"本科""硕士及以上"）教师职业能力水平存在显著差异 [$F(2, 318) = 21.162, p < 0.001$]，而二、三两组之间不存在显著差异。比较发现，本科学历教师群体的职业能力平均得分为 41.59 分，远高于"大专及以下"学历教师的 29.38 分；但"研究生及以上"教师职业能力水平并未因学历层次提高而提高（平均 39.96 分），反而下降了。这说明，教师学历提高对教学质量提升的帮助有明显的阶段性，达到本科学历层次以后再盲目提高已无必要，反而浪费"学术性人才"。这说明，教师接受研究生阶段的"学术性教育"，与职业教育培养实现应用型人才的培养目标并没有联系。

5. 教师职称获得情况和能力水平特点

304 位被试教师中无职称的 11 人，初级职称 112 人，中级职称人数最多为 122 人，具有高级职称的为 59 人。将全体被试教师的职称按从低到高等级顺序分为"初级职称及以下""中级职称""高级职称"三组进行方差分析。结果显示，初、中、高级职称教师职业能力得分平均值分别为 39.11、40.94 和 41.98，三者之间尽管有细微差别，但是不存在显著性差异 [$F(2, 301) = 1.775, p = 0.171 > 0.05$]。

6. 被试教师的职业资格（等级）认证情况和能力水平特点

关于教师职业资格取证情况从两方面来考察，一是获得的职业资格（等级）证书数量（与任教专业相关的），二是所获证书的最高级别。将全体被试教师依次分为"无职业资格证"（73人）、"有1个职业资格证"（162人）、"有2个及以上职业资格证"（86人）三组，然后进行方差分析。三组教师群体职业能力得分平均值分别为37.05、40.53和41.54，"无职业资格证书"组和"有2个以上职业资格证书"组在职业能力上存在显著性差异$[F(2, 318) = 3.96, p = 0.02 < 0.05]$，但"有1个职业资格证书"组与"有2个以上职业资格证书"组之间，以及"有1个职业资格证书"组与"无职业资格证书"组之间在职业能力上无明显差异。分析显示，"初级"组和"中级"组在职业能力上不存在显著性差异，但"高级"组和"中级"组及"初级"组之间都存在显著性差异$[F(2, 318) = 19.853, p = 0.000 < 0.001]$。

7. 授课类型偏向和教师能力水平特点

当前我国职业院校课程类型很多，按照所教课程类别偏向，将全体被试教师分为"理论课教师"（39人）、"实践课教师"（29人）和"理论实践一体化课教师"（243人）三种类型，分析结果显示，三类教师群体职业能力得分平均值分别为34.80、41.34和40.66，"理论课教师"群体与"实践课教师"或"理论实践一体化教师"群体之间的职业能力上存在显著性差异$[F(2, 318) = 5.487, p = 0.005 < 0.001]$，但"实践课教师"与"理论实践一体化教师"群体之间不存在显著性差异。说明"理论课"教师群体的综合职业能力低于其他教师群体，其职业能力亟待提升。

8. 教师企业工作年限和能力水平特点

在当前热衷引进企业兼职教师的背景下，探究教师企业工作年限与其职业能力的关系很有意义。按照企业全职工作经历长短将全体被试教师分为"3年以下"（111人）、"3~6年"（97人）和"6年以上"（85人）三组，然后进行方差分析。结果显示，三组教师群体的职业能力得分平均值分别为39.91、40.35和41.45，三者之间不存在显著性差异$[F(2, 290) = 0.552, p = 0.557 > 0.05]$。这说明，单纯的企业工作经历并不能保证专业教师职业能力水平的优异，只是成为优秀教师的必要条件之一。

（二）被试教师的动机、认同、支持等因素与能力特点

1. 职业认同感和教师能力水平特点

职业认同是指"教师个体在特定的社会环境和情景下、在职业工作过程中逐渐形成的，对自己所从事的教师职业的概念和意义认可，并自觉采取教师职业所

需要的特定行为的动态过程"。① 职业认同感与职业能力发展有密切的联系。

本调查中职业认同感量表包含 6 个题项,采用四点等级评定方式计分,在没有常模数据参照情况下,评分等级可作为职业认同感水平的参考指标。从各题项得分的均值来看(见表 8 – 6),几乎每个题项的均值都大于 2 ("比较符合"),这说明被试教师群体的职业认同感水平普遍较高。

表 8 – 6　　　　　　　　被试教师的职业认同感水平

题项	均值	标准差	全距
(1) 作为一名职校教师,我时常觉得受人尊重	1.9813	0.71127	3.00
(2) 我为自己是一名职校教师而自豪	2.1963	0.71728	3.00
(3) 当有人无端指责职教教师群体时,我感到自己受到了侮辱	2.2523	0.81117	3.00
(4) 从事(职校)教师职业能够实现我的人生价值	2.1938	0.74159	3.00
(5) 当看到或听到颂扬职校教师职业的话语时,我会很高兴	2.5875	0.60609	2.00
(6) 我很愿意跟别人提到我是一名职校教师	2.1900	0.79728	3.00

为探索职业认同感与职业能力的关系,选取职业认同感最强的 27% 和最弱的 27% 教师群体(各约 90 人)进行独立样本 t 检验。结果显示,两个样本的平均数分别为 38.35 和 40.35,方差齐性检验 Levene 检验未达显著($F = 0.008$,$p = 0.928 > 0.05$),表示这两个样本的离散情况无明显差别。而由假设方差相等的 t 值与显著性($t_{(175)}$ 值为 -1.199,$p = 0.232 > 0.05$)发现检验结果未达到显著,表示两个样本群体的职业能力无显著差异,即职业认同感不同的教师其职业能力无显著差异。这有些违背常理,但是可以从组织认同感上找到部分答案。

2. 被试教师的组织认同感和能力水平特点

组织认同感是"组织成员对自己所服务的组织的认知和感受",具体指教师"对组织的有归属、忠诚和自豪的感知等"。② 组织认同感量表包含 6 个题项。从得分均值来看,被试教师群体组织认同感水平普遍较高。分析显示,组织认同感最强的 27% 和最弱的 27% 教师(各约 90 人)的职业能力无显著差异。结合上述职业认同感调查结果,有可能是工作道德在此起了重要的作用。③

---

① 朱伏平:《中国国高校教师职业认同与组织认同研究》,西南财经大学,2012 年,第 57 页。
② 朱伏平:《中国国高校教师职业认同与组织认同研究》,西南财经大学,2012 年,第 58 ~ 59 页。
③ 赵志群、杨琳:《对我国职业院校学生职业道德发展状况的诊断研究》,载于《职教通讯》2011 年第 27 期,第 23 ~ 29 页。

3. 被试教师的学习策略和能力水平特点

职业能力发展更多是后天习得的,我们猜测学习策略与职业能力发展存在联系。采用张敏"教师学习策略量表"① 对被试教师的调查发现,在"实践反思"和"探究交互"两个维度的得分均值在 2 分以上,但在"批判学习"维度上得分均值在 2 分以下。选取学习策略得分最高的 27% 和最低的 27% 教师群体(各约 90 人)进行独立样本 t 检验。分析结果显示,两个样本的平均数分别为 37.44 和 40.87,方差齐性检验 Levene 检验未达到显著($F = 0.105$,$p = 0.747 > 0.05$),但由假设方差相等的 t 值与显著性($t_{(177)}$ 值为 -2.124,$p = 0.035 < 0.05$)发现检验结果达到显著,表示两个样本群体的职业能力有显著差异,也即学习策略应用优异程度不同的教师其职业能力有显著差异。同理发现,教师们在"实践反思"和"探究交互"维度分值有明显差异。

4. 被试教师的成就动机和能力水平特点

动机与成就的关系是人力资源管理关注的焦点,而能力与成就之间又存在较为紧密的联系。选用 Gjesme 等编制、叶仁敏等修订的通用成就动机量表(AMS)对被试教师进行调查,② 结果显示,成就动机得分在 -17 至 45 之间,平均值为 10.52,说明成就动机总体上更偏向于"追求成功",而非"避免失败"。参照成就动机原理,将被试按成绩分为相等的三组(分别为 110 人、105 人、106 人),采用单因素方差分析法比较其平均分差异。统计显示,三组教师群体的职业能力得分平均值分别为 37.67、41.01 和 41.45,成就动机最低和最高的两组之间存在显著差异 $[F(2, 318) = 4.134$,$p = 0.017 < 0.05]$,动机中等的组与其他两组之间不存在显著性差异。这说明,不同成就动机教师的职业能力水平有显著差异。

(三)不同专业、地区或学校的被试教师的职业能力水平和轮廓

1. 不同专业下不同地区或学校的被试教师的能力水平分布

在机械制造类专业,共有 126 名高职院校和技师学院教师参加测评。结果显示,教师达到名义性能力、功能性能力、过程性能力和整体设计能力水平的比例分别为 0.79%、3.17%、39.68% 和 56.36%(见图 8-9)。两个变量构成的列联表以卡方检验进行分析结果发现,$\chi^2_{(3)} = 14.999$,$p < 0.01$,说明院校类别和教师能力水平之间有显著的关联性。

---

① 张敏:《教师学习策略研究》,载于《教育研究》2008 年第 6 期,第 84~90 页。
② Gjesme, T. & Nygard, R. *Achievement-related Motives*: *Theoretical Considerations and Construction of a Measuring Instrument* [M]. Oslo: University of Oslo, 1970.

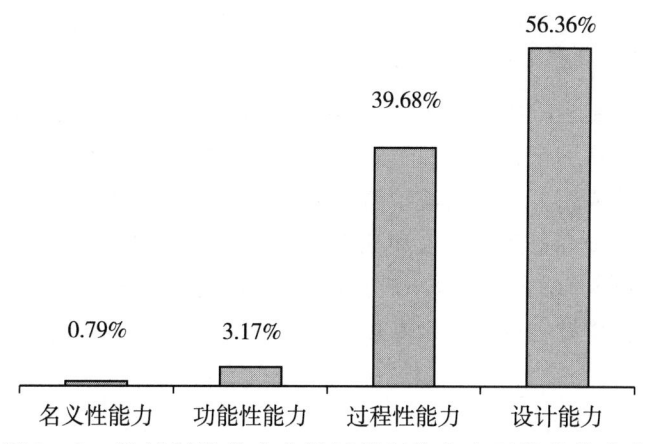

```
                                                          56.36%

                                          39.68%


                              3.17%
                    0.79%

                 名义性能力      功能性能力      过程性能力      设计能力
```

图 8-9　机械制造类专业被试教师能力水平的总体分布

高职院校教师能力水平主要集中在过程性能力（占 48.39%）和设计能力（占 46.24%）；而技师学院则有高达 84.85% 的教师达到了设计能力水平，余下 15.15% 的教师也达到了过程性能力水平，没有教师处于名义性能力水平和功能性能力水平。技师学院教师平均分高于总体平均分（49.02＞43.42），表明职业能力水平较高。

不同院校教师职业能力水平和特点也存在差异。如台州某高职和无锡某高职教师能力平均分相近，但前者能力水平分布的离散程度明显低于后者，即后者教师个体之间职业能力差异很大，这与后者的办学特点有关。该校是一个较年轻的学校，教师整体偏弱。但是该校有中德合作项目，从德国引进的经验，明显提高了部分教师的职业能力。

在各类院校中，技师学院教师的平均分远高于总体平均分（45.87＞38.40）；高职院校的平均分为 38.96 分，与总体平均分持平；中职院校的平均分为 23.02 分，远低于总体平均分。从整体分数分布看，中职学校教师分数最为分散，技师学院的分数则较为集中，反映了中职学校教师需要提高整体职业能力。另外一个有意思的现象是，高职院校和技师学院的高分段教师的比例基本持平。

数据显示，不同地区教师职业能力水平和特点存在差异。总体而言，广州、北京、长春和重庆的教师职业能力水平依次降低。其中，广州教师个体间职业能力水平差距最小，重庆教师个体间职业能力水平差距最大，这说明广州教师获得培训和交流机会可能较多，效果也较好。北京和长春教师职业能力总体水平虽然有较大差距，但教师个体间能力水平分布类似。

2. 不同专业不同地区或学校教师的能力轮廓

不同院校教师的能力轮廓形状存在着较大差异，技师学院教师能力轮廓面积较大，说明被试技师学院教师的综合职业能力较强。从多个维度看，广州所属技师学院教师的教与学的方式方法（PF3）、教学过程的组织（PP1）、教学质量控制（PP2）、教学的效率与效果（PP3）、可接受度（PG1）等方面能力得分明显高于其他院校教师，说明广州的技师学院在教育教学改革方法方面取得了显著成果，也从一个方面说明了此类学校培养的学生为什么能在世界技能大赛中取得优异的成绩。相对来说，高职院校与技师学院教师相比，其设计能力维度与功能性维度和过程性维度相比要强一些（轮廓更丰满），这与高职学院教师学历更高可能有关。中职学校教师能力轮廓面积最小，与另外两类学校的差距较大。技师学院教师能力水平较高，其原因仍然是广州的技师学院教师的优异表现。

三、职业能力发展的主要影响因素分析

本书利用职教教师职业能力测验、能力发展影响因素问卷、背景问卷调查的结果，分析影响教师职业能力发展的因素。采用 SPSS 18.0 软件对各变量与能力总分进行 Pearson 相关分析，选择与职业能力得分相关性达到显著水平的变量，采用"强迫进入"的方法进行多元回归分析。

从测验与调查中获取的 21 个相关因素中挖掘出与教师职业能力相关性最高、有统计意义的因素，基本方法是将这些变量与教师职业能力得分做 pearson 相关分析，然后根据相关系数和显著性进行甄选。选择与职业能力得分相关性达到显著水平的 7 个变量进行多元回归分析。采用"强迫进入法"进行回归模型检验。结果发现，这 7 个变量可以解释教师职业能力 22.3% 的变化量（$R^2 = 0.223$）。模型检验的结果指出回归效果达到显著性水平（$F_{(7,227)} = 9.329$，$p < 0.001$），具有统计学意义。

进一步对个别独立变量进行"事后检验"。系数估计结果指出："职业资格证最高等级"和"最高学历"具有最佳解释力，Beta 系数达 0.356 和 0.222，说明教师的职业资格证最高等级越高、高学历（指本科）越高，则其职业能力越强；其次为"技能奖励"和"企业支持"，Beta 系数分别为 0.125 和 0.113，说明若能获得技能竞赛奖项或更多企业支持，其职业能力越强；最后为"教师证""任课课程偏向""职业资格证数量"，其 Beta 系数分别为 0.082、0.081 和 -0.080，显著性系数大于 0.05，说明它们虽然是影响教师职业能力的因素，但尚不具有统计意义；"职业资格证数量"的系数值为负数，说明教师资格证数量与教师职业能力为负相关，资格证数量越多的教师职业能力反而较弱（见表 8-7）。

表 8-7　　　　　　　　多元回归分析系数表

模型	β	T	Sig.	特征值	条件指数
（常量）	8.283	1.541	0.125	6.555	1.000
最高学历	4.056	3.557	0.000	0.671	3.125
任课类型偏向（实践比理论）	2.093	1.352	0.178	0.347	4.349
教师证（有比无）	3.294	1.360	0.175	0.197	5.772
职业资格证最大数量	-0.936	-1.028	0.305	0.110	7.731
职业资格证最高等级	2.165	4.446	0.000	0.077	9.226
企业支持	0.310	1.896	0.059	0.034	13.805
技能奖励（有比无）	2.919	1.915	0.057	0.009	26.944

注：因变量：score。

根据上述指标，可建立以下回归方程预测一位职教教师的职业能力发展水平：

$$Y' = 2.156 X_{职业资格证最高等级} + 4.056 X_{最高学历} + 8.238$$

第五节　结论与建议

一、结论

（一）测量工具质量

本书开发的"职业教育教师职业能力测验"方案质量较高，有应用价值，表现在：(1) 测验的难度在合理范围内；(2) 测验的区分度和信度非常理想；(3) 测验的构想效度指数满足教育测量的基本要求；(4) 测验的实证效度良好。

但测验的评分指标还有改进空间，如"专业水平"和"创造性"两个全局性指标相互之间的关联性太强，"学生有机会展示和评价自己的学习成果"和"有相应的学习成果的反馈"评分点之间也存在着较高相关性。在进行测验质量改进时，要考虑测量学技术要求和职业教育研究的领域特殊性问题，处理评分点当前的有效性与长远的引导性之间的矛盾。

"职业教育教师职业能力发展影响因素问卷"共有 102 道题。利用预测试对问卷进行项目分析和因素分析,结果表明其内部一致性信度和结构效度良好;利用正式测试对问卷进行信度分析,结果表明其内部一致性信度良好。

(二) 测评结果

利用"职业教育教师职业能力测验""职业教育教师职业能力发展影响因素问卷""职业教育教师职业能力测评背景问卷"对全国 35 所中高职院校和技师学院 321 位专业课教师进行测评和问卷调查,结果显示:

第一,不同地区、院校类型教师职业能力存在显著差异。以汽车维修专业为例,南方经济发达地区、北方经济发达地区、东北和西南地区职教教师职业能力水平依次降低;技师学院专业课教师的职业能力得分显著高于高职院校,而高职院校又高于中职学校;同一学校不同教师个体之间职业能力也存在显著差异。

第二,不同性别教师群体之间职业能力水平不存在显著差异;不同年龄段教师职业能力水平有显著差异,职业能力随年龄增长呈倒"U"型发展;教龄在 3 年以下教师群体与教龄在 3 年以上的教师之间职业能力存在显著差异。

第三,最高学历显著影响教师职业能力的发展,但硕士或博士学历教师的职业能力水平并不比本科学历的教师高。

第四,理论课教师群体职业能力显著低于实践课教师和双师型教师群体;技能竞赛获奖教师群体比没有技能竞赛获奖的教师职业能力水平高;职业资格(等级)高低能代表教师的职业能力水平,但证书数量多的教师职业能力水平反而相对较低。

第五,不同职业认同感、组织认同感、家庭精神支持水平的教师群体,其职业能力不存在显著差异,但不同成就动机教师群体之间职业能力水平有显著优异;不同经济水平教师群体的职业能力不存在显著差异,但手机数量多的教师群体职业能力水平相对较低。

第六,职称等级与教师职业能力水平无明显联系;单纯的企业工作经历并不能保证教师职业能力水平高,只是成为优秀教师的条件之一;基于现有校企合作模式,企业对教师职业发展支持力度不够;教师在"实践反思"和"探究交互"学习策略方面运用得很好,但"批判性学习"策略普遍存在不足。

(三) 职校教师职业能力发展影响因素方面

影响职教教师职业能力发展的因素有很多,可以确定的有 21 个相关变量,如性别、教龄、家庭经济地位、职业认同感、学习策略等。分析挖掘出的最主要的 7 种因素分别是"职业资格证最高等级""最高学历""职业资格证最大数量"

"有无技能竞赛奖励""有无教师资格证""任课类型偏向实践还是理论""企业支持环境"。可通过简易回归方程预测职教教师的职业能力水平：

$$Y' = 2.156 X_{职业资格证最高等级} + 4.056 X_{最高学历} + 8.238$$

二、建议

根据以上结果，本书提出以下建议：

第一，加强双师型教师培养培训，避免盲目追求多证书。加强双师型教师的培养培训，是未来职教教师工作的一项重要任务，这与理论实践一体化课程和教学理念有着密切的联系。"双师型"教师不是简单的"双证型"或"多证型"教师，因为职业资格证数量多的教师职业能力反而比较低，这说明，盲目追求证书数量有可能分散教师的精力，反而降低了其职业能力。

第二，推进教师学历教育"专门化"，避免盲目招聘高学历教师。现在很多（特别是发达地区的）职业院校在新教师招聘招聘工作中热衷于高学历，这不但造成学历浪费，而且有可能引发教师队伍的"学术化"倾向，使职业教育失去特色而导向普通教育。获得硕博士学历的教师职业能力水平并不比本科学历的教师高，（部分）技师学院教师的职业能力更高的测评结果，值得我们深思。这并不是说高学历不好，而是"学术研究型"的高学历教师，与职业教育人才培养目标之间有矛盾。

第三，注重批判精神的培养和"批判学习"策略的运用。教师"批判学习"策略普遍存在不足，与2012年上海PISA学生能力评价项目的结果相似。批判精神是创新的必要条件，教师的创新能力与学生的创新素质发展有着紧密的联系，促进职业学校教师的批判学习策略发展，具有重要的意义。

第四，提高职称评定的科学性。职称等级与职业能力水平无明显联系，说明教师职称评定工作存在很多问题，这与很多相关研究的结论相同。目前的教师职称仍然存在论资排辈的现象，且基本照搬普通教育或普通高等教育的标准。以（教学）能力为基础的教师绩效考核，以及职业能力测评的理念和方法，无疑可以为未来的职称评定提供借鉴。

第五，技能竞赛与职业能力测评并行，促进教师职业发展。分析结果显示，有技能竞赛获奖的教师比没有获奖的教师职业能力水平高，这表明技能竞赛对教师职业能力发展有积极的作用。但是由于技能竞赛成本高昂，可以通过职业能力测验或类似的方式，促进教师职业能力的发展。

第九章

大规模职业能力测评的预测效度

第一节 研究的背景与意义

大规模职业能力测评在职业教育研究和实践层面引发广泛关注的同时，也受到了一些质疑。如前所述，受测评成本和方法等因素的制约，在大规模职业能力测评中不可能对职业行动能力（技能）进行评价，这会产生一个疑问，即大规模职业能力测评采用笔试测试形式制定任务的解决方案，测出来的只是被测学生写方案的能力。学生能写得出解决方案，是否就意味着他一定能解决问题？将这一观点转化为学术语言就是说：大规模职业能力测评评价的是学习者的认知能力，但是认知能力测评结果多大程度上能够反映出被测者在真实工作情境中的行动表现水平？

本章研究"大规模职业能力测评的预测效度"，即大规模职业能力测评结果能否准确地预测职业行动，探讨能力测评对受测者心理特质或未来绩效所作预测的准确度问题。

一、有关预测效度的研究

预测效度（predictive validity）是效标关联效度的一种，用来表明一种测试的结果对另一种测试结果的预测程度,一般通过测验分数与效标分数之间的相关系数大小来衡量。能力测评的预测效度表示测试的预测能力的大小,即职业能力测试结果在多大程度上能够反映出将来发生的事情?或在多大程度上能预测学习者未来的行为。①

在实践中,预测效度常被用来评价人事招聘考试和入学考试的有效性。一般情况下,企业在招聘过程中会先对求职者进行某种形式的测试,判断求职者的个人特质是否与所提供的岗位相匹配;在工作一段时间后,会再对他们的工作表现(绩效)进行评价,分析入职测试成绩与工作绩效之间的关系,这样可以确定入职测试对以后工作表现的预测程度。②

预测效度的大小采用相关(或效度)系数来表征。相关系数为 1 时,表明测试分数和工作表现之间完全相关,可完全通过测试分数预测申请者在真实工作中的表现;相关系数为 0 时,表明测试分数完全与工作表现无关。绝大多数情况下,相关系数达到 0.3 或以上时,即可认为是相关的,即测试有用,能够预测工作表现。③

针对笔试形式进行的岗位知识测试对真实工作绩效的预测效度,戴(D. Dye)等利用 502 个相关系数进行了元研究(meta-analysis)。结果表明,知识测试对真实工作绩效修正后的平均预测效度为 0.45。④ 杜鲍易思(D. Dubois)等的研究被认为是工作知识考试预测效度研究的经典,其研究报告《岗位知识测试的设计:一种认知导向的方法》(*Job Knowledge Test Design: A Cognitively-Oriented Approach*)提出了如何改进岗位知识考试并提高其作为实践绩效"代理"(proxy)效用的方法。他们从知识提取、知识呈现/测试规范以及评分三个方面进行改进,运用口语报告法(verbal protocol)和关键事件法(critical incident methodology)鉴别对岗位实践的重要知识,采用基于概率的推理网络(probability-based inference network)法组织测试内容,对人的非线性决策过程进行测量。美国海军陆地导航任务实测表明,工作知识测试与实践操作之间显著相关(相关系数 0.33);相比内容导向的测试,认知导向的工作知识测试能更好地预测实践表现。从经济角度考虑,可用认知导向岗位知识测试替代工作表现/绩效测评、

---

① 杨学为:《中国考试大辞典》,上海辞书出版社 2006 年版,第 88 页。
② Bergkvist, L. & Rossiter, J. The Predictive Validity of Multiple-Item Versus Single-Item Measures of the Same Constructs [J]. *Journal of Marketing Research*, 2007, 44 (2): pp. 175 – 184.
③ Biddle, D. Adverse Impact and Test Validation: *A Practitioner's Guide to Valid and Defensible Employment Testing* [M]. Burlington, VT: Gower Publishing, 2005: P. 79.
④ Dye, D., Reck, M. & McDaniel, M. The validity of job knowledge measures [J]. *International Journal of Selection and Assessment*, 1993, 1 (3): pp. 153 – 157.

培训测评和培训项目评估。①

以上研究对我们的启示是：（1）在预测效度分析之前首先要确定测试的内容效度，即所选测试方法和内容能体现真实的职业要求和特点；（2）要提高测试的预测效度，需要提高两个测试内容之间的关联度。

事实上，早在20世纪80年代，美国学者就对士兵招募考试ASVAB（Armed Services Vocational Aptitude Battery）对入伍后表现的预测效度进行了研究。绩效评价采用个人实操形式，测试任务包括"职业的特定任务"和"共同任务"。结果发现ASVAB能够预测实际绩效。他们建议，在预测效度研究时，除了分析两个测试之间的线性相关关系外，还应对每个测试评价指标之间的相关关系进行分析。②李（M. Ree）等也用ASVAB来预测绩效表现，将ASVAB的测试内容分为一般知识和专业知识两部分，对工作绩效测试采用实际操作和面试，采用影子评分（shadow scoring）技术保持评分的一致性。多元回归分析发现，一般知识比专业知识对实践的预测度更高，他指的一般知识是"流体的"，应用于特定经历中；特定知识是"晶体的"，是经验改造后的一般知识。③

二、研究的意义

大规模职业能力测评是职业教育研究的一项创新，它通过实证方法对抽象的职业能力进行评价，为职业教育质量保障体制建设提供了方法和技术支持。对预测效度的确认，是开展大规模职业能力测评合法性的证明。研究职业能力测评的预测效度具有重要的意义，表现在：

第一，丰富和完善大规模职业能力测评的理论和方法。从理论建构和方法创新角度看，预测效度研究将丰富大规模职业能力测评的理论，提高其合法性。通过职业能力测评预测效度研究，可以明确职业认知能力和职业行动能力的内涵以及它们间的关系，从而对职业能力进行更深入的解释。能力测评本身就对研究方法和测评技术提出了很高的要求，而预测效度研究对研究方法的要求更高。在此不仅要确定和测量职业认知能力和职业行动能力变量，保障测评的内容效度和结构效度，而且要保障两个测评之间内容的一致性和评价指标的关联性。

---

① Dubois, D., Shalin, L., Levi, K. R. & Borman, C. Job Knowledge Test Design: A Cognitively-oriented Approach [M]. US, Office of Naval Research Report, Institute Report 241, 1993: pp. 1 – 47.

② Green, F. & Wing, H. (Eds.) Analysis of Job Performance Measurement Data: Report of a Workshop [M]. Washington: National Academy Press, 1988: pp. 13 – 23, pp. 40 – 48.

③ Ree, M., Earles, J. & Teachout, M. Predicting Job Performance [J]. Journal of Applied Psychology, 1994, 79 (4): pp. 518 – 524.

第二，职业认知能力和行动能力分析丰富了职业能力研究的内涵。职业能力是职业教育研究和实践广泛关注的议题，不同研究从多个视角形成了能力研究的不同取向（如实证主义和人种志取向），建立了不同的能力观（如行为主义、基于一般个性特征等）。能力是一个假设构念，不是客观存在的事实，仅通过描述性定义难以说清楚能力到底是什么。在职业教育实践中需要通过实证检验，解释"所测"所反映的"所言"的含义。在进行概念建构的同时，对职业认知能力和职业行动能力进行测量，是职业能力研究范式转换的重要探索。

第三，为职业能力测评的推广提供科学依据。在教育科学研究由"理论理性转向实践理性"[①]，基于数据证据的研究与决策成为国际教育研究与教育决策基本趋势[②]的背景下，职业能力测评的科学性是其应用和推广的基础，这体现在能力建模和验证、测评任务和评价指标的科学性和有效性等方面。职业能力测评通过专家效度保障内容的有效性，通过心理测评技术保障其科学性。只有对职业能力测评的预测效度进行验证，才能证明职业能力测评的确能够有效评价职业能力，而且不仅测评职业认知能力，也能够预测职业行动能力。

第四，有助于提高职业能力测评的预测效度，增强其应用价值。分析影响职业能力测评预测效度的因素，探究提高职业能力测评预测效度的方式（如提高测试的标准化程度，丰富测试内容等），有助于提高职业能力测评对职业行动的预测程度，从而为职业教育实践提供可靠的实证基础。

第二节　研究的理论框架

本章分析职业认知能力和职业行动能力的内涵以及它们之间的关系，即按照认知心理、"反思的实践者"的实践认识论以及情境认知理论，建构"职业认知能力"的内涵；依据行动哲学对行动特征的研究结果以及职业科学对职业行动领域的研究结果，建构"职业行动能力"的内涵；依据行动调节理论对认知和行动之间关系的研究，建立职业认知能力和职业行动能力之间的关系（见图9-1）。

---

① 李太平、刘燕楠：《教育研究的转向：从理论理性到实践理性》，载于《教育研究》2014年第3期，第4~10，74页。

② ［德］埃克哈德·克里默、胡咏梅、彭湃：《学生能力大规模国际测评项目在教育效能研究中的应用》，载于《教育研究》2014年第3期，第39~47页。

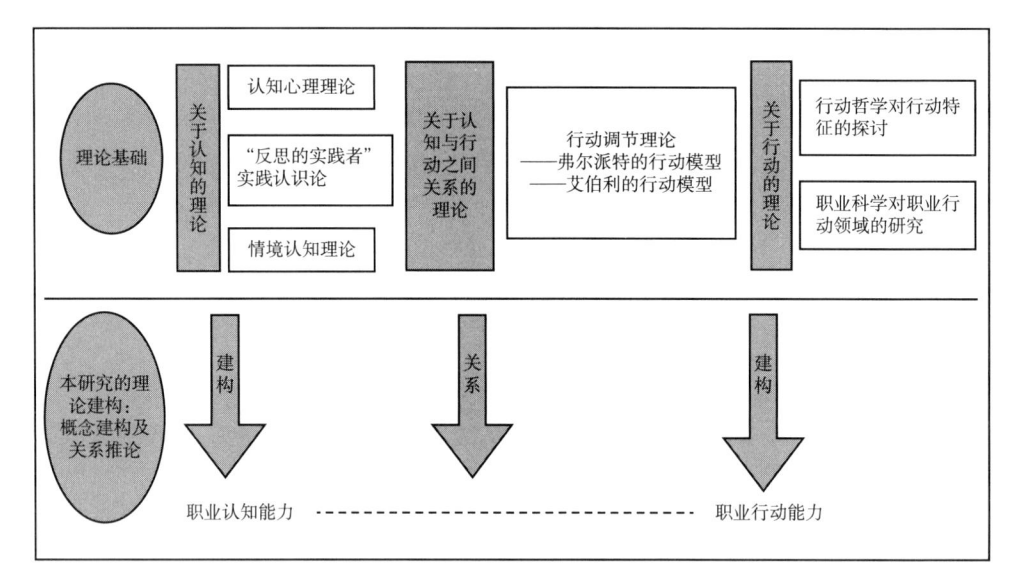

图 9-1 研究的理论框架

一、职业认知能力

职业认知能力是职业能力中的认知部分，是个体完成职业工作所需的认知能力，表现为能够在工作情境中明确任务，制定合理的行动计划；在行动过程中，依据实际情况调整行动计划，并对行动过程和结果进行反思。职业工作中认知的基础是工作经验和工作过程知识。

以下从职业工作中认知的社会性和情境性、职业工作中认知的基础以及工作情境中个体认知的过程和机制等方面探讨职业工作中的认知。

（一）职业认知的社会性和情境性

职业工作中的认知具有社会性。职业具有社会性，个体所处的劳动组织是构成社会的基本单元，职业工作中的认知发生在特定的社会情境中。职业是与劳动分工体系中某环节产生联系的劳动者获得的社会角色，是劳动者的社会标志。对个体而言，职业是其社会化存在的方式，规定了他作为职业人的行动模式和劳动内容。组织是一种以实体或非实体形式存在的社会的基本单元，个体以职业人的身份聚集在某一组织中，共同实现经过协商确立的目标，同时也受到组织各种规范的约束。

职业工作中认知的情境性可以从两个角度理解：一是认知发生在职业特定的

工作情境中，因而具有情境性；二是认知的社会性决定其情境性，因为情境认知不仅适合局部情境下的具体学习，而且强调真实行为所发生的社会网络和活动系统。莱夫（J. Lave）曾经明确指出："情境意味着一个特定的社会实践与活动系统中社会过程的其他方面具有多重的交互联系。"①

（二）职业工作认知的基础——工作经验

经验具有个体和社会两种属性。从个体层面来讲，经验是关于事实、事件和人际交往的个体化经历，经历是个体化的，依赖于个体的主观认识，不能与一般的、客观的知识等同起来。经验和知觉的差异在于，知觉依靠不同感官获得关于对象的个别认识；经验基于知觉，但不局限于知觉。从社会层面来讲，经验不仅仅是被个体建构，也是被社会建构的。

经验不是实践的辅助效应，经验积累的前提条件是主体希望熟知一项事实，关注并应用它。对于技术工人来说，经验是在实践中积累的，出于对行动的条件、行动本身及其行动结果的兴趣，技术工人会关注行动，全身心地投入，在心里重复并记住行动的步骤。

经验的内容通常被描述为"如果怎样，那么将会怎样"。这个过程周而复始，作为结果的"那么"会成为另一个新的"如果"，即一个阶段的结果会成为下一个阶段的条件。经验的结果是关于行动的知识，可用来引导未来的行动。经验中包含引导行动的重要情景（context），专家会依据情景尝试解决问题的行动，这种尝试不单是通过对情境的解释和理解引发的，也不是行动原则的简单简化，而是两者交织产生的。人们只能在有限的程度上说清楚经验的内容，一来因为经验是个体性的，二来由于从事相似工作的人员具有一种"默契"。师徒之间的经验传递通常通过"你是否看到了……？""你意识到吗……？"话作为开端。徒弟能从师父的提示中获得不易被察觉的经验，通过这样的经验积累，他们逐渐形成解决问题的独特方法。②

经验不仅有助于对问题的理解，而且能使个体在工作中将理论知识与实践行动结合起来。将认识、感觉和行动结合起来是经验的基本属性，这与工作过程知识的获得与应用密切相关。

---

① Lave, J. Cognition in Practice: Mind, Mathematics and Culture in Everyday Life [M]. New York: Cambridge University Press, 1988: P. 63.

② Fischer, M. Work Experience as an Element of Work Process Knowledge [A]. Boreham, N., Samurcay, R. & Fischer, M. (Eds.) Work Process Knowledge [C]. London and New York: Routledge, 2002: pp. 121 – 158.

(三) 职业工作认知的核心内容——工作过程知识

理论知识并不能直接指导实践的发生。例如,人们可以找到骑自行车保持平衡的物理学定律,在骑自行车时也必须遵循这一定律,但没有人是通过运用物理学定律学会骑自行车的。[1] 认知工程学认为,程序性知识,即"知道如何做的知识"(know how)能够引导行动;专家比新手表现更好是因为他们具备更多的程序性知识。然而,真实的工作世界充满复杂性和不确定性,仅用程序性知识难以解决问题情境不明确的复杂任务。与工作相关的知识不是个体的一种心理状态,而是通过工作场所的交流建构起的一种共享的理解。工作过程知识揭示了工作所需知识的本质。

1. 工作过程知识的内涵

工作过程知识是工作过程直接需要的(区别于理论知识),在工作过程中自我获得的知识,它是在成功地确立工作目标、制定计划、实施计划及评价工作成果的情境中积累的。[2] 它可以是通过经验学习获得,也可以是理论知识的应用,还可以是将工作中获得的经验与理论知识进行反思、整合得到的知识。[3]

工作过程知识是隐含在实际工作中的知识,既包括显性的指导行为的知识(如程序化知识),也包括相联系的隐性知识,那些物化在工作过程以及产品和服务过程中的诀窍、技巧等是最宝贵的工作过程知识。[4] 工作过程知识与工程师的设计和计划知识不同,它不是关于某一单项工作,而是关于各项工作在企业整体运行中相互协调的知识。工作过程知识不是从理论知识中引导出来的,它与反映的工作经验相适应,并指导实际工作。

工作过程知识是主观与客观知识的结合,包括理论知识、对工作经验反思所获得的知识,也包括存在于工作组织和其他工作者那里的难以言明的知识,乃至工作者的生活经验,但这并不意味着工作过程知识是没有边界的。[5] 工作过程知识是在工作过程中,尤其是解决工作问题的过程中被建构的,工作过程知识的建

---

[1] Fischer, M. & Boreham, N. Work Process Knowledge: Origins of the Concept and Current Development [A]. Fischer, M., Boreham, N. & Nyhan, B. (Eds.) *European Perspectives on Learning at Work* [C]. Luxembourg: Office for officialpublications of the European Communities, 2004: pp. 13 – 28.

[2] Fischer, M. *Von der Arbeitserfahrung zum Arbeitsprozesswissen* [M]. Opladen: Leske und Budrich, 2000: P. 121.

[3] Kruse, W. Moderne Produktions-und Dienstleistungskonzepte und Arbeitsprozesswissen [A]. Fischer, M. & Rauner, F. (Eds.) *Lerfeld: Arbeitsprozess* [C]. Baden – Baden: Nomos, 2002: pp. 99 – 124.

[4] Stevenson, J. Working Knowledge [J]. *Journal of Vocational Education and Training*, 2000 (3), pp. 503 – 519.

[5] Rauner, F. Practical Knowledge and Occupational Competence [J]. *European Journal of Vocational Training*, 2007, 40 (1): pp. 52 – 66.

构过程，也是工作者实现自己工作目标的过程。

2. 工作过程知识的特点

针对工作过程知识的特点，劳耐尔（F. Rauner）在本奈尔（P. Benner）[①] 的研究基础上归纳出了6点，即：

第一，敏感性：随着经验的增加，工作者逐渐具备对典型工作情境中细微差别的感知和评价能力。

第二，背景性：职业实践共同体成员工作经验增多，可建立起相似的行动模式和价值观，可以实现无法用言语表达的沟通与理解。

第三，情境性：只有了解起源，才可以主观感知工作情境，由经验得出的假设、观点和期望，终将汇入已有的情境性行动中，并设计出具有细微差别的行动方案。

第四，范式性：只有那些针对新问题、对原有行动方案和行为方式提出质疑并能产生新方案的工作任务，才是具有"范式"意义的发展性任务，即典型工作任务。

第五，可交流性：在实践共同体中交流的事物，具有高度一致的主观意愿，只有共同体内成员才能理解与情境相关的语言并进行有效交流。

第六，前瞻性：完成不可预知结果任务的基础是不完整的知识（知识缺陷），并由此发展"元能力"，从而完成没有标准答案的任务。[②]

3. 工作过程知识的类型与存在方式

林德伯格（V. Lindberg）从职业、组织和个体三个层面对工作过程知识进行了解释：

第一，职业层面的工作过程知识是关于职业工作的工具（智力的和物质的）、材料及其与职业相关的特性、方法与技术、规范（职业规范和社会规范）、职业工作设计和组织的知识。

第二，组织层面的工作过程知识包括：（1）企业的组织形式和生产流程；（2）对生产类职业来说有关企业独特的产品、生产技术和工艺的知识，对服务类职业来说有关特定服务对象和具体服务的知识；（3）显性化的个人或组织经验；（4）组织文化、个人及组织所掌握的隐性知识等难以言明的各种知识。

第三，个人层面工作过程知识指个体针对具体问题情境，联结已有知识和学习新知识而建构的解决具体问题的知识结构，包括"彼时彼地"和"此时此地"

[①] Benner, P. *From Novice to Expert*：*Excellence Power in Clinical Nursing Practice*［M］. Menlo Park：Addison – Wesley，1982.

[②] Rauner, F. *Methodenbuch*：*Messen und Entwickeln beruflicher Kompetenzen*（COMET）［M］. Bielefeld：W. Bertelsmann，2017：P. 53.

的工作过程知识。前者是指从过去工作经验中获取的关于现代某一工作过程的知识；后者指应用于当前工作过程的知识。①

比勒特（S. Billet）的研究也证明了这三个层面的知识并发现：职业的规范或惯例属于职业层面的工作过程知识，企业生产和经营流程属于组织层面的工作过程知识；个体在具体工作情境中，将职业、组织层面的知识整合起来，形成个人层面的工作过程知识。②

特别需要强调的是，实践共同体对个人工作过程知识的获取具有重要的支持作用。费舍尔（M. Fischer）和竹内弘高发现，个体的大部分知识来自实践共同体的共同记忆，参与到共同体的实践中，是个体获取工作过程知识的主要途径。个人层面的工作过程知识是以问题情境方式组织的，共同体成员面临共同的工作任务和问题情境，有着相同或相似的背景，能够分享知识和经验，或通过协同工作，获得对方的隐性知识。③ 这就是莱夫和温格所说的"通过合法的边缘性参与"，逐步获得共同体内部的合法身份，从而获得实践共同体成员所具备的知识和能力。④ 就个人层面的工作过程知识来说，同一实践共同体内的成员之间具有相似性，但由于知识的个人建构属性，每个人所具有的工作过程知识是不同的。

二、职业行动能力

职业能力是指人们从事一门职业所需的能力，可以分为认知部分、通过行动表现出来的部分以及这两者之外的其他部分。我们将职业能力中的认知部分称为职业认知能力，将通过行动表现出来的职业能力称为职业行动能力。其中，职业认知能力是大规模职业能力测评所测的内容。需要说明的是，尽管"职业行动能力"也是通过行动方式表现出的职业能力，但它与"技能"还是有根本的差异的。技能是通过完成细分的某一任务（duty）表现出来的，而职业行动能力是通过完成职业完整的工作任务表现出来。

---

① Lindberg, V. Vocatioal Knowing and the Content in Vocational Education [J]. *International Journal of Training Research*, 2003, 1 (2): pp. 40 – 61.

② Billet, S. Constructing Vocational Knowledge: History, Communities and Ontogeny [J]. *Journal of Vocational Education and Training*, 1996, 48 (2), pp. 141 – 154.

③ Fischer, G. & Nakakoji, K. Computational Environments Supporting Creativity in the Context of Lifelong Learning and Design [J]. *Knowledge Based Systems*, 1997 (10): pp. 21 – 28.

④ ［日］竹内弘高、野中郁次郎：《知识创造的螺旋——知识管理理论与案例研究》，李萌译，知识产权出版社 2006 年版，第 40~41 页。

（一）行动哲学对行动特征的探讨

1. 行动的意向性

行动研究的语言哲学派代表性人物塞尔（J. Searle）最先引入了意向性这一概念对行动与行为进行区分：行为不具有意向性。是单纯的肢体运用；行动则具有意向性。两者之间的关系可简单概括为行动等于行为加意向性。①

意向行动由慎思、在先意向、行动中的意向、身体动作四个要素组成。（1）慎思是反思目标及实现它的最佳方法。行动者在开始行动之前，要对任务情境进行分析，确定任务的目标，以及实现目标的途径，并从中选择出最佳的方法。（2）在先意向，就是分析实现目标的多种可能途径，从中确定出一条途径。在先意向的特征是，行动者采取行动之前对采取什么行动以及怎样采取行动进行思考与筹划，从而得出一个决定，是否实施行动。在先意向的结果是做出决策。（3）在实施过程中，会遇到没有思考到的情况，这时就需要行动中的意向发挥作用，修正原有的行动方案或制订新的行动方案。（4）行动必须由心理和物理两部分构成，行动的最后是实施行动的身体动作。②

从塞尔的理论可以归纳出行动的意向性表现的两个方面：一是行动之前分析问题，寻找可能的解决方案，对方案进行比较，依据经验判断，做出最佳的行动决策；二是在行动过程中，遇到未曾预料到的状况或原定方案经过实施被证明不可行时，及时做出调整，修正原来的行动方案或制定新的行动方案。

2. 行动的社会语境性

科学哲学家柯林斯（H. Collins）认为行动具有意向性，即行为是客观的，是观察者所观察到的其他人的所做所为；而行动则是带有主观意识取向。行动分为构成行动和非构成行动：构成行动是存在于共同体中的相似的行动，这之外都是非构成行动。

行动具有社会语境性，这意味着：行为是一种单纯的物理运动，不需要考虑语境问题；而行动等于行为加上语境。行动具有社会属性，是一定社会语境下的行动。社会语境可以是整个社会，也可以是一个组织或共同体，甚至是完成任务的过程。具有相同或相似意向的行动者会自动聚集形成一个共同体，或加入已有的共同体中。多态行动有多种形式，可以针对给定的任务，但解决问题的行动是多样的；也可以是任务情境不明确，但解决问题的行动是多样化的，不同的任务

---

① 盛晓明、吴彩强：《行动、因果和自我——塞尔行动哲学述评》，载于《浙江大学学报（人文社会科学版）》2007年第3期，第143~150页。

② 史天彪：《塞尔意向行动探析》，载于《天津大学学报（社会科学版）》2014年第3期，第275~280页。

是在一个开放的社会生活中必须具备的基本素质。社会能力是专业能力和方法能力的补充和保障，它无法通过传授的方式获得，只能在行动导向的团队合作过程中习得。有关社会能力的研究有很多理论，如行为结构理论等，① 在相关讨论中还有如交流与沟通能力、语言表达能力和跨文化的能力等很多相关概念。

需要强调的是，以上对能力维度的区分不是严格的，这既不可行，在教育理论和发展理论上也不合适，因为这样会破坏人格的统一。只有将专业能力与方法能力和社会能力等多方面的能力有效结合才能获得成功。②

2. 行动导向的学习

行动导向学习，是用"完整的行动模式"，即学生以小组的形式独立制定工作和学习计划、实施计划并进行评价，替代按照外部规定完成给定任务的"部分行动"模式进行学习。教师通过设计开发合适的教学项目（学习任务）、通过多种辅助手段（如引导课文）帮助学生独立获得必需的知识并构建自己的知识体系。完整的行动模式有两个特点：一是行动过程结构的完整性，即行动者独立制定计划、实施计划和评价反馈，并在可能的情况下改进自己的行动；二是行动要素的全面性，即职业行动是跨领域、跨学科的，包含技术、经济、生态和法律等多种要素。

按照行动导向学习理论，应根据完成某一职业工作活动所需要的行动、行动产生和维持所需要的环境条件，以及职业人员的内在调节机制等，来设计、实施和评价职业教育的教学活动。学科知识的系统性和完整性不是判断教学是否有效的标准。行动导向学习通过有目的地、系统化地组织学习者在实际或模拟的专业环境中，参与设计、实施、检查和评价职业活动的全过程，通过学习者发现、探讨和解决职业活动中出现的问题，体验并反思学习行动的过程，最终获得完成相关职业活动所需要的能力。③

在行动导向学习理论中，"行动"不是日常生活中的活动或劳动，而是为达到给定或自己设定目标的有意识行为。在行动导向学习中，学习者能从多种可能性中选择行动方式。在行动前，他能对可能的行动后果进行预测，通过"有计划的行动"，学习者个人可以有意识地、有目标地影响环境。在行动导向学习中，行动是学习的出发点、发生地和归属目标，学习是连接现有行动能力状态和目标行动能力状态之间的过程；学生可以从多种可能的行动方式中选择自己的方式；学生在行动前能对行动的可能结果做出预测，通过计划，有意识有目标地去影响

---

① Pätzold, G. (Ed.) *Handlungsorientierung in der Beruflichen Bildung* [M]. Frankfurt/Main: Verlag der Gesellschaft zur Förderung arbeitsorientierter Forschung und Bildung, 1992: 28.
② Fink, R. *Handbuch Kompetenzmessung* [M]. Stuttgart, 2003: P. 43.
③ 赵志群、罗什：《职业教育行动导向的教学》，清华大学出版社2016年版。

行动结果。杨柯（W. Jank）等从六个方面概括了行动导向学习的特征：（1）行动导向学习是全面的；（2）行动导向教学是学生主动的学习活动；（3）行动导向学习的核心是完成一个可以使用或者可进一步加工或学习的行动结果；（4）行动导向的学习应尽可能地以学生的兴趣作为组织教学的起始点，并且创造机会让学生接触新的题目和问题，以不断地发展学习的兴趣；（5）行动导向学习要求学生从一开始就参与到教学过程的设计、实施和评价之中；（6）行动导向的学习有助于促进学校的开放。① 郝敕（H. Hortsch）对行动导向学习特点的总结与此有很多相同之处，他强调行动导向学习不是一种教学方法，而是一种教学设计的理念，它根据机构与组织自身的条件对各种可能的设计保持开放。②

行动导向学习理论将认知学习过程与职业行动结合在一起，将学习者个体活动和学习过程与适合外界要求的"行动空间"结合起来，扩展了学习者的行动空间，提高了个体行动的"角色能力"，对创新意识和解决问题能力的发展起到很大促进作用。希尔顿（A. Schelten）从教学内容方面对行动导向学习进行了归纳，即"多为结构复杂的综合性问题，与职业实践或日常生活有关，具有工作过程的系统性特征，有一定的实际应用价值，可促进跨学科的学习"，他还强调教师是学习过程的组织者和专业对话伙伴，应习惯学生独立学习的工作方式。③

3. 职业学的行动领域研究

职业行动领域是一个职业的具体工作领域，其具体表现形式就是职业的典型工作任务。确定职业行动领域，是学习领域课程开发的基础性工作。20世纪后期，随着职业学（vocational discipline）研究的建立和发展，人们开始寻找更加科学的、能对现代职业工作特征做出恰当描述，并能反映职业学习规律的工作分析方法。"典型工作任务分析法"（BAG）引入发展性任务和"从初学者到专家"能力发展理论，实现了从学科范式向以发展理论为基础的范式转变。④ 这一流程在我国课程改革实践中得到了进一步完善，并通过《国家技能人才培养标准》编写工作得到了推广。

典型工作任务分析的最关键点环节是"实践专家访谈会"，由专门的主持人主持。实践专家的基本标准是：优秀的实践工作者，其工作任务与被分析职业相符；有10年以上工作经验；接受过与所开发课程所处教育层次一致的职业教育；现从事工作与所学专业对口；所服务的企业工作组织灵活，技术先进；承担整体

---

① Jank, W.; Meyer, H. *Didaktische Modelle* [M]. Frankfurt am Main: Cornelsen Scriptor, 1991: P. 337.
② Hortsch, H. Didaktik der Berufsbildung [Z]. Seminarblätter an TU Dresden u. TU Peking, 2006.
③ Schelten, A. *Grundlagen der Arbeitspaedagogik* [M]. Stuttgart: Franz Steiner Verlag, 1995: pp. 156-176.
④ Kleiner, M., Rauner, F., Reinhold, M., Röben, P. *Curriculum-Design I. Arbeitsaufgaben für eine moderne Beruflichkeit* [M]. Konstanz: Christiani, 2002.

化和综合性工作任务。访谈会的最重要工作是将实践专家的职业历程划分成若干阶段，找出"代表性工作任务"，并最终归纳出典型工作任务。实践专家访谈会是对工作任务进行分类、结构化处理和评价的工具，由此可以按照职业能力的发展逻辑，确定一个职业中相互关联的工作任务，再现实践共同体的生涯发展规律（职业传记），从而确定技术工人成长的"发展性任务"。[1]

由于对职业生涯发展和工作环境等职业分析的"次级因素"进行了系统化的处理，所以行动领域分析能对职业工作进行深层次和整体化的定位，从而满足对现代职业进行科学描述的要求，即：（1）知识和技能的资格组合；（2）由工作对象、工作条件和工作要求确定的系列典型工作任务组合；（3）由资格和任务确定的"自由行动空间"；（4）社会分工和评价的结构性特征。[2]

（三）职业行动能力的要点总结

职业行动能力是"个人在特定职业、社会和私人情境中，进行缜密而恰当的思考并对个人和社会负责任行事的意愿和本领"。在职业教育中，行动能力帮助学习者针对复杂和不确定的职业环境，设计出目标清晰、自觉、灵活多变、理性、有自我批判和反思能力的以及负责任的行动。

职业行动能力是通过行动表现出来的那部分职业能力，它具有以下基本特征：

第一，职业行动具有社会性。它是在一定的社会、组织或共同体内实施的，受到相应规范的约束。共同体内的成员会表现出相似的职业行动。

第二，职业行动具有情境性。行动是针对具体问题情境的，不同问题情境引发不同的行动。

再次，完整的行动包括制定行动计划，实施行动，在行动过程中依据实际情况调整行动计划，最终取得预期结果。

第四，职业行动能力是在完成职业工作任务的过程中学习的。典型工作任务代表了职业典型的工作内容和工作方式，并且完成这类任务的方式方法和结果通常是开放的。

由于行动具有意向性和社会语境性特点，因此在对职业行动能力进行考察时应当注意：

首先，行动是一个完整的过程，包含分析问题，寻找可能的解决方案，对方案进行比较，依据经验判断做出最佳的行动决策。在实施过程中，遇到未曾预料

---

[1] Spöttl, G. Expert Skilled Worker Workshop [A]. Rauner, F. & Maclean, R. (Eds.) *Handbook of Technical and Vocational Education and Training Research* [C]. Dordrecht：Springer, 2008：pp. 756 – 761.

[2] Dostal, W. Occupational Research [A]. Rauner, F. & Maclean, R. (Eds.) *Handbook of Technical and Vocational Education and Training Research* [C]. Dordrecht：Springer, 2008：P. 163.

到的状况或原定方案经过实施验证不可行时，及时做出调整，修正或制定新的行动方案的过程。

其次，行动是针对特定问题情境的，对行动能力的考察，只能在具体的情境中进行；行动的过程是获得知识、能力的过程，要在完成任务的过程中学习。

再次，人的行动受到社会、组织或共同体规范的约束。在完成任务的过程中，也受到与特定任务相关的规范的约束。共同体内的行动者有相似或相同的行动。

最后，行动分为单态行动和多态行动。新手在刚开始时依照规则做事是一种单态行动。多态行动有多种形式，如给定任务，但解决问题的行动是多样的；任务情境不明确，并且解决问题的行动是多样的；任务不同，但解决任务的行动相同或相似。

三、职业认知能力与职业行动能力的关系

（一）行动调节理论

行动调节理论旨在探究可见的工作行动和不可见的思维活动之间的关系，试图回答在具体实施一个特定的工作行动的过程中，思维和学习是怎样发生的。行动调节就是形成实现某个行动的目标和亚目标的思维过程，正是这些目标（又称心理结构）控制和调节着外在的行动过程。

1. 弗尔佩特的行动模型

弗尔佩特（W. Volpert）将行动定义为人类改造其所处客观世界的行为。[①] 在他的模型中，行动具有以下特点：

第一，目的性：每个行动对应一个目标。行动者从一开始就对目标有一定的想法，初始活动的结果是行动者的预期想法，实施过程在认识了目标之后才开始[②]。

第二，社会性：计划、实施和调控过程存在于特定的社会条件和社会关系中。行动的动机受社会条件和技术条件的影响。

第三，具体性：行动的发生与环境相关。人类和环境间的相互作用通过人类干涉和改变活动显现，行动比纯粹的思考和被动的反应有更多内涵。

第四，反馈性：有目的的行动只有在被检验之后才能知晓是否恰当，检验是

---

① Volpert, W. The model of the hierarchical-sequential organization of action [A]. Hacker, W., Volpert, W. & Cranach, M. (Eds.) *Cognitive and Motivational Aspects of Action* [C]. Berlin: Hüthig Verlagsgemeinschaft, 1982: P. 35.

② Volpert, W. Konstrastive Analyse des Verhältnisses von Mensch und Rechner als Grundlage des System-Designs [J]. *Zeitschrift für Arbeitswissenschaft*, 1987, 41 (3): pp. 147–152.

获得关于行动结果的反馈；反馈包括比较过程和更正过程，行动者通过对目标的反馈来检验成果。

在弗尔佩特行动模型中，行动者和环境是行动的两极。行动者有意向、有能力去理解并达到行动的目标，行动是有可能变化的。环境总是同各种难题和解决方案相联系，有自身的规律，既不能被预测，也不会轻易受行动者的影响。行动者形成和发展了一套灵活的稳定性，并不断延伸这种稳定性，最终使行动者和环境的关系变得稳定且具有可重复性。

如图 9-2 所示，行动首先发生的是思维行动（直线表示），接着才发生实际的行动，即所谓的实施行动计划，它是思维行动的结果（曲线表示）。模型包含了目标、计划和反馈过程，并假设行动者知道怎样达到他的目标，以及哪些是可行的。通往目标的道路由简单的想法和假设发展而来，行动的起点是在当前的基础上通过具体工作可以实现的、独立的目标。计划和反馈过程将目标与行动联系在一起。初始转变（T_1）是从初始状态朝预期目标迈出的第一步。调和转变（T_2 与 T_3）是实现目标过程中的转变。转变过程在 T_4 结束，此时将启动一个反馈程序来检验行动者是否达到预期目标，如果已经达到，行动就宣告完成。

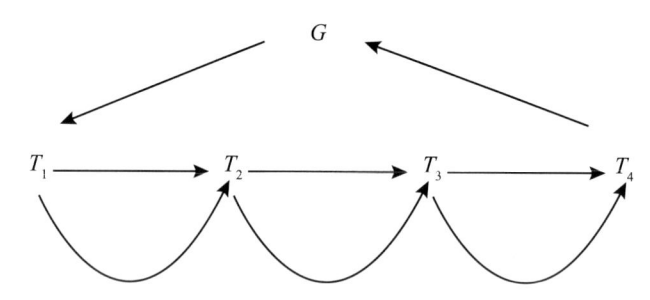

G = 目标，T_n = 实现目标的必要转变。其中，T_1 代表初始转变，T_2 和 T_3 代表调整转变，T_4 代表最终转变。

图 9-2　弗尔佩特的行动循环单元模型

资料来源：Volpert, W. *Wie wir handeln-was wir können. Ein Disput als Einführung in die Handlungspsychologie* [M]. Heidelberg: Asanger, 1992; pp. 35-36.

弗尔佩特认为，个体的行动不能独立于社会关系和社会之外，社会发展改变了环境和行动的条件。行动的动机（如任务）受社会条件和技术条件的影响。在形成目标的过程中，随着社会条件的变化需进行相应的调整，也就是说，在计划、实施和调控的过程中，都必须考虑到社会关系。①

---

① Volpert, W. *Wider die Maschinenmodelle des Handelns. Aufsätze zur Handlungsregulationstheorie* [M]. Lengerich: Pabst, 1994; P. 20.

2. 艾伯利的行动模型

艾伯利（H. Aebli）指出，人的行动描述了具有高级认知性和目的性的行动范围。当我们注意到认知性和目的性时，行动不再是孤立的，而是与思考和感知联系在一起。他提出"思考来源于行动"的观点，明确定义了行动和思考间的联系。他将行动划分为实际行动和口头行动，强调人类能利用语言描述实际行动，思考和语言被理解为内在的行动。理解是行动的关键，没有理解就没有行动。理解是行动过程的起点，在行动之前，分析情境、行动过程的必要条件和行动地点，就会发现哪里可以找到必要的元素，行动可以从哪里开始。在行动过程中，理解控制着行动，个体需解答如"参与者需要花费多少精力，需要循环重复多少次来实施一个行动？"，或者"要素之间是否存在一个最佳的关系？"一类的问题。行动完成之后，行动者需依据目标详细地检验和评估自己的行动过程。

艾伯利认为，行动是产生具体结果的、有目的的执行过程。行动分为行动过程和行动方案两类。行动方案是那些作为整体储存在记忆中的元素，它们可以被重新激活并应用到新的行动过程中。行动方案可以是实践行动的结果，也可以是纯理论概念的行动结果。学习者不仅需要构思行动，而且也需想象行动对象。[①]

根据艾伯利的理论，表述是行动中各种关系的结构（见图9-3），它们可以从客观的条件或者其他形式的现实中物化，也就是说，会被转化成一种客观的形式。表述是思考的工具。[②] 表述和行动构成了一个整体，行动是表述形成的起源，表述是行动知识网络中的结点。当重新建立行动方案时，表述拥有非常重要的地位，它们参与行动方案的重建并最终再一次构成行动。

弗尔佩特和艾伯利都认为思维或认知和外部行动之间存在紧密的联系。弗尔佩特明确了行动的过程，强调行动的起点是在当前基础上可通过具体工作来实现、独立的目标，计划和反馈过程把目标与行动联系在一起，而外在行动是思维行动的结果。艾伯利重点研究了行动和认知的联系，认为理解是行动过程的起点，理解也控制着行动过程；行动完成后，个体需要依据目标评估自己的行动。艾伯利还把行动分为行动过程和行动方案：行动方案是一种抽象的认知结构，它来源于实践或理论，在新的行动过程中可以被重新激活并应用到新的行动过程中。[③]

---

① Abeli, H. *Denken*：*das Ordnen des Tuns. Band 1*：*Kognitive Aspekte der Handlungstheorie*［M］. Stuttgart：Klett–Cotta, 1980：P. 20, 163, 166.

② Abeli, H. *Denken*：*das Ordnen des Tuns. Band 2*：*Denkenprozesse*［M］. Stuttgart：Klett–Cotta, 1981：P. 245.

③ Büning, F. Approaches to Action Learning in Technical and Vocational Education and Training（TVET）［M］. www.unevoc.unesco.org/fileadmin/user_upload/pubs/ActionLearning.pdf, 2014–11.

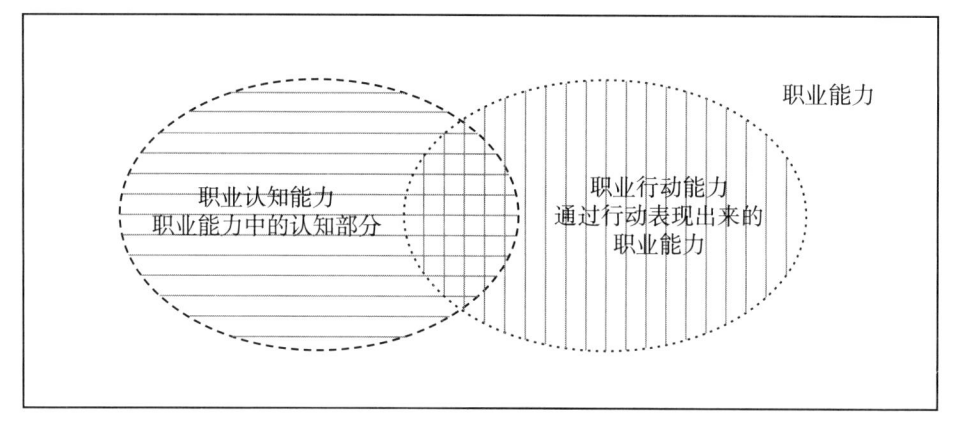

图 9-4 职业能力构成示意图

第三节 研究设计与过程

一、研究目的、假设与内容

本研究验证大规模职业能力测评的预测效度，即检验职业认知能力测评结果对职业行动能力的预测程度，以验证大规模职业能力测评的有效性。在职业情境中，认知是行动的起点，并能在过程中控制行动的观点，因此本研究试图证明的假设是"职业认知能力测评的结果能够预测职业行动能力"。

按照以下原则选择测量指标：以一定的理论假设为指导，能反映理论假设和研究变量的主要维度，而且简明可行。① 在实证部分，采用"明确任务"和"制定计划"两个指标测量职业认知能力，其中：

（1）明确任务，是指在复杂的、模糊的情境中搜索信息，找出关键问题，从而确定工作的目标；在分析现实状况与目标之间的差距后，确定为达到目标所需的主客观条件和所需做的工作。

（2）制订计划，是指根据已经明确的任务设计出解决问题的方案，包括工作行动的内容、程序、阶段划分和所需条件。一般情况下，完成任务的途径有很多种。在制定计划的过程中，考虑给定的设备和组织条件，从多种可能性中确定最

---

① 董奇：《心理与教育研究方法》（第三版），北京师范大学出版社 2008 年版，第 110、125~126 页。

佳的解决途径。

采用"实施"和"评价"两个指标测量职业行动能力：

（1）实施，是指按照计划确定的最佳解决途径开展工作的过程。在实践中，实施过程与预先制定的计划之间常有一定偏差，需及时观察并记录这些偏差，并对实施过程作出合理调整。

（2）评价，是指从技术、经济、社会等多方面对工作过程和工作成果进行评价。

在此基础上进行职业认知能力测评对职业行动能力预测效度的检验。

二、方法与过程

（一）研究方法

本研究选择汽车检测与维修、数控加工和电气自动化设备安装与维修三个专业进行职业认知能力测试的预测效度研究。三个专业的工作对职业认知能力和职业行动能力都有较高要求，对研究问题而言具有代表性。

每个专业开发两个平行的测评任务，并在同一个任务中评价职业认知能力和职业行动能力。按照COMET方案对测试任务数量的说明，以职业典型工作任务为基础开发测评任务（每个发展阶段有3~4个典型工作任务），每个专业采用两个测试任务即可代表相对应阶段职业工作和学习内容的50%以上。

本研究要求被试完成COMET能力测评，以评价他们的职业认知能力，之后要通过实操解决问题，以评价他们的职业行动能力。这样，完成一个工作任务的时长会增加。测试时间过长容易导致被试产生疲劳，有可能降低测试的准确性。为减少测试时间，同时保障一次测试中内容的代表性，我们开发了两个平行的测评任务，在测评时交替发放给被试，每个被试只需完成一个测评任务，就能从整体上保证测试内容覆盖对应阶段职业工作和学习内容的50%以上。这里说的"平行"，是指测评任务对被试的能力要求在相同或非常接近的水平上。测评任务是否"平行"由实践专家判断，研究者通过测评技术进行评估。

以测量职业认知能力的两个主要指标"明确任务""制订计划"，以及测量职业行动能力的两个主要指标"实施""评价"为基础，制定具体的评分指标，并保障职业认知能力测评评分指标与COMET方案评分指标的融合度。考虑到职业行动能力测试的高成本和数据分析要求，在可承受的成本范围内，以班级为单位抽样，每个专业抽取两个班级。

根据测评任务要求，在施测前，请样本所在学校提供合格的评分员、测评场地、设备设施及材料等。依据评价指标进行评分，职业行动能力测评采取现场评分的形式。针对具体的分析内容，研究采用相关分析和验证性因素分析。

（二）研究过程

1. 测评任务开发

测评任务开发历时两个半月。分专业成立测试任务开发小组，每组分别由4名职业学校教师和1名企业专家组成。职业学校教师专业能力突出、教学经验丰富，能保障测评任务的内容效度，同时兼顾职业教育的发展性目标。企业专家具备扎实的专业技术和丰富企业经验，且有技能竞赛开发经验，能够保障测评任务的内容效度，同时兼顾企业的要求。研究者熟悉 COMET 测评方案和教育测量技术，能够检测任务开发过程，并对测评任务的质量进行测量学评价。

与 COMET 测评任务不同的是，本研究增加了针对同一测评任务的实操测试，用于评价职业行动能力。以汽车检测与维修专业为例（见表9-1），被试在完成方案编写后，对故障车进行维修，实际排除故障现象。通过同一个测评任务对职业认知能力和职业行动能力进行评价，保证了评价内容的关联性。

任务开发小组的教师和企业专家认为，测评内容与方式符合对职业人的综合职业能力要求，从"职业效度"而非"课程效度"视角评价学生的职业能力。他们指出，这种测评形式对测评工作的策划与组织实施提出了新的挑战，因为开放式任务没有标准答案，较难预测学生会给出怎样的解决方案，在考场准备过程中需全面考虑设备、设施和材料准备，以避免出现学生方案编写可行但却因缺乏条件而无法实施。开放性问题对考评员的能力提出了很高的要求，考评员对评价标准的统一性把握会存在一定差异。

2. 评价指标制定

通过"明确任务"和"制订计划"两个指标测量职业认知能力，通过"实施"和"评价"两个指标测量职业行动能力。"明确任务—制订计划—实施—评价"是一个完整的工作过程，依据它们开发次级指标，能保证职业认知能力测评和职业行动能力测评的评价指标之间的可比性。

任务实施是一个复杂的过程，包含很多重要过程和环节。在"实施"与具体的观测指标之间增加了二级指标，用以测量"实施"。汽车检测与维修专业"实施"的二级指标为"准备""现场分析""维修""清理"，其中"现场分析"是指对故障车进行实地检测和分析。数控加工专业"实施"的二级指标为"准备""加工""现场清理"。电气自动化设备安装与维修专业"实施"的二级指标为"安装"和"现场清理"。

表 9-1　　汽车检测与维修专业平行测评任务

汽车检测与维修专业测评任务 A	汽车检测与维修专业测评任务 B
【情境描述】 车主张先生周末开车带家人出去玩，当他驾车上路不久，发现发动机故障灯亮了，他只好把车开到维修厂进行检修。其座驾是 2008 款丰田卡罗拉轿车，里程表显示行驶里程 38 950 公里。你所在的维修公司前台接车员接待了车主张先生，车主想了解其车辆到底出现了什么故障，并要求尽快帮其解决。前台接车员安排技术员先用诊断仪器检测，检测到故障代码为 P0103。 主管安排你负责此车的故障排除。 【测评要求】 请你根据任务描述和该车维修手册，在规定时间内完成以下任务： 一、方案编写（时间 120 分钟，总分 30 分） 1. 请向车主张先生详细解释 P0103 故障码的含义，并说明产生此故障可能的原因。 2. 编写故障诊断流程，并说明编写流程的依据。 3. 如果你还有其他问题需要询问车主或向车主提供建议，请把这些问题或建议整理成一份提纲，以便面谈时进行沟通。 二、实操测试（时间 30 分钟，总分 70 分） 请你针对故障车进行维修，实际排除故障现象，并填写《作业记录表》和《自评表》。 【参考资料】 回答上述问题时，你可以使用所有的常见教学资料，如参数表、专业教材、车辆维修手册、个人笔记以及计算器等	【情境描述】 车主刘先生平时开车上下班，其座驾是 2007 款 1.6GL AT 卡罗拉轿车，在一次上班途中突然下起大雨，当他驾车通过一个地势比较低洼且积水较多的地段后，突然发现仪表盘内的 ABS 故障指示灯点亮，于是他将车辆开到维修厂进行检修。该车里程显示接近 8 万公里，车辆没有大的碰撞。 现在主管安排你负责这部车的故障排除。 【测评要求】 请你根据任务描述和该车维修手册，在规定时间内完成以下任务： 一、方案编写（时间 120 分钟，总分 30 分） 1. 根据情境描述的故障现象和所提供车辆的维修手册，分析并写出造成车辆在行驶过程中 ABS 故障指示灯亮的可能故障原因，并详细说明分析的理由。 2. 编写故障诊断流程并详细说明编写流程的依据。 3. 如果你还有其他问题需要询问车主或向车主提供建议，请把这些问题或建议整理成一份提纲，以便面谈时进行沟通。 二、实操测试（时间 30 分钟，总分 70 分） 请你针对故障车进行维修，实际排除故障现象，并填写《作业记录表》和《自评表》。 【参考资料】 回答上述问题时，你可以使用所有的常见教学资料，如参数表、专业教材、车辆维修手册、个人笔记以及计算器等

上述二级指标中，"准备"是指在开始工作前做好相关的设备设施检查等准备工作。"维修""加工""安装"分别是三个专业行动的主体环节。"清理"是在完成上述主体环节后对设备、工具、材料等的整理。汽车检测与维修专业的"现场分析"是指对故障车的检测，通过检测分析故障原因。

作为研究的一个控制点，本研究要保障职业认知能力测评的评价指标与

COMET 评价指标之间的融合,这样研究结果才能反推回去,证明 COMET 测评的预测效度。COMET 评价指标是抽象的,将它在不同的专业中具体化,满足当前测评指标与 COMET 评价指标之间的融合。以汽车检测与维修专业为例,三级指标 B3"故障诊断流程设计层次清晰、合理"和 B4"编写的故障诊断流程符合专业规范或技术标准"对应 COMET 功能性能力中"直观/展示"指标下的"解决方案的层次结构是否分明?描述解决方案的条理是否清晰?"和"解决方案是否与专业规范或技术标准相符合?(从理论、实践、制图、数学和语言)"。各专业的职业认知能力评价指标均与 COMET 评价指标存在对应关系,如表 9-2 所示。

表 9-2　　　　汽车检测与维修专业测试任务 A 评价指标

测评内容	一级指标	二级指标	三级指标	对应 COMET 评价指标
职业认知能力	明确任务		B1 – B2	功能性能力 B1 – B5
	制定计划		B3 – B10	过程性能力 B6 – B8
				设计能力 B9 – B10
职业行动能力	实施	准备	S3 – S10	
		现场分析	S11 – S12	
		维修	S13 – S24	
		清理	S28 – S29	
	评价		S25 – S27	

3. 抽样

以班级为单位整群取样,测评对象为山西、浙江、河北和黑龙江省 5 所技师学院五年制高级工班的学生,他们均已接受两年职业教育且尚未进入企业实习。有企业实习经历的学生对本研究来说是更理想的,但由于学校组织管理等原因,只能以在校生为测评对象。

4. 施测

各专业 AB 两个平行任务交替分发,各专业两个平行任务的测评人数接近。测评过程中,被试先完成方案编写,到时间即上交方案,然后完成实操测试。汽车检测与维修专业方案编写的时间为 120 分钟,实操测试为 30 分钟;数控加工专业和电气自动化设备安装与维修专业方案编写时间均为 120 分钟,实操测试时间均为 180 分钟。

针对测评任务准备的考场准备条件提前一个月发放到相关学院,由其负责准备考试的场地、设备、设施及材料等,并提供合格的实操测试考评员。实操测试中,汽车检测与维修专业根据 AB 两个测评任务分设 4 个工位,学生分批参加测评。数控加工专业宁波某技师学院测评点配备 7 台数控车床，学生分批测评，过程持续了 4 天。承德某技师学院测评点因设备不足，学生分四批参加测评。电气自动设备安装与维修专业两个测评点均准备 30 个考位，学生分两批参加测评。这一过程反映了组织和实施实操测试的难度。

5. 评分

方案由测评任务开发小组教师进行评分，实操测试要求考评员当场评分。各专业职业认知能力测评和职业行动能力测评的评分者一致性信度系数（$Finn_{just}$ 系数 4）均大于 0.5，在可接受范围内（$Finn_{just}$ 系数大于 0.50 即"可接受"，大于 0.70 即为"良好"）。对比来看，职业行动能力测评比相应的职业认知能力测评的评分者一致性信度低，可能是因为职业行动能力测评要求评分员快速对被试的表现做出反应，增加了评分的难度。此外，对行动表现的评价容易受到评分员主观认识的影响。

第四节　职业认知能力测评对职业行动能力的预测效度

职业行动是职业工作中认知的来源。研究假设职业认知能力测评能够预测职业行动能力，并分别使用"明确任务"和"制订计划"为一级指标测量职业认知能力，使用"实施"和"评价"为一级指标测量职业行动能力。

预测效度检验以职业认知能力和职业行动能力为潜变量，分别以二级指标和一级指标为观测变量设定模型 1 和模型 2，使用观测变量的标准化分数，利用 AMOS17.0 进行验证性因素分析，得到职业认知能力和职业行动能力之间的相关（或效度）系数。其中，汽车检测与维修专业的样本量为 84 个，数控加工专业的样本量为 135 个，电气自动化设备安装与维修专业的样本量为 120 个。

一、汽车检测与维修专业测评的预测效度检验

相关分析显示，汽车检测与维修专业各二级指标中，"维修"与"明确任务""制订计划""准备""现场分析""评价"均显著相关。"明确任务"与"制订计划"之间显著相关。"现场分析"与"维修""评价"之间都显著相关。从中可以看出，测量职业认知能力的各二级变量之间显著相关，测量职业行动能力的二级变量之间也存在显著的相关关系。测量职业认知能力的两个变量与测量职业行动能力的变量维修之间存在显著相关。然而，明确任务和制订计划两个变

量与现场分析之间相关关系不显著（见表9-3）。

表9-3　汽车检测与维修专业测评结果两两相关（二级指标）

指标	1	2	3	4	5	6	7
1. 明确任务	1						
2. 制定计划	0.44**	1					
3. 准备	-0.11	-0.02	1				
4. 现场分析	0.13	0.10	0.36**	1			
5. 维修	0.27*	0.23*	0.27*	0.52**	1		
6. 评价	-0.02	0.06	0.21	0.38**	0.35**	1	
7. 现场清理	-0.05	-0.03	0.19	0.18	0.07	0.24*	1

注：*表示在0.05水平上显著；**表示在0.01水平上显著。

汽车检测与维修专业各一级指标中，"明确任务"与"制订计划"之间显著相关，与"实施"之间也显著相关。"实施"和"评价"之间显著相关。即测量职业认知能力的两个指标之间显著相关，测量职业行动能力的两个指标之间显著相关，测量职业认知能力的指标明确任务与测量职业行动能力的指标实施之间也存在显著的相关关系（见表9-4）。

表9-4　汽车检测与维修专业测评结果两两相关（一级指标）

指标	1	2	3	4
1. 明确任务	1			
2. 制订计划	0.44**	1		
3. 实施	0.22*	0.20	1	
4. 评价	-0.02	0.06	0.41**	1

注：*表示在0.05水平上显著；**表示在0.01水平上显著。

汽车检测与维修专业预测效度检验分别基于二级指标和一级指标设定如下两个模型（见图9-5和图9-6）。

模型1基于二级指标设定，用"明确任务"和"制订计划"两个指标测量职业认知能力，用"准备""现场分析""维修""清理""评价"五个指标测量职业行动能力，设定职业认知能力和职业行动能力之间存在相关关系。

模型2基于一级指标设定，用"明确任务"和"制订计划"两个指标测量职业认知能力，用"实施"和"评价"两个指标测量职业行动能力，设定职业认知能力和职业行动能力之间存在相关关系，如图9-7所示。

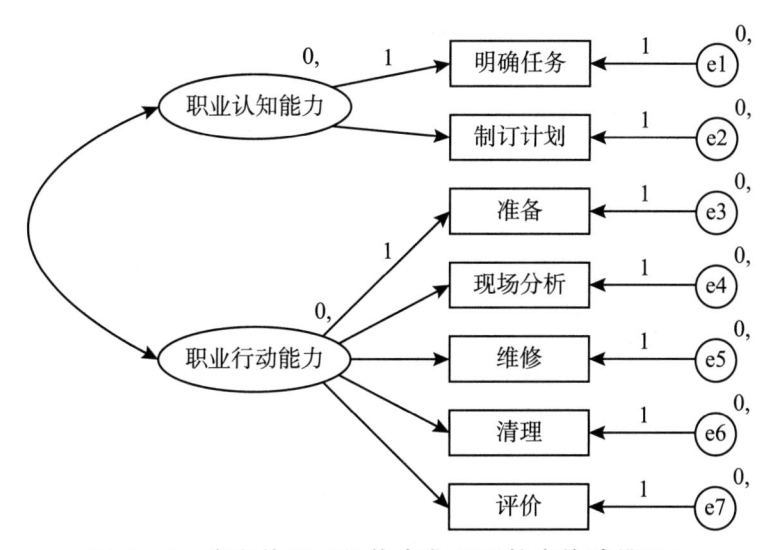

图 9-5　汽车检测与维修专业预测效度检验模型 1

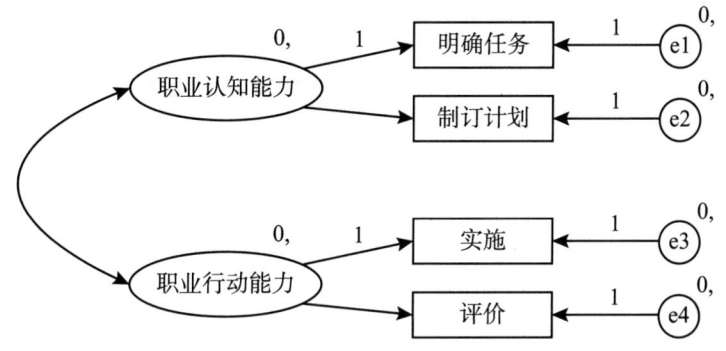

图 9-6　汽车检测与维修专业预测效度检验模型 2

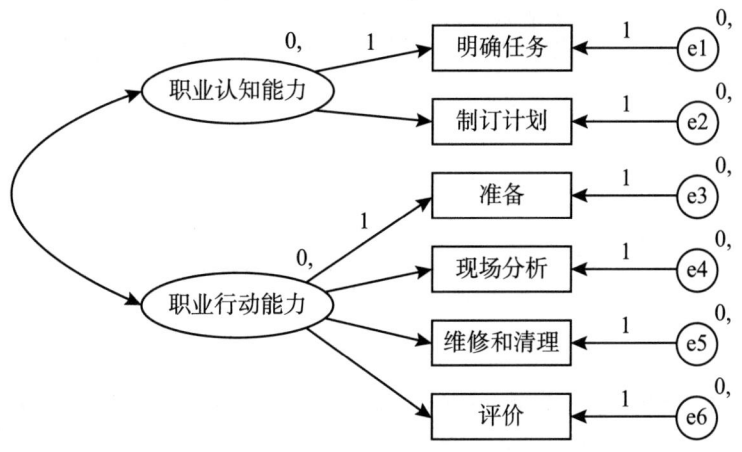

图 9-7　汽车检测与维修专业预测效度检验修正模型 1

修正模型1将"维修"和"清理"对应的条目进行打包，用"明确任务"和"制订计划"两个指标测量职业认知能力，用"准备""现场分析""维修和清理""评价"测量职业行动能力，设定职业认知能力和职业行动能力之间存在相关关系（见图9-8）。

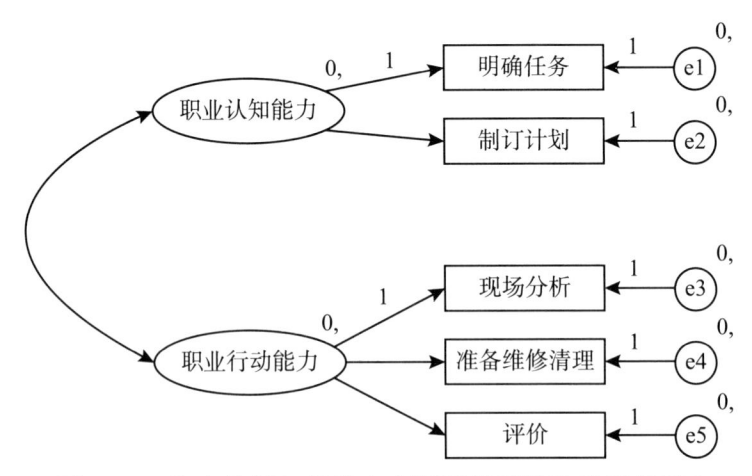

图9-8　汽车检测与维修专业预测效度检验修正模型2

修正模型2将"准备""维修""清理"对应的条目进行打包，用"明确任务"和"制订计划"两个指标测量职业认知能力，用"现场分析""准备维修清理""评价"测量职业行动能力，设定职业认知能力和职业行动能力之间存在相关关系（见图9-9）。

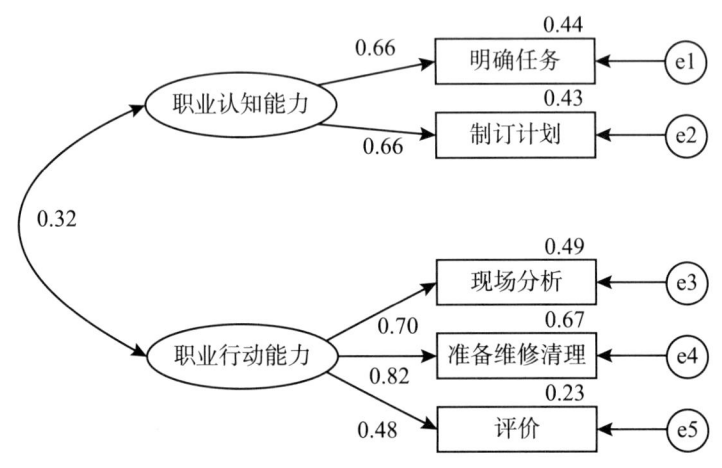

图9-9　汽车检测与维修专业预测效度检验修正模型2系数

验证性因素分析表明，模型2不能识别。模型1与数据拟合优良，卡方自由度比为 1.11（小于 5），CFI 为 0.98（大于 0.9），TLI 为 0.97（大于 0.9），RMSEA 为 0.04（小于 0.08）。但模型 1 中职业行动能力到清理的标准化载荷仅为 0.23，根据要求，标准化载荷一般要达到 0.4 以上，相应的观测变量才有价值，因此，可以考虑从模型中删去清理。同时，模型 1 中维修的残差项与职业认知能力之间存在较高的相关性，模型修正建议将维修作为职业认知能力的观测变量（见表 9 – 5）。

表 9 – 5　　汽车检测与维修专业预测效度检验模型拟合指数

模型	卡方值	自由度	卡方值/自由度	显著性	CFI	TLI	RMSEA
模型 1	14.53	13	1.11	0.34	0.98	0.97	0.04
修正模型 1	9.70	8	1.21	0.28	0.98	0.96	0.05
修正模型 2	3.20	4	0.80	0.53	1.00	1.03	0.00

二级指标的相关分析显示，"清理"与职业认知能力的两个观测指标之间均不存在显著的相关关系。研究在模型 1 的基础上建立修正模型 1，将"维修"和"清理"两个指标对应的条目进行打包，形成新的指标"维修和清理"以解决"清理"的标准化载荷小于截断值需要删除的情况，并消除维修的残差项与职业认知能力之间存在相关的情况。验证性因素分析表明，修正模型 1 与数据拟合优良，卡方自由度比为 1.21（小于 5），CFI 为 0.98（大于 0.9），TLI 为 0.96（大于 0.9），RMSEA 为 0.05（小于 0.08），而且各观测变量的标准化载荷均大于 0.4。但修正模型 1 中新建立的指标维修和清理的残差项仍与职业认知能力之间存在较强的相关关系。

实践专家建议将"准备""维修""清理"三个指标对应的条目进行打包，以消除指标"维修和清理"的残差项与职业认知能力之间的相关性。这样做是因为对汽车检测与维修专业而言，"现场分析"是在现场对故障车进行的分析，是修正原定方案，确定汽车故障的重要环节，若将它和维修过程合并，会损失关于行动过程的重要信息。在修正模型 1 的基础上，研究将"准备""维修""清理"三个二级指标的条目进行打包，合并成新的观测指标"准备维修清理"，并设定修正模型 2。

验证性因素分析表明修正模型 2 与数据完美拟合，卡方自由度比为 0.80，CFI 达到 1，TLI 为 1.03，RMSEA 为 0.00。模型中各观测变量的标准化载荷均大于 0.4，而且观测变量的残差相互独立，与潜变量之间也没有相关关系。因此，"明确任务"和"制定计划"能够测量职业认知能力，现场分析、准备维修清理以及评价三个指标能够测量职业行动能力。职业认知能力和职业行动能力之间的

标准化相关系数为 $0.32(p<0.01)$，在汽车检测与维修专业证明职业认知能力测评的结果能够预测职业行动能力。

二、数控加工专业测评的预测效度检验

相关分析显示，数控加工专业各二级指标中，"明确任务"与"制订计划""加工""评价"均显著相关。"制订计划"与"加工"和"评价"相关也都显著。"加工"与"评价"之间也显著相关。从中可以看出，测量职业认知能力的两个指标之间显著相关，测量职业行动能力的部分指标之间存在显著的相关关系，测量职业认知能力的指标和测量职业行动能力的部分指标之间存在相关关系（见表9-6）。

表9-6　　　　　数控专业测评结果两两相关（二级指标）

指标	1	2	3	4	5	6
1. 明确任务	1					
2. 制订计划	0.37**	1				
3. 准备	-0.02	0.04	1			
4. 加工	0.23**	0.27**	-0.04	1		
5. 现场清理	0.33**	0.28**	-0.03	0.60**	1	
6. 评价	0.28**	0.23**	0.12	0.45**	0.41**	1

注：*表示在0.05水平上显著；**表示在0.01水平上显著。

一级指标相关分析显示，"明确任务"与"制订计划""实施""评价"均显著相关，"制订计划"与"实施""评价"相关也显著。"实施"和"评价"之间显著相关。从中可以看出，测量职业认知能力的两个指标之间显著相关，测量职业行动能力之间的两个指标显著相关，测量职业认知能力的两个指标与测量职业行动能力的两个指标也存在显著的相关关系（见表9-7）。

表9-7　　　　　数控专业测评结果两两相关（一级指标）

指标	1	2	3	4
1. 明确任务	1			
2. 制订计划	0.37**	1		
3. 实施	0.25**	0.29**	1	
4. 评价	0.33**	0.28**	0.61**	1

注：*表示在0.05水平上显著；**表示在0.01水平上显著。

数控加工专业预测效度检验分别基于二级指标和一级指标设定两个模型,如图 9 – 10 所示。

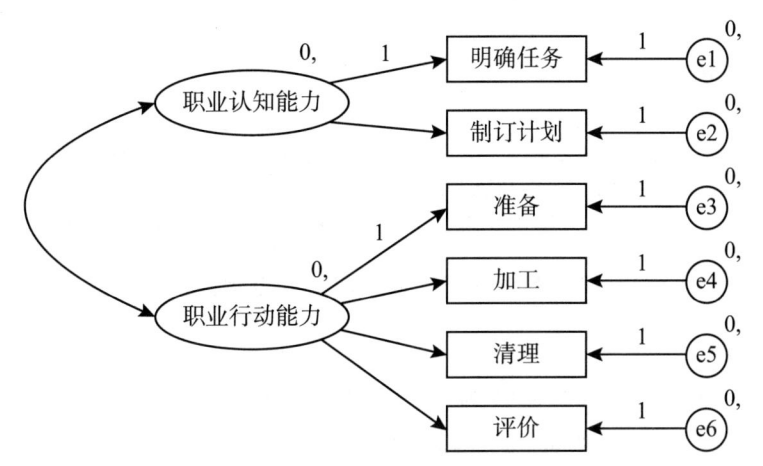

图 9 – 10　数控加工专业预测效度检验模型 1

模型 1 基于二级指标设定,用"明确任务"和"制订计划"两个指标测量职业认知能力,用"准备""加工""清理""评价"四个指标测量职业行动能力,设定职业认知能力和职业行动能力之间存在相关关系(见图 9 – 11)。

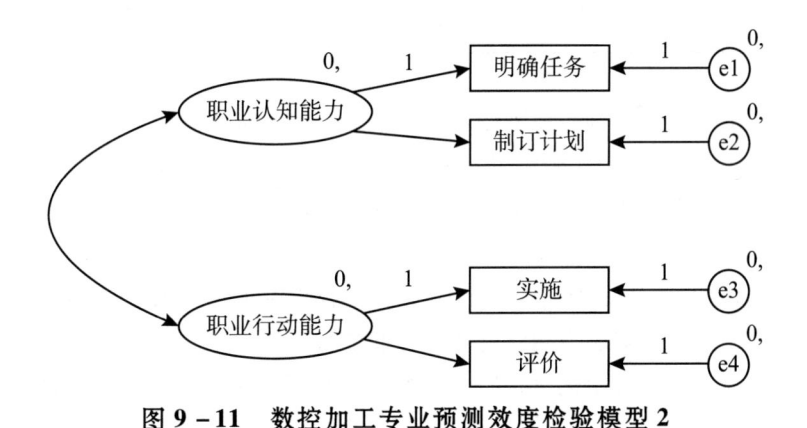

图 9 – 11　数控加工专业预测效度检验模型 2

模型 2 基于一级指标设定,用"明确任务"和"制订计划"两个指标测量职业认知能力,用"实施"和"评价"两个指标测量职业行动能力,设定职业认知能力和职业行动能力之间存在相关关系(见图 9 – 12)。

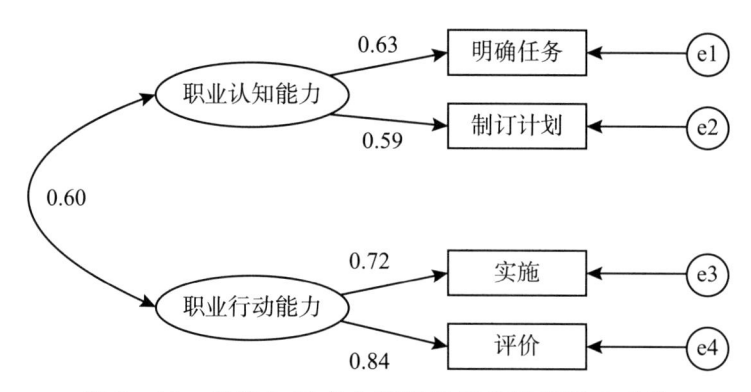

图 9-12　数控加工专业预测效度检验模型 2 系数

验证性因素分析表明，模型 1 不能识别。模型 2 与数据完美拟合，其卡方自由度比为 0.98（小于 5），CFI 为 1.00（大于 0.9），TLI 为 1.00（大于 0.9），RMSEA 为 0.00（小于 0.08）。各观测变量的标准化载荷均大于 0.4，且测量职业认知能力的指标与测量职业行动能力的指标之间不存在残差项相关（见表 9-8）。

表 9-8　数控加工专业预测效度检验模型拟合指数

模型	卡方值	自由度	卡方值/自由度	显著性	CFI	TLI	RMSEA
模型 2	0.98	1	0.98	0.32	1.00	1.00	0.00

模型 2 说明，对于数控加工专业，"明确任务"和"制订计划"两个指标可以测量职业认知能力，"实施"和"评价"两个指标可以测量职业行动能力，即研究假设中对于概念的操作化定义是合适的，所选择的指标能够测出职业认知能力和职业行动能力。潜变量职业认知能力和职业行动能力之间的标准化相关系数为 $0.60(p<0.01)$，大于临界值 0.30，该结果能够证明研究假设。因此，在数控加工专业中，职业认知能力测评能够预测职业行动能力。

限于篇幅，电气自动化设备安装与维修专业测评的预测效度检验文字略。

三、总结

数据分析结果表明，在汽车检测与维修专业，当采用"明确任务""制订计划"测量职业认知能力，采用"现场分析""准备维修清理""评价"测量职业行动能力时，职业认知能力和职业行动能力测评结果之间的标准化相关系数为 $0.32(p<0.01)$，表明职业认知能力测评的结果能够预测职业行动能力。

在数控加工专业，当采用"明确任务""制订计划"测量职业认知能力，采用"实施""评价"测量职业行动能力时，职业认知能力和职业行动能力测评结果之间的标准化相关系数为 $0.60(p<0.01)$，表明职业认知能力测评的结果能够预测职业行动能力。电气自动化设备安装与维修专业略。

第五节 结论与建议

一、主要结论

对职业认知能力测评结果对职业行动能力的预测效度的研究发现，COMET 职业认知能力测评的结果能够预测职业行动能力，大规模职业能力测评能够对职业能力进行比较全面、有效的评价。

在汽车检测与维修专业，当采用"明确任务""制订计划"测量职业认知能力，采用"现场分析""准备维修清理""评价"测量职业行动能力时，职业认知能力和职业行动能力测评结果之间的标准化相关系数为 $0.32(p<0.01)$。在数控加工专业，当采用"明确任务""制订计划"测量职业认知能力，采用"实施""评价"测量职业行动能力时，职业认知能力和职业行动能力测评结果之间的标准化相关系数为 $0.60(p<0.01)$。在电气自动化设备安装与维修专业，当采用"明确任务""制订计划"测量职业认知能力，采用"安装""清理""评价"测量职业行动能力时，职业认知能力与职业行动能力之间的标准化相关系数为 $0.55(p<0.01)$。

根据预测效度的标准，在实践中，测试分数与真实工作表现之间的相关（或效度）系数很难超过0.5，一般地，对绝大部分情况而言，相关（或效度）系数达到0.3或以上即可认为测试是有用的，能够预测工作表现。本研究中三个专业职业认知能力测评的结果均能预测职业行动能力，证明了大规模职业能力测评不仅能够直接评价职业认知能力，而且能够有效地预测职业行动能力，从而可以对职业能力进行较为全面、有效的评价。

研究还发现，不同专业领域内，职业认知能力对职业行动的影响机制存在差异。对汽车检测与维修专业来说，"制订计划"对"现场分析"和"维修"有直接影响，标准化路径系数分别为0.10和0.15。对数控加工专业来说，"制订计划"对"实施"有直接影响，"明确任务"对"评价"有直接影响，且影响相对较大，标准化路径系数分别为 0.29 和 0.18。不同的影响机制造成了不同专业职业认知能力测评对职业行动能力预测效度的差异，表现为汽车检测与维修专业职业认知能力测评对职业行动的预测效度为 0.32，数控加工专业的预测效度为 0.60。对于数控加工专业来说，目前的测评内容已具有较高的预测效度。对于汽车检测与维修专业来说，"现场分析（故障检测）→维修 a"的标准化路径系数达到 0.55，若在现有测评内容的基础上增加对现场分析过程中认知能力的评价，将会在现有预测能力的基础上，进一步提高职业认知能力测评的预测效度。

二、建议

（一）关于大规模职业能力测评的适用性和局限性

大规模职业能力测评能对职业能力进行较为全面、有效的评价，它不仅可以诊断职业认知能力水平的高低和特点，而且能够有效地预测职业行动能力。在评价职业能力的同时，它通过背景问卷收集个体、学校、企业、国家或地区层面影响职业能力发展的因素，从而能够提供有关职业教育质量的关键参数，帮助教育行政部门提高职业教育体系设计和教育质量控制的能力，为职业教育所有参与者展开建设性的对话和合作提供实证基础。

大规模职业能力测评还能够提升日常教学和学习的质量，将职业能力测评的原理和方法应用到课程教学领域，可以提供分析职业教学和学习的新视角。职业院校教师在教学过程中需要科学的学习成果检验方法，以帮助他们深入系统地分析教学设计和实施中的问题。有充分教育理论基础，经过实证检验的、可行的能力模型和在此基础上发展起来的测评方法，可以为职业院校的课程和教学质量保障提供深入系统而实际的技术和手段。

尽管大规模职业能力测评有助于增进对学生职业能力发展状况、职业学校和企业教育效能等的理解，却因缺乏追踪数据而难以评价学生的职业能力发展过程，因此，纵向研究设计是大规模职业能力测评项目发展的一种趋势。

（二）将大规模职业能力测评应用于职业教育质量保障

开展科学的大规模职业能力测评（包括职业能力测评模型、测评实施方案以及测评结果分析研究），科学诊断学生职业能力的发展水平，对不同地区、不同院校间的课程与教学质量进行比较，可以提供人才培养质量的准确信息和重要参数，为各级政府制定政策提供依据，从而提高职业教育体系设计和教育质量控制水平，为在职业教育领域建立能够迅速提醒决策者并及时纠正任何不利趋势的质量保障机制奠定方法论和技术基础。

经过实证检验，COMET 建立了较为科学的职业能力解释框架，测评不但能够了解不同地区和类型职业院校学生职业能力的发展水平，也为职业教育课程和教学改革提供了有价值的参考数据，并为教师的教学设计提供直接的支持。建议在 COMET 测评方案基础上，以学生能力诊断、校际地区比较、政策制定参考为目的，结合国情，开发具有良好操作性的大规模能力测评实施方案。从横向上，方案应包括职业能力测评、背景问卷调查；从纵向上，方案应涵盖测评的各个环节，如测评框架的制定（测评指导原则，测评领域和参评对象，组织程序、测评标准和结果解释）、测评工具的编制和完善、学生抽样、测评组织与实施、测试评分及报告形成等。以方案为基础，组织行业专家、专业教师、科研人员等共同编制和完善测评工具，保证工具的信度和效度。然后在全国范围内抽样施测，从而获得关于职业教育质量的核心数据，实现对职业教育质量科学、有效的监控。

附 录

重庆市学生职业能力测评报告案例（节选）

测评领导小组：黎德龙（组长） 隗建勋 龚春燕 谢红 沈军
科学伴随：赵志群 庄榕霞 田甜 王荣秀 刘晨 孙宝芝 刘玲 陈初 Ursel Hauschildt 管梦 薄雅萍
执笔：田甜 庄榕霞 赵志群 黄承国 沈军 张媛媛

为贯彻落实重庆市委、市政府《关于大力发展职业技术教育的决定》"完善办学质量评价体系，严格执行规定学制和培养标准，加强办学过程管理和质量监测"精神和市教委《关于开展中等职业技术教育质量监测工作的通知》要求，按照重庆市教委的统一部署，2015年5月，重庆市教育评估院采用COMET职业能力测评方案，对重庆市中等职业学校护理专业2013级学生职业能力进行诊断，并对其职业能力成长特点以及能力发展影响因素进行分析。本次测评同时也是教育部哲学社会科学研究重大课题攻关项目"中国现代职业教育质量保障体系研究"（13JZD047）的组成部分。

一、测评工具与对象

（一）测评工具

能力测评工具包括四道开放式的护理专业综合测试题目以及背景问卷。

1. 开放式综合测试题目

开放式综合测试题目是 COMET 测评的主要测试工具，其形式与实际工作中的任务类似，它来源于职业的典型工作任务，且符合职业教育培养目标的要求。

在测评过程中，评分者对能力模型和评分指标的高接受度，会带来较高的评分者间信度。除了能力模型和评分标准外，我们还采用了一系列工具来确保评分者间信度，如进行评分者的训练；为每位评分者提供针对该测评任务的"问题解决空间"，描述开放性测试题目可能出现的解决方案，等等。

2. 背景问卷

作为测试题目的补充，参加能力测评的被试者需填写一份背景调查问卷，主要针对被试者的背景特征以及职业学校和实习实训医院状况，内容如表 1 所示。

表 1　　　　　　　　背景情境问卷的主要内容

个人特征	对实习医院和学校的看法	对相关人员的看法
个人基本情况	对专业和职业的看法	对同学的看法
入学成绩	对学校资源条件的看法	对老师的看法
实习实训情况	对院校合作的看法	对自己家人的看法

（二）测评对象

测评在重庆市 16 所中等职业学校进行，总计 1258 名学生参加了测评，均为护理专业 2013 级学生，所有学生均完成了背景问卷调查。以下从学校人数、学校类型、办学性质、区县位置、重点级别、年龄和性别分布等方面，对参评学生的基本情况进行说明。

16 所参评学校中，学生人数最多的是学校 10（一所专业性中专），达到 160 人，占总人数的 12.7%，学校 14 学生人数最少，只有 38 人，占总人数的 3.0%，各参评学校学生人数及比例如表 2 所示。

表 2　　　　　　　　各学校参评学生人数

学校代码	参评学生数（人）	占总人数百分比（%）	学校代码	参评学生数（人）	占总人数百分比（%）
学校 1	79	6.3	学校 9	80	6.4
学校 2	79	6.3	学校 10	160	12.7
学校 3	158	12.6	学校 11	120	9.5
学校 4	39	3.1	学校 12	40	3.2

续表

学校代码	参评学生数（人）	占总人数百分比（%）	学校代码	参评学生数（人）	占总人数百分比（%）
学校 5	80	6.4	学校 13	66	5.2
学校 6	40	3.2	学校 14	38	3.0
学校 7	39	3.1	学校 15	40	3.2
学校 8	80	6.4	学校 16	120	9.5
			合计	1 258	100.0

依据学校类型不同，参评学校可分成普通中专、职业高中、技工学校三种类型。其中普通中专有 13 所，参评学生有 1 060 人，占参评人数的 84.2%；技工学校只有 1 所，学校数量最少；职业高中有 2 所。依据办学性质的不同，参评学校可分为公办学校和民办学校两类。其中公办学校占主体，共有 14 所，共有学生 1 098 人，学校数量和学生数量比例均高达 85% 以上。依据学校重点级别，参评学校可分为国家级重点、省级重点（重庆市）、一般院校三种类型。其中国家级重点学校有 8 所，学生 594 人，占所有学生总数的近一半。

从性别看，在说明性别的 1 257 名学生中，男生 34 人，占 2.7%；女生 1 223 人，占 97.3%。从年龄看，在有效说明年龄的 1 194 名学生中，平均值为 17.77 岁（标准差为 1.23），其中年龄分布以 17 岁、18 岁为主。

（三）评分过程

为了保证测评的评分者信度，2015 年 6 月，项目组对参与评分的教师进行了评分者培训。共有 17 位教师参加了培训，并对四个题目的五个真实案例进行了评分练习。

由表 3 可以看出，17 位评分者之间能达到较好的一致性，评分者间信度令人满意。

表 3　　　　　　评分者培训中五次评分的评分者间信度

案例	题目 A 案例 1	题目 A 案例 2	题目 C 案例	题目 D 案例	题目 B 案例
评分者人数	17	17	17	17	17
$Finn_{just}$	0.71	0.76	0.80	0.80	0.80

注：$Finn_{just}$（评分者信度）在 0.5 以上为及格，0.7 以上为良好。

二、测评结果

（一）学生职业能力水平

1. 学生职业能力整体情况

1 258 名参评学生职业能力水平整体分布情况如图 1 所示，其中 230 人（18.28%）处于名义能力水平，677 人（53.82%）达到功能性能力水平，339 人（26.95%）达到过程性能力水平，12 人（0.95%）达到设计能力水平。

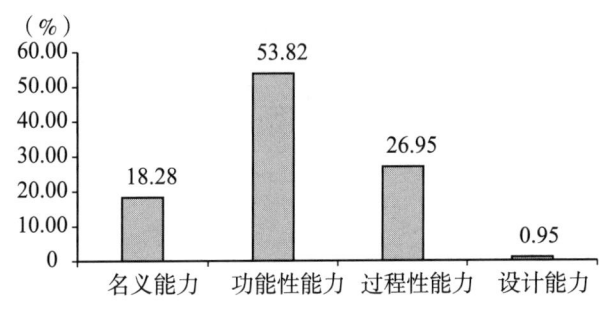

图 1　学生职业能力水平整体分布

参评学生职业能力测评得分最高为 54（满分为 90 分），最低为 0（1 人），平均值为 24.10。其中有 3 人超过 50 分。图 2 是参评学生职业能力得分的分布情况，学生职业能力得分总体不高。

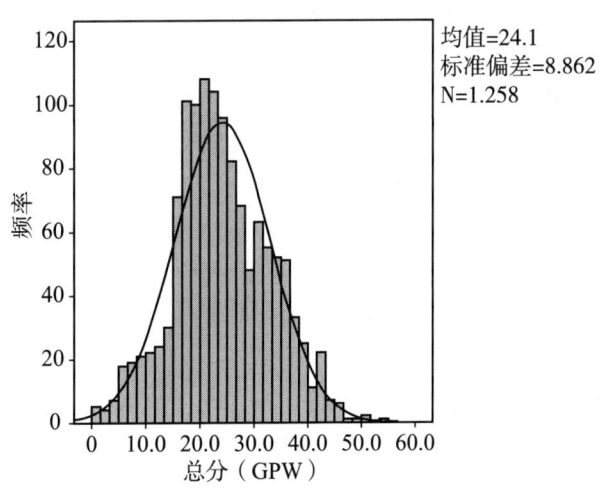

图 2　学生职业能力得分分布

参评学生总体的职业能力轮廓如图3所示。其中，K_1表示"直观性"，K_2表示"功能性"，K_3表示"持久性"，K_4表示"经济性"，K_5表示"服务流程和工作过程导向"，K_6表示"环境与社会承受度"，K_7表示"家庭、社会与文化环境"，K_8表示"创造性"。K_F表示"功能性能力"，K_P表示"过程性能力"，K_G表示"设计能力"。

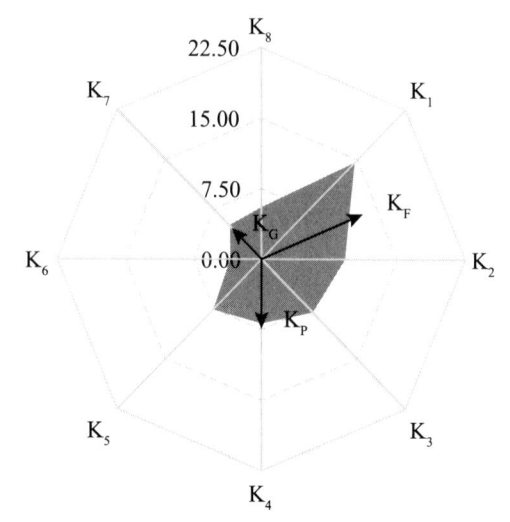

图3 参评学生总体的能力轮廓

可以看出，学生总体的功能性能力表现相对较好（K_F平均值为11.89），过程性能力其次（K_P平均值为7.504），而设计能力相对较弱（K_G平均值为4.704）。

学生总体在8个一级指标上的得分整体略低。相对来说，学生总体在K_1（直观性，总体平均分为14.56）、K_2（功能性，平均分为9.218）、K_3（持久性，平均分为8.027）和K_5（服务流程和工作过程导向，平均分为7.63）方面的能力水平较高，在K_4（经济性，平均分为6.856）和K_8（创造性，平均分为5.531）方面次之，而在K_7（家庭、社会与文化环境，平均分为5.09）和K_6（环境与社会承受度，平均分为3.49）方面较弱。这说明，尽管整体护理理念已经进入中国护理领域多年，但是护理教育并没有做出及时反应，目前的职业教育从整体上说还是功能导向（医学模式）的；与整体职业能力和素质发展水平相比，学生的功能性能力发展更好一些。

2. 各学校学生职业能力情况

各校学生职业能力水平分布情况存在较大差异（见图4），相对来看：

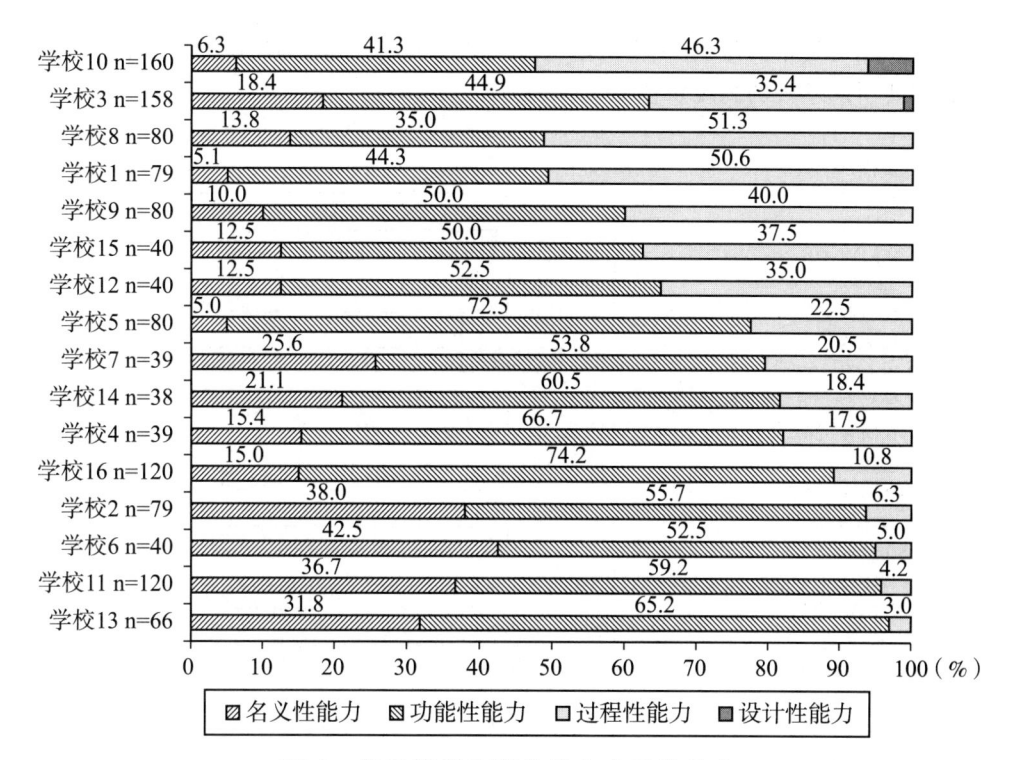

学校	n	名义性能力	功能性能力	过程性能力	设计性能力
学校10	n=160	6.3	41.3	46.3	
学校3	n=158	18.4	44.9	35.4	
学校8	n=80	13.8	35.0	51.3	
学校1	n=79	5.1	44.3	50.6	
学校9	n=80	10.0	50.0	40.0	
学校15	n=40	12.5	50.0	37.5	
学校12	n=40	12.5	52.5	35.0	
学校5	n=80	5.0	72.5	22.5	
学校7	n=39	25.6	53.8	20.5	
学校14	n=38	21.1	60.5	18.4	
学校4	n=39	15.4	66.7	17.9	
学校16	n=120	15.0	74.2	10.8	
学校2	n=79	38.0	55.7	6.3	
学校6	n=40	42.5	52.5	5.0	
学校11	n=120	36.7	59.2	4.2	
学校13	n=66	31.8	65.2	3.0	

图4 各学校学生职业能力水平的分布

只有学校 3 和学校 10 有极少数学生达到了设计能力，其他学校均没有学生达到设计能力。这两所学校都是重庆市老牌护理和医药卫生类中等专业学校，一方面说明了这两所学校过硬的教学水平，另一方面也说明护理专业是一个专业化程度要求很高的专业，其教学质量的提高需要长期的经验积淀。

学校 1、学校 8、学校 9 和学校 10 各有 40% 及以上学生达到过程性能力水平，学校 3、学校 5、学校 7、学校 12 和学校 15 各有 20% 以上学生达到过程性能力水平，整体情况相对较好。

学校 5 和学校 16 有超过 70% 的学生达到功能性能力水平，整体比较统一；但需要注意的是，学校 16 也有 15% 的学生处于名义性水平阶段。

学校 2、学校 6、学校 11 和学校 13 的学生有 31% 以上处于名义能力水平阶段，其中学校 6 达到 40% 以上，这些学校应引起重视。

从各校学生职业能力得分的百分比分布情况（见图5）可以看出，所有学生职业能力得分平均值为 24.10，有 8 所学校生平均得分高于总体平均分，8 所学校生均得分低于总体平均分。学校 10 学生的职业能力得分平均值较高，且学生的分数分布较好。学校 12 学生职业能力得分平均分高于参评学生总平均分，且学生分布相对集中。学校 4 学生职业能力得分平均分低于参评学生总平均分，且学生分布相对集中。学校 11 学生职业能力得分平均分明显低于参评学生总平均分，需要引起学校的高度重视。

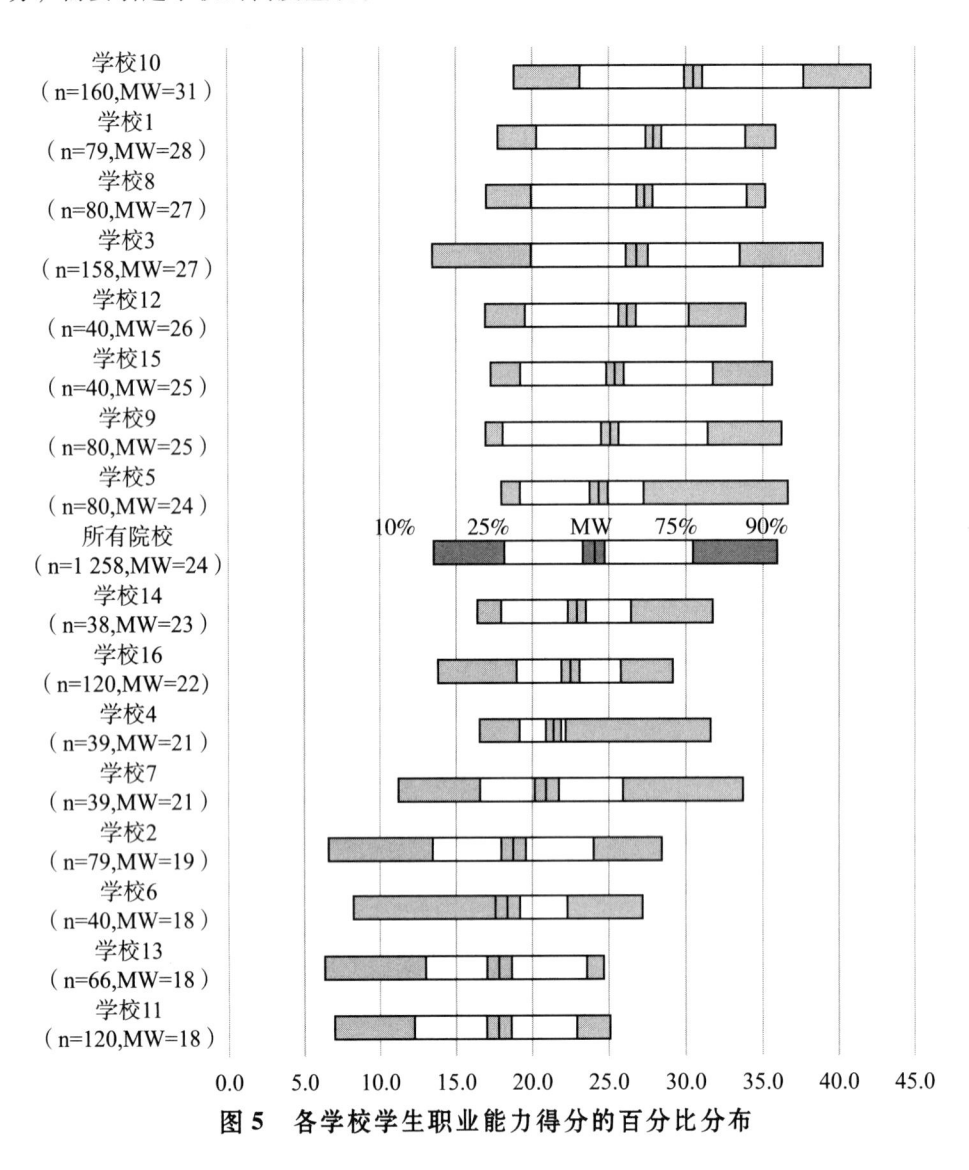

图 5　各学校学生职业能力得分的百分比分布

各学校学生的能力轮廓具有显著差异，如图 6 所示。

学校1 学生的职业能力轮廓　　　　　　学校2 学生的职业能力轮廓

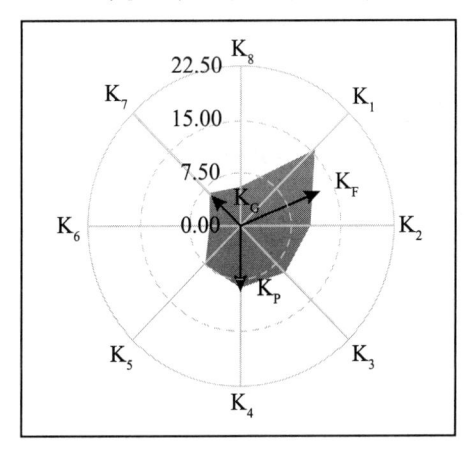

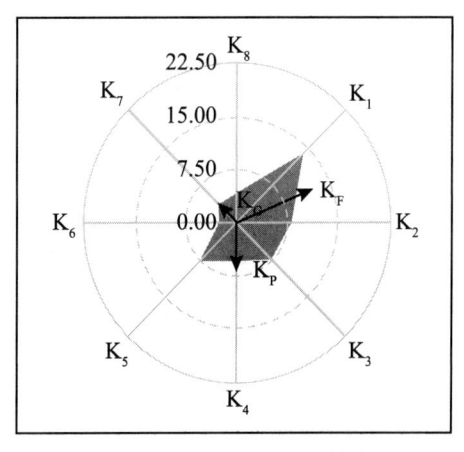

学校3 学生的职业能力轮廓　　　　　　学校4 学生的职业能力轮廓

图6　各学校学生的能力轮廓（节选）

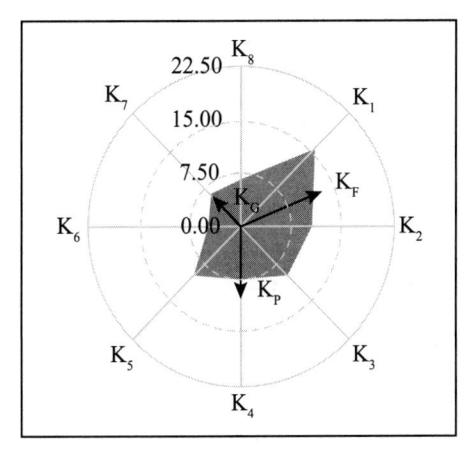

可以看出，除功能性能力发展较好外，各校学生职业能力发展整体偏低，而且不够均衡，特别是与整体护理相关的人文素养较弱（与瑞士等国数据相比）。

3. 各类学校学生职业能力比较

从办学类型来看，普通中专、职业高中和技工学校三类学校学生的职业能力水平分布如图7所示，不同类型学校学生职业能力水平分布存在显著差异①，普通中专和职业高中学生中达到过程性能力水平的学生比例均超过25%，技工学校学生中达到过程性能力水平的学生比例为35%。各类学校达到功能性能力水平的学生比例均在50%左右，说明目前的专业教育比较关注岗位能力的训练。整体来看，各类学校学生的职业能力水平分布整体较好，其中普通中专有1.1%

---

① 卡方检验表明，$\chi^2 = 134.773$，$p = 0.000 < 0.01$。

的学生的职业能力达到创造性能力水平，而其他学校则没有。这里反映的问题需要进一步分析，如为什么最优秀学生出自两所历史悠久的中专？是生源原因还是专业教学问题？为什么（唯一的）技工学校整体成绩最好？是偶然因素还是不同教学管理制度带来的必然结果[①]？

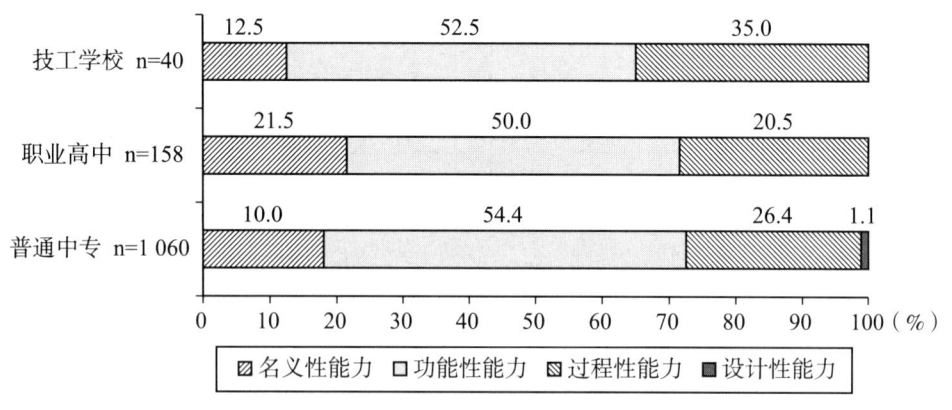

```
技工学校 n=40      12.5    52.5           35.0
职业高中 n=158     21.5    50.0           20.5
普通中专 n=1 060   10.0    54.4           26.4   1.1
                0  10  20  30  40  50  60  70  80  90  100(%)
                ▨ 名义性能力  □ 功能性能力  ▨ 过程性能力  ■ 设计性能力
```

图 7　各类型学校学生的职业能力水平分布

普通中专、职业高中和技工学校三类学校学生职业能力得分百分比分布如图 8 所示。可以发现，技工学校学生得分平均值高于所有参评学生平均值，且职业能力得分分布相对集中，职业高中学生职业能力得分较为分散。在学生条件基本相同的情况下，这些结果可能在一定程度上反映了不同类型学校教学组织与管理的特点。

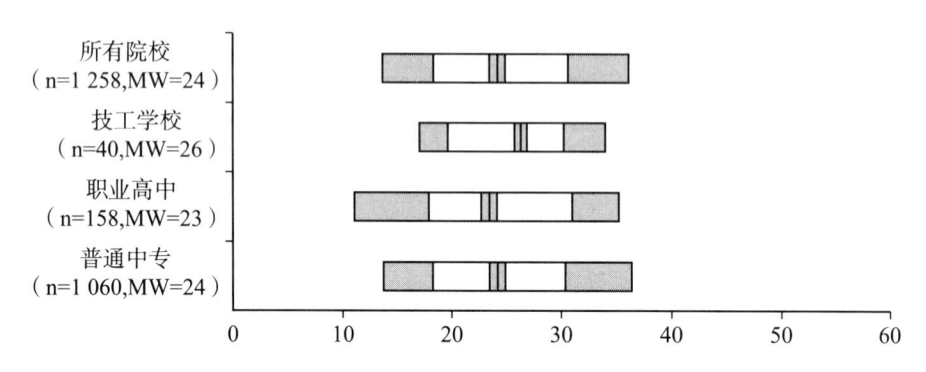

```
所有院校（n=1 258,MW=24）
技工学校（n=40,MW=26）
职业高中（n=158,MW=23）
普通中专（n=1 060,MW=24）
     0   10   20   30   40   50   60
```

图 8　各类型学校学生职业能力得分的百分比分布

从办学性质来看，公办学校和民办学校学生职业能力水平分布具有显著差异[②]，民办职业学校学生中处于过程性能力水平阶段的学生比例，明显低于公办职

---

① 其他地区其他专业的测评也有类似结果。
② 卡方检验表明，$\chi^2 = 649.101$，$p = 0.000 < 0.01$。

业学校；处于名义能力水平阶段的学生比例则明显高于公办学校。公办学校学生职业能力得分的平均值明显高于民办学校学生，且公办学校学生职业能力得分的分布也优于民办学校。这说明，公办职业学校的教学质量还是高于民办职业学校的。

从所在区县来看，主城区和郊县区学校学生的职业能力水平分布存在显著差异①（见图9）。其中，郊县区学校学生中达到功能性能力水平的学生比例高于主城区，且郊县区学校有2.9%的学生达到了设计能力水平。

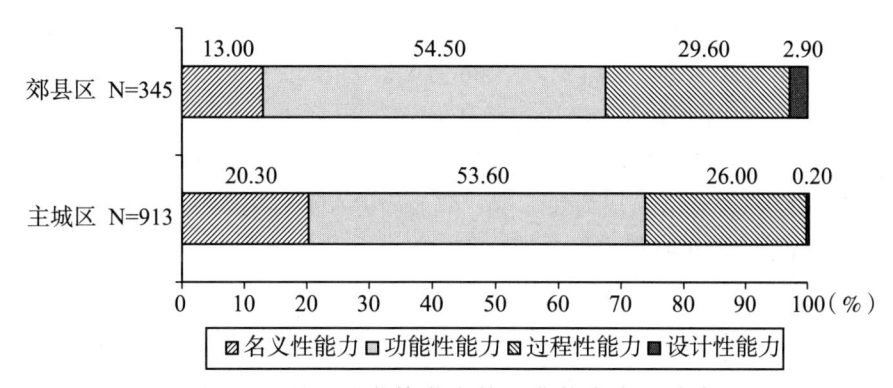

图9 不同区县学校学生的职业能力水平分布

主城区和郊县区学校学生职业能力得分的百分比分布如图10所示。可以看出，郊县区学校学生职业能力得分的平均值高于主城区学校②。郊县区学校学生的整体职业能力比主城区学校的学生高，但职业能力分布的离散度更大。由于郊县区学校教学条件不应当比主城区学校更好，这说明郊县区学校的教师和学生可能更努力。职业能力分布离散度大，反映了我国当前农村地区学生之间较大差别的现实，这可能与郊县区校的教学条件也有关系。③

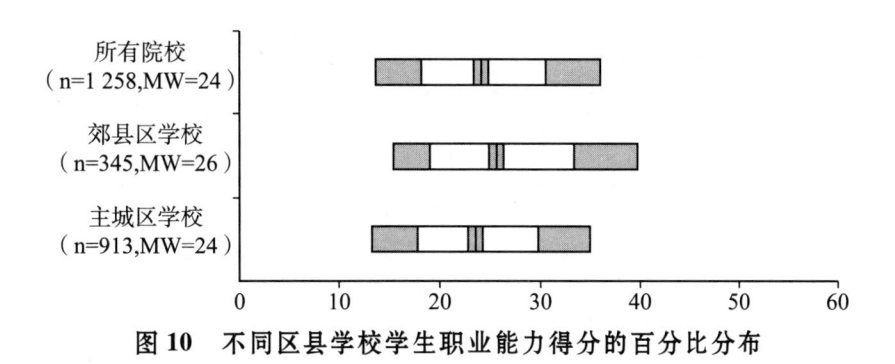

图10 不同区县学校学生职业能力得分的百分比分布

---

① 卡方检验表明，$\chi^2 = 436.112$，$p = 0.000 < 0.01$。
② 对二者的均值进行独立样本T检验，统计结果表明：$t = 5.369$，$p = 0.000 < 0.01$。
③ 这是否与各个学校的测评组织有关，也需要进一步分析。

（二）职业能力水平影响因素分析

以下将从中考成绩、职业学校教学的若干特征等方面，对若干因素是否影响学生职业能力水平进行分析。

1. 中考成绩

分别用学生中考"语文""数学""外语"成绩和学生"职业能力水平"做单因素方差分析，结果表明学生中考"语文""数学""外语"三个依变量整体检验的 F 值分别为 96.921（$p=0.000<0.010$）、59.921（$p=0.000<0.01$）、50.687（$p=0.000<0.01$），均达到显著水平，因此学生中考"语文""数学""英语"成绩的不同等级在学生职业能力水平分布上存在显著差异，即学生中考"语文""数学""外语"成绩和学生"职业能力水平"关联[①]。

2. 职业学校若干特征

（1）学校资源。

对"学生对学校学生图书资源的满意度"和"学生职业能力水平"做独立性检验，结果表明（$\chi^2=30.630$，$p=0.000<0.01$）学生对学校学生图书资源的满意度与学生职业能力水平存在显著相关关系（见图11）。在学生"对学校学生图书资源满意度"问题选项中，选择"比较满意"和"非常满意"的有效百分比分别达到 28.9%、31.3%，累计达 60.2%，这说明学生对学校学生图书资源满意度良好。

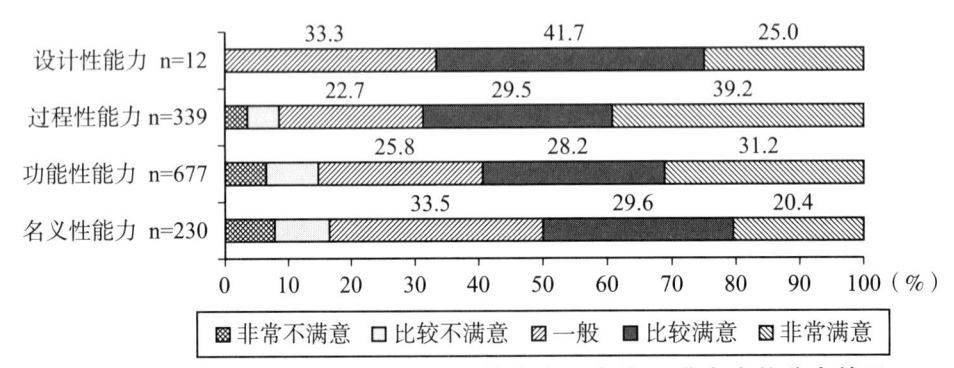

图11 不同职业能力水平学生对学校学生图书资源满意度的分布情况

对"学生对学校数字（如教学视频、音频，电子图书等）资源的满意度"和"学生职业能力水平"做独立性检验，结果表明（$\chi^2=26.194$，$p=0.001<0.01$）学生对学校数字资源的满意度与学生职业能力水平存在显著相关关系。在学生

---

① 这与汽车维修专业的结果有所不同，反映了文化课教育也应当遵循"领域相关性"原则。

"对学校数字资源满意度"问题选项中,选择"比较满意"和"非常满意"的有效百分比分别达到32.0%、35.7%,累计达67.7%,这说明学生对学校数字资源满意度良好。

(2) 教师态度。

对"对学生认真负责"和"学生职业能力水平"做独立性检验,结果表明($\chi^2 = 300.729$,$p = 0.000 < 0.01$)教师对学生认真负责程度与学生职业能力水平存在显著相关关系。而统计数据表明,总体上,在教师"对学生认真负责"问题选项中,比较正确和非常正确的有效百分比分别达到59.78%、29.89%,累计达89.670%,这说明教师对学生认真负责态度整体水平良好(见图12)。

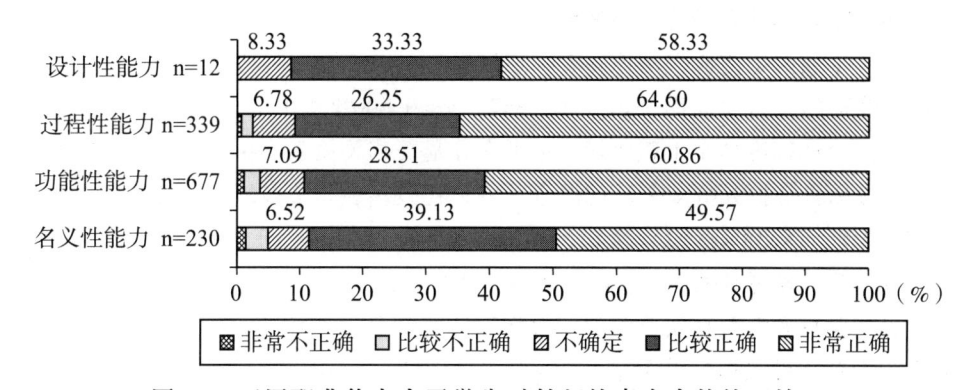

图12 不同职业能力水平学生对教师认真态度的认可情况

对"考虑学生兴趣"和"学生职业能力水平"做独立性检验,结果表明($\chi^2 = 19.914$,$p = 0.011 < 0.05$)教师在教学中是否会考虑学生的兴趣与学生职业能力水平存在显著相关关系。在教师"在教学中会考虑学生的兴趣吗"问题选项中,选择"比较正确"和"非常正确"的有效百分比分别达到35.4%、41.3%,累计达76.7%,这说明教师在教学中考虑学生的兴趣情况良好。

对"教师了解医院的实际情况"和"学生职业能力水平"做独立性检验,结果表明($\chi^2 = 19.134$,$p = 0.014 < 0.05$)教师了解医院的实际情况与学生职业能力水平存在显著相关关系。"教师了解医院的实际情况吗"问题选项中,选择"比较正确"和"非常正确"的有效百分比分别达到32.1%、50.4%,累计达82.5%,这说明教师了解医院的实际情况良好。

(3) 教学内容。

对"老师的教学内容在实习实训中很有用"和"学生职业能力水平"做独立性检验,结果表明($\chi^2 = 19.002$,$p = 0.015 < 0.05$)专业课老师的教学内容在实习实训中是否有用的情况与学生职业能力水平存在显著相关关系。在"专业课老师的教学内容在实习实训中很有用吗"问题选项中,选择"比较正确"和

"非常正确"的有效百分比分别达到32.3%、56.2%，累计达88.5%，这说明专业课老师的教学内容在实习实训中的应用情况良好。

对"专业课老师的教学对你完成医院的工作任务或解决实际问题很有帮助吗"和"学生职业能力水平"做独立性检验，结果表明（$\chi^2 = 36.001$，$p = 0.000 < 0.01$）专业课老师的教学对你完成医院的工作任务或解决实际问题是否有帮助的情况与学生职业能力水平存在显著相关关系。在"专业课老师的教学对你完成医院的工作任务或解决实际问题很有帮助吗"问题选项中，选择"比较正确"和"非常正确"的有效百分比分别达到35.5%、50.6%，累计达86.1%，这说明专业课老师的教学对完成医院的工作任务或解决实际问题有较好帮助。

（4）学校与医院的合作与协调。

对"学校与医院合作培训的教师或医护人员多么"和"学生职业能力水平"做独立性检验，结果表明（$\chi^2 = 468.462$，$p = 0.000 < 0.01$）医院培训教师（医院人员）合作程度与学生职业能力水平存在显著相关关系。在"学校与医院合作培训的教师或医护人员多么"问题选项中，比较多和非常多的有效百分比分别达到36.72%、28.38%，总计达65.1%。考虑到其他题项的比例都非常高，说明学校与医院的教师或医护人员的合作程度还需要进一步提高。

对"学校和医院在实习实训中的沟通和协调程度如何？"和"学生职业能力水平"做独立性检验，结果表明（$\chi^2 = 932.623$，$p = 0.000 < 0.01$）学校和医院在实习实训中协调程度与学生职业能力水平存在显著相关关系。在"学校和医院在实习实训中有很好的协调"问题选项中，比较多和非常多的有效百分比分别达到33.86%、35.77%，总计达69.63%。考虑到其他题项的比例都非常高，说明学校和医院在实习实训中的协调程度还需要进一步提高。

对"实习见习的医院对学校的工作感到满意吗？"和"学生职业能力水平"做独立性检验，结果表明（$\chi^2 = 47.026$，$p = 0.000 < 0.01$）实习见习的医院对学校工作的满意度与学生职业能力水平存在显著相关关系。在"实习见习的医院对学校的工作感到满意吗"问题选项中，选择"比较满意"和"非常满意"的有效百分比分别达到25.7%、33.9%，总计达59.6%，考虑到其他题项的比例都非常高，这说明实习见习的医院对学校的工作并不感到满意，需要引起学校特别注意。

三、结论

18.28%参评学生的职业能力处于名义能力水平阶段，53.82%的学生达到功能性能力水平，26.95%的学生达到过程性能力水平，0.95%的学生达到设计能力水平。各校学生职业能力水平分布情况差异较大。其中有4所学校超过31%的学生仍处于名义能力水平阶段，这需要引起有关部门的关注。

职业能力轮廓方面，参评学生总体的功能性能力优于过程性能力，而设计能力最低。参评学生在直观性与展示性、功能性、持久性和服务流程与工作过程导向方面做得相对较好，而在家庭、社会与文化环境和环境与社会承受度方面还需进一步提高。各校学生的能力轮廓均存在缺陷和差异，这反映了与操作技能相比，学生整体护理能力发展更为欠缺。

在职业能力水平分布上，不同类型学校、不同性质学校、不同区县学校间均存在显著性差异。技工学校学生职业能力得分的平均值高于所有参评学生的平均值。民办学校达到过程性能力水平的学生比例（12.5%）比公办学校（29.05%）低了16.55%，其达到名义性能力水平（不合格）的学生比例（30.6%）却比公办学校（16.48%）高出很多，整体情况劣于公办学校。郊县区学校达到过程性能力水平的学生比例（29.6%）比主城区学校（26%）高了3.6%，且郊县区学校有2.9%的学生达到了设计能力水平，整体情况好于主城区学校。

参评学生的测验自信程度、对学校所教内容掌握的自信程度以及对学校所教最难学习内容的自信程度均可以进一步提高，且随着学生测验自信程度的提高，其职业能力水平也相应提高。

参评学生中各有超过60%的学生对在校表现和成绩、学校和医院在实习实训中的沟通和协调程度表示认同，92.84%的参评学生表示现在对所学专业比入学时更感兴趣。

随着职业能力水平的提高，学生对校内、学校和医院在实习实训中的沟通和协调程度等的总体满意度在提高。公办学校学生对学校和医院在实习实训中的沟通和协调满意度显著高于民办学校。从技工院校、普通中专到职业高中，学生对学校和医院在实习实训中的沟通和协调程度的认可度也在提高。

在目前学习为今后进入高一层次学校学习奠定良好基础方面，学生的认同度随着职业能力水平的提高而提高；从技工院校、普通中专到职业高中，学生的认同度也在提高；从一般院校、省级重点到国家级重点学校，学生的认同度也在提高。

学生职业能力水平与学生中考语数外成绩、对学校资源的满意度、教学内容、教师对学生认真态度、医院对学校工作的看法、学校在护理界的声誉、对其他同学的看法等因素存在着显著关联。学生对学校资源及住宿条件、教师态度、教学内容的满意度较高，对学校教师与医院人员的合作不甚满意，学校与医院的实习协调也需要进一步改善。与其他因素相比，实习见习医院对学校的工作的满意度不高。

教育部哲学社会科学研究重大课题攻关项目成果出版列表

序号	书 名	首席专家
1	《马克思主义基础理论若干重大问题研究》	陈先达
2	《马克思主义理论学科体系建构与建设研究》	张雷声
3	《马克思主义整体性研究》	逄锦聚
4	《改革开放以来马克思主义在中国的发展》	顾钰民
5	《新时期 新探索 新征程——当代资本主义国家共产党的理论与实践研究》	聂运麟
6	《坚持马克思主义在意识形态领域指导地位研究》	陈先达
7	《当代资本主义新变化的批判性解读》	唐正东
8	《当代中国人精神生活研究》	童世骏
9	《弘扬与培育民族精神研究》	杨叔子
10	《当代科学哲学的发展趋势》	郭贵春
11	《服务型政府建设规律研究》	朱光磊
12	《地方政府改革与深化行政管理体制改革研究》	沈荣华
13	《面向知识表示与推理的自然语言逻辑》	鞠实儿
14	《当代宗教冲突与对话研究》	张志刚
15	《马克思主义文艺理论中国化研究》	朱立元
16	《历史题材文学创作重大问题研究》	童庆炳
17	《现代中西高校公共艺术教育比较研究》	曾繁仁
18	《西方文论中国化与中国文论建设》	王一川
19	《中华民族音乐文化的国际传播与推广》	王耀华
20	《楚地出土戰國簡册［十四種］》	陈 伟
21	《近代中国的知识与制度转型》	桑 兵
22	《中国抗战在世界反法西斯战争中的历史地位》	胡德坤
23	《近代以来日本对华认识及其行动选择研究》	杨栋梁
24	《京津冀都市圈的崛起与中国经济发展》	周立群
25	《金融市场全球化下的中国监管体系研究》	曹凤岐
26	《中国市场经济发展研究》	刘 伟
27	《全球经济调整中的中国经济增长与宏观调控体系研究》	黄 达
28	《中国特大都市圈与世界制造业中心研究》	李廉水

序号	书　名	首席专家
91	《城市新移民问题及其对策研究》	周大鸣
92	《新农村建设与城镇化推进中农村教育布局调整研究》	史宁中
93	《农村公共产品供给与农村和谐社会建设》	王国华
94	《中国大城市户籍制度改革研究》	彭希哲
95	《国家惠农政策的成效评价与完善研究》	邓大才
96	《以民主促进和谐——和谐社会构建中的基层民主政治建设研究》	徐　勇
97	《城市文化与国家治理——当代中国城市建设理论内涵与发展模式建构》	皇甫晓涛
98	《中国边疆治理研究》	周　平
99	《边疆多民族地区构建社会主义和谐社会研究》	张先亮
100	《新疆民族文化、民族心理与社会长治久安》	高静文
101	《中国大众媒介的传播效果与公信力研究》	喻国明
102	《媒介素养：理念、认知、参与》	陆　晔
103	《创新型国家的知识信息服务体系研究》	胡昌平
104	《数字信息资源规划、管理与利用研究》	马费成
105	《新闻传媒发展与建构和谐社会关系研究》	罗以澄
106	《数字传播技术与媒体产业发展研究》	黄升民
107	《互联网等新媒体对社会舆论影响与利用研究》	谢新洲
108	《网络舆论监测与安全研究》	黄永林
109	《中国文化产业发展战略论》	胡惠林
110	《20世纪中国古代文化经典在域外的传播与影响研究》	张西平
111	《国际传播的理论、现状和发展趋势研究》	吴　飞
112	《教育投入、资源配置与人力资本收益》	闵维方
113	《创新人才与教育创新研究》	林崇德
114	《中国农村教育发展指标体系研究》	袁桂林
115	《高校思想政治理论课程建设研究》	顾海良
116	《网络思想政治教育研究》	张再兴
117	《高校招生考试制度改革研究》	刘海峰
118	《基础教育改革与中国教育学理论重建研究》	叶　澜
119	《我国研究生教育结构调整问题研究》	袁本涛 王传毅
120	《公共财政框架下公共教育财政制度研究》	王善迈

序号	书　名	首席专家
121	《农民工子女问题研究》	袁振国
122	《当代大学生诚信制度建设及加强大学生思想政治工作研究》	黄蓉生
123	《从失衡走向平衡：素质教育课程评价体系研究》	钟启泉 崔允漷
124	《构建城乡一体化的教育体制机制研究》	李　玲
125	《高校思想政治理论课教育教学质量监测体系研究》	张耀灿
126	《处境不利儿童的心理发展现状与教育对策研究》	申继亮
127	《学习过程与机制研究》	莫　雷
128	《青少年心理健康素质调查研究》	沈德立
129	《灾后中小学生心理疏导研究》	林崇德
130	《民族地区教育优先发展研究》	张诗亚
131	《WTO主要成员贸易政策体系与对策研究》	张汉林
132	《中国和平发展的国际环境分析》	叶自成
133	《冷战时期美国重大外交政策案例研究》	沈志华
134	《新时期中非合作关系研究》	刘鸿武
135	《我国的地缘政治及其战略研究》	倪世雄
136	《中国海洋发展战略研究》	徐祥民
137	《深化医药卫生体制改革研究》	孟庆跃
138	《华侨华人在中国软实力建设中的作用研究》	黄　平
139	《我国地方法制建设理论与实践研究》	葛洪义
140	《城市化理论重构与城市化战略研究》	张鸿雁
141	《境外宗教渗透论》	段德智
142	《中部崛起过程中的新型工业化研究》	陈晓红
143	《农村社会保障制度研究》	赵　曼
144	《中国艺术学学科体系建设研究》	黄会林
145	《人工耳蜗术后儿童康复教育的原理与方法》	黄昭鸣
146	《我国少数民族音乐资源的保护与开发研究》	樊祖荫
147	《中国道德文化的传统理念与现代践行研究》	李建华
148	《低碳经济转型下的中国排放权交易体系》	齐绍洲
149	《中国东北亚战略与政策研究》	刘清才
150	《促进经济发展方式转变的地方财税体制改革研究》	钟晓敏
151	《中国—东盟区域经济一体化》	范祚军

序号	书　名	首席专家
152	《非传统安全合作与中俄关系》	冯绍雷
153	《外资并购与我国产业安全研究》	李善民
154	《近代汉字术语的生成演变与中西日文化互动研究》	冯天瑜
155	《新时期加强社会组织建设研究》	李友梅
156	《民办学校分类管理政策研究》	周海涛
157	《我国城市住房制度改革研究》	高　波
158	《新媒体环境下的危机传播及舆论引导研究》	喻国明
159	《法治国家建设中的司法判例制度研究》	何家弘
160	《中国女性高层次人才发展规律及发展对策研究》	佟　新
161	《国际金融中心法制环境研究》	周仲飞
162	《居民收入占国民收入比重统计指标体系研究》	刘　扬
163	《中国历代边疆治理研究》	程妮娜
164	《性别视角下的中国文学与文化》	乔以钢
165	《我国公共财政风险评估及其防范对策研究》	吴俊培
166	《中国历代民歌史论》	陈书录
167	《大学生村官成长成才机制研究》	马抗美
168	《完善学校突发事件应急管理机制研究》	马怀德
169	《秦简牍整理与研究》	陈　伟
170	《出土简帛与古史再建》	李学勤
171	《民间借贷与非法集资风险防范的法律机制研究》	岳彩申
172	《新时期社会治安防控体系建设研究》	宫志刚
173	《加快发展我国生产服务业研究》	李江帆
174	《基本公共服务均等化研究》	张贤明
175	《职业教育质量评价体系研究》	周志刚
176	《中国大学校长管理专业化研究》	宣　勇
177	《"两型社会"建设标准及指标体系研究》	陈晓红
178	《中国与中亚地区国家关系研究》	潘志平
179	《保障我国海上通道安全研究》	吕　靖
180	《世界主要国家安全体制机制研究》	刘胜湘
181	《中国流动人口的城市逐梦》	杨菊华
182	《建设人口均衡型社会研究》	刘渝琳
183	《农产品流通体系建设的机制创新与政策体系研究》	夏春玉

序号	书　名	首席专家
184	《区域经济一体化中府际合作的法律问题研究》	石佑启
185	《城乡劳动力平等就业研究》	姚先国
186	《20世纪朱子学研究精华集成——从学术思想史的视角》	乐爱国
187	《拔尖创新人才成长规律与培养模式研究》	林崇德
188	《生态文明制度建设研究》	陈晓红
189	《我国城镇住房保障体系及运行机制研究》	虞晓芬
190	《中国战略性新兴产业国际化战略研究》	汪　涛
191	《证据科学论纲》	张保生
192	《要素成本上升背景下我国外贸中长期发展趋势研究》	黄建忠
193	《中国历代长城研究》	段清波
194	《当代技术哲学的发展趋势研究》	吴国林
195	《20世纪中国社会思潮研究》	高瑞泉
196	《中国社会保障制度整合与体系完善重大问题研究》	丁建定
197	《民族地区特殊类型贫困与反贫困研究》	李俊杰
198	《扩大消费需求的长效机制研究》	臧旭恒
199	《我国土地出让制度改革及收益共享机制研究》	石晓平
200	《高等学校分类体系及其设置标准研究》	史秋衡
201	《全面加强学校德育体系建设研究》	杜时忠
202	《生态环境公益诉讼机制研究》	颜运秋
203	《科学研究与高等教育深度融合的知识创新体系建设研究》	杜德斌
204	《女性高层次人才成长规律与发展对策研究》	罗瑾琏
205	《岳麓秦简与秦代法律制度研究》	陈松长
206	《民办教育分类管理政策实施跟踪与评估研究》	周海涛
207	《建立城乡统一的建设用地市场研究》	张安录
208	《迈向高质量发展的经济结构转变研究》	郭熙保
209	《中国社会福利理论与制度构建——以适度普惠社会福利制度为例》	彭华民
210	《提高教育系统廉政文化建设实效性和针对性研究》	罗国振
211	《毒品成瘾及其复吸行为——心理学的研究视角》	沈模卫
212	《英语世界的中国文学译介与研究》	曹顺庆
213	《建立公开规范的住房公积金制度研究》	王先柱

序号	书名	首席专家
214	《现代归纳逻辑理论及其应用研究》	何向东
215	《时代变迁、技术扩散与教育变革：信息化教育的理论与实践探索》	杨 浩
216	《城镇化进程中新生代农民工职业教育与社会融合问题研究》	褚宏启 薛二勇
217	《我国先进制造业发展战略研究》	唐晓华
218	《融合与修正：跨文化交流的逻辑与认知研究》	鞠实儿
219	《中国新生代农民工收入状况与消费行为研究》	金晓彤
220	《高校少数民族应用型人才培养模式综合改革研究》	张学敏
221	《中国的立法体制研究》	陈 俊
222	《教师社会经济地位问题：现实与选择》	劳凯声
223	《中国现代职业教育质量保障体系研究》	赵志群
......		